张国伍：1929 年生，河北省雄县人，教授，博士生导师，交通运输系统工程学科创始人，《交通运输系统工程与信息》创刊主编。曾任深圳市政府交通顾问、海南省城乡规划顾问、北京市人民政府专业顾问团顾问、北京铁路局顾问、北京市运输管理局专家委员会委员、国家智能交通专家组成员。现任中国系统工程学会交通委员会专家组成员，出版译著 20 余本，发表文章 140 多篇，先后培养了博士后、博士及硕士研究生百余人。

1992 年起享受国务院特殊津贴，1996 年获茅以升铁道科学技术奖，2010 年获北京交通大学科技特殊贡献奖，2015 年获世界华人交通运输终身成就奖（COTA）。

知行学人丛书

人生的境界与智慧

交通运输系统工程学科的发展与创新

张国伍　著

（扫描二维码，安装加阅 App，即可面对面聆听张国伍教授讲述他的科研人生。凡书中标有“放大镜”标识的图，输入图号或扫描后可听教授讲解相关科研故事）

北京交通大学出版社

·北京·

内容简介

本书系统介绍了交通运输系统工程学科创始人张国伍教授近70年的科研历程和科研成果，既反映了该学科半个多世纪以来在我国的发展脉络，也从一个侧面反映了我国科技工作者的工作、生活状态。

全书分5部分共17章，首先介绍了张国伍教授半个多世纪以来在教学、科研、人才培养方面的成就和感悟，然后分学科与学科理论建设、创办学术期刊、学科组织建设、教学科研项目实践4个专题分别介绍张国伍教授在各个领域开展的工作和取得的成就。

本书适合交通运输系统工程专业的教师、学生及科技工作者学习参考。

图书在版编目（CIP）数据

人生的境界与智慧：交通运输系统工程学科的发展与创新/张国伍著. —北京：北京交通大学出版社，2017.10

ISBN 978-7-5121-3160-6

Ⅰ.①人… Ⅱ.①张… Ⅲ.①交通运输系统-系统工程-研究 Ⅳ.①U491

中国版本图书馆CIP数据核字（2017）第022305号

总 策 划：章梓茂
责任编辑：陈跃琴
出版发行：北京交通大学出版社　　电话：010-51686414
　　　　　北京市海淀区高梁桥斜街44号　　邮编：100044
印 刷 者：北京艺堂印刷有限公司
经　　销：全国新华书店
开　　本：185mm×260mm　印张：19.25　字数：481千字
版　　次：2017年10月第1版　2017年10月第1次印刷
书　　号：ISBN 978-7-5121-3160-6/U·277
定　　价：98.00元

写在“知行学人丛书”出版之际
（代序）

一所大学就是一座精神的家园。今年适逢北京交通大学建校120周年，在一个多世纪的历史进程中，北京交通大学弦歌不辍、桃李芬芳，所倚重者，正是以“知行”为精髓的北京交大精神。

“知行”二字言简意赅，意蕴深远。“知”要知民族大义，知国家所需；“行”要“行远自迩”，既脚踏实地，又坚定不移。作为学校校训，“知行”凝聚了我校百年来的办学理念，也蕴含着对全体北京交大人为学为人的要求和期许。在“知行”校训的指引下，一代代交大人求真务实、严谨治学、胸怀担当、勇于奉献，用他们的人生诠释着“知行合一”的真正意涵。

在学校120周年校庆之际，由北京交通大学出版社出版“知行学人丛书（第一辑）”，选取近半个世纪，特别是改革开放以来我校学人中的部分杰出代表，总结他们数十年来潜心科研、倾心育人的所学所思。他们的“故事”体现着交大的精神，是交大历史的重要组成部分。这一切不仅展现了北京交大独特的学人风骨，更反映出学校在科技进步、国家发展和民族振兴中的重要作用，也正是“知行”校训在学校建设、发展中的光辉写照。

希望“知行学人丛书”能成为北京交通大学的文化精品，也希望广大师生校友能从中继承老一辈学人的光荣传统，矢志践行“知行”校训，用不懈的奋斗，为中华民族的伟大复兴、为人类文明的进步做出积极的贡献，谱写属于北京交大人的崭新篇章！

北京交通大学校长 宁滨

2016年9月

序 一

20 世纪 60 年代，在管理科学大发展的形势下，管理科学发展了很多重要的理论和方法。到 20 世纪 80 年代，我在担任哈尔滨铁路局局长时期，为推动铁路现代化管理的举措，张国伍教授应哈尔滨铁路局的邀请，带着北方交通大学管理科学研究所的运输系统工程研究室的几位研究生来哈尔滨铁路局指导工作，同时他还应聘担任了哈尔滨铁路局的“现代化管理”顾问。访问期间，张国伍教授为全局做了铁路系统现代化管理的学术报告。在张国伍教授讲述交通运输系统工程理论与方法的背景下，为了提高铁路运输企业管理的效率与效益，哈尔滨铁路局和张国伍教授进行了合作。

1986 年，我调到北京铁路局工作。北京铁路局是一个拥有 37 万职工，同时管理着 6 400 多公里铁路的大型企业，开展“铁路运输企业系统管理”新模式研究具有重要意义，于是我们又开始了北京铁路局与北方交通大学的合作，张国伍教授担任北京铁路局的“现代化管理”顾问，他把系统管理的理论和方法引进北京铁路局，开展了铁路运输企业的系统管理的研究。通过我们两年多的共同的研究，在北京铁路局开展了“铁路运输企业的有效系统管理”的新模式的实践。和张国伍教授合作期间，他深入到北京铁路局相关的站段和班组进行调研，通过实践和分析，提出了铁路运输企业有效系统管理的一套方法，总结出一套铁路运输企业的系统管理的理论和方法，并逐步在北京铁路局的管理中进行实践，实践的结果提高了铁路局的运输管理效率和效益，这也使我们认识到系统管理理论在交通运输企业管理中的应用是一个重要的举措，并继续在铁路运输管理中推行。在此基础上，我们共同完成了《铁路运输企业有效系统管理》一书的编写，并于 1991 年由中国铁道出版社出版。在我们合作的项目研究中，张国伍教授付出了艰苦的创造与劳动，受到了铁路局管理决策层的赞赏和表扬。

我在与张国伍教授的多年接触与共事中，深深地感觉到他具有严谨的科学态度、求真务实的工作作风。他淡泊名利，追求真理，用心践行着自己的教学、科研与社会实践，并能把科学研究、教学与社会实践紧密结合，走出了一条促进交通运输系统工程理论的创新之路。同时，他非常重视理论与实践相结合，不断地提高，不断地探索，不断地完善，这种精神是非常值得我们学习的。

张国伍教授始终怀着强烈的使命感与责任感，将满腔的热情和心血投入到了推动交通运输业发展的事业中。他长期从事教学、科研工作所打下的坚实基础，使他不仅在铁路行业有所建树，更养成了他宏观、全面的思索习惯。他大胆地突破了企业和学科的局限，投身于更加广阔的综合交通领域，无论是公路，还是水运、航空和管道运输，无论是大城市交通还是农村、乡镇等地方交通，无论是企业的规划管理还是体制机制的重大问题，无论是交通工程建设还是交通科技的创新，只要哪个领域出现问题，他都怀着极大的兴趣开展研究，拓展理论，建设新的学科，培养新的人才，凭着这股对事业的责任感与执着追求，他从未有过松懈的时候，日复一日地工作，几十年如一日。如今的他已

88岁高龄，却并没有选择在家中颐养天年，仍然坚持每日定时定点地到办公室工作，可以说，他把生命中绝大多数的时间和精力都献给了他终身热爱的交通运输事业，这一点让我深深敬佩。

张国伍教授是最早接受并将钱学森科学与系统的思想引入交通工程理论的研究和学科建设的学者。在他的努力和指导下，建立了我国的“交通运输系统工程”新学科，组建了我国高校中最早的交通运输系统工程研究所，在他的推动下北方交通大学于21世纪初建立了“综合交通运输研究中心”。在他的努力下，通过长期科研、教学的实践，建立了交通运输系统工程的硕士和博士学位点。滴水终会穿石，由于他锲而不舍的这股精神，随后便又创办了《交通运输系统工程与信息》杂志，目前该杂志已逐渐成为我国交通运输行业极有影响力的刊物之一。20世纪末，张国伍教授主持了我国第一个智能交通项目工程“北京公交总公司智能化调度系统”，从而为推动我国交通的智能化发展起到推动作用。在张国伍教授的努力下，与欧盟合作共同组织了我国第一个智能交通运输的国际会议，又与欧盟共同建立了中欧智能交通培训中心，来推动我国智能交通的发展。

交通运输的问题是人类面临的最基本也是永无止境的问题，伴随着人类社会的进步，交通运输问题也越来越复杂，我们要像张国伍教授那样勇往直前，积极开拓，创新进取，推动国家、社会与交通的和谐发展。在张国伍教授88岁高龄出版《人生的境界与智慧》一书之际写此序言。

国林

（国林，原铁道部副部长）

序 二

凝聚了张国伍教授70年从事交通运输领域教学与科研成果的著作——《人生的境界与智慧》即将出版，这不仅是国伍教授教学与科研生涯中的一件大事，也是交通运输系统工程界的一件大事，我谨代表中国交通运输系统工程学会并以我本人的名义表示最诚挚最热烈的祝贺！

我与国伍教授结缘于20世纪80年代中期。当时我在国家科委工业科技司工作，重点负责能源、交通等领域的科技工作，发展战略与政策规划等软科学研究是其中的重要方面。

20世纪80年代初，在国家科委组织的能源政策研究中，第一次引入钱学森同志的系统工程理论，并借鉴了国外先进经验，建立了我国最早的能源系统工程研究与培训队伍，将能源作为一个复杂的大系统，进行综合的、定性与定量相结合的研究工作，能源与运输也是这个大系统中一个重要的子系统。1983—1984年，由国家科委、计委、经委共同组织了1986—2000年国家中长期科技发展规划的编制工作，将能源、交通等12个领域的技术政策作为规划工作的一个重要方面。政策研究中首次将建立综合交通运输体系列入交通运输领域的技术政策，并将能源与交通作为国家基础设施建设的重点，着重解决国家经济发展的瓶颈问题。12项不同领域的技术政策第一次经国务院批准成为国家经济发展的指导性文件。正是在这个背景下，在交通领域有关部门具有战略思想的一批领导的支持下，在以国伍教授为首的一批具有超前思维与创新精神的学者的积极推动下，以发展交通运输系统工程理论，建设综合交通运输体系为宗旨的中国系统工程学会交通运输系统工程专业委员会（对外称中国交通运输系统工程学会）诞生了。我与国伍教授也正是在这样一个共同的研究领域结下了不解之缘，并风雨同舟共同走过了学会的20多年，共同见证了我国交通运输事业的发展历程及交通运输系统工程理论与实践所取得的巨大进步，也正是在这20多年的共事过程中，我对国伍教授的献身精神、学术思想、科学作风与人格魅力有了十分深切的感受。

国伍教授始终怀着强烈的使命感、责任感，以满腔热忱和全部心血投身于交通运输业。在他早期从事教学与研究工作所打下的坚实的科学基础上，他立足铁路运输，放眼大交通，他大胆地突破了行业与学科的局限，投身于更加广阔的大交通领域。无论是铁路、公路，还是水路、航空、管道；无论是大城市、大通道，还是农村、乡镇；无论是行业的规划管理，还是体制机制的重大问题；无论是交通运输工程建设，还是科技创新的新领域，只要是对国家综合交通体系建设有益的问题，他都怀着浓厚的兴趣开展研究，拓展理论，建设新的学科，培养新的人才，凭着这股对事业的责任感与执着追求，他从未有松懈的时候，日复一日，年复一年，从60岁到70岁，进而迈向88岁高龄，他把全部的时间和精力都献给了他终身热爱的交通运输事业和人才培养上。

国伍教授始终以与时俱进、开拓进取的精神，不断研究探索和发展新的理论，从不满足于已有的成绩。国伍教授是最早接受并将钱学森系统工程思想引入到交通运输理论研究与教学工作的学者。在他的努力推动下，我国最早的交通系统工程研究所在北方交通大学成立了，硕士、博士学位点也接着建立了，《交通运输系统工程与信息》杂志经国家出版总署批准正式发行并成为核心学术期刊。一次又一次交通运输系统工程论坛、研讨会在不同地区的召开，推动了系统工程思想与实践在交通运输领域的传播与推广、应用，大力推动交通运输系统工程理论发展、学科建设与人才培养已成为学会的中心任务。在智能交通技术（ITS）成为中欧科技合作重点领域的最初时刻，国伍教授意识到它是推动交通运输领域创新与信息化建设的新方向，也是建设综合交通运输体系的重要技术支撑，他积极组织推动了北方交通大学 ITS 中心的建立，以及中欧 ITS 培训中心和中英 ITS 合作研究中心的建立，并与北京公交系统共同组织了第一个 ITS 示范项目。近十年来，在他的积极倡导与策划下，“交通 7 + 1 论坛”已成功举办了 45 次，推动了交通系统工程理论与实践向更深入的方向发展，并将可持续发展的理念引入到论坛之中，从而使交通系统工程理论在科学发展观的指导下，提高到一个新的研究与发展水平。

国伍教授始终以科学求实、淡泊名利、追求真理的科学作风指导着自己的教学科研与社会活动，使周围的人们得到强烈的感染。20 多年来，他把科学研究、教学与学会活动紧密结合，把理论研究与实践活动紧密结合，走出一条促进交通运输系统工程理论不断发展的正确道路。他作为一位资深教授，从来都把研究工作当作他的生命线，每天从早到晚孜孜不倦地学习与研究，但他又从来不把自己局限在狭小的研究室内，而是放眼国家交通运输事业的全局和国际交通运输发展的新动向、新趋势，不断地从交通运输政策与发展的实践活动中凝练出研究的新课题，再通过潜心研究与学术交流去探索理论的真谛，寻找解决的途径，进而将理论研究的成果转化为政策性建议，为政府的决策提供科学依据和可行的方案。这是国伍教授学术研究与社会活动的一个重要特点，也是广大科技工作者从事科学研究，以及将科研成果转化为现实生产力所共同追求的正确方向，他在这方面的科学求实、理论与实际相结合的良好态度给大家树立了一个好榜样。

国伍教授始终以饱满的工作激情和年轻人一般的活力感染和影响着周围所有的人，当然也包括我自己。他的人格魅力感人至深，也成为学会的宝贵精神财富。一个学会既不同于政府，又不同于学校，它是一个社会群众团体，是由一批热心于共同事业、志同道合的人组成的团体，没有行政命令，没有长官意志，没有地位高低，全凭学会共同的理念与宗旨、共同的奋斗目标把大家集合在一起，更需要一批热心服务、甘于奉献的骨干人物把大家凝聚在一起。只有这样，这个团体才有活力，才能不断发展壮大。国伍教授就是这样一位受人爱戴和尊敬的长者，他永不疲倦地思考和工作，以他的人格魅力与工作热情感染着周围的人们，把不同部门、不同学校、不同单位、不同领域、不同年龄的人们团结在一起，为了共同的目标而努力工作。凡是接触过他的人，没有人不为他的执着、奉献、热情所感动。我自己每当感到工作太繁忙想停一停、歇一歇时，只要看到 88 岁高龄的国伍教授的身影，我还有什么理由不像他一样努力奋斗呢！

现在，正值我国改革开放 40 年之际，如同经济社会的所有领域一样，交通运输领域也发生了翻天覆地的历史性变化，并已成为经济社会发展的强大物质基础，大型交通工程一个个拔地而起，使国人自豪，世人瞩目；交通运输系统工程理论已开始为社会认知并发挥重要的指导作用；交通运输系统工程的人才已经一批一批走上不同的工作岗位；综合交通管理体制改革已迈出第一步，加快发展综合运输体系已写入党的十七大的历史文献，成为全面建设小康社会、发展现代产业体系的重要目标。衷心祝愿我国交通系统工程理论不断发展，祝愿我国综合交通运输体系建设能取得更加辉煌的成就！

石定寰

（石定寰，原国家科学技术部秘书长）

序 三

由北京交通大学出版社出版发行的《人生的境界与智慧》一书，是张国伍教授在其步入交通运输领域70年之际编纂的，相信这部书的出版发行对交通运输领域的学科建设、理论创新和完善，会起到积极的推进作用。

张国伍教授在交通运输界是颇为知名、备受爱戴的学者。在他从业于交通运输领域的70年里，无论是从事交通运输事业的年轮还是对交通运输事业的贡献，无论是对交通运输问题研究的广度还是对交通运输问题研究的深度，无论是对交通运输问题的综合性研究还是对交通运输问题的系统性分析，无论是对交通运输基础理论的建设还是交通学科的不断推陈出新，无论是科研队伍的建设还是天下桃李的成长等，在交通事业的不同角度都能感受到国伍教授的学术与人格的影响。在钱学森老先生眼里他是个嗜学者，在许国志老先生眼里他是一位实干家，在教学一线老师们眼里他是一位永远停不下来的耕耘者，在学生们眼里他是一位可尊可敬的理论超前者，在官员们眼里他是一位理论与实践的平台建设者。

他，为了交通运输事业，70年如一日，孜孜不倦，勇于探索，不但形成了自己的学术风格，推进了交通学科建设，也解决了交通运输实际问题，培养了一大批交通人才。

张国伍教授学术思想的形成过程是伴随着新中国的成长而不断成熟的。从计划经济时代的运输资源配置理论开始，发展到经济地理、交通地理和交通地理学及交通运输规划布局和综合交通枢纽规划，即使是在计划经济时代，张国伍教授涉足的交通运输问题，也从不就交通论交通，时刻体现着对整个社会的关注，这从张国伍教授编译的著作和发表的文章就能充分说明这一点。

20世纪70年代开始，张国伍教授受钱学森等老前辈的系统科学和系统工程思想的影响，执意于系统科学和系统工程思想在交通运输领域中的应用，执意于用系统科学的思想破解综合交通运输的难题：率先在大专院校建立交通运输系统工程学科，率先成立应用系统分析研究所，率先设立了交通运输系统工程硕士点和博士点，率先编纂了交通系统工程学科教科书——《交通运输系统分析》和《交通运输系统分析案例》，率先搭建了交通运输系统工程学术交流平台——《交通运输系统工程与信息》学术期刊和“交通7+1论坛”。改革开放后，张国伍教授在学科建设、学术研究和解决现实交通运输问题的重大课题诸多方面可谓如虎添翼。他在这期间推出了一系列非常有价值的理论与实际相结合的学术、科研成果，既丰富了学科建设，又解决了交通运输的实际问题，如交通运输布局规划的理论与实践、交通运输系统动力学理论、综合交通枢纽的规划与管理、交通运输结合部管理理论的应用与实践、交通运输领域中的物理、事理和人理现象、智能交通系统理论与实践等学术思想和学术成果。与张国伍教授共事的同行们都知道，国伍教授的学术思想始终充满朝气。

《人生的境界与智慧》一书，仅仅是张国伍教授学术思想的一部分，我与国伍教授共事的20多年间，深知他所涉猎的学术领域、学术思想和学术成果是难以用一本书容纳的。从全书的结构和书稿的内容也可以看出，张国伍教授试图将比较成熟的理论和实践传授给大家，以使大家在研究和解决交通运输问题时少走弯路。

交通运输是一个系统，而且是一个复杂的大系统，正如张国伍教授所说的“随着学科的建立和研究的发展，越发深切地认识到这门新兴学科还远未完善，对它的研究还远未结束，对一些更深层次问题的探索还应继续深入”，诸如“交通运输系统的需求分析”“交通运输系统自身发展规律”“交通运输系统的整合”“交通运输网的完善”“交通运输综合枢纽研究”“交通运输系统的信息化”“交通运输系统的安全性和可靠性”及“交通系统的人才培养”等，都有待于给出一个较为满意的答卷。

交通运输的问题是人类面临的最基本也是永无止境的问题。伴随着人类社会的进步，交通运输的问题也越来越复杂。人们只有像国伍教授那样勇往直前、积极探索，才会真正推进人与交通的和谐发展。

（王庆云，原国家发展和改革委员会交通运输司司长）

序 四

欣闻张国伍教授所著《人生的境界与智慧》即将出版，愿在此代表北京交通大学表示诚挚的祝贺！

我与张教授相识近 30 年，他对科学事业的执着追求，对学校发展的挚爱之情，给我留下了深刻的印象，使我深受感动，并受益匪浅。作为我校交通运输系统工程学科的创始人，半个多世纪以来，张教授始终奋斗耕耘在学校教学、科研第一线，活跃在相关学科领域和国家交通运输业内。从早期的铁路运输学科，到后来的列车牵引计算与交通运输地理学，他跨越了多个学科领域，这些经历与学术积累对他后来的综合交通运输、系统工程思想体系的形成发挥了重要作用。

张国伍教授在交通运输系统工程、综合交通运输领域做出了突出的贡献，在业内享有崇高的威望，是一位受人尊敬的学者和长者。

回顾与张教授相处、共事的岁月，有三方面感受非常强烈：一是他勤勉力行的工作态度，他就像一位不知疲倦的园丁，永不停顿地工作在第一线，即使到了 80 岁高龄也没有丝毫停歇的意识；二是他对事业的执着追求，一旦工作目标明确，就一定要实现，这种不达目的永不罢休的精神十分令人钦佩；三是淡泊个人得失的大局观，在潜心科研的漫长道路上，他从不计较一时一地之成败。我想，正是具备了这些素质，张教授才成其为张教授，最终成为学校学科建设方面一代颇具独特风格的带头人。

张教授的这部著作，凝练了他本人 70 年的心路历程与学术成果，更饱含了他 70 年奋斗的精神。该著作具有以下明显特点：首先是实践性，张教授长期活跃在交通运输生产和教学研究第一线，对交通实践有深刻的认识；其次是具有超前的视角和教学的战略高度，他的许多刚开始看似不太可行的理念最终被证实是完全正确的；再次是研须致用的特点，对学者来说，研究的目的是要应用于生产实践，而对于交通运输系统来说，应用的关键在于合理决策，他紧紧扣住这一要点，积极推动成果的实际应用；最后是海纳百川的特点，他的跨学科、多领域的经历直接成就了本书的成果。因此，对于青年读者来说，这部书不仅可以使他们获得学术上的启迪，更可以使他们获得思维方式上的跃升。

张国伍教授 70 年如一日执着追求、探索科学的精神，必将激励交通运输系统工程学科的后来者们。相信他们在张教授已经奠定的坚实的学科与平台基础上，继往开来，将交通运输系统工程学科和学术研究不断发扬光大，为我国综合交通运输事业的发展做出更大的贡献。

（宁滨，北京交通大学校长）

目　录

CONTENTS

第1部分　我的70年交通人生

第2部分　学科与学科理论建设

第3部分 创办学术期刊

第4部分 学科组织建设

第5部分 教学科研实践

第 1 部分　我的 70 年交通人生

第 1 章 从事教学科研和人才培养工作的感悟

1.1 我创业走过的路程

1. 1952 年大学毕业，又通过中国人民大学研究生班毕业走向社会

（1）1952 年 8 月毕业于北方交通大学交通运输工程专业，毕业后分配到铁道部设计局，从实习生、技术员到参加第一项工作——铁路选线工作，都是在实践中提高自我。我在校基本上没学过铁路勘测与选线，于是我在现场边干边学，最后完成三项第一个五年计划期间的新修铁路的经济勘测任务（鹰厦铁路、闽赣铁路、赣粤铁路）。

（2）1954—1956 年在人大攻读经济地理专业研究生，学习了两年。由于北方交通大学经济系要开设交通运输地理学课程，我没有学过，于是派我到人民大学（下文简称人大）研究生班向苏联专家学习经济地理，两年中我在人大主要学习了《资本论》《中国和外国经济地理》，期间我边学习边研究，把交通运输的知识与地理知识相结合，提出了“交通运输地理学”这一概念。由于当时国内外都没有交通运输地理学教材，我利用在人大学习的这两年编写交通运输地理学教材。人大毕业了，我的新教材也编写出来了。在苏联专家的指导下，我参加了湖南资水的流域经济的研究和实践调查，同时期还完成两本书的翻译任务，即苏联哈恰图洛夫的《运输配置》和哈努科夫的《运输和生产配置》。

2. 1956 年回校教学，创建“交通运输地理学”学科

1956—1958 年间，我在学校开设了“交通运输地理学”与“交通运输布局”的课程，同时暑假还带队完成河北省综合交通运输规划，这是第一次编制综合交通规划。在此期间，我还完成《中华地理志》交通运输地理部分的编写，同时还完成了《中华地理志》中交通运输地理学的词条编写任务。

这段时期的科研成果如下：

（1）编写出交通运输地理学教科书（《交通运输地理学》专著，1986 年由商务印书馆出版）；

（2）完成了一个省级的综合运输网规划（河北省综合交通网规划），得到河北省政府的表扬；

（3）编写了《中华地理志》交通运输地理部分（已由中国大百科全书出版社出版）。

3. 1978—1986 年走向学校，从事的几项教学工作

由于学校撤销铁道经济学专业，又把我分配到机械学系教“列车牵引”这门课程。我没有专业背景，于是到铁道部机务局、北京内燃机务段、昆明机务段、重庆机务段进行实践学习，并参加机车添乘实践，用了一年时间向内燃机车司机学习内燃机车的操作驾驶（我在学校学习的是蒸汽机车）。通过自己的实践学习，1989—1990 年我给坦赞留学生用英语讲授“机车运用与列车牵引”，并带他们到四大机务段现场实习。深受他们的欢迎，教学效果良好。

由于列车牵引力的计算要通过微积分方程来计算，非常烦琐，20 世纪 80 年代初计算机已经出现，于是我开始学习计算机，并把它运用到列车牵引计算中，在全国铁路系统中第一个运用计算机绘制列车牵力、引力曲线，并在线路、载重、速度要素的条件下完成了铁路内燃机车牵引计算，实现了用现代化手段来进行牵引计算并规划列车运行，此成果得到了铁道部表扬，并在全国推广。

1986 年，我承担了铁道部、国家经委下达的研究旧有铁路技术改造任务，其中第一项为重新编制浙赣线技术改造方案，铁道部于 1984 年曾组织铁四院编制浙赣线技术改造方案，其中包括复线修建方案。在这个复线修建方案中，要把旧浙赣线废弃 60%，由于废弃量太大，国家计委同意我们用系统理论与方法来修改铁四院的设计方案，最后我们提出的复线修建方案充分利用了既有的浙赣线，对旧线只废弃了 40%，此方案得到了国家计委、经委、国务院领导重视。

1988 年，国务院组建交通建设考察组，由万里副总理带队进行全国考察，由于浙赣线改造这项成果得到中央重视，国务院指定我参加考察组，我向万里副总理汇报了浙赣线技术改造方案，并随万里副总理进行全国范围的疏港疏路活动，为期一个月。

4. 1986—1988 年从事的学科建设

1986 年以后，我开始了交通运输系统工程学科的建设，通过我们的积极努力成立了交通运输系统工程研究所，并创建了交通运输系统工程学会。

（1）由于交通运输系统工程的理论方法在应用中取得成功，获得了丰硕成果，北方交通大学党委同意于 1986 年 8 月成立“交通运输系统工程研究所”，并且由校长张树京担任所长，我担任第一副所长，开始培养交通运输系统工程硕士研究生（当时我利用了铁路运输专业的学位点）。

（2）1986—1998 年，建立交通运输系统工程研究所，这是第一个学科研究所。我们先后建立了交通系统工程学科的硕士、博士学位的学科点。

这段时间的科研实践先后完成以下项目：提出改造福建深水港，开发湄洲湾秀屿肖厝港的建议；参加了开发长江航道三峡工程的前期科研工作，特别是三峡土地的选址和

三峡大坝的坝址、坝高的确定，并完成长江地区综合运输网的规划方案；此后，我们又配合北京铁路局编制北京枢纽规划方案，1986 年我提出的建设和发展西客站意见得到铁道部的重视，1988 年我被聘为北京市政府的城市交通顾问，完成了公交总公司公交线网的优化项目等。

通过长期的工作实践，1986 年国务院学位委员会批准在北方交通大学建立以交通运输系统分析为特色的系统分析硕士学位点，1996 年国务院学位委员会批准在北方交通大学建立交通运输系统工程博士学位点，我们就开始培养交通运输系统工程的硕士和博士生，后来又建立了博士后流动站招收博士后。应该说，从 1978 年到 1996 年，通过近 20 年的努力，我们建立了交通运输系统工程学科的包括硕士、博士和博士后在内的完整的学科学位系统。

在我们多年的教学、科研和参加交通运输系统工程实践的基础上，我们通过总结于 1991 年编写了中国第一部《交通运输系统分析》教材及《交通运输系统分析应用案例集》，分别获得国家科技进步二等奖、全国优秀教材三等奖，这也标志着我们所创建的交通运输系统工程学科已经成为一门基本成熟的学科。

5. 1998 年以后开始智能交通新学科的建设

1995 年 8 月，我参加了以国家科委工业司石定寰司长为首的中国科技代表团访问欧盟，与欧盟负责交通的总裁贝克曼会谈，他建议中国发展智能交通系统来推动中国交通现代化发展，我们回国后向当时国务委员、国家科委主任宋健汇报了欧盟的建议，宋健国务委员同意在中国推动智能交通的建设与发展，这一新的科技开发信号给我带来了极大的启发，我积极带领北方交通大学交通运输系统工程研究所的师生从事智能交通的开发建设，完成了“北京公交总公司智能公交”项目的研制。同时我又与欧盟协商，在我校设立“中欧智能交通研究中心”，从此开始了智能交通新学科建设的时代，我亦被聘为国家智能交通专家委员会委员，我承担了全国第一个公交智能化建设工程——北京公交智能化工程的一期工程。北京市政府把这一项目作为新中国成立 50 周年的献礼项目，这个项目北京市投资 3 200 万元。通过两年的研究实践，于 1989 年国庆节前夕完成了这一大的建设工程，取得了我国第一个智能交通系统工程建设的成功。工程完成后，我们又总结实践经验编写了全国第一本智能交通系统工程教科书，结合科研与工程实践，培养了一批智能交通的硕士、博士研究生。

1.2　我做的两项创新工作

70 年来，我通过参与国家交通建设实践，结合自己的科研、教学工作，完成了以下两项创新工作。

1. 创建了《交通运输系统工程与信息》杂志

多年来，我在发展交通运输系统工程学科的过程中，一直存有一个要创办一个杂志的想法，但办杂志必须要得到国家批准。为了能得到这个批准，我就先试办了一年四期的《交通运输系统工程与信息》杂志，在进行多次内部研究后，于 1995 年送交国家审查。在各方面支持下，通过我们自身的努力，终于得到了有关部门和专家的好评和支持。2000 年，国家新闻出版总署批准了这一“刊物”，之后我们于 2001 年元月开始正式创刊，至今已经办了 17 年，由于这些年刊物水平不断提高，现在已得到社会各界的认可，取得了国家科技核心期刊和被国际 EI 检索的成果。

2. 创建“交通 7 +1”论坛

我自己从事交通运输系统理论教学研究多年，但由于交通运输系统是一个复杂的有人参与的社会经济复杂大系统，我们对它的认识并不清楚。随着我国交通运输系统的建设发展，过去和现在都存在许多不解的问题。为此，我经常找几位长期从事交通建设与管理的专家，对一些困扰交通的问题进行研讨。

在此基础上，我积极与国家发改委交通运输司王庆云司长、航天科技集团于景元教授及北京交通大学宁滨校长等同志交换意见，他们亦有同感，于是我们报请交通运输系统工程学会批准，组建了一个交通论坛，这一消息公布后，先后又有四位同志要求参加。由于在论坛成立之前有 7 位交通专家参加这个组织，同时还需要一个单位提供经费支持，因此采取了“加一”的处理方法，最终决定名称改为“交通 7 +1 论坛”，并于 2005 年 10 月在北京召开了成立大会。在成立大会上，共有 50 位专家参加，他们分别来自政府、高等学校、交通研究院及交通运输企业，形成了官、产、学、研一体化交通运输学术交流平台。在论坛成立大会上，正式通过论坛章程，并对组织办法及论坛召开的时间都做了具体规定，即在每季度最后一个月的最后一周的周六下午，由一个单位承办，每次会议都选一个交通领域的难点、热点及人民对城市交通关注的问题进行研讨。

论坛自 2005 年 10 月开办以来，先后按期举办 47 次，研讨的议题包括城市交通、水运、航空、铁路及综合运输、人才培养等 28 个议题，编印了 4 本论坛文集。这个学术平台目前已得到交通运输界的官员、专家、企业家的认可和支持。

1.3 我的实践感悟

1.3.1 我一生遵循的十个原则

① 要有目标。一个人通过家庭和社会的教育成长为一个对社会有用的现代人，首先必须通过学习和思考，确立自己的追求目标。这个目标是一个动态发展的目标，随着社会和自己的发展，又要不断地调整。

② 必须实干。必须要脚踏实地、认认真真地去埋头苦干。深圳特区建立时，它的工业区的街道上悬挂的标语就是“空谈误国，实干兴邦”，我从深圳回到北京后把这条标语改为“空谈误己，实干成材”，我也以此教育研究生，我办公室的墙上写的口号是：“人的一生全靠奋斗，唯有奋斗，才能成功。”追求的目标，只有通过实干才能实现，因此必须不怕困难，顽强地去干。

③ 获得支持。每个人都离不开社会，人的生活、工作、学习都在社会中进行，因为每个人干事业都必须依靠社会，每个创业者都是在社会中进行创业，而创业都必须得到社会的支持，需要有良好的人脉关系。每个人度过的一生，都离不开他人的支持和协

助，我自己也是这样的。我之所以能干成几件事，都得益于许多人的支持和帮助。我从大学毕业参加工作以后，在每一段的创业过程中都是首先赢得朋友的支持、帮助。一个人的成长过程，也是增加自己的朋友和支持者的过程。为此，我这一生最大的财富，除了自己干的事业之外，很重要的是我的人脉关系的积累。我的朋友中有教授、官员、企业家和学生等，他们都在我的发展过程中给过我支持和帮助。我创办的杂志除了国家新闻出版总署批准之外，还有同行和企业家的支持，办杂志最初的经费就是蓝通公司陈志芳总经理提供的。我创办的“交通 7 +1 论坛”也得益于相关领导和专家的支持。可见，我办的各件事都离不开相关的支持者，为此我把事业的人脉关系也当作自己一生的重要财富来经营。

④ 要善于规划并制订战略。事业的发展需要有个计划，有个战略目标。先干什么及后干什么要从战略上考虑，应先定出从长远上追求的目标，然后再定出近期、中期和远期需要采取的措施，不能只有一个目标，没有具体的步骤。不从战略上考虑如何实现自己的战略目标是不行的，只从当前状况考虑也是不行的。如果只是考虑目前的状况，没有考虑长远要达到的目标，就不会实现最终的目标。

⑤ 要有创新能力。每个人的一生都是在顺应时代和环境，都需要从社会上选择自己从事的行业。要想取得成功，在每个行业的社会实践中都需要进行创新，即自己要干的是“别人没有干过的或比别人干得好的”。现在国家发展的战略口号是“大众创业，万众创新”，无论是国家、部门、企业还是个人，其发展都离不开创新。我自己走的也是创新这条路，如学科发展、办杂志、办论坛等都是走在创新的道路上。为此，我要求学生们都要走创新之路。

⑥ 要有自学能力。大学四年中，我是在老师的教育和帮助下完成专业学习的。而毕业后，我先后在四个部门工作，后来调回北方交通大学从事教学工作。先后我又在三个系（运输工程系、经济系、机械工程系）从事教学。后来我又创建“管理科学研究所”。这些工作的相关知识我在学校基本上都没学过，这些都是我在不同的工作岗位上通过自学来充实自己、完善自己的，特别是在创建交通运输系统工程和智能交通系统工程学科的过程中，对系统科学、智能交通我是一窍不通，这些相关的知识我都是通过自学和实践来获得的。在初接触公交公司智能化调度指挥工程时，我对智能交通系统工程设计不了解，为此我就通过自学和去欧洲考察学习，最后完成了“北京公共交通智能化调度指挥系统及第一期示范工程”总体设计及七个子系统的设计，又组织实施这个工程。因此，我认为每个人都必须具有在工作中自我学习、自我充实、自我提高的能力，只有具有学习能力才能不断创新。

⑦ 要有团结协作能力。今天，做任何大的工程和研究都要和许多同志合作才能完成，如我主持的“北京公共交通智能化系统工程”项目就组织了一百多位合作者（包括 6 个专业的教师和不同工种的职工）。大的工程项目和复杂的科研项目一般都是横跨几个专业、几个学科、几个工种，需要多个专业的专家进行合作才能完成。为此，必须要与大家精诚协作、共同努力才能实现目标。

⑧ 要具有一定的组织能力。干任何事情、任何工程，都要通过组织工作，包括组建队伍、组织攻关、采取相应的对策、不断地完善组织的结构等。要进行合作，就需要

能够把相关合作同志组织起来，共同攻关。在“北京公共交通智能化系统工程”一期工程中，组建了近150人的队伍，包括两个大学（北方交通大学与北京航空航天大学）和公交总公司的职工，包括七八个专业的教授、工程师及硕士、博士、博士后。要完成此工作，没有一点组织能力是不行的。

⑨ 要有健康的身体。没有健康的身体，就完成不了大的工程和重要的科研攻关。我自身为了适应工作需要，坚持锻炼，提高身体素质，这也是最基本的要求。我先后进行了几项重大研究项目，都是经历了许多不眠之夜后，才完成了工作。

⑩ 要具有锲而不舍、坚持不懈、克服一切困难、不达目的不罢休的顽强精神。我们必须具备这种做工作就要坚持到底的精神，只有这样才能实现要达到的目标，我从事交通运输系统工程新学科建设的过程就很能说明这个问题。我从 1976 年开始产生创建交通运输系统工程学科的想法，直到 1986 年学校建立“交通运输系统工程研究所”，一共用了 10 年时间。为建立这个学科，我先后在学术领域要了八年的饭，从要饭到有饭，再到选饭、上水平，最后实现目标。建立交通运输系统工程学科的硕士学位点、博士学位点用了 20 年（1976—1996 年）时间，在这中间遇到了许许多多的困难，一个一个都克服后，才实现目标。

总之，回顾我的成长过程，总结成功经验，使我感悟到这十点。最后也是最重要的一点就是，要具有一种革命创新的事业精神，用这种精神来统率上述的十个具体要求，才能最终实现自己的目标。

1.3.2 我的团队建设经验

几十年的实践经验表明，要使我们的团队有战斗力，就必须增强团队成员的传统文化修养。为此，我于 1986 年开始推行和发扬我们自身形成的文化三风：首先是队风，要求做到团结、勤奋、奉献和创新；其次是学风，要求做到拼搏、刻苦、踏实和认真；最后作风，要求做到谦虚、谨慎、文明和负责。

我以身作则推行这三风，同时要求我的团队和研究生们在工作、学习和研究中都要遵循这些作风。我们创建的系统工程研究所，40 多年来一直都在推进三风建设，大家都受到了激励和鼓舞，从而推动了学科建设，也产生了一批科研成果。团队推行的“三风”建设，对学科建设、科研成果产生了无形的影响。

1.3.3 我的研究生培养经验

在近 70 年的交通人生中，我先后培养了博士后 3 人、博士 24 人、硕士 140 余人。目前，这些毕业生分别从政（其中有 1 名成为部长、1 名成为副省长、18 名成为厅局长）、从教（教授、副教授 30 多名）、从企（企业总经理、总工程师及在外资企业工作 40 余人），先后有多名学生去美国、英国、澳大利亚、法国、德国留学读博、工作。

在研究生培养中，我一直坚持对他们进行理论与实践相结合的能力培养，结合国际项目、国家项目、省市项目、企业项目的研究与工程建设，使硕士、博士研究生通过课堂学习和项目实践，逐步形成以下 8 种能力。

1. 语言表达能力

每个研究生都应具有良好的语言表达能力，能够把具体问题说清楚。在接触领导和参加会议时，能把问题描述清楚，这是科技工作者必须具备的基本条件。

2. 文字能力

在工作、学习中，作为科技工作者，要能用文字把问题描述清楚，这是研究生进入社会的最基本要求。

3. 英语能力

当前，学术的国际交流日益频繁。作为科技工作者，参加国际学术会议时要能够用英语演讲，能与国外同行用英语交流正在从事的科研工作。同时，每个科技工作者也都应该能用英文进行写作，只有这样才能把自己的科研成果向国际发表。因此，科技工作者必须具备较强的英语能力。

4. 计算机能力

当今社会是信息化社会，科技工作者必须具备计算机能力，能够较熟练地使用计算机软件完成工作。当前，各行各业的工作都离不开计算机。为此，我要求研究生必须熟练地使用计算机，以适应当今国家和社会的需要。

5. 数学能力

数学不仅是计算工具，同时也是思维工具。随着社会的发展，各种工作都要用到数学分析能力，要求员工能用数学来表达对事物的认识。为此，我要求研究生一定要学好数学这门课程，掌握一定的数学分析能力，具备用数学来表达事物的现状与未来发展的能力。

6. 组织能力

当前，学术活动和社会上的各项工作都离不开组织。在科学研究活动中，需要科技工作者能够根据任务要求来进行人力、物力和财力的组织安排。为此，我要求研究生都要具备一定的组织能力，尽量抓住机会，多参加有关活动，从中锻炼和提高自己。

7. 系统思维和逻辑分析能力

学习系统科学和逻辑科学，需要具备一定的分析能力。对遇到的工作和任务，能进行符合逻辑的判断和系统的分析推理，这是对研究生的基本要求。为此，我要求研究生能够对遇到的问题进行分析、推理、判断，最后得出正确的结论。

8. 创新能力

社会的进步和科学的发展都是以创新来推动的。大到一个国家，小到一个企业、一个部门，都要求不断创新，因为只有创新才能有发展。科技工作者更需要不断地创新，要能提出新点子，找出新路子、新办法。因此，我要求研究生必须具备创新能力，在科研实践工作中不断地提升自己的创新能力，唯此方能使事业在创新中得到发展和壮大。

以上8种能力，是我从长期的教学经验中总结出来的。当然，这些能力不可能在研究生几年的学习生活中通过培训一下子就能达到，而是应该把它作为今后长期发展的目标，随着个人经验和事业的发展，不断地学习和总结，逐步完善和提高。

我自己的这些能力也是在实践中逐步提高、由弱到强的。人的一生是短暂的，我们必须要根据形势的发展去培养学生，同时自己也要有危机感，因为历史在前进，事物在发展，若跟不上形势，必然要掉队。

1.4 获世界华人交通运输终身成就奖（COTA）

COTA 国际交通科技年会是在中国举办的顶尖国际交通学术会议，目前已经成为交通运输行业海内外学者、专家、行业组织和政府机构共同参与的年度学术盛会。第十五届 COTA 国际交通科技年会主题是“高效、安全和绿色综合交通”。此次会议为交通系统中创新性方法和先进技术的建立和运用提供交流和分享国际经验的平台，包括美国工程院院士在内的国际著名交通运输领域专家及多位国际交通运输领域顶级期刊主编出席，来自美洲、欧洲、亚洲、澳洲、非洲等 20 余个国家的 100 余名海外学者前来参会，总参会人数达 700 余人。

在此次会议的开幕式上，我因近 70 年在交通领域做出了一些贡献从而被授予“终身成就奖”，殷亚峰主席为我颁发终身成就奖奖牌（见图 1.1）。

图 1.1

颁奖词如下：

颁奖词

张国伍教授是北京交通大学资深教授，博士生导师。1929 年出生，1952 年毕业于北方交通大学，历任北京交通大学经济系教研室主任、管理科学研究所研究室主任、系统分析研究所研究室主任、系统分析研究所副所长、所长。

近70年来，张教授一直从事运输管理工程和系统工程两个学科领域的科学研究工作，运用交通运输系统工程理论与方法提出了“三通四流”理论，与上海铁路局共同研究提出了“结合部管理”理论。张教授先后主持了多项对国家有影响的重大交通工程项目，在海南省交通规划、三峡工程建设论证、鹰厦铁路电气化工程、浙赣铁路复线改造、深圳盐田与福建湄洲湾、河北黄骅港口建设等项目研究中做出了重要贡献。1995年以来，张教授在国外研究的基础上，创建了中国智能交通系统工程学科，主持完成了中国第一个智能交通系统示范工程“北京公共交通智能化调度指挥系统”的设计、开发与实施。作为中国交通运输系统工程学科的创始人，张国伍教授成果累累，桃李满天下。张教授先后获得国家科技进步二、三等奖各一项，省部级科技进步一等奖一项、二等奖两项，北京市人文社会科学奖一等奖和二等奖各一项，享有政府特殊津贴。张教授先后出版了《交通运输系统分析》《交通运输系统动力学》《交通运输规划决策支持系统》等16本专著，发表学术论文100余篇，为交通运输系统工程基本理论与方法的推广打下了坚实的基础。此外，张国伍教授还是《交通运输系统工程与信息》学术期刊的创刊主编，目前担任该期刊的名誉主编。张教授建立了中国第一个交通运输系统工程的硕士点和博士点，至今已培养硕士、博士研究生160余人，为中国的交通运输事业培养了一批又一批的人才。张国伍教授治学严谨，学风正派，大胆探索，勇于创新，有为祖国科学技术献身的精神，是北京交通大学杰出校友，更是交通运输领域的学术楷模、道德典范、工作模范。我们特此将终身成就奖颁给张国伍教授，以表彰张教授在中国铁路领域杰出的贡献。

第 2 部分　学科与学科理论建设

第 2 章 创建“交通运输地理学”学科

交通运输地理学研究的是人类交通运输经济活动的地域组织，核心问题是生产力的地域组合，能为国家、区域、城镇和工业区的生产力布局提供理论和规划依据。对交通运输地理学的基本理论问题进行比较深入的研究和探讨，对繁荣交通运输地理科学，对认识、掌握、运用生产力分布规律，回答生产力布局实践中的问题，都有现实意义。

2.1 学科创建背景

交通运输地理学一开始是作为经济地理学的一个分支，从 20 世纪 50 年代起，由于实践的需要和地理学的分化，交通运输地理学开始蓬勃发展，并逐渐成为独立的经济地理学的分支。

苏联学者在这方面的研究开始得比较早，对于交通运输与生产力布局的关系、区际运输联系和合理运输等研究得比较深入。1930 年，苏联的地理-统计学者伯恩施坦 · 科冈写出了《交通运输地理学概论》，这是早期不太成熟的系统论述之一。20 世纪 30 年代末，苏联综合运输研究所所长、苏联科学院通信院士 T. C. 哈恰图洛夫通过对国内外的交通运输考察，出版了《资本主义与社会主义的运输配置》，这是一本世界区域交通运输地理著作。苏联交通布局专家哈努科夫编写的《运输和生产配置》也是交通运输地理学的代表作，影响深远。

在我国，这门学科是 20 世纪 50 年代中期由苏联引入的。当时，我国经济建设的大量实践，给交通运输地理学提出了许多重大的理论问题和实际问题，急需给以理论概括和科学论证，以便使来自实践的理论能更好地反回来指导实践，更有效地为社会生产布局实践服务，进而在实践中进一步开拓交通运输地理学的研究领域，丰富和完善交通运输地理学的理论体系。

2.2 学科创建与教材建设

1952 年，我从北京铁道学院运输工程系大学毕业，被分配到铁道部设计总局工作。

1954 年 2 月，我调回北方交通大学任教，一开始被分配在运输系教授“国际联运”课程，后又调到经济系教授“经济地理”“运输地理”“运输布局”课程。由于大学未学过相关课程，在校授课期间我被派到教育部在中国人民大学举办的经济地理教师研究生班学习，主要学习经济地理学方面的内容。

在人民大学学习经济地理学期间，师从苏联巴达邵夫专家和中国经济地理学家孙敬之、吴传均等院士，系统学习了包括中国经济地理和世界经济地理在内的经济地理学。为提高经济理论水平，还深入系统地学习了《资本论》，并强化了俄语学习。由于我具备运输专业背景，在学习期间还与同班同学杨吾扬（后为北大教授）等合作，开展对交通运输地理学科的系统研究。

1. 翻译俄文版《运输配置》与《运输和生产配置》

在学习经济地理和俄文的过程中，结合交通运输专业背景，我翻译了两部俄文版的交通运输地理学方面的巨著：《运输配置》与《运输和生产配置》，分别于 1959 年在商务印书馆和科学出版社出版。

> 运输和生产配置是经济地理学中的一个重要问题，运输是社会生产力的组成部分，也是物质资料生产的必要条件，对生产配置和社会劳动生产率水平有巨大影响。但是在 20 世纪 50 年代到 20 世纪 60 年代，由于受当时条件所限，我国在从事经济建设时，有关区域资源合理配置的理念还远未形成，而我对这个问题的涉足，也只是因为学习、工作的需要。
>
> 《运输配置》（科学出版社出版，1959，见图 2. 1）对苏联各种运输业的发展和配置情况做了介绍，并对各种运输业地理配置形成的原因进行了分析和研究，详细研究和分析了各种运输业的运输网、技术装备、客货流地理，以及重要的运输枢纽、海港、码头及其发展远景。
>
> 《运输和生产配置》（商务印书馆，1959，见图 2. 2）介绍了生产配置的规律和原则，以及铁路定价的原则、特点及其对生产配置的影响。

图 2. 1

图 2. 2

这两本书的出版，对我国的地理经济工作者、财政经济部门和交通运输部门的工作者有极大参考价值。

2. 自编校本教材《运输地理》

从中国人民大学毕业回校后，我继续在学校经济系教授交通运输地理学，并尝试把运输和经济地理结合起来，开设了“交通运输地理学”和“生产力布局”等课程，当时这些在国内都处于领先地位。

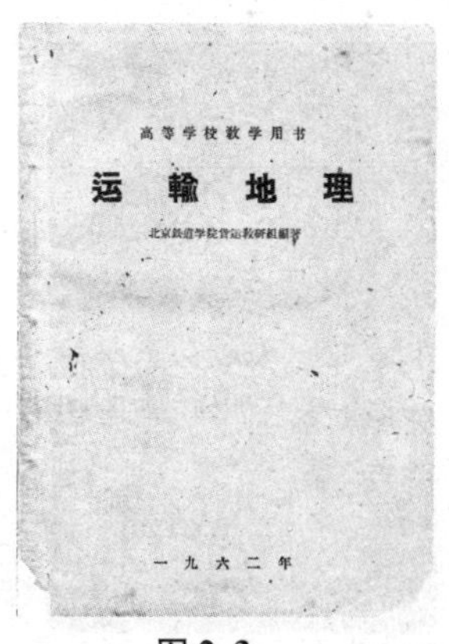

图 2.3

由于教学需要，我开始着手编写《运输地理》一书（见图2.3），1961年定稿，1962年成书，未正式出版，但通过了铁道部教材编审委员会的审定，一直作为运输经济和运输组织等专业的经济地理专业的教学用书使用。

在《运输地理》中，主要阐述了以下问题：我国生产配置的基本问题，运输与工业、农业配置的关系，我国工业、农业配置的特点，综合运输网、运输枢纽及各种运输方式配置的主要问题及配置特点，我国货流配置的主要问题及配置特点，以及经济区划与运输配置的关系等。

3. 组织编写《中国经济地理总论（运输地理部分）》

由于我在经济地理领域取得了一些成就，1958年，我被中国地理学会（具有百年历史的学会）吸收为经济地理专业委员会的委员，并在经济地理专业委员会中负责交通运输地理学分支的建设工作。

图 2.4

在中国地理学会工作期间，我主持编写“中国科学院中华地理志经济地理丛书”中的《中国经济地理总论（运输地理部分）》（见图2.4），图书编写工作于1958年开始，1959年编出初稿，先后两次收集意见进行修改，最后于1960年完成了全书编写工作，1965年在科学出版社出版。

这是我国第一本区域交通运输地理著作。在这本书中，重点对我国运输业发展的条件、特点、配置变化与货流情况等进行了综合分析，并做了比较系统、全面的科学描述，内容包括铁路运输地理、内河运输地理、海上运输地理、公路运输地理、航空运输地理、管道运输地理、货物和旅客运输地理等。

因为我们在这本书中首次开展了交通运输地理学学科理论的建树。所以，直到现在，我在经济地理学界仍有着较为广泛而深入的影响。

4. 编写《交通运输地理学》

1981年，我国经济地理学家、全国经济地理科学与教育研究会首任理事长孙敬之教授，组织经济地理工作者编写出版一套“经济地理学理论丛书”，该套丛书共包括8部经济地理学专著，《交通运输地理学》是其中之一。

由于在中国人民大学学习期间我与同班同学杨吾扬就已经开始了交通运输地理学方

面的研究工作，所以我们接受了这本书的编写任务。通过两年的共同研究和探讨，我们开创了交通运输地理学新学科，并编写了国内第一本《交通运输地理学》（见图 2.5），于 1986 年由商务印书馆出版。直到现在，这本书仍被奉为经典。

图 2.5

这本书是在我们多年从事教学、科研工作的基础上形成的。在编写过程中，特别注意了以下三方面：

① 以总结我国的理论成就和实践经验为主，同时吸收各国这门学科的最新进展；

② 立足于从地理环境和地域结构阐述交通运输问题，同时加入少量的技术经济和必要的国内外典型资料；

③ 采用定性和定量方法的结合，并尽量将二者融汇在一起，以提高理论的深度和应用的广度。

这是国内第一本专门讲述交通运输地理学的专著，全书共分 13 章，内容包括交通运输布局和交通运输网，交通运输网的一般理论，货流规划的理论和方法，交通运输与产销区划，吸引范围与交通线网形成的经济依据，交通点、线、网的模式，铁路的地理研究，水上航道和港口的地理研究，公路的地理研究，航空交通和管道的地理研究，城市道路交通的地理研究，交通枢纽的地理研究，区域工业布局中的交通运输地理研究。

目前，交通运输地理学已在经济建设中发挥显著的作用。同时，在交通运输研究中，作为基础学科的交通运输地理学，已成为这一新的领域的理论基础；在地理、管理和工程的协调中，它已开始由一门定性描述的学科转变为定量解释的学科。

第 3 章 创建“交通运输系统工程”学科

交通运输是一个复杂的巨系统。交通运输系统工程是通过系统工程与交通运输学的结合，在交通运输系统的建设与发展实践中形成的一门新的交叉学科。

3.1 学科创建背景

20 世纪 70 年代，系统工程学科开始受到人们普遍关注，应用系统工程理论于交通运输领域并解决综合交通运输的问题，是一个全新的课题。我在钱学森等老一辈系统工程专家的影响下，从 1979 年开始将交通与系统结合起来研究，进行了交通运输系统工程学科的理论建设和教学实践活动，对这一学科的不断研究、实践、认识、提高，使交通运输系统工程的理论逐步完善，并用于指导教学与科研工作。

3.1.1 系统工程思想的影响

1978 年，钱学森院士指出：“系统工程是组织管理系统的规划、研究、设计、制造、实验和使用的科学方法，是一种对所有系统都具有普遍意义的方法。”在对复杂大系统的理论方法进行深入研究的基础上，钱学森院士提出了开放复杂巨系统的概念，以及处理复杂大系统的方法论，即“从定性到定量综合集成法”，实现形式为“从定性到定量的综合集成研究”。按照传统说法，把一个复杂事务的各个方面综合起来，达到对整体的认识，称之为集大成。传统的集大成完全靠人脑实现，其作用是有限的。在信息时代，以计算机和信息网络为工具，通过人机结合和人网结合完全可以做到集大成。集大成理论是系统科学的一种新方法论，其理论基础是思维科学，方法基础是系统科学与数学，技术基础是以计算机为主的现代信息技术，哲学基础是马克思主义实践论与方法论，实践基础是系统工程的实际应用。

因此，系统工程是伴随着系统科学、信息科学、控制科学、管理科学及计算机科学的应用发展而形成的一门新学科。它的作用是从系统理论出发，对其服务和研究的对象，通过对系统目标的分解、协调、综合、优化与实施而实现系统的功能。

在钱学森院士的推动下，系统科学和系统工程学在我国实现了突破性发展。特别是他倡导与创建的系统科学更具有特殊意义，彻底改变了世界科学图景，使当代科学思维方式发生革命性转变。

对我国系统工程学科做出开创性贡献的还有一位专家——许国志院士。20 世纪 50 年代，运筹学作为一门崭新的学科刚刚起步，钱学森和许国志院士就敏锐地意识到其重要意义和广阔应用前景，并将这一新学科引入中国。许国志院士先后负责起草了新中国第一个科技规划中有关运筹学发展规划的篇章，筹建了中国第一个运筹学研究室并担任主任，撰写了大量有关运筹学方面的专著和文章，培养了中国第一批运筹学研究生。在此基础上，许国志院士深入到我国交通运输部门进行运筹学的推广和普及工作，他非常关心北方交通大学系统工程学科的建设及研究生培养工作，一生为系统科学和系统工程做了大量开创性的工作。

可见，交通运输系统工程学科是交通运输学科受系统工程思想影响的产物，是系统工程与系统科学向越来越多领域和学科渗透的必然趋势。

3.1.2 交通运输行业的发展状况

20 世纪七八十年代，我们对交通运输的认识一般仍停留在20 世纪50 年代苏联学者的方法论上，对单一运输方式进行分析多限于技术经济特性的应用，综合运输的理念也不过是把铁路、公路、水路、航空和管道几种运输方式进行简单叠加和组合而已。交通运输和综合运输的本质究竟是什么，国内外学者对其尚未提出一套完整的理论。与此同时，随着科学技术和社会的不断进步，包括交通在内的我国现代工业、生物及军事指挥等管理系统的规模越来越大，且呈日益复杂的趋势。对这种大规模复杂系统进行评价、设计、控制和管理，就必然要运用系统科学和系统工程的理论和方法。

系统科学具有广泛的应用性和较强的适用性，这使得自然科学、工程技术、社会经济等跨越各自学科界线成为一种可能，也正是由于系统工程思想对交通运输这类大系统的融入产生了较为广泛深入的影响，才使得长期困扰在交通运输和综合运输理论方面的一些问题越来越清晰。可以说，正是由于系统科学理论与方法在交通运输领域的应用与融合，才使得交通运输系统逐步走向综合化、自动化与智能化。同时，系统科学的发展推动了交通运输系统科学理论的发展。系统工程理论与实践的发展，在加快交通运输系统网络化组织、管理与建设的同时，也使人们对综合运输系统的组织与管理的认识得到逐步深化。

在此形势下，交通运输学科内融进系统科学而形成交通运输系统，则是必然趋势。

3.2 交通运输系统工程思想的形成

3.2.1 走进系统科学的大门

在交通运输领域从事教学和相关科研工作中，长期存在一个困惑我的问题，即对交通运输、综合运输、交通运输布局等学科的本质问题认识不清，特别是如何从理论上分析和认识交通运输更是不清楚，我们对交通运输本质的认识一直停留在 20 世纪 50 年代苏联学者提出的“运输是生产过程在流通领域的继续”，对综合交通的认识则仅仅“从各种运输方式的技术经济特征”上进行分析，即把铁路、公路、水运、航空、管道几种运输方式进行简单的叠加和合并就是综合运输。国内外从事交通运输领域研究工作的学者，也都没有从运输的理论上来分析交通运输的本质，在教学实践中也只是“就运输来分析和研究运输”，而对世界经济一体化及由此产生的全面综合运输系统则认识不清。

1975年，我开始接触系统科学，走进了系统科学的大门，通过对系统科学的学习和研究，在学术思想上豁然开朗，通过了解系统科学，特别是大系统理论以后，才逐步从中找到了运输系统形成与发展的理论基础，尤其是综合运输系统的形成和发展的理论基础，即来源于系统科学的理论。同时，我还参阅了大量有关系统科学的理论文献，深刻地认识到交通运输是一个大系统问题，而且是一个复杂大系统问题。为此我提出了要把系统科学与运输科学进行合成与交叉形成交通运输系统的新思想。在此思想的指导下，我开始进行交通运输系统的研究工作。

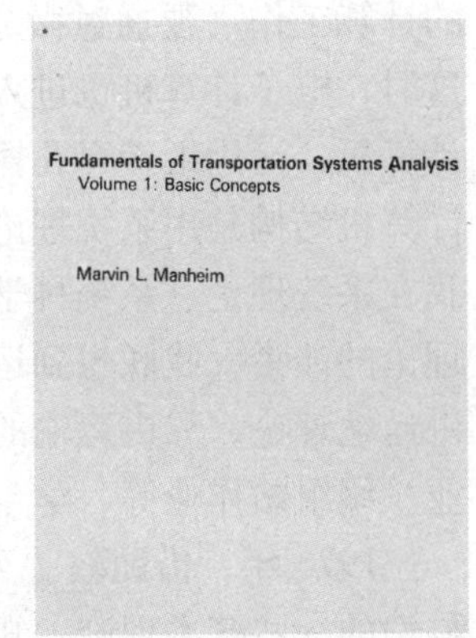

图3.1

1979年，我读到美国麻省理工学院Marvin L. Manheim教授编著的*Fundamentals of Transportation Systems Analysis*一书（见图3.1），该书中明确指出交通运输是一个系统对象，需要用系统科学理论来进行研究，并较完整地介绍了交通运输系统理论和交通运输系统分析理论。这样，中美两国学者在对交通运输作为一个系统对象的认识问题上取得了一致，达成了共识。

3.2.2　交通运输系统工程学的诞生

1978年，我国实行改革开放后，极大地推动了学术界、理论界的思想变革。在这个时期，我国著名学者钱学森教授，在国内首次提出了创建系统工程新学科的思想。在他的倡导下，我国于1978年组建了“中国系统工程学会”，倡导大家学习系统理论和系统工程学，号召大家运用系统科学理论去认识世界和改造世界。

系统工程学是一门强调应用与实践的科学。研究任何一个对象，必须要先从整体上进行全面考察，要从内部和外部的相互关系进行考察，通过对系统的分解、组合、分析，达到从无序到有序、从低级有序到高级有序的转变，从而逐渐形成系统工程的部门、行业等分支学科。

在这次学习系统科学的浪潮中，我也被卷入其中，试图从中为过去从事综合运输教学和研究工作中遇到的问题找到答案。

对于交通运输问题，首当其冲的就是对“交通运输”本质的再认识，这一认识必须通过研究现实的交通问题才能得到。我将系统科学融入交通运输学科，按这个思路开始新的教学和科研，先后带着一批研究生和教师深入到深圳、海南、三峡工程现场等诸领域进行实践。在实践中认识到，交通运输本身是一个系统对象，而且还是复杂大系统，这个系统的作用是“在社会发展中实现人和物的位移”，从而提出了“交通运输系统是一个整体的概念，需运用系统科学理论研究和发展交通运输，而运输本身只能说明其功能是运送旅客和货物，要完整实现‘运输’功能，则必须要建成‘运输系统’”。

通过实践我认识到，要解决交通运输的问题，应当有“交通运输系统工程”理论的支持，这是系统分析、设计和评价的基础。为此，我提出必须要把运输科学与系统科学进行融合，创建“交通运输系统工程”新学科的目标。基于这些思想和理论上的准备，我从1980年开始着手“交通运输系统工程学”的学科建设工作。

应该说，交通运输系统工程思想的形成也得益于我在机械工程系工作的经历。在机械工程系工作时，我教“内燃机车牵引计算”课程，这门课需要进行大量的非常烦琐的计算工作（要通过微分方程进行大量的运算后算出列车的合力，并画出合力曲线）。这时，电子计算机也进入高校，北方交通大学配备的是第三代电子计算机（半导体元件计算机，运用纸带穿孔输入），于是全校掀起了学习计算机的高潮，我也不例外。因为计算机结构是用系统理论来构架的，学习计算机就需要学习一些系统理论，从而推动了我在系统理论、系统科学方面的学习。结合自己的运输专业背景，通过计算机基础系统理论的涉猎，我联想到运输专业的基础理论问题，因为当时运输工程系的运输课程，不讲运输理论，只讲运输的具体作业过程，如行车作业、货运作业、客运作业、装卸作业、编组站作业等，学生学习运输专业都是死背作业过程。

1976年，借助教“列车牵引计算”课程的机会，我学习了系统科学，理解了系统科学的一些基本理论，知道了什么是系统、系统科学怎么形成的、怎么样进行系统分析等内容。结合学过的运输管理课程，我认识到运输应该是一个完整的系统，若采用系统科学原理解释运输系统运行机理，把系统科学和运输管理科学结合起来，就可以形成交通运输系统工程的新思想，进而提出了“交通运输系统分析”的新思路，并进一步明确了发展交通运输系统的构思和创建这门新学科的目标。由于交通运输系统工程新学科需要把系统科学和运输管理结合起来，把铁路、公路、水路、航空、管道等多种运输方式结合成一个整体，即交通运输大系统，所以我就把管理科学研究所运输研究室改名为运输应用系统分析研究室，开展运输系统分析的研究。

应用系统科学解决交通运输的问题，特别是创建一门独立的交通运输系统工程学科，并不是多数人能够认可的。当时有不少老专家持反对意见。但我认为这是一门新的学科，应该坚定不移地研究下去。之所以有这样的决心，基于以下两个原因：

第一，得到了宋健和钱学森院士的支持。两位院士是当代系统科学的权威，是我国系统科学的创始人。当时我找到了宋健同志，向他请教交通运输系统这一概念是否成立的问题（见图3.2）。宋健同志说：“运输是一个系统，用系统理论分析运输是正确的。”通过宋健同志我又请教了当时任国防科工委副主任、中国系统工程学会理事长的钱学森教授，钱老也同意这一思想，说美国麻省理工学院就是以交通运输为背景来讲系统科学的。得到宋健和钱学森教授的支持后，使我坚定了研究交通运输系统的决心，并开始对运输问题进行更深入的思考。通过进一步研究可以看到，交通运输业本身也是一个系统，如铁路运输由机、车、工、电、辆五部分组成，要发挥各自的作用，就必须通过系统这一整体，缺一不可，因此可以用系统理论来分析交通运输。后来，我又开始产生了把系统理论与交通运输业务结合起来建立“交通运输系统”的新构思，进一步提出创建“交通运输系统工程”新学科的设想。不过，这种设想是否能够成立，我还是不敢肯定，于是再次请教宋健和钱学森院士，征求两位系统科学创始人的意见，两位院士非常支持交通运输是一个系统的说法，并同意我提出的建立交通运输系统学的意见，鼓励我进行这门学科的探索。

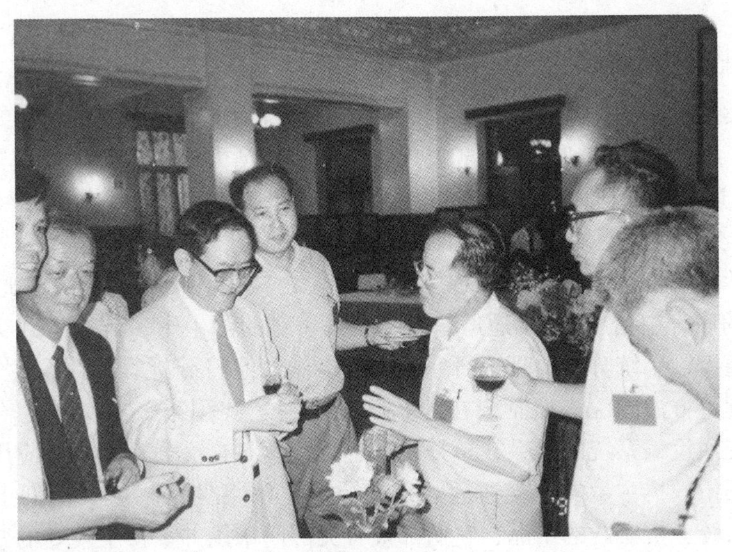

图3.2

第二，国外学术界的启发。美国麻省理工学院将 Marvin L. Manheim 教授编著的 *Fundamentals of Transportation Systems Analysis* 作为大一学生的基础必修课教材，目的是使学生们通过交通运输来理解系统理论。该校的每个学生，不论是哪个专业，都要学习这门课，通过这门课来提高学生对系统科学的认识。

在这两方面的支持下，我更加坚定了创建“交通运输系统工程”新学科的决心和信心。经过不懈的努力，20世纪80年代，交通运输与系统工程相结合的“交通运输系统工程学”诞生了，并由此进入了一个新的发展时代。

3.3 学科建设

学科建设一直是我们工作的核心。1978年，在系统科学思想的指导下，我把系统科学与交通运输科学进行融合与交叉，在当时北方交通大学的管理科学研究所下设立了交通运输应用系统分析研究室，并开始讲授“交通运输应用系统分析”等课程。1986年，学校将交通运输应用系统分析研究室升格为交通运输应用系统分析研究所，明确该研究所的中心任务是进行交通运输系统工程学科建设。学科建设主要分为以下两个阶段。

1. 理论建设阶段

这个阶段的学科建设工作主要是结合承担的交通运输系统工程项目进行。我们先后进行了“交通规划的系统评价理论与方法”研究、建立交通运输系统模型等工作，例如，“深圳海岸港口合理分工的哈博模型”“上海综合交通枢纽分析理论”“海口城市交通综合发展理论”“北京铁路枢纽站群合理布局理论”“长江综合运输网布局理论”及“北京公共交通智能化调度工程理论与方法”等。通过这些系统工程项目的实践，总结出有关交通运输系统工程领域的基础理论和若干专题理论，提高和丰富了交通运输系统工程学的理论。

2. 研究生培养教学实践阶段

在总结实践经验进行理论建设的同时，我们进行交通运输系统工程研究生培养的教学实践工作。根据教学和研究生培养要求，我们在教学方面先后开设了“交通运输系统分析”“交通运输系统动力学”“交通运输通道与网络”“交通运输方案评价”“交通需求与供给”“交通运输网络优化”等课程与专题讲座。

中国科学院院士、中国系统工程学会创始人之一张钟俊教授为《交通运输系统分析》一书写的序言中指出：“交通运输系统工程学科的师生十多年深入到交通运输第一线，进行交通运输系统分析的理论研究和实践工作，他们不断学习，不断实践，不断总结，并进行理论方法的深入概括，在此基础上主编了我国第一本交通运输系统分析专著，建立了交通运输系统的体系，填补了系统工程学科在交通运输领域应用理论方法的空白。由张国伍教授主编的《交通运输系统分析应用案例集》就是他们十几年以来从事交通运输系统分析实践的结晶，它们都被有关部门采用并取得了较好的效果，在理论方法上各具特色。通过这些应用实践和案例分析，将会进一步促进交通运输系统分析的实践发展与理论建设。张国伍教授十几年来在这方面付出了辛勤劳动，在国内交通运输系统工程领域做了开创性工作。希望交通运输系统工作能继续努力坚持实践下去，这样交通运输系统分析这个新领域的理论与方法必将得到不断的发展。”图 3.3 所示是我和张钟俊教授讨论工作的照片。

图 3.3

3.4 教材建设

到1996年，即交通运输应用系统分析研究所建所十周年之际，我们已先后出版了14本专业教材。其中特别重要的两本是《交通运输系统分析》《交通运输系统分析应用案例集》。这两本书概括地总结了交通运输系统工程的8大基础理论和3个基本方法，它们的出版，标志着交通运输系统工程新学科已经初步形成。

3.4.1 《交通运输系统分析》及其案例集

通过前面提及的几个工程项目的研究和开发，我们根据交通运输系统工程的实践与探索，进一步总结出交通运输系统工程学的8大理论问题，并总结出交通运输系统工程运用的3种方法。在系统工程的科研实践和研究生教学的基础上，我主编了国内第一部《交通运输系统分析》教材和《交通运输系统分析应用案例集》。

1. 交通运输系统分析

《交通运输系统分析》这本书是在我们十年来对交通运输系统新学科研究、实践、建设、发展的基础上完成的，1991年12月由西南交通大学出版社出版，1996年获铁道部第三届优秀教材奖，如图3.4所示。

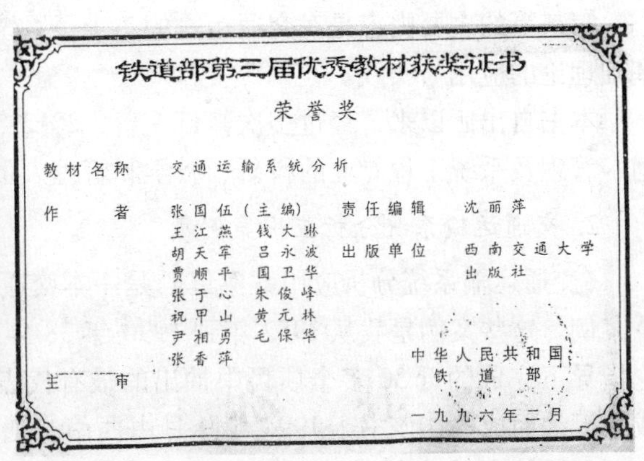

铁道部第三届优秀教材获奖证书

荣誉奖

教材名称 交通运输系统分析

作者 张国伍（主编） 王江燕 钱大琳 胡天军 吕永波 贯顺平 国卫华 张于心 朱俊峰 祝甲山 黄元林 尹相勇 毛保华 张香萍

责任编辑 沈丽萍

出版单位 西南交通大学出版社

主审

中华人民共和国铁道部

一九九六年二月

图3.4

1）图书特色

本书以系统分析的思想、原理和方法，来认识、分解、分析和描述交通运输体系，并完整地介绍了交通运输系统分析的基本理论和基本方法，具有以下特色。

① 以系统科学、交通运输学为主干，以经济学、管理学、决策学、数学、运筹学、

计算机学等的内容、方法为辅助，对交通运输系统进行了分析和描述。

② 完整地介绍了交通运输系统分析的 8 个基本理论，即：交通运输需求与供给理论、交通运输网络系统分析理论、交通运输通道系统分析、交通运输枢纽系统分析、交通运输安全系统分析、交通运输组织与管理、交通运输经济系统分析、交通运输系统评价与决策等。

③ 介绍了交通运输系统分析的 3 个基本方法，即交通运输系统模拟、交通运输系统动力学和交通运输决策支持系统。

④ 对交通运输七个子系统进行了完整的介绍和分析，包括区域交通、铁路、水路、公路、航空、管道及城市交通子系统。

⑤ 书中介绍的理论与方法都来源于科研实践，一般都有相应实例说明，便于读者理解和掌握。

⑥ 为使读者对交通运输系统有较全面和深入的了解，在分析问题时，书中注意定性与定量相结合、整体与局部相结合、理论与实践相结合、外部条件与内部条件相结合。

2）图书内容

本书的理论体系是以大系统的理论来认识、分解、分析和描述交通运输业，重点放在交通运输业的规划、计划、运营组织管理方面，内容分成三篇。

第一篇为绪论，内容主要是阐述系统科学，系统分析，交通运输系统的产生、发展，以及交通运输系统布局与规划的原理和方法。

第二篇介绍交通运输系统分析的基本理论与主要方法。这是本书的核心，阐述了 8 个彼此相关的基本理论，从运输需求与供给分析开始，以交通运输系统评价与决策作为终结。

第三篇的主要内容是对交通运输的 7 个子系统分别进行系统分析，是前两篇介绍的基础理论的应用与实践。

本书自出版以来，经过多次修订完善，2012 年 7 月第 6 次印刷，为培养交通运输规划、管理及系统工程专业的科研、教学和管理人员做出了重大贡献。

2. 交通运输系统分析应用案例集

《交通运输系统分析应用案例集》是一本交通运输系统分析研究成果选编集，共 10 个案例。这些案例是我从 1952 年到 1990 年 38 年间主持研究的在交通运输系统工程理论指导下完成的近 30 多个项目中抽出的最有代表性且影响较大的项目，是我精选研究成果汇编而成的，该书于 1994 年 9 月由西南交通大学出版社出版，并获得了北京市第四届哲学社会科学优秀成果一等奖，如图 3. 5 所示。

本书内容包括：我国区域交通系统（海南省交通发展战略 1 篇）、城市交通系统（北京市交通综合体系发展战略、提高北京地铁承担总客运量比重方案等 3 篇）、铁路运输系统（铁路枢纽站群系统、提高哈尔滨铁路枢纽综合能力网络系统等 3 篇）和水运港口系统（长江干流航运发展战略、三峡工程航运效益等 3 篇）等方面计 10 篇研究报告的主要部分，这些成果都经国家或省（部）市级鉴定，基本上已被相关部门采纳或付

证书

《交通运输系统分析·交通运输系统分析案例集》荣获

北京市第四届哲学社会科学

优秀成果 一 等奖。

北京市第四届哲学社会科学

优秀成果评奖委员会

1996年12月

图 3.5

诸实施，效果显著，部分成果获得国家或省（部）市级科技进步奖。

本书的出版，为从事交通运输规划、管理、决策及交通运输系统分析专业的科研、教学和决策人员带来了福音。

3.4.2　交通运输系统动力学

在进行交通运输系统工程学科的研究中，我从 1986 年开始接触系统动力学。交通运输系统动力学以系统动力学和交通运输系统分析学为其理论基础，并结合了系统科学、经济科学、决策科学、计量经济学、应用数学及计算机科学等学科，各学科相互交叉并渗透，是在多年实践与研究的基础上形成的。系统动力学具有以下几个特点：

① 系统动力学把复杂系统内部各要素之间的联系，都归结于因果反馈关系，因此其研究方法也侧重于分析因果反馈回路。它认为系统运动的规律来源于系统的内部结构，分析问题时应从内部结构开始，寻找因果反馈回路，建立“结构-功能”模型。

② 进行系统动力学研究时，应根据系统研究的对象、目的和性质，首先确定系统边界，在边界之内分析系统组成要素，找出要素之间的相互联系及因果关系，然后用流程图和结构方程式将关系加以定量描述，模拟系统的整体行为。系统结构是决定系统功能的内因，是系统的内部描述，而功能是结构的外部表现。

③ 系统动力学在分析社会经济系统的长期动态趋势时有其独到之处。采用系统仿真方法进行长期动态模拟，既不受描述方程高阶非线性的限制，也不受时间的约束，还可以在模型中引入制约因素，研究系统在随机干扰情况下的行为机制。数据不完整并不影响趋势分析，因为多重反馈环的存在使系统行为对大多数参数的敏感性减弱，所以在缺乏数据的情况下，仍可对系统进行研究。

④ 系统动力学为政策分析提供了良好的方法。它在建立模型时，考虑了政策因素对社会经济系统的作用，这是其他系统分析方法无法比拟的。因为它把政策作为系统的内部变量，使之成为系统内部结构的重要组成部分，因此它为研究政策实施后的效果创造了条件。

⑤ 系统动力学处理问题直观形象，便于与决策者进行直接对话。在建模过程中大量采用了因果关系图、系统流程图等非常直观的手段，便于建模者与决策者沟通。同时，在政策模拟时，借助计算机图形、表格技术，易于使决策者直接参与人机对话，进行政策模拟。

在熟悉了系统动力学所具有的特点后，我就产生了一种想法：系统动力学作为一种分析社会经济系统的理论和方法，能否引进到交通运输系统工程学科中来，如果能引进来，必将进一步充实和丰富交通运输系统工程学科的理论与方法，而且我还想到交通运输系统又是一个不同于工业、农业等行业的社会经济大系统，它是国民经济的大动脉，是社会生产和生活的必要条件。这个大系统还具有独特的功能、复杂的结构，其产品不能储存，运输力不能转移，信息量不仅大，而且传输、反馈、控制与协调等方面还十分复杂，更给这个系统带来了复杂性。此外，人的参与和人与社会环境关系的紧密性等，使交通运输系统分析中应用系统动力学理论方法的复杂性和难度加大。

基于这样的认识，我提出了创建交通运输系统动力学的构思和目标，并于 1988 年开始了这方面的研究。首先是把系统动力学应用到长江三峡工程航运效益分析上，并取得了较好的效果。在此基础上，我于 1988 年申报了国家自然科学基金项目，希望能得到国家的资助。感谢国家自然科学基金会对我们的帮助，批准了我们的申请，于是我带领几位教师和研究生开始了这个新领域、新问题的研究，并在项目研究中培养了这方面的人员，员伟革、张颖、雷黎、邓晓春四位研究生都在这项研究中完成了其硕士学位论文。

通过近三年的研究和探索，完成了国家自然科学基金会资助项目的研究任务，同时开始着手编写《交通运输系统动力学》。我们在系统动力学专家、北京航空航天大学胡玉奎教授和复旦大学王其藩教授、航天部于景元教授、西安交通大学汪应洛教授、上海交通大学王浣尘教授的支持和帮助下，完成这本专著的撰写工作，并在西南交通大学出版社社长蔡梦贤教授的支持下，于 1993 年 4 月出版了这本专著。

本书以动力学为框架，综合其他定性、定量方法，应用于交通运输领域，分析交通运输系统的结构及其动态发展机制，进行政策模拟试验，解决交通运输发展战略问题。本书的出版，为从事交通运输规划、管理、决策的人士及交通运输系统工程专业的科研、教学和决策管理人员带来了福音，被国家新闻出版署评为一九九三年度优秀图书，如图 3. 6 所示。

本书全面、完整地阐述了交通运输系统动力学的基本原理和方法。全书共分 10 章，初步构成交通运输系统动力学的理论体系，各章内容如下：第 1 ~ 3 章介绍了交通运输系统分析、交通运输需求分析、交通运输供给分析，它们是交通运输系统动力学的基础理论；第 4 ~ 8 章分别介绍了交通运输系统动力学的基本方法，包括交通运输系统基本

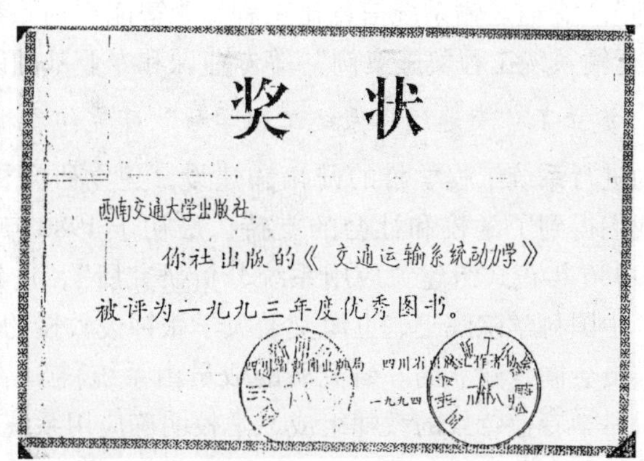

奖　状

西南交通大学出版社：

你社出版的《交通运输系统动力学》被评为一九九三年度优秀图书。

四川省新闻出版局　四川省出版工作者协会

一九九四

图 3.6

因果关系分析、交通运输供需协调基本反馈机制分析、交通运输系统动力学模型设计（包括区域综合交通系统动力学模型、铁路运输系统动力学模型、水路运输系统动力学模型、公路运输系统动力学模型、航空运输系统动力学模型、城市交通模型）及交通运输系统动力学模型的参数估计；第 9 章介绍了交通运输系统动力学模型的检验；第 10 章详细介绍了交通运输发展政策的计算机模拟试验。

3.5　学科现状

通过 30 多年的不断学习、研究、提高与创新，交通运输系统工程学科已建立起来，并得到了社会承认，取得了丰硕成果，具体表现在以下几个方面。

1. 得到了国家的认可

1986 年，国务院学位委员会批准北方交通大学建立交通运输系统工程硕士学科点，挂靠在北方交通大学应用系统分析研究所，至此我们开始了国内首批交通运输系统工程硕士学位研究生的培养工作。1996 年国务院学位委员会批准北方交通大学设立交通运输系统工程博士学位点（这是全国第一个该领域的系统工程博士点），2000 年培养出国内第一批交通运输系统工程博士。

2. 制定“交通运输系统工程学科”硕士学位、博士学位研究生培养方案

经过多年的教学与实践，我们研究并制定出交通运输系统工程专业硕士学位、博士学位研究生培养方案，培养方案不仅包括扎实的理论基础（基础理论、专业基础及专业课程），还要求具备 5 种能力（外语表达能力、语言和文字表达能力、数学表达能力、计算机应用能力和独立从事交通运输系统工程项目研究的分析与方案设计能力），同时要具备 5 种知识（系统科学理论知识、应用数学知识、计算机软件知识、交通运输业务知识、相关经济理论知识），这些都是围绕高级交通运输系统工程人才的培养目标而制定的。应用系统分析研究所先后开设了“系统工程原理”“运输系统工程”“计算机模

型与模拟”“交通运输系统网络分析”“系统辨识与建模”“交通运输系统动力学”“经济系统分析”“运输市场经济分析”“交通运输系统结合部管理”“交通运输企业有效系统管理”“交通运输系统信息化工程”“智能交通系统工程导论”“系统政策分析”及“交通运输系统工程实施案例”等专业课和专业基础课。

3. 建立了“交通运输系统工程学科”研究组织机构

为进行系统工程学科的开拓和建设，建立研究机构是十分必要的。通过多年的努力，我们得到了学校和社会的支持，最初于1980年建立了“交通运输系统工程研究室”，1986年正式组建“应用系统分析研究所”，这是在我校顾问教授、中国系统工程专家、中国科学院院士、上海交通大学张钟俊教授的直接参与和帮助下，并得到国务院学位委员会同意建立的。研究所的成员由系统科学、通信科学、控制科学、信息科学、计算机科学专业背景的教师组成。学校明确应用系统分析研究所的主要任务是“交通运输系统工程专业学科与硕士、博士点建设”。研究所成立后，我们分别深入到海南、深圳、广东、上海、北京等地进行交通建设实践。通过近30年的努力，与我国交通运输主管部门、大专院校、科研院所及相关企业进行了广泛接触，教学、科研与人才培养紧密联系，使应用系统分析研究所成为宣传交通运输系统工程学科的重要基地。

此外，1988年经海南省政府批准，北方交通大学和海南大学研究决定，组建海南交通运输系统工程研究所。1990年，与广东江门五邑大学合作建立五邑大学交通运输系统工程系和交通运输系统工程研究所。这些都使交通运输系统工程学科不断扩大。

4. 建立了具有一定规模、一定水平的科研队伍

应用系统分析研究所建所30多年来，先后培养了200多名交通运输系统工程硕士和博士研究生。目前应用系统分析研究所已由建所初期的7人发展到40多人，其中教授由7名增加到8名，有博士学位的教师已达20多名，已基本建立了学科的专业队伍，专业背景广，包括系统工程、数学、经济、交通运输、计算机、自动控制、市场经济等专业，为我国发展交通运输系统工程学科而努力工作。

5. 建立了交通运输系统工程模拟实验室

为进行交通运输系统工程项目设计与试验，在建所初期我们即重点筹建系统工程模拟实验室。为加快学科建设，铁道部（当时北方交通大学隶属铁道部）批准系统工程模拟实验室为部级重点学科实验室。通过多年的不断充实和提高，目前系统工程模拟实验室已具有一定规模和水平，可承担大型交通系统工程项目的模拟、设计与试验等工作。1999年北京公交总公司智能化调度指挥中心的重大工程项目的设计与试验就是由该实验室完成的。

6. 理论建设与科研开发并举，取得双赢的成果

交通运输系统工程学科的建设主要是通过承担国家科研项目实现的。从学科建设初期到现在一直坚持以学科建设为中心、以承担国家科研项目为重点、以研究生培养为手段的学科建设目标，并围绕学科建设目标进行所有的科研项目组织。几十年来，培养的硕士、博士研究生先后分配到国家部委和有关院校从事交通运输系统工程的规划、建

设、教学、科研等工作，亦有几十位毕业生被送到美国、英国、德国、澳大利亚、加拿大等国深造。他们在各自的岗位上，都做出了重要贡献。

7. 建立了学科的应用市场

本着对建立高水平交通运输系统工程学科的执着追求，通过多年承担国家和有关部门的科研任务，并与交通运输部门、铁路、港口、车站等运输企业共同合作，应用系统分析研究所已与交通运输市场建立了稳定的联系，形成了交通运输系统工程学科的应用服务市场。这个服务市场包括3个层次：①国家政府部门市场，如科技部、交通运输部、民航总局、建设部等不断给我们提出要求及安排任务；②省市地方政府部门市场，我们分别与北京市、深圳市、海南省、安徽省、广西壮族自治区等建立合作关系，他们不断委托我所完成研究课题任务；③交通运输企业市场，我们先后与北京铁路局、上海铁路局、济南铁路局、广州铁路局、日照港务局、长江航运局、宁波港务局、广西壮族自治区交通厅、北京市交通委员会、北京市公共交通总公司、北京市出租汽车公司等建立了长期合作关系。这些合作使交通运输系统工程学科在省、市、中央部委及交通运输企业中找到了服务市场。

8. 得到了系统科学界、中国系统工程学会的大力支持

通过几十年的科研、教学与应用的实践和探索，我们得到了钱学森教授的赞赏与支持。同时，我国系统工程领域的著名科学家，如张钟俊教授（院士）、宋健教授（院士）、汪应洛教授（院士）、王众托教授（院士）、王浣尘教授、于景元教授、韩文秀教授等，都亲自到研究所进行指导、讲学，培养青年教师。中国系统工程学会也为交通运输系统工程的发展提供种种便利条件，使我们熟悉和掌握国内外系统科学界的发展与现状，同时也使系统科学界了解我们的工作情况。除此之外，许多著名的系统科学界教授、专家还参加我们主持的科研项目鉴定，担任应用系统分析研究所的兼职教授，如中科院院士、我国系统工程学科创始人之一张钟俊院士从建所伊始就担任我所顾问教授，一直给我们年轻的交通运输系统科学工作者提供支持和帮助。天津大学刘豹教授、西安交通大学汪应洛院士、上海交通大学王浣尘教授及钱学森院士的助手于景元教授都应聘来我所担任兼职教授，定期进行讲学与指导。美国麻省理工学院世界著名的系统科学专家李天何教授亦来我所指导和讲学。有了这样一批高水平的系统科学专家的大力支持，极大地促进和发展了交通运输系统工程的学科建设与人才培养。

第4章 创建"智能交通系统工程"学科

智能交通系统是交通系统的发展方向，它将先进的信息技术、数据通信传输技术、电子传感技术、控制技术及计算机技术等有效地集成，运用于整个地面交通管理系统，建立起一种在大范围内、全方位发挥作用的实时、准确、高效的综合交通运输管理系统。智能交通系统工程，是智能交通系统与系统工程的结合，其根本任务是实现交通运输的"智能化"。

4.1 学科创建背景

4.1.1 欧洲考察受启发

1991年和1992年，我先后随着国家科委智能交通考察组赴德国、法国、英国（见图4.1）、比利时、荷兰等国家考察。在此期间，我们也和美国智能交通协会主席开始了接触。通过实地考察，看到智能交通在这些国家取得的成绩和效果，使我认识到发展智能交通是我国现代交通发展的必然趋势。回国以后，国家科委成立第一批中国智能交通专家委员会，吸收我为成员。

图4.1

1995年8月，我参加了以国家科委工业司石定寰司长为首的中国科技代表团访问欧盟（见图4.2），与欧盟负责交通的贝克曼先生会谈，他建议中国通过发展智能交通系统来推动中国交通的现代化发展。我们回国后，向当时国务委员、国家科委主任宋健汇报了欧盟的建议，宋健国务委员同意在中国推动智能交通的建设与发展，这个新的科技开发信号给我们带来了极大的启发。

图4.2

1997年，中国政府与欧盟委员会在北京联合召开了第一次中欧智能交通国际会议（见图4.3），这次会议由交通运输系统工程学会承办，会议在北京长城饭店召开，由中国政府国家科委主任宋健和欧盟交通委员贝克曼共同主持。到会专家有300多人，其中欧盟专家来了近100位，我国交通部门和大学、企业关心智能交通的专家、学者、企业家来了近200人，应该说这是中国发展智能交通的动员会、宣传会、推动会，会后全国掀起了发展智能交通的热潮。

图4.3

4.1.2 承建北京公交智能交通示范工程

在智能交通发展热潮初始，北方交通大学批准成立由我负责的智能交通研究中心（高校中第一个智能交通研究中心）。考虑到智能交通不是纯理论问题，而是实践性很强的科学，所以我认为必须找一个实践的对象。在当时对智能交通既不了解，也没有实践经验的情况下，我以北京市人民政府交通顾问（见图4.4）和北京公交集团顾问的身份，向市政府和北京公交集团提出在北京公交搞一个智能交通示范工程的建议。

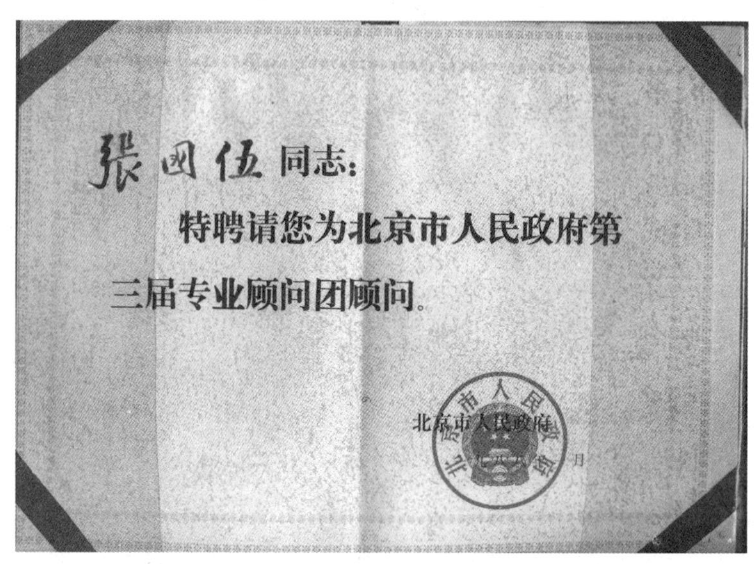
張国伍同志：
特聘请您为北京市人民政府第三届专业顾问团顾问。
北京市人民政府

图4.4

这项建议得到批准后，市政府责成我负责。在与北京公交集团的老总和书记到比利时布鲁塞尔参加世界智能交通大会时，考察了德国、法国、荷兰智能化公交的建设情况，欧盟委员会对北京发展智能公交表示赞同，并提供技术等方面的支持。

这次国外考察后，北京公交集团和交通运输系统工程学会达成了在北京公交集团搞一个示范工程的共识，这项工程也得到了国家科委和北京市科委的支持。为实施这项示范工程，成立了由我负责的北京公交智能化示范工程领导小组，由北方交通大学、北京航空航天大学和北京公交集团共同承办。

示范工程总体设计方案包括7个子系统，即总体子系统、调度平台子系统、通信子系统、车载设备子系统、卫星定位子系统、公交网络子系统和人员培训子系统。这些子系统由北方交通大学、北京航空航天大学、北京公交集团的行业专家和研究生组成的工作组负责实施，我担任总设计师。

这项工程分了6个阶段，包括方案设计与评审阶段、设备采购阶段、研发制作阶段、施工阶段、运行调试阶段和交工验收阶段，总共用时四年，于1999年10月1号前夕完成，得到了北京市政府和北京公交集团的认可，北京市政府把这一项目作为新中国成立50周年的献礼项目。

4.2　学科建设与教材建设

4.2.1　学科建设

北京公交智能交通示范工程这个项目北京市投资了 3 200 万元，取得了试验的成功。在这一重大工程项目的实施中，我运用系统工程理论与方法作指导，结合科研与工程实践，培养了一批智能交通的硕士、博士研究生。

这是中国的第一个智能交通系统工程，我们通过实践从无到有地建立起来的北京公交智能化示范工程，使我对智能交通系统有了更进一步的了解。在这四年多的工程实践中，我们开创性地做了以下工作：

①第一次提出了智能公交系统工程的理论框架，推进了中国智能交通的发展；

②第一次设计出智能公交的 7 个子系统和智能公交的总体设计方案；

③第一次进行智能交通系统工程的实践。这是一个完整的智能交通运输系统工程的实践，从中总结出了交通运输系统工程实践的方法论。

通过这个工程，我们培养了一批公交智能化工程的人才，包括北京交通大学和北京航空航天大学两所大学的科研人员及公交集团职工。通过这个工程，我也培养了首批智能交通系统工程专业的四个博士生和两个博士后。通过这个工程，也使我对智能交通系统工程有了更进一步的认识。

1. 对智能交通的认识

智能交通系统是一个有人参与的复杂大系统，它有广义和狭义之分。广义的智能交通系统是指交通运输系统的规划、设计、实施与运行、组织、管理过程都实现智能化；而狭义的智能交通系统则主要指交通运输系统的运营管理与生产组织的智能化，其实质就是利用信息科学、通信科学、计算机科学、控制科学及人工智能科学等高新技术，对传统的交通运输系统进行改造，从而形成一种“以信息化为基础，以现代通信和计算机为手段，以安全、高效、服务为目标”的新型现代交通运输系统，实现交通运输系统管理的“智能化”。“智能化”一般应具有以下特征：①具有感知能力；②具有记忆与思维能力；③具有学习能力及自适应能力；④具有行为能力；⑤具有表达和决策能力。

2. 对系统工程的认识

我国著名学者钱学森教授对系统工程下的定义是：“系统工程是组织管理系统的规划、研究、设计、制造、实验和使用的科学方法，是一种对所有系统都具有普遍意义的方法。”因此，系统工程是以大型复杂系统为研究对象，按一定目的进行设计、开发、管理与控制，以期达到总体效果最优的理论与方法。

系统工程是包括多门工程技术的一大门类，也是高度综合的实用性很强的工程技术。在大型系统工程项目的开发中，逐渐形成以系统工程的方式处理问题的基本框架结构，即时间维、逻辑维和知识维的三维结构。这三维结构形象地描述了系统工程研究的特点，具有以下物理意义：

①“时间维”反映了系统实施的过程；

②“逻辑维”表示了系统工程的方法和解决问题的步骤；

③“知识维”包括智能交通的各种知识，其中包括社会科学、智能交通运输科学、工程技术科学、系统工程科学和艺术科学等。

4.2.2 教材建设

1. 智能交通系统工程导论

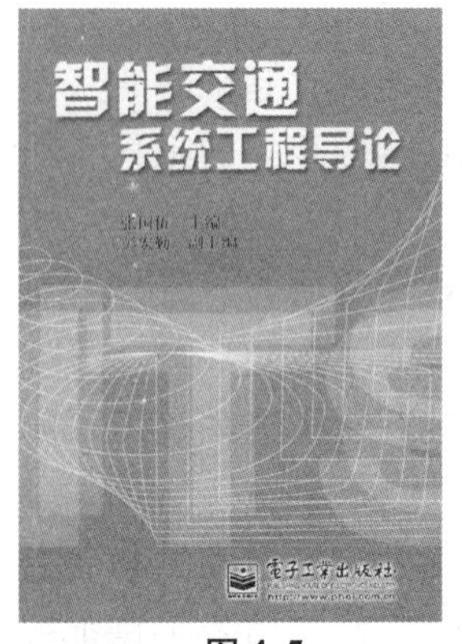

图 4.5

在北京公交智能化示范工程这个项目的实践基础上，形成了较为系统的理论体系。为适应科研、教学与工程建设的需要，我编写了《智能交通系统工程导论》（见图 4.5），并于 2003 年 9 月在电子工业出版社正式出版。

本书是我于 1996 年开始从事智能交通系统工程的理论与实践、教学与研究的一个综合性的成果，本书亦是在我主持的“北京公共交通智能化调度系统工程”项目实践基础上编写的。这是首次把智能交通运输与系统工程结合起来并以智能交通运输系统的实践为背景而编写的一本专著，主要对交通运输系统的生产组织和经营管理实施“智能化”工程的技术理论与实施方法进行阐述。

全书共分 5 大部分 15 章。第 1 部分全面介绍了智能交通运输系统工程的发展；第 2 部分介绍了智能交通运输系统的相关技术；第 3 部分是智能交通运输系统专题；第 4 部分介绍了大型智能交通工程项目的开发方法与建立智能交通运输系统综合信息平台；第 5 部分以案例形式介绍了北京公交智能调度系统工程的设计实施框架。

本书的出版，为推动全国各地正在进行的智能交通系统建设起到了积极作用，为培养应用系统工程的理论、方法去分析、处理问题并进行工程实践的人才起到了推动作用。

2. 交通运输规划决策支持系统

1993 年，我承担了铁道部科技司下达的“繁忙干线重载扩能资金运用辅助 DSS”的研究任务，其目的是把 DSS（decision support system，决策支持系统）理论与方法应用到交通运输规划中来。

我们本着探索交通运输规划 DSS 理论与方法的目的，组织了交通运输规划人员与计算机应用专业人员，边学习，边研究，边实践，在总结我们过去已做过的有关交通运输规划项目的实践基础上，开展了这项新课题的研究，先后用了两年半的时间完成了该项科研任务，并于 1995 年通过了铁道部鉴定。

这是一项成功的探索。基于我国多年来交通运输系统规划理论与实践的发展，基于我们对计算机辅助决策支持系统方法的学习与运用，本项目中我们把交通运输系统规划与 DSS 先进的理论与方法结合起来，建立交通运输系统规划决策支持系统的新理论、新方法，并编写了《交通运输规划决策支持系统》一书（见图 4.6），于 1996 年在中国铁道出版社出版。

《交通运输规划决策支持系统》这本书分三篇，共15章。

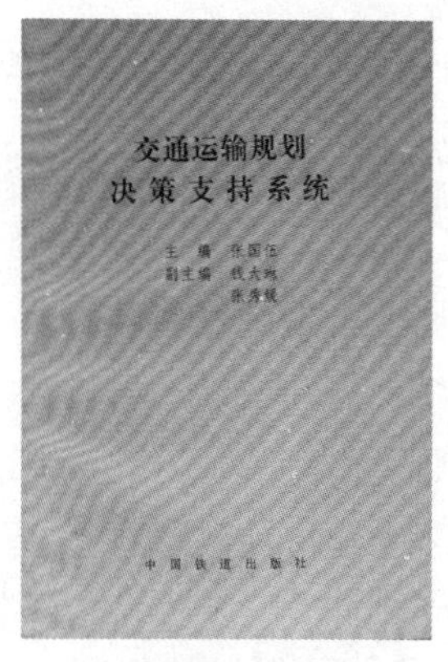

图4.6

第一篇为交通运输规划决策支持系统导论，主要内容有：交通运输规划的目的、制订程序和原则，规划与决策，交通运输规划决策支持系统的定义、结构。

第二篇介绍了交通运输规划的重要理论和方法，它们是交通运输需求预测理论，交通分配理论及模型，包括平衡、非平衡、多货类和多方式分配模型，交通运输网络的均衡、协调及优化理论；交通运输规划的指标及规划方案的综合评价模型。

第三篇阐述了开发交通运输规划决策支持系统的思想、方法及技术，包括交通运输规划决策支持系统的相关学科、系统的开发策略及开发计划，系统的多种开发技术，几个子系统的结构、设计原则及设计中存在的问题；系统与外界及系统内部各要素间的相互集成性；系统的应用，人员的培训，系统的评价指标及方法，最后给出了决策支持系统的运用案例。

本书的出版，对于交通运输业领导干部、管理人员、规划人员，以及计算机应用系统开发、设计人员都有很好的参考借鉴作用，在一定程度上促进了智能交通的发展。

3. 综合交通枢纽协调与智能化管理工程

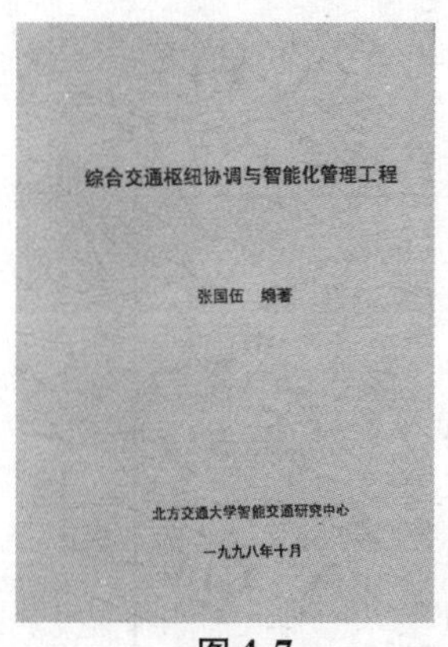

图4.7

1998年，我国各方面对ITS的研究、实践和经验都处于正在开发的初级阶段，理论探索也刚刚起步，但出于博士生的教学需要，我们编写了《综合交通枢纽协调与智能化管理工程》这本书（见图4.7），作为校本教材使用。

《综合交通枢纽协调与智能化管理工程》这本书，是在我们十几年来研究综合交通的基础上撰写的，其中有关智能交通（ITS）部分则是1995—1998年之间学习探索研究的成果。书中所提出的部分观点，是在国家科委下达的由我主持的“上海综合交通枢纽规划协调与智能化管理”课题研究的基础上，结合我的观点总结出来的。

本书共分9章，主要内容包括绪论、综合交通枢纽的基本特性、综合交通枢纽的目标、综合交通枢纽协调规划的基本内容、综合交通枢纽经济圈分析、综合交通枢纽协调规划评价体系的研究、综合交通枢纽协调管理的探讨、综合交通枢纽ITS的研究，以及综合案例分析——上海综合交通枢纽协调规划的探讨。

第 5 章 创新学科理论

在我近 70 年的交通人生中，共提出了 4 个颇有影响力的学科理论。

5.1 四流三通理论——海南综合交通规划

本项目获得海南省科学技术进步一等奖，北京市哲学社会科学和政策研究优秀成果二等奖（见图 5.1）。

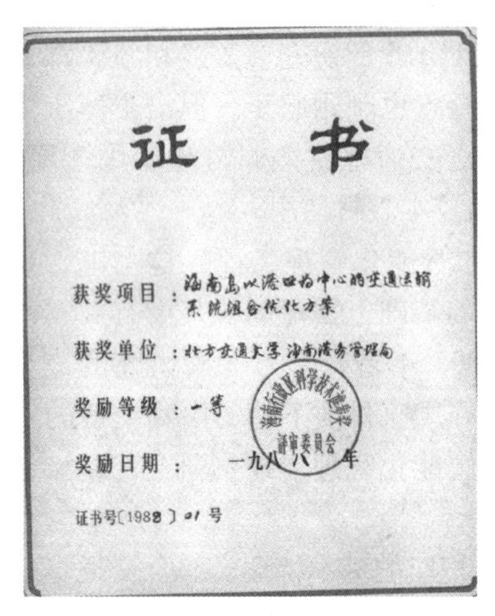

证书

获奖项目：海南岛以港口为中心的交通运输系统组合优化方案

获奖单位：北方交通大学 海南港务管理局

奖励等级：一等

奖励日期：一九八八年

证书号〔1988〕01号

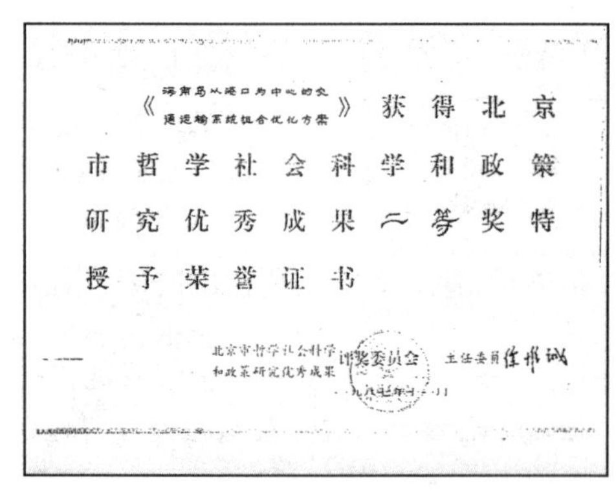

《海南岛以港口为中心的交通运输系统组合优化方案》获得北京市哲学社会科学和政策研究优秀成果二等奖特授予荣誉证书

北京市哲学社会科学和政策研究优秀成果评奖委员会

图 5.1

5.1.1 理论提出背景

海南岛地处我国南海，是我国第二大岛，气候温暖，资源丰富。它同台湾岛一起，并称我国的宝岛。党的十一届三中全会以后，中央做出了关于加速海南建设的重要决策，为海南岛的开发与经济建设创造了有利条件。

然而，海南岛虽然经过三十多年的社会主义建设，在经济上取得了较大的发展，但由于原来基础薄弱，技术水平低，而且起步也晚，所以同沿海各省市和地区相比，同世界富裕国家和地区相比，它能源落后，科技人员缺乏，建设资金不足，远远不能适应开发建设海南的需要。特别是在交通运输方面，全岛只有 180 km 铁路、12 788 km 公路，港口的吞吐能力也很紧张，深水泊位不足。岛上公路虽已基本成网，但路面情况极差，二级公路只占 0.2%，三级公路只占 4.5%。海南岛的这种交通现状，同它的经济开发与建设是极不相称的，仍然是很落后的。

1984 年 4 月 13 日，第七届全国人民代表大会第一次会议决定设立海南省，建立经济特区，梁湘为第一任省长。为了适应海南经济特区发展的需要，加速海南省的交通建设，在中国港口协会的具体组织下，1988 年，我应海南省政府梁湘省长邀请主持编制海南省全省综合交通运输发展战略规划。具体操作中，我代表北方交通大学运输系统分析研究室同海南港务管理局，共同承担了“海南岛以港口为中心的交通运输系统组合优化方案”的科研任务。这一科研任务的主要目标是：

①提出海南岛以港口为中心的交通运输系统的功能、技术水平和发展规模；

②提出海口、洋浦、八所、三亚、清澜等诸港在海南港口系统中的功能、任务、布局及其发展规模；

③提出海口、洋浦、八所、三亚、清澜等港口的疏运系统建设布局优化方案；

④提出海南岛由沿海、内河、铁路、公路、航空等运输方式所组成的运输系统中各种运输方式的分工协作、布局、组合优化方案；

⑤提出海南岛以港口为中心的交通运输系统建设布局分阶段实施发展的意见。

根据上述目标，从 1984 年 10 月开始我们做了理论准备和组织准备，组织了由系统科学、数学、铁路、水运及电子计算机等专业人员参加的课题组；在理论上，确定了运用系统分析的理论和方法来完成课题的研究工作，制订了研究工作的作业流程和课题研究大纲，最终提出的方案如下。

海南以港口为中心的交通运输系统推荐方案意见

海南岛是我国第二大岛，面积 3.4 万 km^2，呈椭圆形，东西长 258 km，南北长 180 km。从岛内运输看来，无论是货运或客运，其平均运程都不会太长。同时由于海南岛是一个岛屿，四面环海，孤悬海外，结合海南经济发展规划，要发展其经济，必然要发展其同外界的联系，具体表现为陆岛流（大陆与海南岛之间的客流、货流）、国际流（海南岛与世界各国间的客流、货流），而海南的交通运输系统正是实现这些基本功能的手段。基于海南岛的上述情况，海南交通运输系统应具有以下三个特点：

①以港口为中心。全岛要以港口为收发点进行岛上交通运输的规划；

②岛内的陆上交通运输系统应以公路为骨干，进行多种运输工具的组合；

③从岛内客货流向来看，其运输密度以南北方向为大，且东部客流较大，西部货流较大。

…………

5.1.2 理论内容

我在主持这项科研任务时，为了奠定海南全省交通运输发展的基础，结合海南省的具体情况，我提出符合海南交通发展战略的“四流三通”理论。

1. 四流

首先，我提出要抓住海南省的四种交通流进行预测分析，这四种流（见图5.2）的内容如下：

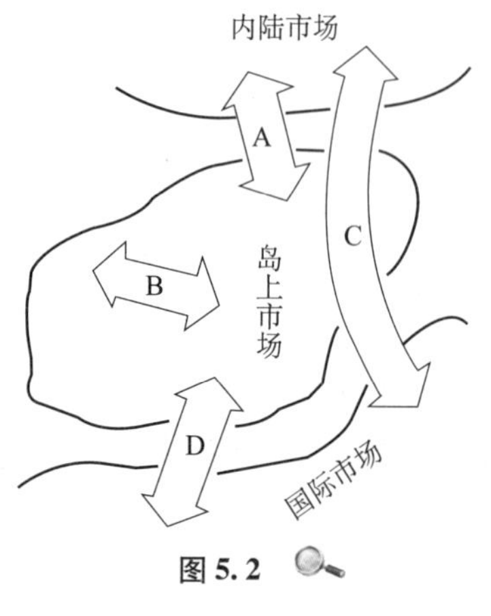

图5.2

① 陆岛流（A）：主要指由内陆流向海南省的交通流，预测出进出岛的客、货交通流，这是海南的主体流。陆岛流是海南省对外运输联系的主要部分，以后有较大的发展空间。

② 岛内流（B）：主要是指由于岛内地区间发展不平衡和专业化分工不同形成的客、货交通流，即需要测出在海南岛内的各经济点间及海南岛全岛经济网上的客、货交通流，测算出全岛内部的客、货交通流，从而形成海南岛内的交通流。

③ 中转流（C）：由于海南省是我国最大的特区，享有优惠的开放政策，所以这种区域性明显差异的政策，导致形成一种跳板式的运输中转联系，表现出的是以海南岛为中转的客、货交通流，即由内陆通过海南岛到国际市场，由国际市场通过海南岛到内陆市场的客、货流，从而形成海南省的客、货交通流。

④ 国际流（D）：主要是指由海南省进出口的客、货运输量形成的海南省的客、货交通流。这部分交通流包括由内陆到海南岛加工后再运送岛外的货流。

对海南省进行综合交通运输规划，主要应把上述四个交通流弄清楚，预测出前期、中期和未来十年的客、货交通流量（分品种和客运结构）。

2. 三通

根据四个交通流的流量、流向及结构进行海南省交通综合运输网的设计，我提议规划和设计出三个综合运输通道。

① 岛内通道：负责海南岛内各个社会经济点之间的运输联系，需要能随海南自身社会经济发展而发展。

② 陆岛通道：负责海南岛的对外运输联系。这是当时海南岛对外运输的主通道，担负对外运输的95%，要求与国内运输系统的发展相适应。

③ 国际通道：这是由海南岛天然的海上通道性质决定的。随着海南经济的发展，这个通道应该有广阔的发展空间。

根据四个交通流、三个通道进行全省的交通运输规划和布局，我们又提出为适应四流三通的要求在海南省建立海口和三亚两个综合交通枢纽的建设规划，以适应未来海南省四个交通流的发展需要。此外，为了与国际交通流结合，提出了在海口和三亚建设国际机场的规划。

5.1.3　理论应用成效

我对海南建省后编制的第一个全省交通运输战略综合规划，主要是以交通运输系统理论为指导，运用交通流和节点理论进行实体研究，最后提出了海南省第一个综合交通运输规划。根据海南省的自然地理特殊性、社会发展特点和经济联系的格局提出的海南交通发展四流三通理论，勾画出了海南交通发展战略研究的基本框架，在此基础上提出海南交通运输系统综合网络规划，梁湘省长批示："原则上赞成二项建议，待研究落实。因财力有限，可逐步实施。"如图 5.3 所示。

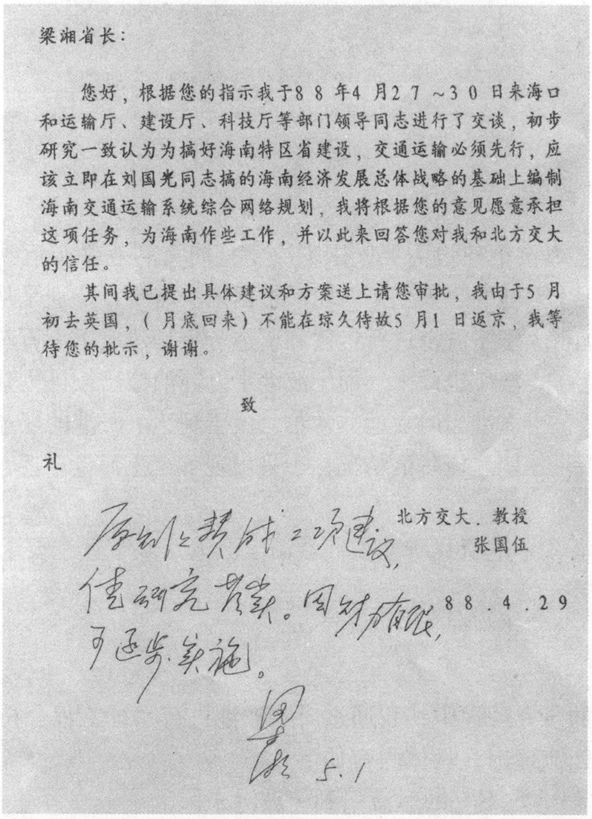

梁湘省长：

您好，根据您的指示我于88 年4 月27 ~30 日来海口和运输厅、建设厅、科技厅等部门领导同志进行了交谈，初步研究一致认为为搞好海南特区省建设，交通运输必须先行，应该立即在刘国光同志搞的海南经济发展总体战略的基础上编制海南交通运输系统综合网络规划，我将根据您的意见愿意承担这项任务，为海南作些工作，并以此来回答您对我和北方交大的信任。

其间我已提出具体建议和方案送上请您审批，我由于5 月初去英国，（月底回来）不能在琼久待故5 月1 日返京，我等待您的批示，谢谢。

致

礼

北方交大．教授

张国伍

88.4.29

原则上赞成二项建议，待研究落实。因财力有限，可逐步实施。

梁湘 5.1

图 5.3

这个规划最后得到海南省政府梁湘省长的批准，并通过召开全省交通工作会议对其进行了丰富，最后实行。目前海南省的全省交通建设仍然根据我们编制的第一个全省交通规划执行。这个规划获得海南省科技进步二等奖。

5.2　四流理论——救活宁波港

宁波港（见图 5.4）由北仑港区、镇海港区、宁波港区、大榭港区、穿山港区组成，是一个集内河港、河口港和海港于一体的多功能、综合性的现代化深水大港。现有生产性泊位 309 座，其中万吨级以上深水泊位 60 座。2013 年，宁波舟山组合港全年货物吞吐量达到 8.09 亿 t，超越上海港，位居世界第一。2014 年度宁波舟山港实现货物总吞吐量 8.73 亿 t，牢牢占据货物总吞吐量世界第一大港的宝座。

图 5.4

5.2.1 理论提出背景

20 世纪末，因上海宝钢建设需要，国家决定把澳大利亚铁矿运到上海。当时，运送澳矿到上海需要使用十万吨的超大型矿石轮。根据国家需要，特别是从海上运送澳矿的需要，国家决定对我国特大型宁波港进行扩建和改造，于是建成了十万吨泊位。但由于各种原因，宝钢建设推迟了，澳矿也没来，而宁波港十万吨泊位已按计划建成，这样宁波港的十万吨泊位就空闲了。上海港当时货运非常忙，由于到达上海港的船舶在上海港没有空闲泊位，就出现了上海港压船、压货的情况，于是出现了“上海港压船、压货，宁波港没得吃”的现状。

交通部和宁波港领导邀请我研究如何救活宁波港。基于这个要求，我带领学生到宁波港区进行调查研究。

5.2.2 理论内容

在开发宁波港的研究过程中，我通过对宁波港进行系统工程分析，创造了引流、吸流、挖流和创流的四流理论。具体内容如下。

① 引流：把上海港吃不完的船流引到宁波港来。

② 吸流：把沿海地区的货流吸引到宁波港来。

③ 挖流：把宁波地区潜在的货物运输流挖出来。

④ 创流：利用宁波港的优势，与地区发展需要结合起来，创造出新的货流。

5.2.3 理论应用成效

在宁波港系统工程分析过程中，我们充分利用宁波港的优势进行这四个流的分析，最后测算出宁波港的货物吞吐量。四流理论实施之后，不仅宁波港吞吐量大增，由过去“吃不饱”变成“吃不完”，而且也缓解了上海港“吃不了”的压力。

此项研究得到了当时宁波港务局和中国港口协会的表扬。

5.3　铁路运输结合部管理理论

“结合部”现象普遍存在于社会、经济等诸多领域，随着社会分工的不断细化，部门间、工种间的“结合部”问题变得越来越突出，常常引起部门配合中推诿、扯皮，成为薄弱环节。

我代表北方交通大学与上海铁路局共同进行的铁路运输结合部管理理论的研究，是受上海铁路局局长（后为我国总检察长）韩杼滨同志的邀请而完成的，是系统工程理论应用于铁路运输系统安全管理实践中的一项有意义的探索和尝试。图5.5所示为我代表北方交通大学聘请韩杼滨同志为我校兼职教授的照片，图5.6所示为结合部理论研讨会现场的照片。

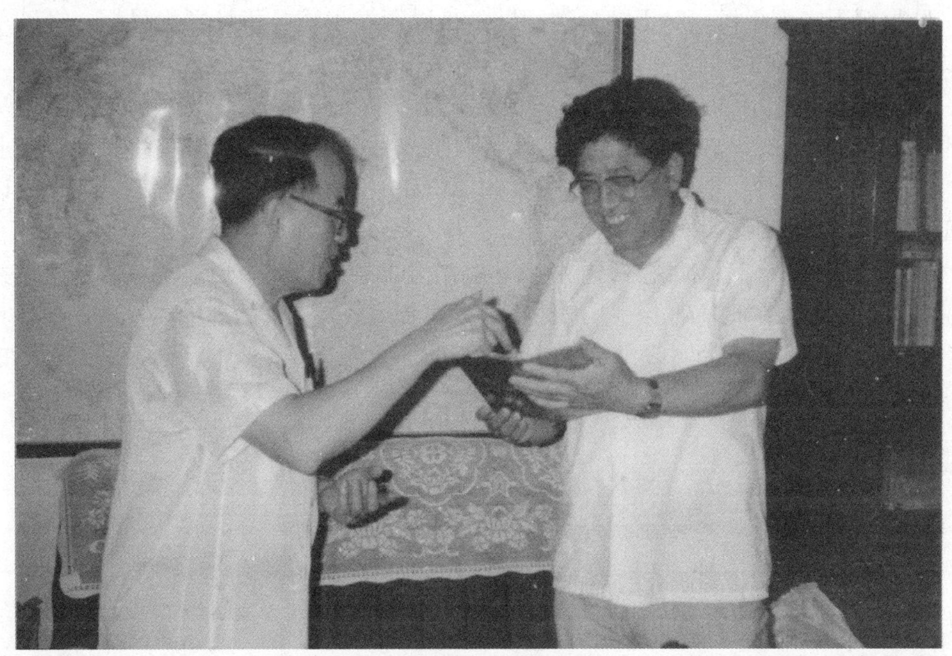

图5.5

图5.6

本项目研究所获得的铁路运输结合部管理理论，既为强化铁路运输系统管理开创了新的模式，又进一步丰富了交通运输系统工程的理论和方法。

5.3.1 理论提出背景

铁路运输生产是在复杂的、动态的环境中进行的，只讲分工，容易在时间和空间、数量和质量等方面脱节；没有有效的综合，内耗、空费和失控现象就不能很好地解决。按照管理的“整－分－合”原理，必须在分工的基础上，进行强有力的组织管理，使各方面同步协调，有计划、按比例、综合平衡发展，才能创造出新水平的生产力。

交通运输结合部是客观存在的事物，但它又依附于所在区域的自然环境、经济环境和社会环境。随着经济发展和交通运输服务水平的提高，交通运输结合部的管理内容又具有不同的内涵。

20 世纪五六十年代，对于结合部问题，是以车站运输日班计划为目标，打破单位界限，把同一班次的不同工种组织起来，以联劳协作的形式进行处理。

20 世纪 60 年代末和 70 年代初，一度推行过“站区一元化”，试图从体制上解决结合部问题，即把车站所在地区的机务、车辆、工务、电务、水电、建筑、生活等专业部门划归车站统一领导。但是，在实践中某些单位和地区的横向经济承包，出现了“以包代管”的情况及其他一些偏向。

20 世纪 80 年代，上海铁路局在铁路运输结合部管理研究中形成了一些理论，并在实践中加以发展，在此基础上，上海铁路局邀请我用系统工程的理论和方法，结合其在铁路运输结合部问题上的实践，对结合部问题进行研究，从实践上升到理论，再用理论指导实践。

5.3.2 理论内容

1. 交通运输结合部管理研究的内容

交通运输结合部管理研究的基本内容如下：

① 结合部的基本特征；

② 结合部的运动轨迹和运行规律；

③ 结合部的结构特征和结构改善，结合部协调组织及矩阵组织的形成和发展；

④ 结合部协调的途径和手段，结合部控制的形式和方法，结合部联控的机理和加强联控的基本途径；

⑤ 结合部信息的管理；

⑥ 结合部管理的评价。

2. 结合部的基本特征

交通运输结合部管理的研究对象，是交通运输各部门、各单位之间主要交叉作业点上的协调配合问题，即横向间的联系问题。研究的目的是发挥系统的整体功能，确保运输安全，提高运输效率和服务质量。从一般系统理论和一般管理科学角度看，结合部具有以下特点。

① 从系统角度讲，系统管理一般包括系统设计、分析、实施、评价、改进等阶段。结合部管理主要解决系统实施阶段中的问题，重点是系统协调。

② 从管理角度讲，管理的职能主要包括预测、决策、计划、组织、指挥、协调、控制等，结合部管理主要针对组织、协调、控制等管理职能进行研究，而对决策、预测等职能较少涉及。

③ 从维度上讲，结合部不仅在横向间存在，而且在纵向间也存在，因为纵向间也有脱节、失控，也有扯皮、推诿，也需要协调，但它往往可以通过行政手段加以解决。因此，结合部有广义和狭义之分，狭义的结合部指横向间的结合部，广义的结合部包括纵向、横向两个维度。我们所论述的结合部管理主要针对横向问题。

④ 从内容上讲，交通运输系统运输生产和经营管理的内容十分广泛，仅运输的安全、能力、服务三个方面形成的结合部管理问题，就已经成为制约交通运输组织管理的发展和深化的关键和突出的薄弱环节。

3. 结合部的运动轨迹和运行规律

1）结合部的运动轨迹

根据结合部形成机理，结合部的运动轨迹可从以下几方面来描述：

① 在基本法规和标准的导向下运行；

② 在严格的时序和时限中运行；

③ 在确定的网络中运行。

从层次结构上看，高层次的结合部对低层次的结合部具有管理功能，将不同层次和同一层次不同性质的结合部组成一个纵横交错的运行和管理网络。

从信息流动来看，结合部是大网络中的信息传递环节。这种信息传递是一环扣一环的。中间环节运行受阻，意味着信息流通不畅，导致系统运转失灵，因此结合部运行必须遵循信息传递规则，众多的结合部信息传递形成了信息流通网络。

从铁路运输作业过程看，上一环节的作业与下一环节的作业紧密相连，密切衔接。同时，在质量控制中，上道工序为下道工序服务并提供质量保证，下道工序对上道工序进行质量监控和验收，并提供反馈信息。这样各工序的连续作业（平行作业、交叉作业）构成相互制约的作业网络。结合部的作业必须遵循确定的网络轨迹运行。可以这样讲，结合部的运动轨迹是一张特殊的“网络图”。

2）结合部的运行规律

通过对结合部形成机理和运动轨迹的研究，以及对结合部运行情况的考察，发现结合部的运行呈现出一些带有普遍性的规律，具体如下：

① 在运输生产中，相关要素随机组成功能块；

② 在统一规定下，诸要素协调动作；

③ 在矛盾转化中，不断趋于优化；

④ 在高度离散的信息中，有规则地运行；

⑤ 在相互作用中，呈现明显的“骨牌”效应；

⑥ 在权威要素主导下，发挥整体功能；

⑦ 在“接口”处，集中反映结合部的结构状态；

⑧ 在复杂多变的环境中，有序循环。

4. 结合部的结构和组织

结合部的诸要素通过一定方式，按一定要求有机联系起来，构成功能块。诸要素间相互联系的内在结合方式，便是结合部的结构。诸要素间按照一定的规则和要求形成的排列、组合，就是结合部要素联系的具体方式，即结合部的组织。

1）结合部结构的先天不足

构成结合部的要素，分属不同的管理子系统。在结合部运行中，任何一个独立要素对结合部整体功能的发挥，都可能有否决权。另外，结合部是在运输作业过程中应某项功能的要求而产生的，作业完毕，功能实现，有关的结构联系即告结束。所以，与一般系统结构相比，结合部结构存在先天不足之处。主要表现在以下 3 个方面。

① 结构体系松散。结合部中的人员和设备都分属不同部门管理，各自都有明显的“边界”，很难使这些要素形成一个紧密的结构，这是由缺乏总体设计和缺乏集中管理造成的。

② 结构稳定性差。在运输生产过程中，结合部的结构一直处于动态变化之中，因而它的结构稳定性差。

③ 结构的抗干扰性差。

2）结合部的结构改善措施

结合部在结构上存在的缺陷，制约着结合部功能的发挥，致使结合部成为交通运输系统突出的薄弱环节，结合部结构的改善就显得十分重要。调整途径有调整布局、优化组合和增加冗余几种形式。

3）结合部的管理组织

结合部管理组织有“协调组织”和“矩阵组织”两种基本形式。

矩阵组织结构图，是将纵向项目单位和横向职能部门所担负的任务、职责按矩阵组织要求所形成的结构体系图。它是实施重点项目的依据，也是实行矩阵管理的手段。

5. 结合部的协调和控制

1）结合部的协调

结合部要素的功能必须满足两方面的要求：一是服从结合部要求，二是服从行政隶属系统要求，这两者之间的协调统一是充分发挥结合部功能的重要保证。结合部的功能协调，就是结合部中各个要素之间为实现特定功能而进行配合。协调包括结构协调、行为协调、功能协调。结构协调就是对结构进行调整、改善；行为协调是指人、人协调，人、机协调，机、机协调，以及人、机、环的协调；功能协调是指系统整体功能的协调。

2）结合部的控制

从本质上讲，协调是一种协商的手段，不具有强制性。在对结构比较松散的结合部进行管理的过程中，仅仅依靠协调，还难以奏效，需要采取一定的控制手段才能解决问题。控制的基本形式有自控、互控、专控、联控。

3）结合部管理的核心

增强能力、保证安全、优质服务是交通运输部门的三大中心任务，它涉及许多结合部，这三大任务的胜利完成有赖于结合部的有效管理，而结合部管理的关键在于协调。要充分发挥结合部的协调功能，需要注意以下几点：

① 建立结合部的有序状态；

② 确定结合部的管理标准；

③ 把握结合部的管理标准。

结合部的分析方法大致有下列几种：过程分析法、关联分析法、矩阵分析法、事故树分析法、网络分析法、统计分析法。

6. 结合部的信息管理

1）结合部的信息特点

结合部的信息有一般信息的特点，即依附性、能动性、真实性、准确性、适时性、可共享性等。结合部诸要素的关联性、功效上的结合性，决定了结合部的信息管理具有其特殊性，主要表现在信源分散、信道不畅、反馈缓慢几个方面。

2）结合部的信息反馈

在结合部管理中，基本目标是控制和改善结合部的稳定性，因此结合部的信息反馈采用负反馈方式。负反馈是由输出端的信息反馈至输入端，并使输入信号减弱，从而增加结合部的稳定性的一种方式。根据从操作层反馈的信息，对结合部运行过程中出现的问题，相应地采取适当的控制措施加以纠正，就能形成稳定的结合部运行机制。

7. 结合部管理的评价

结合部管理的评价，目的在于通过定性分析与定量计算，找出结合部管理中较为薄弱的环节，从而找到改善和强化结合部管理的途径。

结合部管理的评价，以结合部的结构、组织、协调、控制与信息管理的有效性为主要对象。此外，评价还应考虑结合部管理在运输生产中的实际效果。结合部管理评价的步骤如下：

① 确定评价的参照对象；

② 确定评价对象；

③ 确定评价指标与标准；

④ 选择评价方法和评价指标体系；

⑤ 结合部管理的评价。

5.3.3 理论应用效果

铁路运输结合部管理是对路局、分局间结合部管理的研究，得到了国家自然科学基金的支持（国家自然科学基金项目编号 790770003），完成时间为 1998 年 6 月—2000 年 12 月，其研究成果荣获了上海市科学技术进步奖二等奖（见图 5.7）。

上海市科学技术进步奖

证　书

Certificate

for

Science & Technology Progress

Awards of Shanghai

证　书　号：932087

奖励日期：1993年10月

获奖项目：铁路运输结合部管理

第三完成者：张国伍

奖励等级：二等

上海市人民政府

科学技术进步奖评审委员会

Science & Technology Progress

Awards Jury,

Shanghai Municipality

图 5.7

1. 成果简要说明及主要技术指标

由上海铁路局和北方交通大学共同完成的科研项目“铁路运输结合部管理”，是从铁路运输生产这一复杂的大系统出发，充分考虑铁路运输管理上的“高度集中”“大联动机”“半军事化”等特点，运用系统科学的原理，采用系统分析和铁路运输管理工程相结合、理论研究和生产实践相结合、继承传统经验和开拓创新相结合、决策管理层和生产操作层相结合、局部试点和全面推广相结合的方法，系统全面地研究了铁路运输结合部管理的问题，对结合部的状态和特征、运行轨迹和运行规律、结构和组织、协调和控制、信息管理等理论问题进行了深入研究。本研究项目从实践上升到理论，并运用于实践当中，取得了良好的效果。

结合部管理在实践中的成功，表明它准确地抓住了系统管理中的关键问题，是强化系统管理的有效途径和必然趋势，是系统科学的思想和原理创造性地运用于铁路运输部门的一个成功范例，为解决横向问题提出了一条可供借鉴的思路。

2. 推广运用前景及效益预测

结合部理论的提出，为系统工程在铁路运输生产上的运用，为充分发挥铁路运输在安全、扩能、服务方面的三大功效开辟了一条有效途径，是解决铁路各专业间横向问题、加强横向协调、保证运输安全的有效手段。本课题理论有创新，方法科学，实践有效，效果明显，在铁路系统具有广阔的运用前景和推广价值，属路内首创，是对我国铁路运输组织学和管理科学的一个贡献。

3. 专家评审意见

在对本项目进行验收时，专家评审意见如下：

① 通过上海铁路局与北方交通大学两年多的共同努力，在上海铁路局提出和初步总结结合部管理问题的基础上，较好地达到了预定的课题研究目标：初步提出运输系统结合部管理的理论和方法；应用该理论和方法指导实践确有实效，这是生产、高校、科研三结合的丰硕成果，能使科研成果迅速转化为生产力，从而促进铁路运输管理工作水平的提高。

② 该研究课题将系统工程思想、原理及方法创造性地应用于铁路运输结合部管理，通过不断探索，在实践中取得了比较显著的成效。

③ 课题组在研究过程中，注意理论与实践相结合、定性研究与定量研究相结合，并采用了网络分析、事故树、层次分析、排队分析等方法，进行整体优化研究，较好地解决了铁路运输结合部中现存的问题，在应用中取得了成效，并丰富了铁路运输组织学。

④ 为使实践上升到理论，课题组对结合部管理的基本概念、运行规律，结合部的结构、协调、控制和评价等九项内容进行了较深入的理论研究，内容丰富，有新意，具有理论意义和实用价值。

⑤ 上海铁路局在广泛推行三大干线系统管理——扩能系统（针对限制口多、消化能力差、施工影响大、重车移动慢）、安全系统（以防止两冒、错办为重点的车机联控）和服务系统（以站车秩序、正点、饮水、延伸服务为重点）的过程中，提出并不断完善结合部管理的理论和方法。实践证明，这是行之有效的。其中干线安全系统的车机联控已在全路推广。

总之，鉴定组认为，该课题立意有针对性，目标明确，在理论上有创新，方法科学，实践有效，在交通运输部门具有广阔的运用前景。结合部研究的理论与方法在铁路系统属首创，建议对结合部管理的研究，在理论上不断完善，在实践上进一步推广。

4. 图书出版

在项目完成的基础上，为进一步推广铁路运输结合部管理理论与方法，我带领课题组编写了《铁路运输结合部管理》一书（见图5.8），由上海科学技术出版社于1991年出版。

图5.8

本书系统介绍了结合部管理的理论、方法和实践。全书共分11章，第1~3章介绍了结合部管理理论的产生、形成和发展，论述了结合部的形态特征和运行规律；第4~6章阐述了结合部管理的基本内容，包括结构和组织、协调与控制、信息管理；第7~8章介绍了结合部管理的方法，主要是评价方法与分析方法；第9~11章阐述了上海铁路局推行的三大干线结合部管理的实践经验。

书中抓住了铁路运输系统中影响安全、能力、服务的关键部位——结合部，对其进行了深入的研究，提出了有关结合部的基本概念、管理理论和方法，并成功地应用于铁路运输系统的安全、扩能、服务三大子系统，创造了上海铁路局铁路运输生产安全、高效、优质的良好局面。

铁路运输结合部管理目前正在进一步的实践和探索中，正在定性和定量的结合上、软件与硬件的结合上继续深化。可以相信，结合部管理的理论和实践，将越来越引起人们的关注和重视，并将在更广的范围和领域内得到推广和运用。

5.4 企业有效系统管理理论

企业有效系统管理理论是系统理论在企业管理中的应用，有着广阔的应用发展前景，关键在于要紧密联系不同行业的实际进行深入的探索。在探索中指导实践，在实践中发展理论。

5.4.1 理论提出背景

20 世纪 60 年代，管理科学发展了许多重要的理论和方法。北京铁路局，在国林局长倡导下，把系统理论应用于铁路运输企业管理的各个方面，于 1987 年开始了铁路运输企业有效系统管理的研究、探索、实践。中国系统工程学会交通运输专业委员会和北方交通大学应用系统分析研究所的专家学者应邀参与了这一课题研究的实践、总结和理论创建工作。图 5.9 所示是我和国林局长在北方交通大学校园内研讨工作时的合影。

图 5.9

当时，北京铁路局是一个拥有37万名职工、管辖6 400多千米铁路的大型企业，它的这一成功实践，对于加强铁路运输企业的管理和促进运输系统工程理论的发展，是十分有意义的。

5.4.2　理论内容

铁路运输企业有效系统管理是在推行现代化管理的基础上发展起来的理论与方法。由于铁路运输企业是一个复杂的大系统，它具有作业流动分散、指挥高度集中统一、系统性强、动态性强等特点，所以内部各个子系统运行的效率、效果和效益如何，对于整个系统的功能影响极大。这一管理模式首先在北京铁路局范围内不断进行探索和实践，目前理论日趋成熟，体系不断完整，实践中在提高企业效益方面取得了可喜的成绩。

经过几年的科技攻关，我们把系统管理与企业经营管理结合起来，把功效学与系统管理结合起来，在企业的组织领导、职工队伍建设、运输组织、安全生产、经营管理、设备管理、后勤保障等方面，从路局到分局、站段，全面进行了有效系统管理的开创性尝试，对于提高企业管理水平和经济效益起到了巨大的推动作用，在加强企业管理上走出了自己的新路子。

5.4.3　理论应用效果

《铁路运输企业有效系统管理》这本专著（见图5.10），就是在这样的实践基础上编著出来的，是有效系统管理理论在铁路运输企业中实践的结晶。它把理论与实践较好地结合起来，它所阐述的理论、观点、方法有一定的普遍意义，是北京铁路局广大职工几年来辛勤实践的结晶，中国系统工程学会理事长许国志亲自为其作序，由中国铁道出版社于1991年出版，很值得一读。

全书共分17章，第1～3章阐述了铁路运输系统的特点、功能与环境、研究内容与方法。第4章介绍了有效系统管理的核心问题，即有效性测定和评估的理论与方法，第5、6章介绍了铁路运输企业生产要素与生产结构。第7～13章阐述了铁路运输企业各个子系统管理有效性的理论与方法。第14～17章分别介绍了结合部管理、安全管理、信息管理及提高运输经济活动的有效性等。

图5.10

第 6 章 创建交通运输系统工程硕士、博士学科点

6.1 创建硕士学科点

1978 年，我提出把系统、控制和计算机科学与运输科学结合起来，建立交通运输系统工程新学科。经过八年的系统分析学科的科研和教学实践，于 1986 年正式成立了应用系统分析研究所。应用系统分析研究所的主要任务之一就是建立交通运输系统工程硕士点和博士点。

建所以后，在张树京校长的指导下，我们加强了实验室建设，从无到有地建立了系统模拟实验室，用自己的实验经费来完善实验室的环境条件，使这个学科有了自己的实验基地。同时，我们着手向国务院申请建立系统分析学科的硕士学位点，并于 1986 年得到国务院学位委员会的正式批准：一级学科为管理科学与工程，交通运输系统分析为其二级学科的硕士点，1987 年开始面向全国招收以交通运输系统工程为特色的交通运输系统分析专业硕士研究生。图 6.1 所示为八七届应用系统分析研究所硕士论文答辩会的照片。

图 6.1

1986 年，国务院学位委员会批准了在北方交通大学建立系统分析硕士学位点后，北方交通大学在参加交通运输建设实践的同时，大力加强了硕士研究生培养工作，这个阶段先后培养了近六十名硕士研究生，这批学生在参加系统工程的科研实践的同时，又接受交通运输系统工程的基础理论教育。其中不少优秀研究生毕业后成为推动交通运输系统工程学科不断发展的骨干力量。与此同时，我们还着手进行“以交通运输为特点的系统工程博士点”建设的筹备工作。

注：1990 年，国务院学位委员会把管理科学与工程的系统分析与自动化学科的系统工程统一定名为系统工程。

6.2　创建博士学科点

硕士学科点建立以后，我们继续向着申办博士学科点努力。在这期间，我们进行了三方面的工作。

第一，加强应用开发工作。通过多年努力完成一批交通运输系统工程的重大项目，主要完成的重大项目有：

①“海南省交通运输系统发展战略方案的设计，该项目是海南建省后应海南省省长梁湘邀请而完成的，项目获 1990 年海南省科技进步二等奖；

②“陇海—兰新区域经济交通运输规划的研究”，它是国家建设部的重点项目，获 1992 年建设部科技进步二等奖；

③“铁路运输结合部管理研究”，此项目是应我国总检察长韩杼滨同志的邀请而完成的（韩杼滨同志当时为上海铁路局党委书记兼局长），项目获 1991 年上海市科技进步二等奖；

④“北京公交总公司二厂运营管理信息系统工程的开发”，此项目是北京市重点科研项目，获 1990 年北京市科技进步三等奖；

⑤“长江三峡工程重大项目（长江三峡覆盖区综合运输网优化研究）”，此项目是国务院三峡办公室列项的重点项目，并获三峡办优秀成果奖；

⑥“北京市公交线路网优化研究”，该项目获 1991 年北京市科技进步三等奖；

⑦“北京市城市交通综合治理方案研究”，这是北京市常务副市长张百发同志亲自抓的重大项目，获 1990 年北京市科技进步一等奖、国家科技进步二等奖。

第二，队伍建设。随着科研任务的增长，研究所教师队伍不断扩充，到 1990 年，研究所总人数达到 18 人，其中教授 2 名，副教授 2 名。设立了办公室、铁路系统工程研究室、城市系统工程研究室、系统工程理论与方法研究室共 4 个科室，累计培养系统工程硕士研究生 60 多名。同时，我们特别加强了青年教师的培养，把青年教师放到科研的主战场上去锻炼和提高，其中我的学生王江燕获 1990 年北京市优秀女科技青年奖，在学校举行了表彰大会（见图 6.2），还得到邓颖超同志的亲切接见（见图 6.3）。

第三，加强理论与实验室建设。到 1995 年年底，我们团队先后出版了 10 本专著，特别是《交通运输系统分析》和《交通运输系统分析应用案例集》两本专著，分别获北京市哲学社会科学二等奖、铁道部优秀教材二等奖。应用系统分析研究所的教师和研究生积极参加国内外的学术活动，先后在国内外刊物上发表了近 80 篇文章。

图 6. 2

图 6. 3

20 世纪 80 年代末至 20 世纪 90 年代，我们先后三次进行交通运输系统工程博士学科点的申报工作，在校党委和校领导的关怀支持下，在应用系统分析研究所全体师生的努力下，在第三次申报后的 1996 年，我们的申请在第 14 次国务院学位委员会第六批学位评审会议上获得批准（见图 6. 4）。我校系统工程专业获博士学位授予权后，我和张仲义为该博士点第一批博士生导师，并开始在全国招收以交通运输系统工程为特色的系统工程博士生。

这次博士点申请是在国内竞争十分激烈的情况下被批准的，也是在当时“无指标”“无定向”“学科带头人超龄”的条件下得到批准的。国务院学科评议组通过三轮的评选，当时学位委员会指出，该学科点国家确实需要，北方交通大学交通运输系统工程整体水平确实很高，为此予以特别批准（当时国内系统工程博士点配额已满，国家计划已无指标）。

系统工程博士点获批后，在系统工程界引起很大反响。这对北方交通大学和应用系统分析研究所是一个极大的鼓舞，同时结合国务院学科调整，把系统工程学科由管理科学与工程一级学科调整到控制科学与工程学科的二级学科。面临这样的形势，应用系统分析研究所与系统工程学科点的研究方向由过去的“交通运输系统分析”与“系统管理”两个方向调整为四个方向：

① 交通运输系统工程（原有硕士点方向）；

② 管理系统工程（原有硕士点方向）；

③ 自动化系统工程；

④ 智能交通系统工程。

第六批博士学位授权学科、专业点名单

学位授予单位名称	学科、专业名称
北京大学	
	企业管理
	经济法学
	固体地球物理学
中国人民大学	
	西方经济学
清华大学	
	电力电子技术
	应用化学
北方交通大学	
	系统工程
	物资流通工程
北京航空航天大学	
	计算机应用
	空间飞行器设计

图6.4

其中，智能交通系统工程是我国第一个智能交通博士学位点，应用系统分析研究所于1996—1997年间共招收了15名博士，其中8名是智能交通系统工程学科的博士，3名博士后。图6.5所示是系统工程学科博士学位答辩会的照片。

图6.5

第 3 部分　创办学术期刊

第 7 章 创办《交通运输系统工程与信息》学术期刊

《交通运输系统工程与信息》是中国科协技术协会主管、中国系统工程学会主办、中国科学出版社出版的一级科技学术期刊，国内外公开发行，2004 年被国家科技部评定为“中国科技核心期刊”。

目前，该刊是“中国学术期刊综合评价数据库”来源期刊，已被《中文核心期刊要目总览》（2011 年版）（北京大学图书馆）、中国科技论文与引文数据库（CSTPCD）、“万方数据-数字化期刊群”全文、中国核心期刊（遴选）数据库、中国学术期刊文摘（CSAC）、“中国知识资源总库（CNKI）”全文、“中国科技期刊数据库”全文、中国科学引文数据库（CSCD）、SCOPUS 文摘引文数据库收录。

7.1 创刊背景

7.1.1 我国交通运输系统的发展

在我国交通运输系统即将进入 21 世纪大发展的新时期，我国交通运输业和交通运输系统工程学科面临着许多实践问题，迫切需要进行研究和交流。一方面，经过几十年的发展，我国交通运输系统已发生了巨大改变，我国交通运输业比以往有了更好的基础；另一方面，我国交通运输能力与国民经济发展要求不适应，承受需求波动的弹性小，没有足够的空间改善运输质量。所以，交通运输仍是国家经济与社会发展的薄弱环节，主要表现在以下几个方面：

① 运输网规模总量不足，地区发展不平衡；

② 结构矛盾突出；

③ 技术设施与装备质量不高；

④ 交通运输信息化与智能化发展还刚刚起步，而且发展不平衡；

⑤ 交通运输系统工程学科的理论与方法的研究发展尚须深化、完善及提高；

⑥ 交通运输系统人才，特别是高层次的研究、开发、设计人才的培养急待加强。

为适应国民经济与社会发展，我国综合交通体系的水平须有显著提高，具体表现在以下几个方面：

① 扩大交通运输网络，强化运输骨架，扩大干线通道能力，扩展覆盖面，提高网络畅通程度；

② 交通运输系统的结构将得到进一步优化，包括运输网络结构的优化、交通运输设施技术结构的优化；

③ 交通运输系统的完善，包括发展城市间和大城市内部旅客快速运输系统，完善大城市和市郊旅客运输系统；

④ 集装箱运输系统将进一步得到完善和发展；

⑤ 保证大宗物资运输系统的畅通；

⑥ 特种货物运输系统将向专业化、集约化方向及最终建成现代物流系统方向发展；

⑦ 加强西部交通运输系统的建设；

⑧ 全国交通系统运输信息化和智能化工程将有历史性发展。

7. 1. 2 交通运输系统工程学科的发展

1982 年，铁道部下文批准成立“铁路管理科学研究所”后，交通运输系统工程学科走过 15 年的历程。15 年间，交通运输系统工程学科在我国交通建设发展、科学研究与工程实践的基础上不断地充实、完善、提高和发展，同时在科学研究、工程实践、人才培养和教学科研工作的基础上，1986 年经国务院学位委员会批准在北方交通大学建立了我国第一个系统分析（以交通运输为特色的）硕士学科点，又经过十年的发展和努力，于 1996 年建立了我国第一个系统工程（以交通运输为特色的）博士学位点，后来又建立了博士后流动站，先后出版了二十多本教材和专著，培养了一百八十多位硕士、博士学位研究生，从而进入为中国的交通运输系统工程学科培养硕士、博士学位研究生和博士后等高级专业人才的新阶段。

考虑到推动学科建设、组建学术科研队伍的需要，我们必须要有一个学术期刊作为交流平台，只有把这个学科理论平台建成后，我们的研究成果才有自己的展示舞台，于是就有了创办一个专属于交通运输系统工程学科的期刊的想法。

7. 2 创刊历程

7. 2. 1 期刊试办

为了适应交通运输系统工程学科的发展，我向中国系统工程学会提出了办期刊的建议。经中国系统工程学会批准，我于 1994 年开始筹办《交通运输系统工程信息》杂志，1995 年开始出版《交通运输系统工程信息》试刊，第一期试办期刊如图 7. 1 所示。

图 7.1

7.2.2　正式创刊

试运营一年后，1996 年我向国家新闻出版总署提出办刊申请。经过中国系统工程学会与交通运输系统工程专业委员会的共同努力，在我国交通运输界、科技界、教育界、企业界和系统科学界的领导、专家、学者、企业家和交通运输系统工程广大工作者的热情支持和大力推动下，经过 5 年多的努力，终于于 2000 年 8 月获国家新闻出版总署、科技部、中国科协批准正式出版（国内外发行），并正式命名为《交通运输系统工程与信息》。图 7.2 所示是《交通运输系统工程与信息》杂志的期刊出版许可证。

中华人民共和国
期刊出版许可证
（副　本）
京 期出证字第 4520 号
期刊名称 交通运输系统工程与信息
根据《出版管理条例》规定，准予该期刊出版。
有效期 自1999年 4 月15 日
至2003年 12 月31 日
中华人民共和国新闻出版署
2000 年 9 月21 日

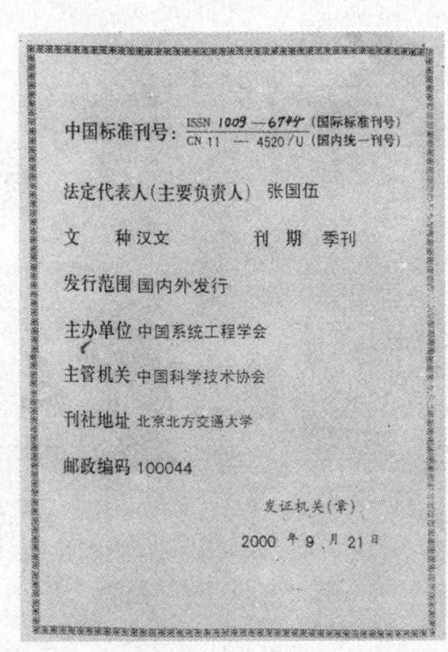
中国标准刊号：ISSN 1009—6744（国际标准刊号）
CN 11 — 4520/U（国内统一刊号）
法定代表人（主要负责人） 张国伍
文　种 汉文　　刊　期 季刊
发行范围 国内外发行
主办单位 中国系统工程学会
主管机关 中国科学技术协会
刊社地址 北京北方交通大学
邮政编码 100044
发证机关（章）
2000 年 9 月 21 日

图 7.2

经过近半年的准备，2001 年 2 月，第 1 期《交通运输系统工程与信息》杂志由科学出版社正式出版并向国内外公开发行，如图 7.3 所示。为体现本期刊“立足北京，面向全国，走向全世界”的国际视野，几经讨论，最终确定本期刊的封面如图 7.4 所示。

图 7.3

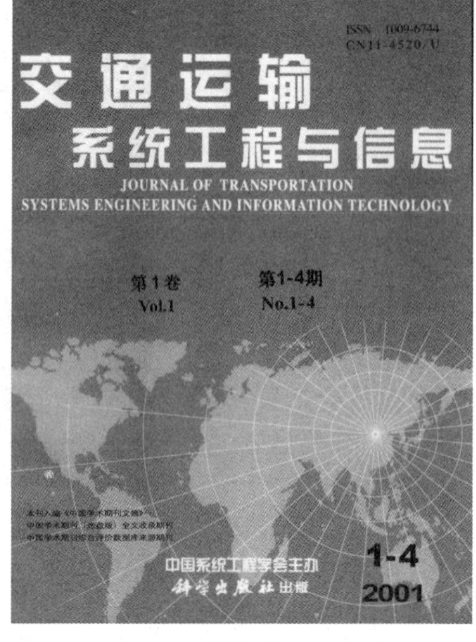

图 7.4

发刊之时，北京日报以《我国交通运输权威杂志创刊》为题对此进行了报道，《人民铁道》报以“《交通运输系统工程与信息》杂志问世”为题进行了专题报道，科技日报也对创刊进行了相关报道。相关媒体报道如图 7.5 所示。

北京日报

BEIJING DAILY 国内统一刊号：CN11-0101

2001年3月26日 星期一

我国交通运输权威杂志创刊

本报讯（记者赵广韬）由中国系统工程学会主办、科技出版社出版的《交通运输系统与信息》杂志昨天在京举行创刊仪式。

《交通运输系统与信息》杂志属国内外发行的一级科技期刊，是面向交通运输系统工程、智能交通和信息等学科的理论、研究、应用、实践，以及高科技开发应用的综合性多学科的期刊。

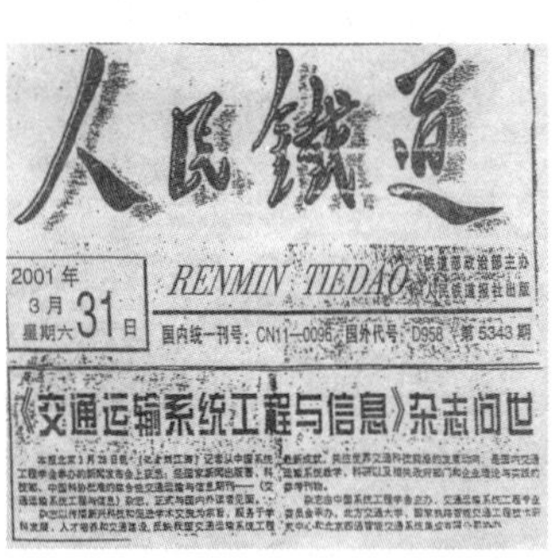

人民铁道

RENMIN TIEDAO

2001年3月31日 星期六

国内统一刊号：CN11—0096 国外代号：D958 第5343期

《交通运输系统工程与信息》杂志问世

科技日报

SCIENCE AND TECHNOLOGY DAILY

我国交通运输综合集成水平亟待提高

《交通运输系统工程与信息》杂志发行

图 7.5

7.3 办刊宗旨与期刊特色

7.3.1 办刊宗旨

本刊的办刊宗旨是：面向交通运输系统工程、综合交通工程、智能交通工程、信息工程等学科，以“传播新理论、新技术，探讨重大交通工程中的理论与实践问题，促进学术交流，推动学科发展”为宗旨，坚持理论与实践、引进与创新相结合的方针，努力反映交通运输系统工程、智能交通与信息等领域的最新研究成果及世界交通运输科技的前沿动向，鼓励不同观点的争鸣。

7.3.2　期刊特色

《交通运输系统工程与信息》杂志是一本面向我国综合交通行业，包括政府主管部门、科学技术界和交通运输企业的学术与实践相结合的刊物。因此，它具有以下特色：

① 面向国内外广大交通运输系统工程的读者，面向中国铁路、公路、水路、航空、管道运输，以及当时正在开发的磁浮运输等多种现代化交通运输工具的领域整合性和系统性的综合交通系统发展的需要；

② 覆盖区域交通、城市交通、乡镇交通，注重交通运输与系统工程和信息科学三大学科的结合；

③ 报道交通发展实践和交通运输企业在组织及经营管理方面的理论、方法。

7.4　期刊的发展

《交通运输系统工程与信息》杂志的主要读者对象是主管交通运输行业的专家型政府官员、交通运输系统工程与信息方面的专家、研究人员，以及交通运输与信息领域企业的经营决策者，本刊是他们学习、交流的园地。本刊开辟以下栏目：

① 决策论坛；

② 综合交通运输体系论坛；

③ 智能交通系统与信息技术；

④ 系统工程理论与方法；

⑤ 案例分析。

《交通运输系统工程与信息》创刊，是交通运输系统工程学科走向成熟的一个重要标志。至此，交通运输系统工程学科有了自己的刊物，本刊为本学科的应用研究和理论建设开辟了一块新的阵地。经过四年的不懈努力，2004 年，本刊被国家科技部评为“中国科技核心期刊”，这也是对我们期刊发展的一个充分肯定。为庆祝入选中国科技核心期刊，编委会合影留念，如图 7.6 所示。

在办刊过程中，尽管面临严重的经费问题，但“推动和交流交通运输系统学科的理论与应用和人才的培养”的定位目标一直没有改变，学术水平、期刊质量没有降低，并于 2005 年由季刊变为双月刊。

2007 年，Elsevier 出版公司出版发行由本刊部分论文组成的国际版（eLSSN 1570—6672），国际版全文进入 EI 数据库检索。2010 年发布的数据表明，本刊在同行业的 122 个期刊中的排名已上升到第 7 位。当时《交通运输系统工程与信息》国际版的出版发行进入第 4 年，已顺利刊发 25 期，发表论文 210 篇。2007 年平均每期 7 篇，48 页；2008 年平均每期 8 篇，75 页；2009 年平均每期 9 篇，51 页；2010 年保持平均每期 10 篇，平均篇幅59页。总体上，期刊生产流程日趋程序化，论文语言及编辑质量有了显著提高。

统计表明，2010年1月至11月，本刊国际版全球下载总量为26 229次，比2009年增长47.74%，是2008年全年下载量的2.59倍，是2007年全年下载量的13.49倍，下载总量增长迅速。

图7.6

目前，本刊对社会系统界、交通界、大专院校硕博研究生培养及系统工程理论建设、应用、推广等方面都有较大影响，国内许多重点大学把它列入国内一级学术期刊，为交通运输系统工程理论与实践的交流和人才培养提供了一个重要的平台。

一路走来，《交通运输系统工程与信息》逐步成为具有一定水准的国家科技核心期刊，产生了一定国际影响力，并得到了同行的认可，因而是交通运输系统工程专业委员会对学术发展的一大贡献。

第 4 部分　学科组织建设

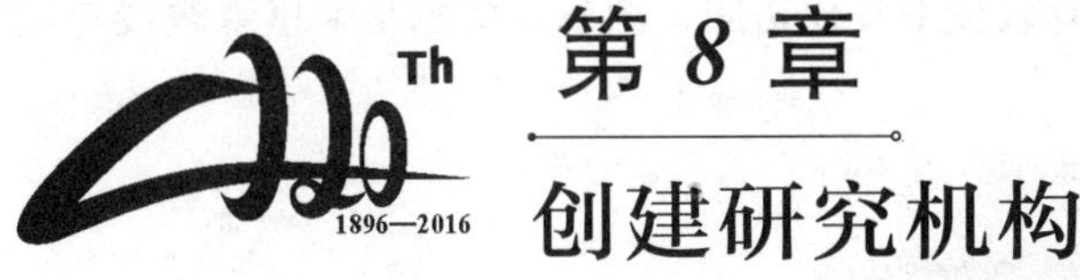

第8章 创建研究机构

在我近70年创新、实践、开拓、进取的交通科研人生中，共创建了5个研究机构。

8.1 创建“铁路管理科学研究所”

1978年，在邓小平同志改革开放、建设有中国特色社会主义理论指导下，我在钱学森院士和宋健院士的关心和指导下，结合长期在交通运输领域的教学科研实践，提出把系统工程与交通运输两个学科结合，创建交通运输系统分析（即交通运输系统工程）这门新的学科，目标是为交通运输系统培养高级分析人才，满足我国交通运输建设的需要。

在开始这门新学科建设工作的同时，我建议学校组建系统分析研究所。校领导认为当时成立研究所的条件不太成熟，于是就结合当时开展质量管理的任务，组建“铁路管理科学研究所”。

1980年10月，成立了铁路管理科学研究所筹备组，内设质量管理和运输系统分析两个研究室。1982年，铁道部下文批准成立“铁路管理科学研究所”。图8.1所示是铁路管理科学研究所成立时全体教师的合影。

图8.1

铁路管理科学研究所注重国际合作。1984 年，我们运输系统分析研究室邀请加州大学伯克利分校运输研究所所长卡里森教授来我校访问，图 8.2 所示是卡里森教授与运输系统分析研究室师生的合影。

图 8.2

8.2 创建“海南大学海南交通系统工程研究所”

我在担任海南省交通顾问期间，受海南省政府委托，承担海南省第一个综合交通规划任务，先后 28 次带着研究生到海南进行调研，运用交通运输系统工程规划和交通流与网络优化理论提出了海南岛的四流三通理论。在该理论的指导下，对海南岛交通运输网进行规划，成功地完成海南省的综合交通规划任务，获海南省科技进步二等奖。

海南省综合交通规划及其后期的成功实施，使我的工作得到了海南省政府的认可。为了进一步加大海南交通人才的培养，解决海南的综合交通问题，海南省政府提议在海南大学建立海南交通系统工程研究所。此建议得到了北方交通大学的大力支持，图 8.3 所示为北方交通大学副校长、海南大学校长和我在一起商谈成立研究所事宜的照片。

双方经过协商，达成以下协议：海南大学海南交通系统工程研究所行政上隶属于海南大学，所长由我担任，副所长及其他成员由两校派员组成，研究所实行所长负责制，自筹资金，自行组织科研项目，独立核算。

图 8.3

1989 年 3 月 14 日，海南大学正式发文“关于建立海南大学海南交通系统工程研究所的决定”（见图 8.4），标志着海南大学海南交通系统工程研究所正式成立。图 8.5 所示是我和几位研究所老师在研究所前的合影。

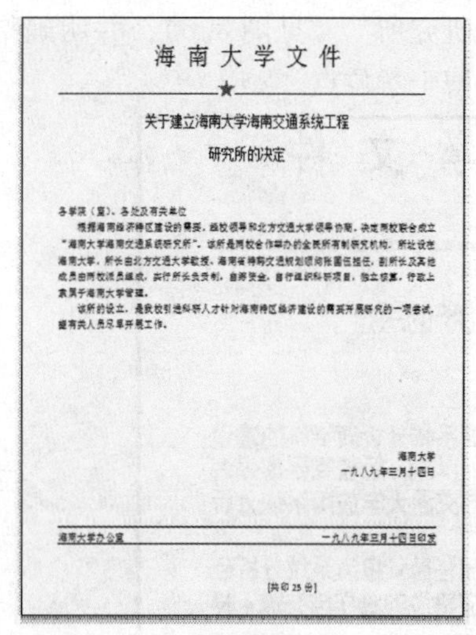

海南大学文件

★

关于建立海南大学海南交通系统工程

研究所的决定

各学院（室）、各处及有关单位

根据海南经济特区建设的需要，经校领导和北方交通大学领导协商，决定两校联合成立“海南大学海南交通系统研究所”。该所是两校合作举办的全民所有制研究机构，所址设在海南大学，所长由北方交通大学教授、海南省特聘交通规划顾问张国伍担任，副所长及其他成员由两校派员组成，实行所长负责制，自筹资金，自行组织科研项目，独立核算，行政上隶属于海南大学管理。

该所的设立，是我校引进科研人才针对海南特区经济建设的需要开展研究的一项尝试，望有关人员尽早开展工作。

海南大学

一九八九年三月十四日

海南大学办公室　一九八九年三月十四日印发

[共印 25 份]

图 8.4

图 8.5

8.3　创建“应用系统分析研究所”

1982 年，铁道部下文批准成立“铁路管理科学研究所”后，该研究所下属的运输系统分析研究室就成了我们进行系统工程学科建设的主要基地，我们继续向着成立系统工程研究所的目标迈进。

1. 工程实践促学科建设

运输系统分析研究室是一个学科研究室，为了建立学科研究所，我们必须加强系统工程学科建设，而交通运输系统工程是一门实践性很强的应用学科，它的发展必须在实践中进行。

因此，我带着教师和研究生大量地承担国家交通运输系统工程的建设项目。这期间完成的重要项目有浙赣铁路复线改造的系统工程（国家四部委项目）、铁路旧线改造技术政策的研究（国家四部委项目）、深圳港口功能合理分配系统研究（深圳市政府项目）、海南省港口分工的网络系统分析（海南省项目）、三峡工程的航运效益分析（国家三峡办项目）等。通过主持和参加这些重大的项目，为建立新学科和筹建系统分析研究所打下了坚实的基础。

2. 组建队伍促学科发展

通过科研项目实践及研究生培养，促使铁道部对交通运输系统分析学科有了进一步的了解，进而给予了更大的支持。

北方交通大学张树京校长首先认识到这门学科的重要意义，他建议成立系统工程研究所，特别是在中国科学院院士、中国系统工程学会创始人之一、上海交通大学张钟俊教授的关怀和指导下，学校决定组建系统工程研究所，并根据张钟俊教授的建议，仿照设在奥地利亚萨的世界知名的系统工程研究所——国际应用系统分析研究所组建北方交通大学应用系统分析研究所。张老的建议得到了张树京校长的支持，经过校长办公会议研究，1986 年 10 月正式下文组建“应用系统分析研究所”（见图 8. 6），并明确指出：应用系统分析研究所的目标是创建系统工程硕士和博士学位点。

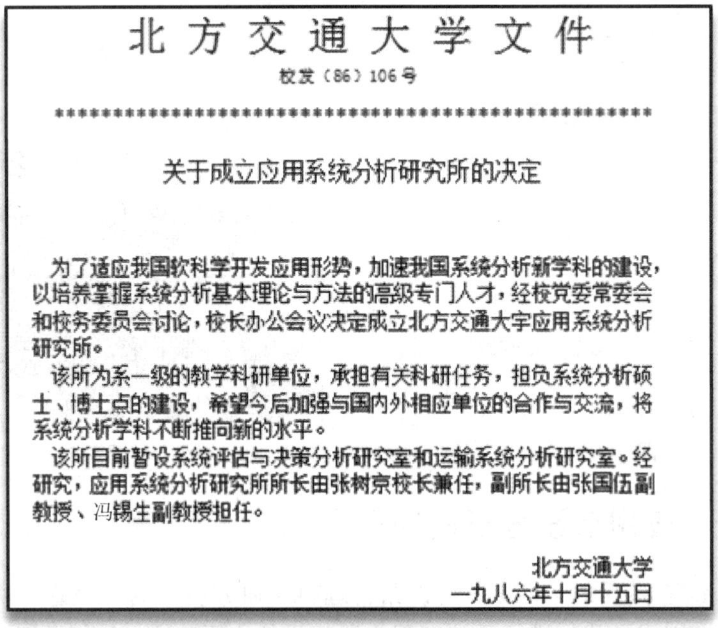

北方交通大学文件

校发（86）106号

****

关于成立应用系统分析研究所的决定

为了适应我国软科学开发应用形势，加速我国系统分析新学科的建设，以培养掌握系统分析基本理论与方法的高级专门人才，经校党委常委会和校务委员会讨论，校长办公会议决定成立北方交通大宇应用系统分析研究所。

该所为系一级的教学科研单位，承担有关科研任务，担负系统分析硕士、博士点的建设，希望今后加强与国内外相应单位的合作与交流，将系统分析学科不断推向新的水平。

该所目前暂设系统评估与决策分析研究室和运输系统分析研究室。经研究，应用系统分析研究所所长由张树京校长兼任，副所长由张国伍副教授、冯锡生副教授担任。

北方交通大学

一九八六年十月十五日

图 8. 6

这是中国第一个使用“应用系统分析”这种名称的系统工程学科的研究所，这就明确了该研究所今后的方向是：加强系统工程的应用实践，以参加中国交通建设实践和建立以交通运输为特色的系统工程硕士、博士学位点为该所的宗旨。

为了加强研究所的建设，张树京校长亲自兼任所长，我和冯锡生副教授为副所长，并组建两个研究室，即运输系统分析研究室与系统评估和决策分析研究室，任命我和冯锡生、张喜、徐一飞分别担任两个研究室的正、副主任，从而迈步走向系统分析学科大发展的新时代。1986 年 10 月，北方交通大学应用系统分析研究所成立大会召开，会议现场如图 8.7 所示。

图 8.7

建所以后，以团结、拼搏、严谨、求实为所风，以踏实、刻苦、奉献、创新为学风，在科学研究和人才培养方面硕果累累，成绩骄人。

为配合国务院的学科调整及学校机构变革的需要，1999 年应用系统分析研究所与管理系统科学研究所合并，成立系统工程研究所。2002 年系统工程研究所与自动化系统工程所合并，成立系统工程与控制研究所。合并后成立的系统工程与控制研究所，在保持原来应用系统分析研究所在交通运输系统工程研究方面的优势外，补充和增强了社会管理系统工程、控制工程、智能交通系统工程、软件工程等方向的科研能力，综合实力大大加强。

系统工程与控制研究所现有师资 23 人，其中具有博士以上学位的人员比例为 70%，硕士以上学位的人员比例为 96%。在职教授 6 名，兼职教授 2 名，副教授 11 名，讲师和助教 4 名，其中博士生导师 17 名，硕士生导师 21 名，形成了一个以中青年教师为主体的科研、教学团队（见图 8.8），研究方向涉及自动化系统工程、智能交通系统工程、管理系统工程、信息系统工程、交通运输系统工程，从事交通运输系统工程、交通信息与控制、智能交通系统、城市交通、物流工程、环境工程、管理系统工程、系统工程理论等方面的科研及研究生培养工作。

图 8.8

近 10 年，系统工程与控制研究所围绕学科建设，多渠道开拓科学研究领域，在多个研究方向上不断进行创新性工作，并取得了显著的科研成绩，成果丰硕。系统工程与控制研究所主持并承担了大量的高水平的科学研究项目，包括国家“973”项目、国家“863”项目、国家自然科学基金项目、国家社会科学基金项目、国家科技攻关项目、国家基础性专项、国外合作项目、省部委科研项目等 320 余项，科研经费累计达 9 452 万元，平均每年约 945 万元。发表科技论文 626 篇，其中期刊论文 292 篇，会议论文 334 篇，三大检索论文 442 篇。出版专著 11 部，获得软件著作权 43 项，为国家经济建设、社会发展和科技进步做出了贡献。

人才培养方面，师从系统工程与控制研究所教师已毕业的博士生 73 人，硕士生 863 人；在读的硕士研究生 87 人，博士研究生 41 人。这些毕业后的学生，有的在政府机关任职，有的像他们的师长那样继续从事科研和教学工作，有的在商海弄潮，有的在国外深造。相信他们无论走到哪里，都会把系统工程的思想带到哪里，都会用他们所学到的知识服务于社会，成为社会发展的栋梁之材。

8.4 创建“中欧智能交通培训中心”

8.4.1 创建背景

20 世纪 90 年代初，中国国家科委与欧盟协力推动 ITS 在中国的发展与应用，其目的在于提高中国的交通发展水平，解决中国交通发展所面临的主要问题。由于当时中国交通的技术、设备及管理水平与世界发达国家仍有较大的差距，所面临的主要问题除了技术设备及道路设施急需改善以外，更加需要引进先进的管理技术，并培养从事 ITS 研究开发及管理的高级专业人员。

欧盟和其他发达国家在TTS方面已经积累了大量的实践经验，并具有大量的高级技术专家及优秀的经营管理人才，借鉴欧洲的先进经验必然对我国正在高速发展的交通运输业产生极大的推动作用。

因此，中国国家科委与欧盟共同倡议建立“中欧ITS培训中心”，有步骤地培训政府有关部门从事ITS管理工作的高层决策者、高级技术人员及管理人员，它将对21世纪中国交通业的发展产生深远的影响。

中欧智能交通培训中心就是在这样的背景下根据科技部与欧盟ERTICO组织1998年签订的合作项目成立的，当时我任北方交通大学应用系统分析研究所所长。由于我们应用系统分析研究所在智能交通方面积累了一定的经验，国家科委和欧盟共同决定由我负责在北方交通大学组建“中欧智能交通培训中心”，负责组织招收全国交通运输人才学习智能交通。

8.4.2 “中欧智能交通培训中心”规划工作概要

根据国内ITS的发展情况，“中欧智能交通培训中心”的规划工作概要如下：

① 制定我国ITS发展标准；

② 改造和完善城市的交通管理系统；

③ 发展公共交通系统；

④ 发展汽车安全和事故预防系统；

⑤ 发展快速货运系统；

⑥ 组织开发交通信息服务与智能交通综合信息平台；

⑦ 推动中国ITS系统的发展。

8.4.3 “中欧智能交通培训中心”的培训任务

“中欧智能交通培训中心”依托北方交通大学在交通运输领域的教学实力，在全国范围内，结合国家“十五”规划及交通领域的科技攻关项目，为中国交通运输业培养高层决策者、高级工程技术人才及经营管理人才，为中国21世纪ITS的全面发展奠定人才、技术、管理的基础。

“中欧智能交通培训中心”的主要培训内容如下：

① 介绍ITS的概念、思想、ITS发展所需要的主要技术及ITS未来发展方向；

② 介绍欧洲在研究开发ITS方面的先进技术、科学的管理方法及其经验教训；

③ 向中方从事交通政策制定及高层管理的人员介绍欧盟成员国发展ITS的战略规划及有关决策。

“中欧智能交通培训中心”的主要培训对象为我国铁路、公路、水运、航空、城市交通和综合交通部门的以下人员：

① 从事ITS研究与开发的高级工程技术人员；

② ITS高级管理人员；

③ 与 ITS 相关的企业和产业中的高级经营人员；

④ 与 ITS 有关的政府部门的高层决策者。

“中欧智能交通培训中心”的培训方式有以下 3 种：

①“中国-欧盟 ITS 培训中心”教师授课；

② 邀请中方与欧盟各成员国从事 ITS 工作的高级专家授课；

③ 组织中方教师及学员赴欧盟考察学习。

8.4.4 “中欧智能交通培训中心”的建设步骤

中欧智能交通培训中心建设分为三阶段：

第一阶段：中心的筹备阶段。成立“中欧智能交通培训中心”建设筹备小组，该小组由国家科委工业科技司、各有关部委、ERTICO 及北方交通大学校领导和北方交通大学 ITS 研究中心有关人员组成，筹备与“中欧智能交通培训中心”成立有关的工作。

第二阶段：中心的试开学阶段。在中心正式成立之前，先试招一个短期培训班，积累智能交通培训中心的教学及管理经验，为将来正式成立“中欧智能交通培训中心”做好一切准备。

第三阶段：正式开学及正常运行阶段。正式开学以后，每期开两个班，一个是短期培训班，另一个是 ITS 高层决策人员高级培训班。

图 8.9 所示是第一批“中欧智能交通培训中心”学员毕业时的合影。

图 8.9

8.4.5 “中欧智能交通培训中心”大事记

（1）1997 年，科技部与欧盟达成协议，建立“中欧智能交通培训中心”，通过科技部协调，联合交通部、公安部，在北方交通大学建立“中欧智能交通培训中心”，报请铁道部批准，挂靠在北方交通大学。

（2）1997年，“中欧智能交通培训中心”主任张国伍教授到欧盟考察智能交通，并参加欧盟信息会议。

（3）1997年，“中欧智能交通培训中心”受科技部委托，承办“中欧智能交通系统研讨会”（见图8.10），当时国务委员、国家科委主任宋健教授到会，会期2天，到会的中欧专家代表约180人，分别来自中国和欧盟政府、企业界和学术界。

图8.10

（4）2000年4月6—17日，受科技部高新技术及产业化司委托，“中欧智能交通培训中心”赴欧考察团赴法国、德国、比利时、荷兰四国进行调研及考察工作。

（5）2001年7月，“中欧智能交通培训中心”接受了教育部下达的任务，组织教育系统的智能交通高级研讨班，全班30人，时间7天，聘请国内知名专家授课。

（6）1998—2001年，参与组织智能交通方面项目，如北京市公共交通总公司智能调度指挥系统，与欧盟合作项目“中国智能交通市场需求分析”（1998年）、“智能交通规划方法在城市中的应用研究”（2001年）；建立“中欧智能交通培训中心”网站（见图8.11）；组织中欧智能交通培训班，制订培训计划，编写培训教材。

自1998年科技部与欧盟共同组建“中欧智能交通培训中心”这一国际合作项目以来，作为运作该项目的北方交通大学中欧智能交通培训中心，在我的带领下，做了大量的工作，致力于把该培训中心建成为中国交通运输业培养高层智能交通开发、建设、管理、工程技术人才的基地。然而，由于该中心还担负着教学、科研、杂志及国内外交通运输领域内的项目合作工作，加之资金、人员的不足，致使培训中心一直不能如期发展。

图 8.11

8.5 创建“中国综合交通研究中心”

8.5.1 创建背景

在党的“十七大”以后，我国经济快速增长，交通运输事业也正面临新的发展机遇，关于综合交通领域的研究也受到各方面越来越广泛的重视。国家成立了“交通运输部”，国家发展与改革委员会下也设立了国家综合运输研究所，但各高等学校还没有专门的综合交通研究机构与学术平台，相关领域的人才培养也亟待加强。

北京交通大学交通运输学科历史悠久，作为我国交通运输重点学科所在学校，在综合交通方面也具有明显的人才优势。为进一步加强我校综合交通方面的学科建设，充分发挥各种资源优势，提升我校在全国综合交通研究方面的学术地位，根据国家有关部门领导和专家学者的建议，我向学校建议在北京交通大学成立“中国综合交通研究中心”。

在校领导和交通运输学院的大力支持下，北京交通大学校长办公室于 2008 年 9 月 22 日向全校发文“关于成立中国综合交通研究中心的决定”（见图 8.12），标志着中国综合交通研究中心正式成立。

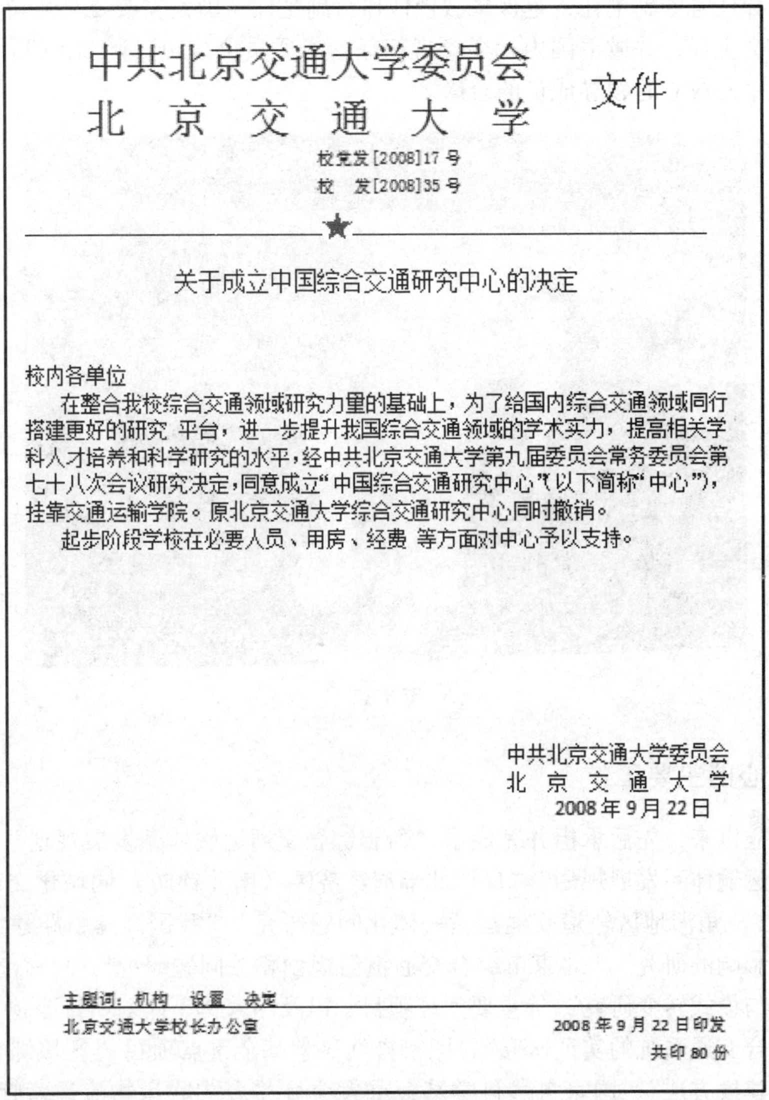

中共北京交通大学委员会
北　京　交　通　大　学　文件

校党发[2008]17 号
校　发[2008]35 号

关于成立中国综合交通研究中心的决定

校内各单位

在整合我校综合交通领域研究力里的基础上，为了给国内综合交通领域同行搭建更好的研究 平台，进一步提升我国综合交通领域的学术实力，提高相关学科人才培养和科学研究的水平，经中共北京交通大学第九届委员会常务委员会第七十八次会议研究决定，同意成立"中国综合交通研究中心"（以下简称"中心"），挂靠交通运输学院。原北京交通大学综合交通研究中心同时撤销。

起步阶段学校在必要人员、用房、经费 等方面对中心予以支持。

中共北京交通大学委员会
北　京　交　通　大　学
2008 年 9 月 22 日

主题词：机构　设置　决定

北京交通大学校长办公室　　2008 年 9 月 22 日印发

共印 80 份

图 8. 12

8. 5. 2　中心任务与核心成员

中国综合交通研究中心的中心任务是：集中国内各相关部门的专家资源和海外部分资源，配合国家综合交通体系建设和交通运输系统的改革，研究相关领域内的综合交通问题，构建综合交通的学术平台，并为有关部门培养综合交通领域的高层次、高水平人才，力争建成国内知名、有一定权威性的综合交通研究机构、政策研究咨询机构、高级人才培养机构。经过充分调研后，我们建议该中心在初期突出综合交通的基本理论研究，重点搭建综合交通基础数据平台，明确综合交通及其人才培养的体系结构。

作为校级研究单位，中国综合交通研究中心挂靠交通运输学院，初期由学校批准设置 3 个专业技术岗位。中国综合交通研究中心聘请我担任总顾问、国务院参事石定寰任主任，校领导任常务副主任，毛保华教授任执行副主任，国家发改委交通司司长王庆云任学术委员会主任，并邀请国内知名学者担任学术委员会成员。图 8.13 所示是中国综合交通研究中心成立时领导成员的合影。

图 8.13

8.5.3 中心的主要工作

中心成立以来，先后承担并完成了“新疆综合交通运输体系发展规划”“克拉玛依市综合交通运输体系发展规划”“广西北部湾经济区（南北钦防）同城化交通发展规划研究”“珠江三角洲地区轨道交通运营一体化问题研究”“我国高速铁路建设运营对综合交通结构影响的研究”“北京市综合交通枢纽规划相关问题研究”“综合交通运输体系结构优化与模式转变研究”等重要实证项目，以及国家 973 计划项目课题“公交主导型大城市综合交通系统的实证研究”、国家自然科学基金重点项目“区域综合交通系统运行管理及建模方法”、国家自然科学基金重大项目“多式联运物流运营管理”、教育部基本科研业务费项目“‘一带一路’综合交通支撑体系规划与推进策略”等重要综合交通发展理论课题的研究。在“综合交通发展政策”“综合交通规划理论与方法”“综合运输组织技术”等领域取得了多项重要成果。

中心成立 8 年来，已发表论文、专著 300 多篇（部），培养博士与硕士毕业生 100 余人。中心主办的“中国交通高层论坛”“交通 7 +1 论坛”“交通运输研究国际会议（ICTTS）”等系列学术活动在业内已具有广泛影响，“交通运输系统工程与信息”学报被 EI 收录。

目前，中心共有实职工作人员、固定研究人员、客座研究人员近 50 人，其中 80% 以上具有高级职称。此外，还有博士研究生 20 余人、硕士研究生近 60 人。

第9章 创建“中国系统工程学会交通运输系统工程专业委员会”

9.1 创建背景

20世纪80年代初期，学术界形成了学习系统工程的热潮。交通运输作为一个系统问题，也得到了大家的重视。

1980年4月，钱学森、张钟俊等院士专家倡导并组织了中国系统工程学会。我应邀参加了成立大会。会上，钱学森院士介绍了系统工程学会成立的重大意义，政府界和学术界也进行了众多发言，我从中受到了启发，从而产生了可否成立其分支组织，即交通运输系统工程专业委员会的想法。特别是当时我已着手建立交通运输系统工程这一新学科，更觉得有成立交通运输工程专业委员会的必要。

参加中国系统工程学会成立大会后，我提出“把系统科学专家与交通运输领域专家结合起来，组建一支交通运输系统工程学术队伍，在系统工程学会内成立交通运输系统工程专业委员会”的设想。我先后找了我国铁路、公路、水运、民航和国家计委等部门的专家，进行了多次研究和交流，大家都认为有建立交通运输系统工程专业委员会的必要。后来，我又与中国系统工程学会的领导和学会的核心专家多次研讨，这个设想得到了中国系统工程学科创建人钱学森院士、张钟俊院士、宋健院士的支持，同时也得到了当时北方交通大学校长张树京教授的支持。这个想法酝酿了几年后，在中国系统工程学会的支持下，在校长张树京教授的坚决支持下，1985年成立了一个由我主持的筹备组，进行具体的筹建工作。

在这样的积极努力下，中国系统工程学会在安徽黄山召开第二届理事会的常务理事会时专门讨论了成立交通运输系统工程专业委员会之事。当时学会要求我们在这次常务理事会上提交成立交通运输系统工程专业委员会的申请报告。根据学会要求，我们筹备组派出北方交通大学校长张树京教授和我到黄山向常务理事会汇报。张树京校长专门在常务理事会上讲述了成立交通运输系统工程专业委员会的必要性和可行性，并提出北方交通大学将为成立交通运输系统工程专业委员会提供办公条件和经费，并指派专职秘书。经到会常务理事研究后，大家一致同意了我们的申请，最后通过表决，全票通过，于是会议作出了“成立交通运输系统工程专业委员会，并挂靠北方交通大学”的决定。

北方交通大学校领导非常重视这一决定，同意把新组建的交通运输系统工程专业委员会挂靠在北方交通大学，并通过了建立应用系统分析研究所作为北方交通大学具体挂靠单位的决定，同时明确指出该研究所为校级单位，主要任务是建立交通运输系统学科博士、硕士学位点，推动交通运输系统工程新学科的发展。从此，在交通运输系统工程专业委员会的领导下，北方交通大学应用系统分析研究所开始了交通运输系统工程学科建设与应用的新阶段。

9.2 筹建工作

1986 年 12 月，在北方交通大学召开了学会筹备委员会成立大会。到会筹备委员 35 人，会议推选北方交通大学党委书记陈篆生教授担任筹委会会长，我担任筹委会秘书长，图 9.1 所示为学会核心成员的碰头会。

图 9.1

在筹备阶段，主要工作是组建队伍。这支队伍主要由 4 方面的人员组成：

① 从事交通运输系统工程或从事系统工程对交通运输有浓厚兴趣的专家和教授；

② 中央部委相关领导及业务处室从事运输工作的专家；

③ 地方、各省市交通部门主管，或支持交通运输系统工程学科发展的人士；

④ 运输企业。

9.3 成立学会

经过一年的筹备，民政部于 1987 年正式批准成立了中国系统工程学会交通运输系统工程专业委员会。交通运输系统工程专业委员会成立后，主要着手进行以下工作：

① 团结广大交通系统工作者和交通运输工作者，共同把交通运输系统这个学科应用到我们国家的交通运输建设上来，在治理交通环境、整顿交通运输秩序方面发挥学会的作用；

② 丰富实践，即丰富交通运输系统工程的实践、理论方法的实践，通过学会进行交流，总结交通运输系统工程学科的理论和方法；

③ 进行交通运输系统专业的智力合成，形成群体智慧，进行我国交通建设的咨询工作；

④ 开展交通运输系统工程的国际交流；

⑤ 普及和宣传交通运输系统的专业知识，举办各类培训班，提高系统工程专业职工和企业的水平；

⑥ 编辑出版交通运输系统工程的学术刊物；

⑦ 对国家、地区和部门的交通运输类重大项目进行专家咨询。

9.4　发展历程

交通运输系统工程专业委员会成立至今，先后成立了八届理事会。

1. 第一届理事会

1987年12月，在北方交通大学召开了交通运输系统工程专业委员会成立暨首届年会（见图9.2，图中贴字有误），并成立了第一届理事会，会上选举北方交通大学党委书记陈篆生教授担任委员会第一届理事长，我为秘书长，原国家科委主任宋健院士、上海交通大学张钟俊院士为名誉理事长，国家计委、科技部、铁道部、建设部、交通部等部门推出参加学会的代表，并担任理事会的副理事长。来自学术界和交通运输企业的专家为理事，学会成立后对我国交通运输发展课题进行了多次咨询工作。

图9.2

2. 第二届理事会

1990 年，在北方交通大学成立交通运输系统工程专业委员会第二届理事会，科技部工业司司长石定寰教授被推选担任理事长，北京铁路局局长国林、西安交通大学汪应洛教授、交通部闫庆滨总经济师、交通部规划院王开山总经济师为副理事长，我为秘书长，来自交通运输学术界和企业的专家组成理事会，学会先后进行了有关推动我国综合交通运输发展的相关活动。

3. 第三届理事会

1991 年，学会在北京成立第三届理事会，科技部工业司司长石定寰教授被推选担任理事长，铁道部政治部主任韩杼滨为名誉理事长，北京铁路局局长国林、国家经贸委经济运行局副局长马立强、西安交通大学汪应洛教授、北方交通大学张树京校长、交通部办公厅汪临发主任、建设部城建司副司长李秀等同志担任副理事长，我为秘书长。在这一阶段，学会对我国城市交通发展先后进行了多次研讨活动，特别为开通北京地铁 2 号线提出了专题研究，其研究成果被北京市政府采纳。

4. 第四届理事会

1994 年，学会在北方交通大学成立第四届理事会，科技部工业司司长石定寰教授被推选担任理事长，我为秘书长，理事会成员基本延续第三届的组成。会议介绍了学会与北京铁路局和上海铁路局合作进行的“铁路运输有效系统管理”和“铁路运输结合部系统管理”等专题的研究情况，中科院院士、上海交通大学教授张钟俊、中国系统工程学会理事长、中科院许国志院士等参加了会议。在这一阶段，学会为发展我国城市智能交通举办了多次研讨活动，积极组织会员参加北京公交智能化工程的研究工作。

5. 第五届理事会

2000 年，在海口成立第五届理事会，在本次会议上继续选举石定寰司长担任学会理事长，国家计委王庆云副司长担任副理事长，我为秘书长。同时增补了海关总署副署长盛光祖、党组成员叶剑同志和海航集团陈锋同志为副理事长。学会不断努力，筹办《交通运输系统工程与信息》杂志——我国第一本研究综合运输与交通运输系统工程的杂志。

6. 第六届理事会

2003 年，在北京万商大厦成立第六届理事会，继续选举石定寰教授为理事长，同时推选国家发改委交通司司长王庆云教授为理事长，我担任副理事长兼秘书长。学会筹办的《交通运输系统工程与信息》杂志于 2000 年获得国家新闻出版总署的批准，2001 年创办了第一期。学会在办好杂志的基础上，开始筹划“交通 7 +1 论坛”。

7. 专业委员会成立 20 周年庆祝大会

2006 年 12 月 2—3 日，中国系统工程学会交通运输系统工程专业委员会成立 20 周年庆祝大会暨 2006 中国城市交通创新论坛在北京中苑宾馆召开（见图 9. 3）。

本次会议共有 150 余名专家代表参加，会议由我主持，理事长石定寰教授、王庆云教授对学会工作进行了总结，表彰了一批对学会有贡献的老、中、青会员和理事。学会在继续办好《交通运输系统工程与信息》杂志的基础上，于2005年开始创办“交通7+1论坛”，于2005年10月举办了论坛第一次会议。2008年9月，学会通过努力促进了北京交通大学成立中国综合交通研究中心，学会理事长石定寰教授担任中心主任，学会理事长王庆云教授担任中心学术委员会主任，我担任中心总顾问。

图9.3

8. 第七届理事会

2011年3月在北京成立第七届理事会，研究了几年来交通的发展，改选和成立了第七届理事会。石定寰、王庆云当选理事长，我和其他15位教授当选副理事长，毛保华当选秘书长。本届理事会总结了几年来的学会工作，明确了第七届理事会的主要任务和工作。

9. 第八届理事会

2015年1月11日，中国系统工程学会交通运输系统工程专业委员会第八届委员会暨《交通运输系统工程与信息》期刊第六届编委会成立大会在北京交通大学胜利召开。

9.5 主要工作

学会成立近30年来，每年都进行两三次交通建设的工程咨询工作，如国家建设港珠澳大桥、交通运输动态仿真及综合交通运输人才培养等，在交通运输系统工程理论的建设和应用方面起到了积极的推动作用。此外，我们还主要进行了以下几方面的工作。

① 组织和召开了八次交通运输系统工程专业委员会的全体会员大会，进行了理事会成员的选举。

② 从1996年开始，每两年组织一次交通运输研究国际会议。每次会议有40~50位交通运输系统的专家学者到会，他们分别来自美国、英国、德国、荷兰、澳大利亚、印度尼西亚、日本、新加坡等国家，以及我国香港地区。现已举办九次国际会议，每次会议都结合交通运输理论和方法方面大家关心的问题进行学术交流，并取得很好的效果。

③ 协助北京交通大学每两年举办一次中国交通高层论坛，现在已举办到第九届。每次论坛主题都结合我国交通运输发展建设的热点问题进行大会的交流和研讨。论坛通过交通运输领域内的院士、资深专家的主题报告，为科研人员、学者提供了解我国综合交通发展动态、行业发展政策及前沿科技问题的平台。

④ 学会于2005年创建了"交通7+1论坛"，这是一个官、产、学、研相结合的学术创新平台，旨在通过对交通领域内某些特定热点问题进行较小范围的、深入而专门的研究和讨论，激发学术思想火花，以进一步落实科学发展观，不断创新综合交通理念，开拓综合交通发展的新思路。这个论坛办得很好，它既讨论了交通运输发展和建设的理论与实践问题，又提高到会专家、学者的思想，还培养了人才，目前这个论坛在全国交通运输界有较大的影响。

9.6 发展经验

1. 坚持官、产、学、研相结合的工作路线

学会从组建到活动组织一直贯彻官、产、学、研四结合的路线，通过以北京交通大学为基地，中国系统工程学会为背景，八届理事会都吸纳了国家科技部、发改委、交通部、铁道部、北京市等部门的专家型领导和产业界的专家。在工作开展过程中，本着"面向经济建设，服务学科支持单位，致力培养学科队伍"三个指导思想，从活动选题、平台建设、组织方法等环节均体现了这些原则。事实证明，这些指导思想对于学会工作的开展及学会的发展起到了重要作用，真正体现了学会学术活动与交通实践紧密结合的宗旨。

2. 紧密结合解决国家交通建设热点问题的需求

学会活动一直坚持以系统工程的学科理论为基础，在运用系统工程的方法推动交通运输系统学科建设，以及解决不同时期交通建设与发展中的热点问题方面做了大量工作。在"综合交通体系建设与发展""智能交通系统建设""交通运输系统平台建设""交通运输系统节能减排"等领域组织开展了一系列学术研讨活动和专家沙龙，取得了良好效果。比如，2012年2月26日至28日，由河北保定国家高新区管委会组织、保定市交通运输局与我们学会等部门共同主办，河北荣毅集团禄和电气公司承办的"低碳交通与综合智能交通"专家研讨会在保定召开，成立了由中国科学院院士严陆光、国务院参事石定寰（原国家科技部秘书长）、北京交通大学张国伍教授（交通运输系统工程学会副理事长兼秘书长）、交通部总规划师戴东昌等国家级专家组成的国内首个低碳交通

与综合智能交通专家组（见图9.4）。

图9.4

专家组致力于研究未来低碳综合智能交通的发展方向，推动全国的低碳智能交通发展，更加科学、合理、有效地进行低碳综合智能交通建设、维护、监督和管理，在制订交通发展规划、探讨研发新技术、起草完善行业新标准等方面发挥重要作用。

3. 积极搭建学会工作平台，贯彻多赢方针

学会的工作是在不断创新中发展的。1995年，学会在北京市政府支持下，组织开展了智能交通的建设与实践，主持了我国第一个城市交通智能化工程（与北京市公交总公司合作）项目，研究成果得到了北京市政府的表扬，并在北方交通大学成立了“智能交通系统研究中心”。2000年，《交通运输系统工程与信息》杂志被国家新闻出版署批准创办后，学会将此作为重要的交流平台，十七年的实践证明，这个平台对交通运输系统工程的学科建设、人才培养和工程实践都起到了重要作用。2005年，学会先后创办了“交通7+1论坛”和“中国交通高层论坛”，十多年来的实践表明，这两个论坛已得到了交通界、学术界和相关企业的广泛支持，产生了较大影响。

4. 牢记学会宗旨，坚持学科建设目标不动摇

学会成立以来，牢记以学科建设为目标的宗旨，积极推动交通运输系统工程学科的建设。1986年，北方交通大学获得了以交通运输为特色的“系统工程”专业硕士学位授予权。1996年，北方交通大学进一步获得了“系统工程”专业博士学位授予权和以交通运输为特色的“系统分析与集成”理学硕士学位授予权；后者为目前北京交通大学的“系统科学”一级学科（目前排名全国第一）的建设奠定了坚实的基础。

在学会开展工作的过程中，理事会坚持走学术路线，不搞商业化运营，参加该学会的各位理事都是对交通运输系统工程学科真正有兴趣的人，他们具有高度的奉献精神。尽管学会无固定经费，但每次活动都有会员所在单位提供支持。学会负责的《交通运输系统工程与信息》杂志坚持纯粹的学术路线，建刊以来从不刊载商业广告；负责日常工作的各位主编与副主编，都是学报工作的无偿奉献者。在学会工作的开展过程中，不仅

理事长王庆云、石定寰与常务副理事长张国伍教授不拿报酬，其他成员提供的也是无私奉献。这种精神为学会树立了榜样，杂志副主编、四通智能交通系统集成有限公司的总经理关积珍教授不仅每年为学报提供六万余元的印刷费，还与主编毛保华教授的科研团队一道负责编辑部五位专职工作人员的工资。

5. 紧密团结学会核心队伍，充分发挥集体智慧与优势

20 余年的发展经验表明，学会工作的成绩离不开几位核心成员与单位的支持。学会理事长王庆云、石定寰两位教授在 30 余年中不辞辛苦，将学会的事情放在重要位置。

挂靠单位的原校长张树京教授及现任校长、学会副理事长宁滨教授多年来也一贯支持学会工作。在学会的各项活动中，周干峙院士、施仲衡院士、邹德慈院士、刘小明教授、郭继孚教授、于景元教授、段里仁教授、周伟教授、戴东昌总规划师、沙洪江司长、张大为副司长、林仲洪副院长等经常是学会活动的常客，他们为学会的成长和发展做出了巨大贡献。

第 10 章 创办“交通 7 +1 论坛”

10.1 创办背景

进入 21 世纪，在历次交通运输系统工程学会理事会上，有关专家都提出应开展交通运输系统工程学术讨论，以推动交通运输系统工程学科发展，促进我国交通系统协调建设。

我自己从事交通运输系统理论教学研究多年，但由于交通运输系统是一个复杂的有人参与的社会经济复杂大系统，我们长期以来对它的认识并不清楚，随着我国交通运输系统的建设发展，涌现出了许多难解的问题，急需一个能与同行交流的平台。

2005 年 3 月 16 日，段里仁来北京交通大学找我聊天，他提出：“在我们交通学术界，面对着全国这么多交通问题，我们能否办一个交通沙龙似的小型交通研讨会？可以是定期的，也可以是不定期的。人数不一定很多，对当前感兴趣的交通问题大家可以畅所欲言。”他还提到日本交通工程始于 1966 年，当时他们办了一个《交通工程》杂志，这个杂志每年要办几次小型讨论会，效果很好。

这个建议与我不谋而合，当时我就表示同意，然后就开始着手开展这方面的工作。先是向学校宁滨校长、李学伟副校长（现为北京联合大学校长）做了汇报，两位校长表示积极支持并亲自参加。接下来又向科技部原秘书长、国务院参事石定寰教授和国家发改委基础产业司王庆云司长做了汇报，两位领导都表示支持并亲自参加。后来我又向当时北京交通委员会赵文芝主任和刘小明副主任（现交通运输部副部长）发出邀请，他们也表示积极支持。我国著名系统工程科学家于景元教授也表示支持并亲自参加，于是我们组建了一个交通论坛。

论坛初创成员由石定寰、王庆云、赵文芝、宁滨、于景元、段里仁和我共同组成。我们 7 人都是交通领域的资深专家，长期从事交通决策、规划、管理、建设、运营、理论与人才培养等实践工作，长期关注交通、研究交通、热爱交通，在交通领域都有着许多的困惑，渴望推动交通科学与实践快速发展。图 10.1 所示是李学伟副校长与论坛 7 个发起人的合影。

2005 年 9 月 17 日，北京交通大学举行“2005 中国交通论坛”。在该论坛上，我们几位初创成员都到会了，大家交换了意见，都表示热情支持，不仅同意论坛的形式，而且提议要及早开展这一活动。我把建议报中国系统工程学会交通运输系统工程专业委员会，交通运输系统工程专业委员会不仅批准了该建议，而且还建议我们找一个单位或企业在经济上对论坛提供支持，故论坛取名为“交通 7 +1 论坛”。

图 10.1

10.2 筹建工作

2005 年 10 月 29 日，“交通 7 +1 论坛”在 7 位专家发起人的倡导下，经过一年多的准备，在中国系统工程学会交通运输系统工程专业委员会、北京交通大学的批准和支持下，第一次会议在北京东方八喜酒楼召开（见图 10.2）。这次会议，有 50 名专家到会，他们分别来自政府、高等学校、交通研究院所及交通运输企业，使论坛成为官、产、学、研四结合的一体化交通运输学术交流平台。

图 10.2

在这次会议上，我作为论坛的主要发起人和秘书长，向到会的专家介绍了论坛成立的背景和过程，以及论坛的宗旨和思想。参加“交通7+1论坛”的7位专家发起人经过认真而热烈的讨论，进一步明确了办论坛的思路、形式，并通过了论坛的规章和制度，同时就今后论坛要讨论的主题和研究方向进行了广泛的讨论，形成了一致的活动计划，“交通7+1论坛”开始运行了。

10.3　论坛的目标、原则、机构设置及运行

1. 论坛的目标

① 贯彻落实科学发展观，推动中国交通的可持续发展。

② 融合多种方式，实现协调发展，建立一体化的综合交通运输系统。

③ 完善与提高首都交通运输现代化水平。

④ 通过网络化的模式，增进政府、学术界、企业及商业团体间的联系。

⑤ 加强人才培养，提高交通队伍素质。

⑥ 增强国际化的交通管理水平和科技创新能力。

2. 论坛的原则

① 立足交通，整体看待交通。

② 依托系统原理分析认识交通。

③ 淡化部门色彩讨论交通。

④ 实行多学科的结合与集成，推动交通科学的发展。

⑤ 更新交通发展理念，开拓交通发展新思路。

⑥ 实现理论与实践的统一，交通行业内外专家就社会需求进行交流融合，贯彻交通的科学发展观，全面认识交通。

⑦ 建立“交通7+1论坛”基金，资助交通运输事业的人才培养。

3. 论坛的机构设置

“交通7+1论坛”是一个非政府、非营利的组织，它是在中国系统工程学会交通运输系统工程专业委员会领导下进行工作的。论坛下设理事会、秘书长、办公室。

理事会是论坛的决策机构，发起论坛的7位专家是理事会的核心理事，选出一个理事长和一个操作层的秘书长。

秘书长主要负责论坛的日常工作。办公室在秘书长领导下，进行论坛的日常经营管理，根据论坛的会议主题召集成员、专家及会员单位举办活动，负责网站的日常运营和技术支持，负责论坛的财务和基金管理。

在第一次论坛会议上，选举王庆云教授和石定寰教授担任理事长，我担任秘书长。

4. 论坛的运行

“交通7+1论坛”每年办四次，在每个季度的最后一个月的最后一周的周六举行，每次论坛开会前的会议议程和主题由秘书处提前通知专家和参会的有关人员。

5. 论坛的成员

论坛的成员分核心成员、高级专家和一般成员三类。核心成员是发起论坛的 7 位交通运输资深专家，高级专家是国内外在交通界、学术界、政府管理部门等具有影响力的专家，一般成员指的是交通界的个人、组织、企业。

论坛以发起论坛的 7 位资深专家为核心，吸收愿意对交通领域的发展问题进行交流和建议的专家、学者及业外人士对交通问题进行讨论，从而形成一个交流探讨的平台。

10.4 论坛的主要工作

从 2005 年 10 月底举办第一次会议到现在，我们走过了 10 多个年头，共举办了 47 次会议，各次会议的主题、承办单位及举办时间如表 10 - 1 所示。

表 10 - 1 "交通 7 + 1 论坛" 47 次会议主题和承办单位一览表

届次	举办时间	承办单位	主　题
1	2005-10-29	颐信科技有限公司	论坛成立大会
2	2006-03-25	中兴智能交通系统有限公司	城市交通规划、建设与管理
3	2006-06-24	青岛海信网络科技股份有限公司	交通发展系统研究方法创新与应用、综合集成研讨厅与人工交通系统
4	2006-09-30	北京交通大学	交通运输领域的学科建设和人才培养
5	2006-12-31	北京市交通发展研究中心	系统工程与城市交通
6	2007-03-31	清华大学交通研究所	城市交通可持续发展之一
7	2007-06-30	交通运输部研究院城市发展研究中心	城市交通可持续发展之二
8	2007-09-29	北京交通发展研究中心	交通需求管理与城市交通可持续
9	2007-12-29	国家 973 项目组	大城市交通拥堵瓶颈相关基础科学问题研究
10	2008-03-29	国家发展和改革委员会综合运输研究所	构建以大城市为中心的综合运输系统北京交通大学
11	2008-06-28	北京公共交通控股（集团）有限公司北京交通发展研究中心	交通运输工程的创新与发展柏诚工程技术（北京）有限公司
12	2008-09-28	"交通 7 + 1" 论坛理事会	综合交通基础理论与基础平台建设
13	2008-12-27	国家智能交通系统工程技术研究中心	智慧交通十年发展的回顾与展望
14	2009-03-28	南开大学交通经济研究所	综合交通促进法研究
15	2009-06-27	北京四通智能交通系统集成有限公司 北京交通大学中国综合交通研究中心	综合交通系统发展理论体系
16	2009-09-26	北京中交协物流研究院	中国"十二五"交通运输发展战略
17	2009-12-26	中交水运规划设计院 中国交通信息中心中交铁道勘察设计院	综合交通运输体系下的"十二五中国水路运输发展战略的思考"
18	2010-03-27	北京交通大学中国综合交通研究中心	综合交通节能减排
19	2010-06-26	北京市交通委员会北京交通发展研究中心	特大城市公共交通系统的发展趋势
20	2010-09-25	中国外运长航集团有限公司	物流与供应链管理实践与创新

续表

届次	举办时间	承办单位	主　题
20	2010-12-25	深圳市发展和改革委员会 深圳市交通运输委员会	深圳市综合交通“十二五”发展规划
22	2011-03-26	北京交通大学中国综合交通研究中心	轨道交通技术政策
23	2011-06-25	中兴智能交通（无锡）有限公司	城市智能交通物联网建设
24	2011-09-24	北京市交通委员会北京交通发展研究中心	大城市交通拥堵
25	2011-12-30	国家发改委综合运输研究所	综合交通与社会经济发展——“十二五”综合交通发展展望
26	2012-03-31	北京首都国际机场股份有限公司	枢纽机场与区域经济发展——机场对区域经济发展影响
27	2012-07-01	轨道交通控制与安全国家重点实验室	系统科学与交通安全保障
28	2012-09-29	美国能源基金会中国可持续城市项目 宇恒可持续交通研究中心	系统科学与可持续城市交通理论与实践
29	2012-12-29	清华大学交通研究所	城镇一体化与综合交通发展
30	2013-03-30	中兴智能交通（无锡）有限公司	智能交通物联网与综合交通信息服务
31	2013-06-29	北京首都国际机场股份有限公司	机场与区域经济发展
32	2013-09-28	北京交通大学中国综合交通研究中心	我国城市轨道交通建设与运营管理
33	2013-12-28	金地停车集团	停车系统在城市交通中的地位与发展
34	2014-03-29	清华大学	动态交通仿真理论应用与发展
35	2014-06-28	北京交通发展研究中心	京津冀综合交通一体化协同发展
36	2014-09-27	连云港港口集团	路带经济中的综合交通运输发展
37	2014-12-27	北京交通大学交通运输学院物流工程系	大数据与智慧物流
38	2015-03-29	北京泛太物流有限公司 新奥能源车用LNG业务部	低碳交通绿色出行
39	2015-06-29	中国航天系统科学与工程研究院	迈向交通新高度——纪念钱学森归国60周年系列活动
40	2015-09-26	交通运输部公路科学研究院 北京驮丰高新科技股份有限公司	道路运输安全与管理
41	2015-12-26	北京交通大学	高速铁路和民航运输的现状与发展
42	2016-03-26	大连交通大学 北京交通大学	高速铁路安全与技术
43	2016-06-25	易微行科技有限公司	分时租赁，智慧出行
44	2016-09-24	中交水规院智能交通所	“一带一路”的多式联运服务体系研究
45	2016-12-30	中兴智能交通股份有限公司	停车规范编制与智慧停车
46	2017-03-25	北京交通发展研究院	交通发展研究与特大城市交通综合治理
47	2017-06-24	北京交通大学出版社	交通外在经济效益的理论、方法与实践

为了使论坛向年轻化方向发展，2014年9月27日，在第36次会议上，新增核心理事会成员4人，他们分别是北京交通大学中国综合交通研究中心执行主任毛保华教授、

北京交通发展研究中心主任郭继孚教授、交通运输系统工程专家王江燕博士及四通智能交通公司董事长关积珍博士。图 10.3 所示是我与论坛新核心成员的合影。

图 10.3

2015 年 12 月，北京交通大学红果园多功能厅，在第 41 次论坛会议上（见图 10.4），举行了论坛成立十周年的庆祝活动。

图 10.4

同时，我们制作了“交通 7 +1 论坛”创立十周年的纪念册，对我们论坛十年来的工作进行了回顾，如图 10. 5 所示。

图 10. 5

10. 5　论坛的发展经验

论坛自 2005 年 10 月开办，已经走过了 10 个年头，并先后按期举办 46 次，每次论坛都吸引了来自交通管理部门、交通决策部门及交通理论界的领导、学者和相关人士参加。在各次论坛上，专家们都针对交通系统的复杂问题，开展具有创新性的研讨。研讨的议题包括城市交通、水运、航空、铁路，以及综合运输、人才培养等。

论坛成立以来，每一次会议都在每一个季度的最后一周的周末举行，从来没有间断过，而且论坛讨论的主题越来越深入，所涉及的范围越来越广，参加的人越来越多，在北京乃至全国都有很大的影响，目前已经成为我国交通论坛的一个品牌。总的来看，“交通 7 +1 论坛”具有以下特点：

① 从所讨论的内容来看，以综合交通系统为主线，是我国交通学术界第一次把铁路、公路、航空、水运和城市交通乃至管道运输系统都涵盖在内的综合交通系统作为主要讨论内容，每一次会议对一个中心议题进行广泛而深入的讨论，而这个中心议题大部分都是各单位的科研成果报告、学术研究成果报告、交通改革的研究报告等，所报告内容的充实性和现实性是非常典型的，所以会议参加者对此非常感兴趣。

② 从讨论形式来看，形式活泼多样，除了主题发言之外，有院士和专家点评，有会议参与者互动，讨论的形式丰富多样，每次会议都由理事会领导王庆云教授或石定寰教授做总结性发言，47 次会议无一例外。各位发言者争先恐后，真正做到了王庆云教授在“交通7 +1论坛”理事会成立时所说的：“我们的研讨会要有一个很宽松的环境，畅所欲言。”所以，令人欣喜和感动。

③ 从理事会的组成和论坛会议参加者的来源来看，是由政、学、研、企和军事院校相结合的一个真正的综合交通学术团队。这样一个团队可以广泛地、深入地交流综合

交通体系各方面的问题，互相启发，非常有利于我国综合交通体系的发展，非常有利于使我国的综合交通体系成为一个一体化的交通体系，为我国交通现代化的可持续发展打下坚实的基础，特别是理论基础。

④ 从“交通 7 +1 论坛”47 次会议参加者来看，领导、院士、专家、教授和学生，他们都是非常敬业的。这 10 多年来，有许多可歌可泣的典型事例。我们的理事会领导本身的工作非常忙，特别是王庆云教授、石定寰教授和宁滨校长，几乎每次会议都参加，有时在外出差，为参加“交通 7 +1 论坛”，一下飞机就直奔会场；我们的傅院士、周院士、施院士、邹院士，还有张元芳参事等，他们都已年届古稀，但是他们对论坛十分热情，积极参与，每一次点评都意味深长，令所有会议参加者都受到很好的启发和教育；会议的参加者有许多是司、局级单位的一把手和领导，他们以一个普通成员的身份参加论坛，有的领导 47 次会议一次不缺，发言和参加讨论十分认真，很值得学习。

此外，“交通 7 +1 论坛”受到了全国许多兄弟省市的欢迎，并积极参与，来自上海、天津、广州、深圳、杭州和成都等城市的兄弟单位都曾在论坛上做过精彩的主题发言，对大家有很大的启发。

我们这个论坛长久不衰、显示出旺盛的生命力，一个原因是交通领域的问题是广大人民群众和政府非常关心和重视的问题；另一个原因是“交通 7 +1 论坛”本身在论坛内容、体制机制和组织管理上的创新性所致。这些创新主要体现在以下几个方面：

① 理论和实践相结合；

② 多学科、多领域相结合；

③ 宏观和微观相结合；

④ 政、产、学、研相结合；

⑤ 老、中、青三代人相结合。

正是这些结合，产生了“1 +1 >2”的效果，体现了科学技术创新、体制机制创新和组织管理创新有机结合的综合集成创新，综合集成创新推动着“交通 7 +1 论坛”的持续发展。希望我们的“交通 7 +1 论坛”越办越好！

第 5 部分　教学科研实践

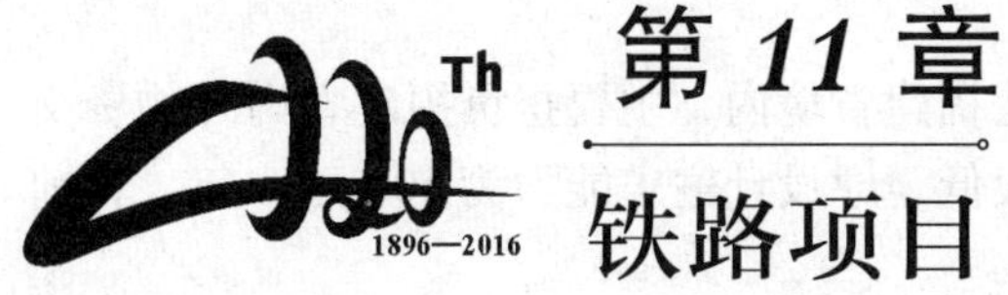

第 11 章 铁路项目

11.1 提高鹰厦、外福两线输送能力途径的研究

鹰厦、外福两线是我国华东地区重要的铁路，是福建通往内地的重要通道。本项目针对改革开放以来该地区运输需求持续增长后导致的运输供给不足的矛盾，结合国家对鹰厦、外福两线进行电气化改造的技术方案，运用系统的观点及方法，在充分利用鹰厦、外福两线既有技术设备的基础上，研究了通过充分发挥机车功能、改善列检布局、提高列车运行组织计划质量的方法，提出了从整体上优化技术直达、区段车流、摘挂列车开行方案，以及改善空车流组织的方法。研究成果及其实施挖掘了分局和主要车站的运输潜力，提高了两线的运输效率。该项目 1986 年获铁道部科技进步二等奖，1987 年获国家科技进步三等奖（见图 11.1）。

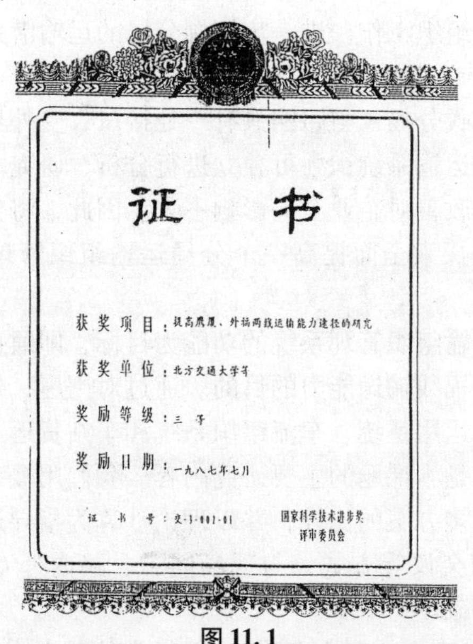

证书

获奖项目：提高鹰厦、外福两线运输能力途径的研究

获奖单位：北方交通大学等

奖励等级：三 等

奖励日期：一九八七年七月

证 书 号：交-3-002-01

国家科学技术进步奖
评审委员会

图 11.1

11.1.1 研究背景

鹰厦、外福线是福州分局两条干线，地处福建省境内，主要担负福建省内外物资交流任务。由于历史原因，两线修建技术标准很低，原设计输送能力为500万t/年，目前货流密度已超过设计能力。

鹰厦线是福建省铁路通往外省的唯一通道，十一届三中全会以来，福建省工农业生产发展迅猛，客、货运量增长较快。虽近几年分局一方面进行两线技术改造（包括改善线路纵断面、增设会让站，更新机车、改造站场等）；采取改进编组计划、改善列车运行图、进行企业整顿和改革经济管理体制等改善经营管理方面的措施，使两线输送能力有一定程度的提高，但提高幅度远远赶不上运输需求量增长的速度。分局从鹰潭口接入的重车数仅能满足福建省需求的50%～60%。旅客运输同样十分紧张，旅客列车对数满足不了国内及港澳同胞的旅行需求。因此，运能不足矛盾仍十分突出。地方提出“福建富不富，关键在铁路”，反映了铁路的状况是影响福建经济起飞的一个制约因素。如1983年福建省工业总产值比1975年增长了1.27倍，而同期铁路货物发送量仅增长37%，到达量只增长60%。除有少部分产品改用其他运输方式及少数贵重物品增多外，物资积压现象时有发生。尤其是1984年福建省进一步贯彻落实“开放、搞活、特殊、灵活”的经济政策，经济增长速度已跃居全国第二位。随着“山、海、侨、特”优势的发挥，经济特区的形成，外资和技术的引进，福建经济将出现新的飞跃，从而对铁路提出了更高的要求。

为从根本上解决运能与运量的矛盾，国家已决定对鹰厦、外福两线进行电气化改造，但这一方案的实现尚需较长时间。当前亟待解决的是过渡时期如何办？为此，北方交通大学，原南昌铁路局、路局科研所和福州铁路分局，于1983年11月至1984年7月，联合组织三结合科研班子，运用系统的观点及方法，对于如何在充分利用既有技术设备的基础上，加强运输组织工作，进一步挖掘分局的运输潜力，提高分局运输效率的途径进行了研究。

福州分局是一个尽头式分局，与路网只有一处接口，受外界运输波动干扰较小，可视为只有一个外部接口的运输系统，并可独立进行分析、研究。现代化大生产系统化的特点，使得局部范围内的改善对企业全局影响不大。因此，将分局作为一个完整的运输系统进行研究的做法，是探索全面提高一个分局运输组织管理水平、挖潜提效的一次尝试。

本课题以研究提高运输组织管理系统的功能为目标，即通过改善和加强运输组织工作，以达到提高鹰厦、外福线输送能力的目的。通过对鹰厦、外福线运输组织管理系统的分析，我们认为，机车运用系统、车流组织系统和车站货运工作系统是福州分局当前运输工作的薄弱环节，也是本课题的主要研究内容。我们用概率论数理统计方法进行数据处理、用优化理论进行多方案的比较，并以理论计算为指导进行牵引试验。此外，还采取学术讨论和专家咨询会议等方式，与现场同志、路内外专家共同研讨方案的可行性，为方案实施奠定了基础。

根据福建省工农业发展对运输的要求，进行系统提效的可行性研究，确定鹰潭口达到日均接入21列货车、分局日卸900车作为研究目标。如能实现这一目标，福州分局的运输能力可望比1983年提高10%左右。在上述三个薄弱环节的研究过程中，本着“一卸、二排、三装”的运输原则，提高系统各组成部分的功能，以求整个系统达到良性循环。通过对提高限制区段的列车牵引重量和速度的模拟计算和试验，优化列检所的布局，改进运行图的编制，提高管内外直达列车的比重，加强货运站的作业组织和货场管理及车货流的合理结合等方面的研究，促进投资效益的充分发挥，从而提高分局运输系统的综合运输能力，一定程度上缓和了福州分局运能与运量的矛盾。

11.1.2　研究内容

本课题重点研究了5个方面的问题，主要内容如下。

1. 充分发挥机车功能的研究

机车作为运输的动力，其运用效能如何，直接关系到整个分局运输效率的高低。通过对两线机车运用状况的分析，我们认为提高列车牵引重量和速度、充分发挥机车运用的功能是两线各区段通过能力相匹配、见效快的主要措施之一。

鹰厦、外福两线地形复杂，线路技术条件差，遇有恶劣气候，经常造成高坡地段的坡停事故，加之前些年更换大型机车，新司机补员较多，而且技术素质不高，一些技术操作问题尚未解决等，致使过去数次提高牵引重量的试验都未成功。由于目前两线各区段均已逐步更新采用前进型机车，且线路又经过大修换轨，这就为提高牵引重量和速度创造了有利条件。

研究采取“突破一点，带动全面”的方法选择具有代表性的永安机务段作为研究对象。通过对永安机务段的调查研究，发现该机务段对提高列车重量和速度上有两个争议较大的问题：一是机车供汽率，二是小半径曲线黏降。后者是影响机车功率发挥的重要因素。为了解决上述问题，我们采取理论与实践相结合的方法进行了研究。

1）关键参数的确定

计算中的参数是经过大量调查研究（包括与永安机务段司机和工程技术人员座谈）后确定采用的。

① 机煤发热量。根据永安、漳平机务段两年用煤情况，计算出1983年永安机务段机煤发热量为5 831.1 kcal/kg，漳平为5 825.3 kcal/kg。

② 供汽率。根据用煤的发热量和前进型机车的技术数据进行计算，供汽率指标要求达到65 kg/（m^2·h）。

③ 黏降。《牵规》对小半径曲线黏降尚无具体规定。计算中选用的参数是经与铁道科学研究院有关部门讨论，并参照《牵规》的有关规定确定的。

2）牵引计算

为从理论上探讨提高牵引重量和速度方案的可行性，事先做了微机牵引力模拟计算。根据不同的列车重量、供汽率、双机配合系数，选择了9种方案，采用微型电子计算机对永安—漳平区段列车运行速度与时分进行了优选，选取了上、下行列车牵引重量均为1 450 t，计算供汽率为65 kg/(m^2·h)，下行补机逆向推送，从永安一直补到城口，上行补机正向推送，只从城口补到岭头，然后原列附挂返回永安的方案。列车运行按最困难条件考虑，即每站均起停车，在长大下坡道上均按分局颁发的《高坡区段放坡规定》办理，并考虑小半径曲线的黏降，绘制了 $V=f(s)$ 及 $t=f(V)$ 曲线。

3）牵引试验

为验证计算机牵引模拟计算的可靠性，我们进行了牵引试验。这次牵引试验强调必须做好试验的思想准备和技术准备（提高司机操纵技术等），在试验中按照电算模拟数据进行各点的控制，以理论指导试验。

从1984年4月21日开始，对永安—漳平区段进行了10次牵引试验，其中5次是为了测试机车挽钩牵引力，采取了双机重联挂于列车头部，以求得机车的供汽率。第4次是补机正向挂于列车尾部，最后4次按现行机车联挂方式进行试验，以测出爬坡最低速度和下行通过岭头隧道的速度。试验的结果证明，提高该区段的重量和速度是可行的。

由于永安—漳平区段的试验顺利成功，试验车立即转入外福线提高牵引重量的试验，同样证明在原来普超的基础上再提高牵引重量还是有潜力的。

4）试验结论

① 电算模拟速度曲线与试验速度曲线基本相符，说明电算程序是正确的。

② 从 $V=f(s)$ 曲线可见，在长大坡道上最低速度为21 km/h，通过岭头隧道速度进洞为25 km/h，出洞为28 km/h。除过洞速度稍低外，基本符合《牵规》要求，因此在该区段提高列车速度是可能的。运行时分的控制区间漳平—卓宅间，上、下行可各压缩1 min；西洋—打虎坑间下行可压缩3 min；打虎坑—岭头间下行可压缩2 min。全区段上、下行共可压缩10 min。

③ 电算模拟永安—漳平区段牵引重量为1 450 t，试验列车重量在1 450 t左右，说明该区段在1983年普超100 t、列车总重1 350 t基础上再增加100 t和运转时分压缩10 min是可行的。对外福线的牵引电算和试验同样证明在原普超的基础上，下行方向在原普超基础上提高150 t，列车重量1 750 t是可行的。鹰潭—邵武间下行在原普超基础上提高35 t，列车总重1 720 t，也是可行的。

④ 由于电算与试验顺利进行，并取得了满意的结果，即前进型机车在福州分局的具体条件下是有潜力可挖的，在原普超的基础上可进一步提高各区段的牵引重量，从而带动了全分局范围内新的普超活动的开展。

2. 列检合理布局的研究

列检所布局是否合理，直接关系到运输的安全与效率。鹰厦线中段永安至漳平间是高坡区段，在标高最高的岭头站设有制动检修所，各次货物列车在此停车20 min进行制动机的检修。加上永安、漳平两个区段列检所和城口摘挂补机作业，在该区段105 km距离内有四个技术作业点，占用作业时间达100 min以上，制约了该区段的运能。

1）改革方案及可行性研究

经过广泛发动车辆、机务、车务部门工程技术人员、干部、职工献计献策，先后征集论文 16 篇，举行过两次学术讨论会，提出了以下 3 种改革方案：

① 将制动检修所迁移至城口站，利用列车在城口摘挂补机的时间，同时进行制动机检修，把该区段作业点从 4 个减少到 3 个。

② 撤销岭头制动检修所，加强永安、漳平列检所，岭头制动检修所的作业分别由永安、漳平承担。

③ 撤销岭头制动检修所，在永安对下行列车全列更换为合闸瓦，对上行列车再全部换为生铁闸瓦。

根据制动检修所作业范围、西洋至城口高坡区段线路纵断面特点、列车放坡操纵经验、永安—漳平间列车组成变化、车辆技术状态及防火技术改进及岭头列检曾有过撤销的历史等多方面因素进行分析后，认为第②种方案是完全可行的。

2）实地试验

为检验可行性研究的正确性，分别进行了两次试验。

① 初步试验。1984 年 8 月 20 日至 9 月 2 日，对永安、漳平间 52 趟列车，分别由永安、漳平承担制动检修作业，列车在岭头仍按图停车，但不进行列检作业，对1 194 辆车辆有关技术参数进行观察、测量，积累了29 463个试验数据。初步证实了取消岭头制动检修所作业的可行性。

② 综合试验。由车辆、机务、车务等部门于 1984 年 11 月 18 日至 21 日再次进行试验，上、下行试验列车在岭头站不停车。通过试验取得了列车延长放坡和爬坡距离后的安全过岭、放坡的九项共 781 个有关技术数据和资料，进一步证实了取消岭头制动检修所，改革列检布局的可行性。

3）结论

研究及试验证实：只要措施得当，岭头制动检修所可以撤销，列车不必在岭头进行技术检查，从而可提高该区段的通过能力。列检布局改革后，平行运行图通过能力可增加 4. 2 对，该区段可增加年输送能力 250 万 t。与三机牵引等其他扩能方案比较，列检布局改革方案投资少、实施难度小，对运输无干扰、见效快、效益高。这一解决方案可为其他高坡区段制动检修所的设置及列检所合理布局的研究提供参考。

3. 提高列车运行图铺划质量的研究

鹰潭至邵武区段是全分局的咽喉区段。该区段运量最大，运能又最紧张，运能与运量的矛盾非常突出。外福线由于进入大修换轨期，施工对日常运输干扰很大，损失能力较多，使已很紧张的能力更为吃紧。为缓和上述区段和线路的运能紧张局面，我们以系统的观点对现有的设备能力，上下行的货流、车流、机车牵引定数，车站线路有效长度，补机使用，客流组织，施工组织等诸因素进行分析研究，从运输组织上挖潜、扩能，作为施工改造过渡期间的措施。在提高运行图铺划质量方面所采取的措施如下：

① 提高限制区间的通过能力利用率；

② 编制不成对列车运行图；

③ 利用隔日开行的客车运行线，加开临时货物列车；

④ 压缩零担列车和摘挂列车不满轴系数。

根据以上几方面研究，1984 年 9 月，列车运行图鹰潭至邵武区段的货物列车下行 21 列，比原图增加 2 列，上行 17 列，比原图增加 1 列。外福线因线路换轨大修，1984 年二季度起采用不成对运行图（货车下行 11 列、上行 9 列），较计算能力多铺 2. 8 对，其中下行多 3. 8 列，上行多 1. 8 列。因此，提高铺划运行图的质量，充分利用区间能力，是解决运能与运量、施工与运输矛盾的有效手段。

4. 车流组织整体优化的研究

在进行整体优化时，我们对始发直达列车的组织范围和数量确定，对技术直达、区段车流、摘挂列车开行进行了多方案选优，并对充分利用空车流的可行性进行了研究。目的在于使车流与货流规律相适应，在一定的运输设备条件下，以有效的组织方式完成较多的运输工作量。

1）直达运输比重的提高

直达运输是衡量运输组织水平的重要标志之一，从装车地最大限度地组织直达运输是整个车流组织工作的关键，也是提高运输效率的有效途径。福州分局有着组织直达运输的诸种有利条件，首先是有大宗货物的直达货流，流向基本稳定；其次，重空车流结构清楚，规律明显，主要装车站空车有一定保证；最后，组织管内成组直达有一定经验，装卸设备能力较适应。

根据货流特点，管外直达列车的组织，采用分站包线、合理划分车区、组织多站配开、固定日期的阶梯直达方式；管内直达按照货流及空车流方向，采用“四固定”（定点、定线、定编组、定辆数）循环直达方式。根据“一卸、二排、三装”的原则，制订空车调整方案，管内主要卸车站按方案定点、定线、定辆数排空。在日常组织工作中做好循环套用的组织管理及空车追踪管理工作。

2）技术直达列车开行方案选择

对鹰厦、外福线车流梯形图及两线目前、近期、远期车流数据数理的分析结果表明：车流规律是稳定的。

主要车流为：鹰潭—厦门、鹰潭—漳平、鹰潭—福州东、鹰潭—来舟、厦门—鹰潭、漳平—鹰潭、福州东—鹰潭、来舟—鹰潭。根据预测车流，我们用线性规划方法和表格分析方法排出了最优开行方案，进行了可行性分析。

鹰厦线开行技术直达列车的最优方案为：上行方向漳平开鹰潭技术直达列车及来舟开鹰潭直通列车方案为最优；下行方向鹰潭开厦门直达列车为最优，但目前受鹰潭站编解能力的限制，改为鹰潭开来舟直通列车，并调整了来舟、漳平两技术站的合理分工。

3）非直达车流的合理组织

（1）区段与摘挂列车合理开行量的确定

鹰厦、外福线存在区段车流挂入摘挂列车较普遍的现象。关于区段车流与摘挂车流合并是否有利的问题，我们研究结果认为关键是确定区段列车的合理行车量。区段列车的行车量应根据列车小时成本与车辆小时成本进行比较后确定，同时还应对中间站的作业次数一并进行考虑。根据计算，鹰潭—邵武、邵武—来舟区段，区段车流在 50 车以上时开行区段列车方为有利。

（2）摘挂列车开行方案的选择

摘挂列车开行方案的优化，主要需要确定摘挂列车的行车量及摘挂列车合理铺划方案。

首先，用数理统计方法对中间站车流进行分析。按运量大小将中间站划分为三类，再按三类中间站比较增加一次甩挂作业的费用与增加甩挂作业次数后停留车小时减少的费用，以最终确定每类中间站合理的作业次数。

其次，对一般中间站摘挂列车作业次数进行分析计算。

再次，摘挂列车行车量的确定。根据三个因素进行控制，即根据车流变动图、按乘务员不超劳时间、按中间站甩挂作业次数最多者计算，择其最大者作为最终行车量。

最后，运用车流分析图，简明地确定各中间站上、下行车流挂运的情况，便于抓住主要矛盾，确定较优方案。

4）回空方向车辆利用的可行性研究

（1）问题的提出

近年来福州分局的车流结构发生了较大变化，由 1980 年前的装大于卸转变为 1980 年后的卸大于装。资料分析表明，分局每日向鹰潭口浙赣线下行方向排送空车数十辆，其中除一部分罐车及特种车外，主要是敞车。这部分空车流是否可以利用，通过研究，答案是肯定的。

（2）空车流的剖析

福州分局产生空车流的基地，一是福东地区（福东、马尾），二是厦门地区。厦门地区产生的空敞车主要在漳平地区消失，而福东地区日均产生的百余辆空敞车，往外福线上行方向排送，沿途汇集各站一部分空敞车到来舟后，1/5 向鹰厦线永安地区排送，其余向鹰厦线北段各站排空，尚余几十辆空敞车向鹰潭口交出。对鹰潭口交出的空敞车资料进行分析，发现福东地区产生的空敞车日均 30 ~ 40 辆稳定排向浙赣线下行方向，这部分空车流是完全可以利用的。

（3）组织顺路货源的探讨

为充分利用空车流及外福、鹰厦线上行方向的能力，从货流资料分析，提出将原经沪杭线、浙赣线运往江西的进口化肥在上海港上岸改由马尾港上岸，利用这部分空车流运往江西。这样，可一举数得，既减轻了沪杭线、浙赣线及上海港的压力，又可充分发挥马尾港的能力，并利用上述的空车流。

由于鹰厦线能力饱和，外省调入福建的煤炭十分紧张，造成福建省工业能源得不到充分的保障。如能通过海运增调一部分煤炭，由马尾港上岸，利用到永安地区的空敞车装煤运往南平、三明工业地区，可以弥补能源的不足。

上述化肥、煤炭水铁联运的方案设想，打开了福建省与外省市联系的一条新路子，为充分利用各种运输方式找到了新的途径。

（4）可行性分析

实现化肥、煤炭水陆联运方案，涉及物资分配方案、马尾港能力、临港铁路的集疏运能力及船舶输送能力等，诸因素都需要进行可行性分析。

根据对物资分配部门、运输部门及使用部门的大量调查研究和分析后，我们认为，经过各方的协力配合，上述设想是完全可行的，而且在边研究边实施过程中已初见成效，经济效益明显。这一问题研究的意义还在于，对运输条件较差的地区，如何把研究铁路系统的功能与充分发挥综合运输大系统的功能联系起来，为共同解决地方运输问题提供了一个新的启示。

5. 车站货运工作组织协调与控制研究

车站货运能力是综合运输能力的重要组成部分，福州分局车站货运工作组织中的薄弱环节是接卸能力，它包括场库及货位的接卸能力、装卸机械及劳力的接卸能力、短途搬运能力等。它们之间互相制约、互相影响，尤以场库及货位的接卸能力最为紧张。为扩大分局接卸能力，使整个系统达到良性循环，必须要充分发挥现有车站货运系统的功能，尤其是解决提高接卸能力的问题，对影响该功能充分发挥的诸因素进行协调与控制，以实现在外界环境影响下的动态平衡。提高车站货运能力的具体措施如下。

1）加速货位周转的协调与控制

改革与加强卸车出货工作是加速货位周转的主要途径。所谓卸车出货，就是把铁路运输部门、地方交通和搬运部门及物资单位的生产活动，用一个共同的目标统一协调起来，以最快的速度、最经济的方法，搞好卸车和出货工作，其办法为：

① 依靠地方政府，必要时采取行政干预；

② 建立与健全卸车出货工作机构；

③ 实行“月度到货卸车计划通知”制度；

④ 推行“卸车出货合同制”，对卸车出货时间进行必要的控制；

⑤ 实行昼夜出货，促进均衡作业，提高夜卸比重；

⑥ 采取经济制约的办法；

⑦ 健全统计分析制度，开展评比竞赛活动。

2）发挥专用线及其设备在接卸工作系统中的调节功能

据 1983 年统计，分局管内共有专用线 118 条，总长 140 km，装卸有效线长度是公用货物线的 5 倍，具有相当大的接卸能力。要在地方政府支持下，加强专用线管理，使专用线和货主仓库共用，进而使这部分路外货场成为接卸工作系统的调节机制。

11.1.3 经济效益

上述研究方案的实施使整个分局运输系统的效率有了一定程度的提高，预计获得的综合效果、经济效益及社会效益如下。

1. 综合效果

① 分局管内、外直达列车日均可组织 9 列，共 198 车，占装车总数的 24.5%，比 1983 年提高 10.6%；

② 全分局直通列车增开 20 列，区段列车增开 5 列，而沿摘列车压缩 12 列，比原运行图减少 9. 8%；

③ 利用回空方向装车，局管内增加9 915万重车吨公里（按年装运煤 3 万 t，化肥 18 万 t 计）；

④ 永安—漳平高坡地段列车重量上、下行方向各提高 100 t，并由于压缩了区间运行时分，区间通过能力提高 2. 2 对，旅行速度提高 0. 8 km/h，外福线列车牵引重量下行提高 150 t；

⑤ 预计接卸能力由 1983 年的日均 816 车，扩大到日均 900 车；

⑥ 分局旅行速度由 25. 1 km/h 提高到 25. 5 km/h；

⑦ 提高区段输送能力，日均接重车比 1983 年多 81 辆，全年可多运进省物资 133 万 t。

2. 经济效益

① 按分局每多接一辆重车所得利为 210. 70 元计算，分局每年可获得的直接经济效益为 531. 84 万元。

② 提高直达比重的经济效益。在直达列车比重方面，研究目标比 1983 年提高 10. 6%，使各技术站日均节省的车小时总和为 311. 5，节省调机小时总和为 2. 9，按每辆货车在站少停留一小时，增加收入 6. 75 元，节约支出 0. 26 元，调车机车少使用一个台时节约支出 16. 29 元计算，则其经济效益为 81. 43 万元，分局获得的直接经济效益为 613. 27 万元。

3. 社会效益

① 扩大分局卸车能力，每天增加卸车 84 辆，对保证多接重车、多运进福建省的生产建设、国防建设、物质文化生活等急需物资起一定保证作用，同时对争取多装车、发展本省经济、支援兄弟省建设也十分有利。

② 组织江西进口化肥改道马尾港上岸，不但可以为物资单位节省运费 27 万元/年，而且还缩短铁路运距 183. 3 km，节省铁路运力1 833万 t · km，腾出沪杭线、浙赣线下行能力用于运输其他急需物资，对支援国家经济建设，发展闽、赣两省经济十分有益；同时组织煤炭多走海运，可以为福建省增加利税收入、马尾港及海运公司增加收益、缓和铁路运能紧张做出贡献。

③ 直达列车组织水平的不断提高，摘挂列车比重从 43. 5% 下降到 33. 7%，货车旅行速度从 25. 1 km/h 提高到 25. 5 km/h，不但加速了车辆、物资、资金的周转，而且有利于确保本省重点物资的运输。

11. 1. 4　专家评审意见

鹰厦铁路能力严重不足，为解决电气化前运能矛盾，“提高鹰厦、外福两线输送能力途径的研究”课题组运用系统工程综合平衡理论，找出影响全线能力提高的瓶颈区段，采用相关技术，通过试验取得成功，使全线提高运输能力，并制定出了旧线改造 12 条技术政策。本项目的研究成果被国家采纳，获得铁道部科技进步二等奖、国家科技进步三等奖。专家评审意见如下：

①“提高鹰厦、外福两线输送能力途径的研究”是为了适应福建省工农业生产发展的需要，在鹰厦线着手电气化的同时，立足挖掘现有设备潜力，改进运输组织，以提高两线的运输能力。任务、目标明确，体现了科研为运输生产服务的精神。

② 课题组全面分析了福州分局运输生产的现状，找出了运输组织中的关键问题。研究中提出的技术组织措施，是可行的，有效果的。

③ 研究中综合利用铁路运输科学的理论和国内一些行之有效的先进经验，从总体上提高分局的运输能力，增加了经济效益，是有积极意义的。

④ 研究中运用系统工程的方法，解决铁路运输组织问题，是一次初步尝试，虽然系统的综合和分析还嫌不够，但方向是对的，应予肯定。

⑤ 课题组采取高等学校、科研部门、生产单位相结合的形式，彼此间互相协作，充分发挥各自的优势，是运输研究工作中一种较好的组织形式，其研究成果较易转化为生产力，值得推广。

⑥ 研究中的某些方面，在理论上有待进一步提高，经济效益的计算范围和方法，如技术设备的更新改造投资及所产生效益的比例等，还需要进一步研究和探讨。

11.2 浙赣线改造技术方案的研究

11.2.1 研究背景

浙赣线是华东和中南地区联系的重要交通干线，其线路自沪杭线的终点杭州站向西延伸，进入江西省境内，入湖南境内后，经醴陵市，达株洲市。浙赣线在萧山站与萧甬线接轨，在金华南站与金温线接轨，在横峰站与横南线接轨，在贵溪站与皖赣线接轨，在鹰潭站与鹰厦线接轨，在向塘西站与京九线接轨，在江家站与向乐线接轨，在张家山站与张塘线接轨，在分宜站与分文线接轨，在醴陵站与醴茶线接轨，如图 11.2 所示。

图 11.2

浙赣线始建于 1899 年，是我国早期铁路干线之一。但该线路条件很差，设计标准低，运输能力已严重不足，不能适应国民经济发展的需要，急需进行复线改造。

1982 年，国家计划委员会发文《关于沪杭、浙赣铁路复线设计任务书的审查报告》。在这份报告中称："沪杭线、浙赣线是长江以南东西方向的铁路干线。沪杭线联系上海和杭州两个大城市，客货运输都很繁忙；浙赣线沿线大宗物资运输有萍乡、丰城的煤炭，江西、福建的木材和德兴铜基地的建设物资等，运输任务也很重。这两个沿线现有运输能力都已经不能适应需要。1981 年 4 月，万里同志在视察沿海港口、铁路时指出："沪杭线、浙赣线通过能力不足，应该迅速解决。"

11.2.2　研究内容

在 1986 年我承担了铁道部、国家经委下达的研究旧有铁路技术改造任务，让我们利用系统分析理论的方法编制一个新方案。接受这个任务以后，我便带着系统分析研究室的教师和研究生，联合我校土建系的线路教授和铁四院的线路设计工程师及南昌铁路局的工程师们，到浙赣线进行了为期半年的沿线调查，又通过进一步的分析研究和方案设计比较，最后提出了一个新的改造方案。这个方案在保证能力的前提下充分利用旧线（旧线废弃率由铁道部第四设计院的 60% 降低了 20%），投资也由原方案的 22 亿元降低至新方案的 18 亿元。这一研究成果得到国家领导和有关部门的赞赏。

11.2.3　项目成效

此方案得到了国家计委、经委、国务院领导的重视，并被国家计委采纳。这是第一个用系统分析理论完成的国家项目，应该说它是应用系统科学研究铁路线路改造的一个成功范例，获得了国家科技进步二等奖。

1988 年国务院组织交通建设考察组，由万里副总理带队进行全国考察，由于这项课题成果得到中央重视，国务院指定我参加考察组，随万里副总理进行全国的疏港疏路的一个月重要活动。

11.2.4　后续工作

为了探索我国旧线改造的规律，通过这个项目，我们对既有铁路线路技术改造进行了深入研究，提出了铁路旧线改造中可能都会遇到的 8 个问题，并给出建议如下：

① 合理确定客、货运量是处理好既有线技术改造的基础；

② 既有线技术改造与路网发展的配合；

③ 运输需要与充分利用既有线设备的关系；

④ 充分注意运输综合能力的提高；

⑤ 根据运输需要和地形情况分段处理好列车重量、密度和速度的关系；

⑥ 处理好既有线技术改造中的水位和水害；

⑦ 适应运量增长的要求，采取分期、分段逐步加强措施；

⑧ 尽可能少占土地。

1990 年，铁道部发布了《新建与改建铁路的基本要求》，其中第八、九、十、十七条采纳了我们提出的旧线改造建议。

11.3 建议尽快修建北京西客站

11.3.1 提建议的历史背景

关于北京西客站的建设，20 多年来一直存在两种不同的意见。部分同志认为：西客站建设投资过大，可以通过采用其他建设或改造方案来解决北京枢纽的客运问题。我们通过对西客站建设的基本条件进行详细研究后认为：北京已经基本具备修建西客站的条件，随后提出“关于尽快修建北京西客站的建议”。该建议分析了尽快建设北京西客站的原因，并提出了筹措资金的建议。

11.3.2 建议的内容

1. 尽快修建北京西客站的原因

尽快修建北京西客站的具体原因如下。

1）不断增长的客流迫切要求大幅度提高北京枢纽能力

北京站自 1959 年建成以来，枢纽客运设备基本没有增加，而北京市人口却由 700 多万人增加到 1 000 余万人，流动人口达到 120 万人。

北京站咽喉设计能力为 77 对，当时的实际使用能力达到 81 对。以 1987 年暑假为例，北京站高峰日客流量达到上车 11.7 万人，下车 12.1 万人，再加上接送旅客人员和滞留在北京站的旅客，全天累计接待人数超过 35 万人次。候车室设计为 7 000 人的空间中容纳了近 2 万人，站前广场、售票厅、通道、走廊及附近街道上人山人海，拥挤不堪。北京南站、北京北站也同样超负荷运转，严重不适应客运量增长的需要，影响了我国首都的声誉。

据预测，北京 2000 年上车人数将超过 30 万人次/日，每日需开行旅客列车 214 对（目前仅开行 124 对）。

为满足客运需求，适应首都发展，从根本上缓解首都客运问题，应加速北京首都现代化建设。

2）与北京枢纽建设相关的项目和设备已有安排

国家计委安排的衔接西客站的铁路干线，即北京经沙城至大同的复线电气化铁路、北京至秦皇岛间复线电气化铁路已经完成并投入使用；京广线电气化改造、京沪线现代化改造均已安排；与北京相连的一些主要客运站，如天津、上海、沈阳、石家庄、西安等，大都已经竣工并投入运营，这些都与北京西客站建成后的能力相匹配。

如果不尽快进行北京西客站建设，将导致相关项目、设备的运力浪费。

3）北京西客站的建设已有了论证充分、设计完整的方案

早在 1957 年，万里同志就组织北京市和铁道部研究编制北京西客站方案，1982 年 2 月与 1983 年 1 月，北京市和铁道部先后两次提出关于建设北京西客站的请求；国家计委、铁道部、北京市政府等部门多次研究与审查北京西客站建设方案。现在北京西客站

的设计已有了完整的方案，确定站址在莲花池附近，一期工程竣工后，新增接发车能力60～80 对。

4）国家有可能集中一部分资金用于急需的重点项目

邓小平同志强调指出："要加强基础工业和农业方面的投资。"交通作为城市与地区政治、经济、文化发展的重要因素，必须适应经济和社会发展的要求，必须要下决心从根本上缓解首都交通的困难局面。

2. 北京西客站建设资金筹措建议

关于建设北京西客站的资金问题，研究认为可以借鉴天津铁路枢纽和上海新客运站等项目建设的经验，从以下两方面入手。

首先，要发挥中央和地方两个积极性。一方面，将北京西客站的建设列入国家重点项目并给予适当资助；另一方面，对建设项目实行承包负责制。同时，成立由国家计委、北京市、铁道部、北京铁路局参加的北京西客站工程建设领导小组，统一领导工程的规划、设计、拆迁、施工等各项工作。

其次，采用多方集资、分期建设方针。除了国家投资外，实行谁的项目谁拿钱的方案，铁路、邮电、市政各自负担部分投资；对车站综合楼、商业服务网点等公益性服务设施，可对各省市招标集资兴建，减轻国家财政压力。

在我们对北京西客站建设问题进行研究的同时，也考虑了通过改造其他车站来缓解北京枢纽运输紧张状况的途径，但认为在目前条件下，尽快兴建北京西客站才是从根本上解决首都对外交通问题的唯一有效且有利的途径。这一意见在有关会议上得到了规划、管理和学术方面数十名专家的一致认可。专家认为，北京西客站的建设宜早不宜迟，否则随着时间拖延，拆迁费用等将会增加。为此，专家们强烈呼吁领导部门对北京西客站的建设尽早决策。

11.3.3　建议的效果

1990 年 11 月，《建议尽快修建北京西客站》发表于"科技工作者建议"第 10 期（总第 170 期）。

此建议被国家有关部门采纳，北京西客站建设被正式提上议事日程，1996 年年初北京西客站建成通车。1996 年竣工的北京西客站，是当时亚洲规模最大的现代化铁路客运站，也是当时"亚洲第一大站"。北京西客站最高客运能力可达每日 90 对列车、60 万人次。它的建成，大大缓解了北京火车站的客运压力。

11.4　提高哈尔滨铁路枢纽综合能力网络系统分析

哈尔滨铁路枢纽是我国北方地区的著名枢纽。20 世纪 80 年代初以来，由于经济与运输需求的增长，枢纽能力趋于紧张，尤其是哈尔滨编组站能力不足，难以胜任整个地区列车编组任务，只能通过周边的编组站来分担车流，这样就降低了整个地区的运行效率。本项目从网络系统角度分析了哈尔滨整个地区车流特点，从枢纽车流运行角度建立了车流改编过程优化模型，提出了车流组织优化方案。实施推荐方案后，显著提高了运输效率，节省了运输成本。该项成果于1988年获黑龙江省科技进步四等奖（见图11.3）。

证书

获奖项目：提高哈尔滨铁路枢纽综合能力网络系统分析

获奖单位：北方交通大学　哈尔滨铁路局

奖励等级：四等奖

奖励日期：一九八八年九月

黑龙江省科学技术进步奖评审委员会

图11.3

11.4.1　研究背景

哈尔滨铁路局（简称哈局）承担着东北地区及对外贸易中大量物资和旅客的运输任务。哈尔滨铁路枢纽（简称哈枢纽）是哈大、滨北、滨州、滨绥及拉滨五条铁路线的交汇点，其中四条线为复线。作为我国铁路著名枢纽之一，哈枢纽的功能及能力大小直接关系到东北北半部铁路运输的畅通。近年来，随着国民经济的发展，地区工农业结构的调整，哈尔滨枢纽作业量迅速增长，车流结构也发生了很大变化。运输任务的增加使哈枢纽运能与需求矛盾日益突出，枢纽各站到发线、改编和装卸能力呈饱和状态。哈尔滨站作为枢纽内的主要编组站，受设备能力所限，已不能全额承担路网车流作业任务，目前哈枢纽必须依靠后方的佳木斯、南岔、牡丹江、绥化等车站来分担部分车流改编任务。

哈枢纽的扩建工程列入了国家“七五”计划。哈枢纽扩建工程无疑是根本解决运能与需求矛盾这一老大难问题的最有效办法。不过在新枢纽能力形成之前，哈局的运输生产还有一段困难时期。为了较好地解决过渡时期的铁路运输问题，以适应国民经济迅速发展的需要。北方交通大学和哈尔滨铁路局、铁路分局委派研究与技术人员，组建了一个决策、科研、生产三结合的课题小组，运用系统的理论和方法，在充分利用现有技术设备的基础上，从组织管理着手，力争少花钱或不花钱，针对过渡时期面临的主要问题——如何提高枢纽下行系统能力，进行了科学研究，提出了对策与方案。

11.4.2　研究内容

对铁路枢纽进行合理的技术改造是一个值得研究的问题。该问题不仅涉及铁路系统车流组织方案的选择，还涉及诸如用户需求、城市发展规划、区域与城市交通运输系统运行等问题。根据这次研究的目标和时间要求，课题组需要运用运输系统分析的理论、方法，提出适应当前运输生产要求的过渡措施，为今后进一步研究既有铁路枢纽问题积累经验。

本项目研究的指导思想是：运用运输系统分析的理论、方法剖析哈枢纽运行机理，建立基于设备能力支持系统的车流组织优化思想及实现程序，使中远期投资方向有更充分的依据。

第一，把枢纽视为路网上的一个收发点，在哈局和分局业已开展的对装车基地、后方编组站组织直达和分组列车，加强枢纽并联通道分流等工作的基础上，对能否组织通过哈枢纽的技术直达列车方案进行进一步探讨，明确哈枢纽在路网中的功能与地位。

第二，在研究近期哈枢纽车流空间分布特性的基础上，对各分界口接入车流进行抽样分析，论证哈枢纽能力饱和程度，研究如何提高运输组织水平，提出从均衡中要能力的三级控制方案。

第三，通过对哈枢纽各邻接线路货流的抽样统计，详细分析货流增长趋势，建立货流增长的回归模型，预测近年内运量的增长幅度。

第四，通过将哈枢纽放大成圈，调整枢纽圈内各主要站之间或场间的编组作业分工，提出通过自身挖潜、充分利用既有设备、适应运量需要的可行方案，并对各方案的效率指标进行详细分析评价。

第五，运用排队理论对哈尔滨站下行系统采取三级三场的混合开行方案进行了较充分的论证。

11.4.3　车流分析与优化论证

1. 分界口车流分析

哈局有六个分界口。西部线（滨州线）分界口为安达站，主要接入西部线的空车，经哈枢纽向东部线和北部线排空；当前日均接入空车 895 车，接入的重车比较少，日均 529 车。东部线（滨绥线）分界口为一面坡站，日均接重车1 207车，主要物资是煤和木材。南部线（哈大线）的分界口为陶赖昭，与沈阳局的长春分局衔接，日均接重车 791 车，主要物资是矿产、日用百货等。拉滨线的分界口为五常站，与沈阳局的吉林分局衔接，由于拉滨线是单线，所以每天交接车数量不大，日均 304 车。北部线在绥化分岔，往东北方向分界口为神树站，由此与佳木斯分局衔接，佳木斯分局管内有大量的煤炭等物资，因此，神树站以接重车为主，日均1 297车，是一个车流量较大的交接口。绥化往西北方向的分界口为依安站，与齐齐哈尔分局衔接。依安站接车数很少，日均接重车 64 车，而且它的车流基本都是区间车流及神树方向的车流，不经过哈枢纽，因此，对哈枢纽的影响不大。下面重点分析安达、一面坡、陶赖昭、神树、五常这五个分界口的交接车流，找出其统计规律。

2. 到达车流空间、时间统计规律分析

铁路运输系统从总体上看是一个控制系统，但是由于运输生产过程中受空间、时间差异及其他诸因素影响，使运输生产过程有两个特点：一是控制→干扰→控制，二是均衡→波动→均衡。因此运输波动是正常的，但日常波动有一定范围，超过一定范围的波动就是非正常的，非正常波动对能力处于饱和状态的系统影响更大。通常说“从均衡中要能力”的意义正寓于此。因此，分析枢纽能力，首先要对进入枢纽的车流情况进行诊断。

1）空间规律分析

① 从各个分界口接入的车数经过 χ^2 检验服从正态分布，变异系数 $V<0.33$，车流变化不大。特别是北部与东部车流变异系数 $V<0.1$，波动很小。可见，整个分局接入的车数比较稳定，没有特别大的波动。

② 整个分局日均接重车 4 109 车，主要去向为陶赖昭方向，961.34 车，占 23.4%，而该去向的车流来源主要一面坡和神树两个分界口。安达方向 945.5 车，占 23.01%，该去向的车流主要来自东部线、北部线及拉滨线。进入哈枢纽的重车为 801.6 车，占 19.5%。

③ 拉滨线接入车流中 76.8% 是去西部线的，其余各方向的车流很少。因此，这部分车流集中在哈站下行系统编发，有利于整个西部线东流的集结编组。

④ 各口接入车流中，均有去绥化的重车，但不稳定，尤其是来自五常、安达的重车，无一定规律，随机性较显著。因此，哈枢纽各站在编组绥化组号的列车时，应随时掌握这一变化，合理集中这部分车流，以便开行不定期列车。

⑤ 向北部、东部线交出的重车少，空车多。因此，对这两个方向应合理组织空车技术直达列车。

2）时间规律分析

（1）各时间段间的均衡性

① 一面坡、安达、神树三个分界站接入的车流，各时间段基本上比较均衡，但是各时间段间有一定差异。神树 18：00—24：00 间占总数的 18.79%，而 12：00—18：00 间占总数的 29.55%，百分比差为 10%。

② 陶赖昭、五常这两个分界站接入的车流，各个时间段不太均衡，五常分界口 12：00—18：00间接入的车数是 0：00—6：00 间接入车数的 2.2 倍。

③ 从各时间段的分析可以看出，12：00—18：00 这个阶段接入车数都偏多，最大的是五常站，占全天的 38.26%。

④ 整个分局接入车流在各个时间段之间也不均衡，第一个阶段占 20.62%，而最后

一个阶段占 31.12%。

（2）各时间段内的均衡性

① 除安达分界站接入车流在第一、二两个时间段内波动稍大（变异系数 $V>0.33$）外，其余阶段 $V<0.33$，波动不显著，即每个分界口每天在各个时间段内的接入车流基本上比较稳定，趋于正态分布。

② 整个分局在每个时间段内接入的车流也趋于正态公布，车流量比较稳定。

（3）车流不均衡产生的利弊

如果人为地控制车流均衡到达，显然是有利的，它需要诸部门极其准确地协调配合。但目前由于车流波动，尤其是每月内有少数几天车流急剧波动而达到非正常水平，这是造成哈枢纽（主要是哈站）堵塞和能力紧张的原因之一。同时，这类非正常波动还导致区间与联络线通过能力紧张，破坏了运输秩序，增加了单机走行，影响分局装卸车计划和分界站口车辆交接计划的完成。

上述研究表明，每个分界站口接入车流服从正态分布，即每个分界站口车流偏大的概率是 0.5，而五个分界站口同时偏大的概率是 1/32，约为 3%。对于能力已经很紧张的枢纽，这显然是不可忽视的因素。如果不严格控制每个分界站口的车流，会使其在允许范围内造成编组站的堵塞。例如，1985 年 10 月抽样表明，到达哈站顾乡屯场列车日均 57.6 列，方差 14.4。10 月 24 日到达 78 列，大于均值 20.4。10 月 25 日仅接入 19 列。

因此，保持运输生产的均衡与稳定，尽量减少非正常波动是十分必要的。一般要控制车流波动在各设备能力承受范围内，在解编能力、机务能力、区间通过能力已经饱和的情况下更应如此。

11.4.4 提高哈枢纽综合能力的途径

1. 哈枢纽各部分能力分析

哈枢纽是在俄、日帝国主义掠夺中国资源的过程中逐步形成的，所以枢纽的布局极不合理，设备陈旧，干扰大，能力低。新中国成立后，虽然进行了一些局部改造，但未能从根本上改变局面。随着国民经济的发展，该枢纽成为薄弱环节，在交通运输上制约了整个东北北部地区工农业的发展。目前哈枢纽存在的主要问题如下：

① 改编能力严重不足；

② 到发线能力不足；

③ 枢纽区货场装卸能力不足；

④ 机务设备陈旧，能力空缺很大，目前主要靠拼人力、拼设备维持；

⑤ 环线（含联络线）通过能力紧张；

⑥ 客运设备不配套，能力不足。

总之，各部分能力已处于或接近饱和状态，其中改编能力不足尤为突出。

2. 哈枢纽的整体货运功能

哈枢纽是由哈尔滨、三棵树、滨江和香坊等车站构成的一个环形枢纽。枢纽外接滨州、滨北、滨绥、拉滨、长滨五条干线，为哈局货流的主要集散地。枢纽承担了大量的运输任务，担负着各方向车流及地区小运转列车的改编任务。

3. 提高哈枢纽综合能力的途径分析

改造既有设备、改善和更新硬件设施无疑是提高枢纽能力的途径之一。但是这些硬件建设需要一定时间。同时，枢纽工作组织水平的高低也直接影响着各相关运输设备能力的发挥。

一般来说，枢纽工作组织须遵循下列基本原则：

① 枢纽运输方案应最大限度地减少车辆在枢纽内的重复运行与改编，提高运输设备的工作效率；

② 合理分配各站的编解工作量，充分利用现有设备，保证整个枢纽工作的灵活性与畅通性，最大限度地消减日常运输波动带来的冲击；

③ 因地制宜地确定各项设备的运营方案，有效地形成和发挥枢纽运输系统的综合能力，以适应需求增长的要求。

根据上述原则和这次科研的要求，我们在研究中将枢纽看成一个整体，重点围绕提高枢纽改编能力和枢纽运行效率两个目标，提出了“调整哈尔滨站场间的分工，提高下行系统改编能力和哈站通过能力”的可行性解与方案。

1）必要性

哈尔滨站承担着枢纽全部到达列车解体及除拉滨线以外的列车编组任务。三棵树站承担拉滨线的货物列车（包括摘挂和部分区段小运转列车）的编组任务。哈站下行系统中，由于编发场股道不足，致使多组号共线，造成作业上的重复和混乱。在顾乡屯到达场增设渡线，使到达能力得到提高；驼峰调机改为内燃，解体能力也相应得到加强，但西场编发能力不足的矛盾更显突出。1980 年，图定哈站下行编发直货、摘挂 77 列，编发订货 7 列，通过订货 5 列，编发小运转 8 列，共 97 列。扣除北场编发摘挂 13 列，通过的订货 5 列后，西场图定须编发 79 列。西场查定能力为 56 列，因此编发能力缺口 23 列。虽然目前到达和编发列数均未达到满表，仅占图定编发总列数的 60% ~70% 。然而，如前所述，运输的波动是实际存在的，必然有某时间段满表运行，甚至有方向上的滞后积压。图定的满表列数应理解为最大值，通常的月度计划的平均编发列数 $\pm 3\sigma$ 都应低于最大值。这也符合目前各路局的编图原则。由于西场编发能力缺口太大，因此，在哈站的日常运输工作中，要利用北场的部分到发线作为运输密集时的缓冲。

2）可能性

根据哈站《站细》规定，北场股道使用情况安排如下。

3、4、5、6、7、8 道是客车到发线，2 道是上行货车通过线，9、10 道也作上、下行货车通过线，11、12 道用作直通列车到发线及下行场编发列车转场发车线，13 道以下用作西、东、北部线摘挂列车编发和存车线，其中 13 ~16 道容车量换长49 ~51，17 ~21 道容车量换长39 ~41，并兼有一个共用出发信号机，其余股道较短。

根据列车编组计划规定，哈站下行场编发开东部线为两类列车。一类是空车技术直达，图定车次1101～1133；另一类是重车技术直达，图定车次1151～1163，七列。重车牵引定数双机为2 500 t，单机为1 500 t。双机牵引时补机在玉泉加挂，所以哈站开行均为单机牵引，即便有少量按重车办理的空棚车夹在其中，开东部线重车仍有相当部分可以在北场 13～16 道开。1986 年 6 月实际抽样，上旬开重车 8 列，中旬 26 列，下旬 20 列，结果符合上述推断。

北部线下行开佳木斯重车线图定1361～1367，牵引定数2 000 t，开绥化的区段列车2381～2387，也是定线重车，牵引定数2 500 t，其中部分可利用北场 13～16 道开车。由于空车线和重车线是分开的，且这部分车流较稳定，可定线开车。从作业特点上看，当重车辆数满轴时可单独开。根据 1986 年 6 月的数据，上旬开重车 82 列，中旬 89 列，下旬 91 列（含空、重混编），结果符合上述推断。

拉滨线上行图定 8 列，牵引定数 2 200 t，均可以在北场开车。

小运转下行图定 8 列，机车主要是东方红 5 型和建设型，牵引定数 2 500 t，也可以在北场开车。

综上所述，利用北场 13～16 道开行部分列车是完全可能的。在枢纽范围内适当改变枢纽内各站分工或调整哈站下行场和北场的分工，不增加或在容许限度内略微增加枢纽内部分车辆走行公里和中转环节后，使整个枢纽的通过能力和改编能力得到加强，我们认为是完全可取的。

3）分工方案

方案Ⅰ：各站仍按现行分工，仅强化哈站北场通过能力，继续利用 16 道及其以下的股道作为摘挂列车编发线，以 13、14、15 道作为部分下行重车出发线。

方案Ⅱ：调整内容为：三棵树编东、北、拉滨线摘挂列车，哈站编拉滨线大列，滨江编西部线摘挂；哈站场间分工调整同方案Ⅰ。

方案Ⅲ：调整内容为：三棵树编东、北、拉滨线摘挂列车，哈站编拉滨线大列及西部线摘挂；哈站场间分工调整同方案Ⅰ。

方案Ⅳ：仅北部线摘挂列车调到滨江改编；哈站场间分工调整同方案Ⅰ。

方案Ⅴ：拉滨线大列调到哈站，北部线摘挂调到滨江，东部线摘挂调到三棵树；哈站场间分工调整同方案Ⅰ。

4）效果分析

综上所述，强化哈站下行系统后，总编发能力提高 13.6%。扣除已经得到补强的部分，整个下行系统（不含摘挂）总编发能力仍提高约 10%。考虑到目前车流强度并未达到极限水平，同时也需要给日常生产留有一定余地，建议转北场列车先安排几列，这样北场 13～15 道的能力仍有一定富余，供日常临时安排接车（13、14 道）和编发摘挂列车时使用。即使这样，下行系统能力可以比目前水平提高 5%。

5）结论

① 对提高哈枢纽货运功能，我们提出了两个目标函数，理论上只能得到可行的较优解（或非劣解）。采取确定的离散型变量的有限组合，然后采取“老手法”进行决策

评判。这对于解决复杂的系统问题是一种较有效的方法。

② 从1985年10月对哈枢纽运用车保有量的抽样分析可看出，枢纽运用车占全分局运用车的37.8%，提高枢纽内部系统的运输效率对加速车辆周转是意义重大的。为此，建议今后在分局一级建立起枢纽运营指标的考核体系，作为督监枢纽运输质量的保证措施。

11.4.5 研究结论

① 继续加强以煤炭运输为主体的产、运、销运输体系是保证哈尔滨铁路局运输增长的基本途径，也是活跃黑龙江省及东北北半部地区经济的一项战略措施。由于哈枢纽改造的系统综合能力的形成需要较长时间，随着国民经济的发展，枢纽能力不足的矛盾将在相当长时期内存在。因此，哈枢纽的负荷也将呈饱和状态。因此，提高运输组织管理水平，继续从自身挖潜提效将是增强企业活力的措施之一。

② 加快哈枢纽的改造是使哈尔滨铁路局运输环境得到根本改变的重要条件。在枢纽未形成新的能力之前，后方编组站仍需继续为哈枢纽承担很大部分远程车流的改编任务。从路网上看，加强后方装车基地建设是继哈枢纽新建工程外的主要投资方向，它对于今后更多地变装车地产生的技术直达车为装车地始发直达车流奠定物质基础。目前从运输组织上加强了北部线去西部线的重车流及西部线大庆地区产生的空车流组织，以便能从哈枢纽平行经路西庙台通过枢纽，采取这一措施是缓解哈枢纽能力紧张和提高运输效益的途径之一。

③ 提高车流组织技术水平，保持运输的均衡性和稳定性是充分发挥既有能力的重要技术组织措施。重视和加强小运转的开行方案研究是提高枢纽整体功能和加速车辆周转的重要途径。近期推荐方案由于减少了部分车辆在枢纽内的走行公里，加速了枢纽车辆周转，带来的企业直接经济效益为每年53万多元。

④ 近期和中期，为适应运输增长的需要，部分调整哈尔滨站下行场和北场的分工，利用此场部分股道作为通过线和下行部分编发列车发车线，可使下行编发能力提高5%～10%，为近期较大幅度提高企业经济效益和社会效益创造条件。

⑤ 远期要改变枢纽中机务段布局不合理的格局，逐步加强动力和枢纽联络线的改造和建设，增加对枢纽各能力支持系统设备的更新和扩建投资，使之同步发展，彼此协调。这是使哈枢纽真正成为路网性编组站的物质基础。

11.5 铁路枢纽站群系统研究

11.5.1 研究背景

铁路枢纽是在长时期的历史发展过程中逐渐形成的，因此铁路枢纽系统是十分复杂的。新中国成立后，为适应我国交通和城市发展的需要，国家对枢纽给予了大量投资，进行了大量新建与改造工作，使我国铁路枢纽有了很大发展。

然而，由于主观与客观方面的各种原因，在枢纽站群的布局与分工方面，存在各种问题，这些问题或由于设备配置不合理引起各种矛盾，或由于关键环节能力不足限制了枢纽综合能力，或由于各项设备分工不当使枢纽内各种因素不协调，这些问题从我国几个主要枢纽的现状中可见一斑，而这些问题的原因则可以归结为以下几方面：或者是因为在考虑新建或改建时失于偏颇，或者是缺乏对路网和枢纽整体的、系统的规划与发展的考虑，或者是缺乏与城市规划的互相配合。枢纽内编组站、货运站、客运站之间的不合理、不协调状况，直接影响铁路枢纽的运输效率，影响铁路枢纽运输能力的发挥，增加了路网的压力，也增加了城市的压力。

枢纽内车站群体间的合理布局与分工，对整个运输枢纽与城市规划都具有重要意义。站群布局与分工涉及城市与路网及相关的许多因素，这些因素反映着各个不同方面的要求，进而成为构成这一复杂问题目标体系的基础。

当前，为了适应我国国民经济的发展和大城市铁路运输建设的要求，迫切需要提高枢纽的综合能力与效益，加强枢纽内站群系统的协调。因此，必须运用系统分析的理论与方法。对铁路枢纽站群系统进行系统分析，以便使枢纽发展有正确的总图规对，使现有站群系统得到合理分工，发挥现有设备的最大效益。

本课题是 1987 年铁道部科技局下达的研究课题，由北方交通大学与北京铁路局共同完成。1987 年 5 月，北方交通大学与北京铁路局组织了有关人员，成立了课题研究小组，开始进行这项工作。

课题组首先利用 1987 年 5 月至 12 月这半年多的时间，在进行理论调查的同时，对北京铁路枢纽进行了大量的、系统的调查，这一调查包括与路局各处、科，分局各科、室有关技术人员的直接座谈，与基层站段有关技术人员的座谈，邀请参与北京枢纽早期规划工作的专家向课题组介绍枢纽规划与发展过程，到基层站段直接考察作业过程，并收集第一手技术资料等内容。同时，本课题也得到了北京铁路局总工程师室及各业务处室、北京分局各基层站和段的大力配合与支持，也得到了规划院、部科技局、运输局、北方交通大学运输系等有关方面的领导与专家的大力支持。

在 1988 年 1 月至 6 月，课题组对收集的北京枢纽的有关资料进行了分析与整理，撰写了客运、货运、编组子系统的“现状分析”“运量预测”“总体分析”等报告，并研制了“枢纽站群合理布局与分工方案选择决策支持系统”的雏形。

1988 年 7 月至 12 月间，课题组对枢纽各子系统进行了理论研究，建立了各部分的数学与计算机模型，解决了枢纽布局与分工优化的一些问题。同时，课题组还邀请有关专家对研究中所采用的评价指标体系、方法进行了研究与讨论，获得了不少宝贵的意见，并在 1989 年年初进行了修改，撰写了“客运站布局与分工研究”“货运站布局与分工研究”“编组站布局与分工研究”“专用线布局与管理研究”“市郊运输的发展”“枢纽研究的理论与方法”“北京枢纽的现状分析”等阶段性研究报告。

此外，课题组在运量预测的基础上还专门对北京西客站的问题进行了研究，并由中国系统工程学会交通运输专业委员会组织有关专家于 1989 年 7 月 27 日对此进行了讨论与评审，在 1989 年 4 月至 5 月，组织人力对天津枢纽进行了调查分析，接着于 1989 年 9 月、11 月分别对上海枢纽、沈阳枢纽进行了调查与分析，同天津分局、上海局、上海分局及沈阳局、沈阳分局等有关专家与技术人员进行了详细座谈，对各枢纽存在的问题及各枢纽的经验进行了总结，撰写了“天津铁路枢纽站群合理布局与分工调研报告”“上海铁路枢纽站群合理布局与分工调研报告”“沈阳铁路枢纽站群合理布局与分工调研报告”。

根据调研材料，课题组查阅了我国其他一些中小型铁路枢纽的材料，经过进一步分析与论证，总结了枢纽建设中有关站群布局与分工方面的经验与教训，撰写了站群布局与分工方面的研究报告，并经过多轮反复修正。

尽管课题组在整个研究过程中倾注了大量的心血，得到了北京铁路局、北京分局、天津分局、上海铁路局与上海分局、沈阳铁路局与沈阳分局许多领导、专家与经验丰富的技术人员的大力配合与支持，也倾听了北方交通大学运输系、铁道部科技局、运输局、铁科院、规划院等有关专家的许多教诲，但由于枢纽问题的复杂性，更由于课题组本身业务水平的限制，许多问题的研究远未透彻，而研究的问题中也会存在不足与偏颇之处，课题组全体人员也殷切希望通过这一研究引起人们对枢纽研究的重视并收到更广泛的教益。

11.5.2 研究的理论与方法

站群系统研究可用的理论与方法很多，除了常用的概率论与数理统计、数学规划等数学方法外，近年来又产生了一些新颖的计算机应用理论与方法，如专家系统、决策支持系统等。在本课题的研究中，主要采用决策支持系统的理论与方法，作为综合研究的手段，其他方法如计算机模拟、数理统计、专家咨询等方法均包含在该总体模型的方法库中。

11.5.3 研究内容

北京枢纽是本课题研究的重点案例之一。在研究中，以站群的布局及分工为核心，其研究内容如下。

1. 了解铁路枢纽基本现状

北京枢纽是我国铁路的重要枢纽之一。经过 40 年的建设，已由新中国成立前的三条干线发展到八条干线、四条环线及十余条支线、联络线等，初步形成四通八达的交通枢纽。进入北京枢纽的八条铁路干线都是一级线路，其中京秦线、丰沙线为电气化铁路，京广线、京山线、京遥线、京原线、京包线为内燃机牵引线路，京承线为蒸汽牵引线路。

对于北京枢纽的范围，我们研究的结果如下：京广线到琉璃河南站，京山线到黄村站，京通线到怀柔北站，京秦线到通县站，京原线到良各庄站，京包线到康庄站，丰沙线到安家庄站，京承线到怀柔站，枢纽内有良乡至白洼等支线共计 148. 21 km；有东南环线 37. 6 km，东北环线 28 km，西北环线 33. 8 km，西南环线 9. 9 km。此外，在京山线与京原线间、京广与京山线间有各种联络线十余条，枢纽范围内营业里程为876. 2 km，线路延长 1 500 km，其中正线 630 km，站线 570 km，企业专用线 242 条，长约 324 km。北京枢纽内共有 86 个车站，其中有 62 个车站办理货运业务，72 个车站办理客运业务。枢纽内有特等站三个，即北京站、丰台站和丰台西站；一等站两个，即北京南站和广安门站；三等站六个，即北京北站、大红门站、百子湾站、双桥站、北京东站、石景山南站。编组站有丰台西站、丰台站、双桥站三个。为保证运输生产的需要，枢纽内设有北京内燃段、丰台机务段、丰台机务折返段、南口机务段和丰西电力段；枢纽内设有北京客车、丰台机械保温车、石楼罐车、丰台货车四个车辆段，北京、丰台、三家店、怀柔北、燕山五个工务段，北京、丰台、丰台西、西直门、怀柔北五个电务段，丰台、西直门、三家店、通县西、燕山五个车务段。

随着北京市三环路的改建、扩建和环形地铁的开通，使铁路枢纽与城市交通衔接与配合状况不断改善。

2. 客运系统分析

1）简况

北京枢纽是由八大干线汇集而成的巨型枢纽，其主要客运站包括北京站、北京南站与北京北站。除少数货运站外，其余各站都办理旅客乘降业务等客运作业。表 11.1 列出了北京枢纽主要车站 1970 年、1975 年、1980 年、1985 年、1986 年各年上车人数。

表 11.1　北京枢纽主要车站上车人数统计

年度	北京站		北京南站		北京北站		合计/万人
	上车人数/万人	占比/%	上车人数/万人	占比/%	上车人数/万人	占比/%	
1970	865.0	68.7	261.1	21.0	118.5	10.3	1 244.6
1975	1 220.1	69.4	427.0	24.3	112.0	6.3	1 759.1
1980	1 739.2	66.7	712.8	27.3	156.8	6.0	2 608.8
1985	3 008.2	71.8	957.0	22.8	225.7	5.4	4 190.9
1986	3 134.8	72.9	940.1	21.9	222.3	5.2	4 297.2

由表 11.1 可知，北京枢纽上车人数逐年增加，增长速度亦有越来越快的迹象，以上述三站为例，1970—1975 年间平均年增长率为 7.2%，1975—1980 年增长率为 8.2%，而 1980—1985 年间年增长率达到 9.9%，1986 年由于短途客运票价调整，市郊与短途旅客减少，年增长率为 2.5%；1987 年比 1986 年增长 7.7%，大大高于全路平均水平。

从客运量的分布上看（以 1986 年为例），北京站集中了大部分客流。北京站日均上下车人数为 170 519 人，占三站的 72.9%；北京南站为 50 939 人，占 21.9%；北京北站仅占 5.2%。从始发列车看，北京站每天发 79 对，占 64.2%；北京南站为 31 对，占 25.2%；北京北站 13 对，占 10.6%。从客流结构上分析，北京枢纽直通客流占总上车人数的 33.5%，管内客流占 33.8%，市郊客流仅占 3.4%，中转客流占 19.4%，免票客流占 9.8%。几个主要客运站虽能力均显紧张，但以北京站最甚，北京南站次之。

2）存在的问题

从现有运输设备的运营现状分析中可看出，北京枢纽旅客运输中存在下列主要问题。

① 车站能力严重不足，各种设备处于超饱和状态。北京站咽喉能力为77对，实际接发列车79对，高峰时达91对，使用间隔时间两分钟，使咽喉利用高度紧张。同时，旅客站台、候车室、广场、各出入口通道等处于全面紧张状态。永定门原作为过渡性客运站，设备简陋，站台短，能力小；原设计能力为26对，现实际达到31对，亦处于超饱和状态。西直门站设计能力为10对，每日接发列车达13~14对，其发展受到各种限制，问题亦很严峻。

② 枢纽内客运站布局与分工不协调。这种不协调体现在两方面：一方面是客运站间不协调，北京站集中了大部分客流，有一定发展余地的北京南站受线路限制较大，加上位置稍差，难以成为北京市的主要车站；另一方面，客运站布局与分工同城市规划不协调，北京市人口过于集中，已引起人们在住宅、交通、供应等方面的矛盾，北京市的发展趋势是形成卫星城镇，以缓解市区压力，而既有的铁路布局现状不利于缓和北京城市的各种矛盾，不利于促进城市规划的实施与发展，反而使北京的城市问题更为突出，特别是市内交通疏散问题。

3）客运量预测

预测工作是合理布局与分工的前提。北京枢纽客运超负荷运转，旅客买票难、乘车难、托运难的矛盾越来越突出，如何最佳地安排运输投资，掌握有限资金的使用时机与方式，预测是最关键的一环。

1986年北京枢纽站各方向别的各种旅客列车对数如表11.2所示。

表11.2 1986年北京枢纽站各方向别各种旅客列车对数表 （单位：对）

类别＼方向	京山	京沪	京广	京原	丰沙	京包	京通	京承	京秦	合计
直通	9	13	20	—	—	8	3	1	5	59
管内	12	—	17	3	5	8	1	5	3	54
市郊	—	—	3	2	—	4	—	—	2	11
合计	21	13	40	5	5	20	4	6	10	124

根据北京枢纽1975—1987年实际统计资料分析后，采用指数平滑法预测，北京枢纽北京站、北京南站、北京北站、丰台站、北京东站五个客运站1995年上车人数将达到6 396万人，2000年上车人数预计为9 914万人。相应地，若1995—2000年的列车平均载客人数由950人增加到1 250人，则1995年所需列车对数约为140对，2000年所需列车对数约为216对，上述结果如表11.3所示。

表11.3 北京枢纽五个客运站客流量预测

年度	1986年实绩	1995年预测	2000年预测
上车人数/万人	4 884	6 396	9 914
列车对数	124	140	216

根据各方向现行列车对数进行分配后的预测结果如表11.4所示。

表 11.4　各方向列车对数预测结果　　1995 年/2000 年

方向 类别	京山	京沪	京九	京广	京原	丰沙	京包	京通	京承	京秦	合计
直通	10/17	18/23	0/6	23/28	—	—	9/10	4/5	1/1	6/9	71/109
管内	13/21	—	0/5	18/24	4/5	3/3	8/15	1/2	7/9	4/5	58/89
市郊	—	—	—	3/3	2/3	0/3	4/6	—	—	2/3	11/18
合计	23/38	18/23	0/11	44/65	6/8	3/6	21/31	5/7	8/10	12/17	140/216

4）枢纽站群的布局与分工方案

枢纽站群的布局是枢纽长期规划的主要组成部分之一，同时它又是紧密地与城市规划等问题联系着的复杂问题，北京枢纽经过四十多年的发展，其布局已趋定型，即客运站布局的分散型配置，即使北京西客站投产，远期京九线与京津客车线引入，亦不能从根本上改变铁路枢纽的形态。对北京枢纽客运系统而言，重要的问题是如何调整各客运站的分工，在适当时机增加适量的运输设备以满足运输需求，如北京站、北京南站、北京北站的合理分工与北京西客站的建设，等等。

分工问题是既有铁路枢纽车站作业组织优化的核心课题，也是北京铁路枢纽客运站研究的主要内容。由于北京枢纽已形成了事实上的分散型布局，在客流量增长如此迅猛之际，显然不可能改弦易辙至集中型布局。研究表明：预留的西客站的建设与投产时机在北京枢纽客运系统研究中具备举足轻重的地位，尽管有人提出五路、和平里等建设方案，但从当时的北京枢纽实际来看，这些方案离可行性较差。因此，我们根据预测的运输需求量，从北京枢纽设备现状的实际与原规划方案出发，提出下列几个可能性较大的改造方案为分析对象。

方案Ⅰ：及早修建西客站方案

该方案考虑西客站在 1995 年前投产，在 2000 年建成地下直径线，分担北京站、北京南站客流，减轻两站的压力，在 2000 年前实现主要的改造计划，较大程度地解决北京枢纽的客运问题。

其主要方案内容如表 11.5 所示。按照该方案，各站的分工到 2000 年亦渐趋合理。

表 11.5　方案 I 分工内容

方向 站别	1995 年		2000 年	
	列车对数	分工内容	列车对数	分工内容
北京站	75	京山、京广、京秦、京承、京原、丰沙	77	京山、京广、京秦、京原、京承、丰沙
北京南站	30	京广	38	京广
北京北站	13	京包、京通	36	京包、京通
北京西站	22	京沪、京山、京秦、京承	65	京沪、京山、京秦、京九

方案Ⅱ：缓建西客站方案（即进一步改造既有站方案）

该方案是假设 1995 年前西客站仍不能投产，到 2000 年才能投产的缓建方案，即通过进一步改造北京北站、北京南站并继续挖掘北京站的潜力，吃北京站的老本，来勉强满足运输需求。

该方案的主要内容及分工如表 11.6 所示。该方案要求对北京南站进行较大改造，当时的改造计划能力为 45 对客车，仍满足不了客流的需要，尚有不少差距。同时北京站的能力也起饱和了。

表 11.6　方案Ⅱ分工内容

方向 站别	1995 年		2000 年	
	列车对数	分工内容	列车对数	分工内容
北京站	80	京山、京沪、京秦、丰沙、京承、京广	84	京山、京秦、丰沙、京广
北京南站	35	京广、京原	52	京广、京原
北京北站	25	京包、京通	40	京包、京通
北京西站	—	—	40	京沪、京秦、京承、京九

方案Ⅲ：暂不建西客站方案（即大改造各站方案）

该方案指在 2000 年前西客站仍形不成运输能力的情形，按上述方法各站的分工内容如表 11.7 所示。

表 11.7　方案Ⅲ分工内容

方向 站别	1995 年		2000 年	
	列车对数	分工内容	列车对数	分工内容
北京站	80	京山、京沪、京秦、京广、丰沙、京承	100	京山、京沪、京秦、京广、丰沙、京承、京九
北京南站	35	京广、京原	70	京广、京原
北京北站	25	京包、京通	46	京包、京通
北京西站	—	—	—	—

从该方案中可以看出，如西客站能力在 2000 年尚未形成，则北京站、北京南站、北京北站三个站的能力均不能适应运输需要，必须进行大量改造。数据表明，北京站 2000 年能力必须达 100 对才能满足需要；而北京南站的现行改造方案也需要有较大的扩充，才可能达到满足 70 对左右运输能力的需要。

5）方案评价

铁路枢纽布局与分工方案的评价，是一个多因素分析的过程，而且实际工作是具体而又复杂的，必须根据客观条件和各方面的制约因素予以综合分析与评价，来论证推荐方案的技术可行性与经济有利性。下面主要从五个方面分析上述各方案的优劣。

（1）总投资额

建设新站段、联络线的投资与既有设备改造的总投资额，是枢纽客运站合理布局与分工研究中不可回避的问题。从北京枢纽具体情况来分析，西客站的建设只是个时间问题，即从西客站的投资时间上看，方案Ⅰ最早，方案Ⅱ较之约晚 5 年，而方案Ⅲ则大约晚 10 年，从其他方面分析，方案Ⅰ可通过对北京北站、北京南站的局部改造（这些改造也是促进合理分工所必需的）来适应 2000 年客运的需求增长，而北京站不改进，可维持现状；方案Ⅱ对北京南站要求更高，即需要在方案Ⅰ的基础上提高能力 19 ~ 15 对；方案Ⅲ则需要改造北京站，使其能力在现有基础上增加 20 对。在客流不断增长的情况下，要满足人们出行的需要，应尽快建设北京西客站，这是唯一的出路。

（2）乘客方便性

该目标主要考虑在各种不同城市客运站方案条件下，居民出差旅行的便捷程度，即要求客运站布局与分工方案能为乘客上下车与中转换乘提供方便条件，减少不必要的中转与停留时间。通过设置目标函数进行仿真，三方案的仿真结果如表 11.8 所示。

表 11.8 仿真结果 （单位：人 · h）

方案号 \ 时间	1995 年	2000 年
方案Ⅰ	34 930 500	22 591 260
方案Ⅱ	34 956 610	19 801 850
方案Ⅲ	34 898 040	44 765 480

（3）与城市的协调性

由于铁路客运站是城市对外交通的主要接口，客运站布局自然成为对城市影响较大的因素之一。在我国，城市人口高度集中，已引起住宅、办公用房、市内交通、生活供应等一系列困难。客运站与城市关系的协调，主要表现在客运站与城市规划的协调性、对城市环境的影响、对市内交通的影响、对土地利用的影响等方面，上述三个方案中，方案Ⅰ、Ⅱ大致相同，方案Ⅲ将大部分客流继续集中在北京站，对城市交通与卫星城镇发展规划将是不利因素。因此，尽早建设北京西客站，分担北京站客流，不仅能缓解北京站地区的市内交通，而且能使北京站、北京南站、北京北站有能力开行更多的市郊列车，加强城区与卫星城镇间的快速联络，缓解城市压力。

（4）运输组织与管理的安全性与方便性

方案Ⅲ主要依靠北京站的技术改造，由于北京站能力已是全面紧张，不仅咽喉、站线、库线、站台能力紧张，而且广场、候车室与各出入口能力均已达到饱和状态，事故隐患甚多。此外，北京站技术改造过渡过程如何完成也是一大难题，因而继续将运量集中在北京站的方案从运营管理与安全角度上考虑均不是较佳方案。方案Ⅰ、Ⅱ采取分解北京站所承担客流的方法，在乘客安全上无疑有较大改善，而且即使在运输设备的运营管理上，一定程度的分散治理，较高负荷的集中性处理亦更为方便一些。

（5）客运站能力利用均衡性

北京枢纽已进入全面紧张时期，从运营工作方面看，充分发挥各种设备的能力，最大限度地避免忙闲不均是铁路运输组织与管理工作的重要法宝。分析北京枢纽 1995 年客运站的能力利用状况，各车站的均衡率如表 11.9 所示。

表 11.9 车站均衡率

方案号 \ 站名	北京站	北京南站	北京西站	北京北站	均衡率
Ⅰ	1.04	1.09	1.15	1.00	1.06
Ⅱ	1.11	1.47	—	1.00	1.21
Ⅲ	1.15	1.40	—	1.00	1.20

从上述三个方案的反复分析与比较中可知，方案Ⅰ是最佳方案，也是我们的推荐方案。如果不及早修建北京西客站，则2000年北京枢纽特别是北京站将更加拥挤不堪。在修建北京西客站之后，还应将北京北站、北京南站改造完毕，以满足北京枢纽客运量急剧增长的要求。

（6）市郊铁路运输发展

研究我国枢纽客运站布局与分工问题时，必须注意的一个重要方面是市郊铁路运输发展问题。众所周知，由于我国城市人口的剧烈增长与出行率的提高，如何解决我国各大城市交通问题已迫在眉睫，市郊运输在运输成本、运输速度与能力、准时性等方面较公共电汽车都具有无可非议的优势。就我国国情特点而论，采用何种有效的交通方式连接各卫星城镇，市郊铁路将是有力的竞争工具之一。从这种意义上看，枢纽客运站的分散配置具有较大潜力，这种情况在北京枢纽尤为突出：北京的市内交通拥堵已到十分严重的程度，而近年来市郊铁路运输却有削弱之势，这固然与铁路运输本身能力紧张及投资有关，但北京市郊运输在诸如线路、车站与车辆等设备方面，以及运价等组织管理方面存在的问题也是不可忽视的。

3. 货运系统分析

枢纽货运站研究，除了货运站在枢纽内的数目与位置外，还包括货运站的作业分工问题。由于枢纽货运系统中货运站数量多，功能复杂，如北京枢纽内办理运货运作业的车站有69个，货站涉及的因素除了运输系统本身的因素外，还包括城市规划、城市环境、工业配置、交通设施等因素，因此，其研究过程是一个十分复杂而又有意义的过程。

1）枢纽货运系统现状

北京枢纽内共有86个车站，其中办理货运业务的站有69个，在这些车站中，较大站主要有22个，其办理的货运量占枢纽总货运量的70%以上。在这22个较大的车站中，3个车站年办理货物作业量在400万t以上；有5个车站年办理货物作业量在300万~400万t之间；10个车站年办理货运量在100万~200万t之间。

为了便于了解北京枢纽货运系统中的货运站布局与分工现状，进一步对枢纽货运系统进行研究，我们依据货运站与城市之间的关系将货运站分为三类：即城区货运站、城市近郊区货运站和城市远郊区货运站，其分类情况如表11.10所示。

表11.10 枢纽货运站系统及分类

类别	城区货运站	城市近郊区货运站	城市远郊区货运站
枢纽货运站	广安门、北京东、北京南、和平里、北京北、五路、西黄村、清华园	百子湾、大红门、双桥、三家店、石景山、石南、丰西、丰台、清河等站	长辛店、良乡、琉璃河、黄村、石楼、良各庄、门头沟、昌平、南口、通县、双桥等站

北京枢纽主要货运站分工现状如下：处于枢纽南部和东南部的车站有广安门站和北京东站，这两个车站主要承担零担和集装箱货物作业；处于城市北部的车站有北京北

站，处于城市南部的车站有北京南站，这两个车站主要承担整车货物到发作业；百子湾站和大红门站位于城市东南部，主要承担散堆装货物和长大笨重货物作业；处于城市南部郊区的大红门车站主要承担危险品货物作业。

北京枢纽货运系统除存在能力供给与运输需求不相适应的问题以外，还存在枢纽货运站布局不均衡、不合理，分工不明确，以及由此带来的污染城市环境、干扰城市交通、与城市规划协调程度差等方面的同题，使企业经济效益，特别是社会效益，蒙受很大损失。

枢纽货运站分工的不合理表现为枢纽内的“综合型”货运站太多，许多站零担、整车、长大笨重、散堆装货物样样都办，结果不但造成货运站（场）货物作业效率不高，经济效益不佳，不利于货运站向高水平、高效率的现代化方向发展，而且分工的不合理也给城市环境、城市规划和城市交通等方面带来严重不利影响。

枢纽货运站系统除存在上面提到的布局、分工不合理的主要问题外，还存在长期以来由于铁路内部投资分配结构不合理而造成的货运站建设、改造资金不足的问题，使枢纽货运站能力的增长落后于货运量需求的增长，货运站能力的供给与社会对运输的需求不相适应。另外，还存在不少货运设备长期超负荷使用、年久失修，以及设备不配套、能力不能得到充分发挥等问题。

2）枢纽货运量分析与预测

根据北京枢纽历年来的运量统计资料，我们对枢纽货运量进行了预测。通过综合分析与调整，北京地区近期（1995 年）和远期（2000 年）的预测总运量如表 11.11 所示。

表 11.11　北京枢纽货运量　（单位：万 t）

年度	1995	2000
到达运量	5 985	6 965
发送运量	3 622	4 272

枢纽内公用货场货物分作业种类的到发量如表 11.12 所示。

表 11.12　枢纽公用货场货物分作业种类到发量

作业种类 / 年份	零担/万 t	集装箱/万 t	整车包件/千车	笨重/千车
1995	175	118	33	55
2000	195	144	42	67

3）货运站布局与分工方案的研究

北京枢纽拥有众多的货运站，其功能与吸引范围亦比较复杂。如前所述，北京枢纽货运发送量与到达量逐年都稍有增加，递增率为 1.6% ~ 3%。现行货运站布局与分工方面存在不合理性，一方面浪费了部分设备与人力；另一方面造成货主取送货物在短途搬运上的极大不便性。为此，在大量调查研究与分析的基础上，提出四个可能方案，如表 11.13 所示。

表 11.13 北京枢纽货运站布局分工方案

	零担	集装箱	整车包件	散堆装	危险品
方案Ⅰ	广安门、北京东、大钟寺	广安门、和平里	大红门、大钟寺、西黄村、清华园等	黄土店、小红门、百子湾等	小红门
方案Ⅱ	广安门、北京东、西黄村	广安门、和平里	北京南站、北京北站、西黄村、清华园等	黄土店、大红门	小红门
方案Ⅲ	广安门、北京东、西黄村	广安门、和平里	西黄村、大红门、清华园、北京东	黄土店、大红门	小红门
方案Ⅳ	广安门、北京东、	广安门	大红门、西黄村、清华园、北京东等	百子湾、小红门、清河等	小红门

各方面的说明如下：

方案Ⅰ：新建大钟寺综合性货运站。枢纽零担货物作业主要由广安门站、北京东站和大钟寺站办理；封闭北京南站和北京北站的货运作业；改造大红门站和小红门站，将北京南站的货物作业移至大红门站办理，将北京北站的货物作业移至大钟寺站办理，而相应地将大红门站的危险品货物作业转移到小红门站办理，使小红门站成为北京枢纽内的危险品货运站；新建黄土店散堆装专业货场，集中承担枢纽北、西北地区分散办理的散堆装货物作业。

方案Ⅱ：新建西黄村综合性货运站，承担城市西、北、西北部的零担、整车作业；新建黄土店散堆装货物专业货场，承担枢纽分散办理的散堆装货物作业。

方案Ⅲ：新建西黄村综合性货运站和黄土店散堆装专业货场，封闭北京南站和北京北站的货运作业；改造大红门站和小红门站货场；将北京南站的货物作业转到大红门站办理，把北京北站的货物作业转移到西黄村站办理，将大红门站的危险品货物作业转移到小红门站办理，将北京南站和北京北站的货场作为客运站改扩建基址。

方案Ⅳ：基本上保持目前枢纽货运站布局分工方案不变，但是考虑客运的需求，仍封闭北京南站和北京北站的货运作业；枢纽内不增建新的货运站。北京南站和北京北站所办理的运量和枢纽增长的运量靠目前货运站的挖潜、改造、扩建、扩能来消化。

4）方案评价

枢纽货运站的布局与分工、研究是一个由众多相互联系、相互影响的因素组成的复杂系统问题。某一方面的优劣难以决定方案的取舍，必须系统地、综合地对各方案进行多角度、多层次的分析与评价。研究表明：评价铁路枢纽货运站布局与分工方案应考虑以下指标：

① 投资额与运营费用：这是涉及运输企业切身利益的指标；

② 货主方便性：考虑不同方案中，货主对货物进出站等短途装卸、搬运的方便程度；

③ 货运站能力利用均衡率：强调充分利用既有设备能力，保证运营的弹性，促进

管理的有效性；

④ 对环境的干扰：该指标既包括对运输系统内部货运子系统的环境如旅客运输、编组站作业的干扰，也包括对城市环境、城市交通的影响；

⑤ 与城市的协调性：枢纽货运系统应与枢纽所在地城市的长期规划相协调。

按照上述指标体系对四个方案进行综合评价的结果如表 11.14 所示。

表 11.14　北京枢纽货运站布局分工方案指标（特性）评价矩阵

指标 权系数 方案	投资额与运营费用	货主方便性	货运站能力利用均衡率	对环境的干扰	与城市的协调性	综合评价结果
	0.25	0.15	0.15	0.25	0.2	
Ⅰ	3	5	5	3	7	4.4
Ⅱ	5	5	3	3	5	4.2
Ⅲ	3	5	5	7	7	5.4
Ⅳ	1	7	7	5	5	4.6

由上述评价结果可以看出：

方案Ⅰ的实施存在明显困难。该方案中提出新建大钟寺综合性货运站，而大钟寺作为北京枢纽规划预留货场发展用地，由于铁路部门投资所限，久拖不能上马，该地块已被北京市果品公司等单位占用，因而要建设大钟寺货运站，不得不大量拆迁城市建筑物和企事业单位，大量占用城市用地。这样，不仅导致建设投资费用非常高，而且仅征地这一关就过不去，定性评价中指标值是 4.4，在 4 个方案中居第 3 位，由此可见，该方案明显是较劣方案。

方案Ⅱ虽然是以新建西黄村综合性货运站代替大钟寺站，使建设征地和拆迁问题的解决大为容易，并且单从货运站布局与分工的角度来讲，该方案是最优的，但该方案明显地存在与客运站布局分工不协调的问题，即违背了“局部服从整体”的原则，从该方案的定性指标值在 4 个方案中最低也可以看出这一点。所以尽管该方案从货运角度是最好的，但是从枢纽站群布局分工的整体来考虑不是理想方案。

方案Ⅲ是在方案Ⅰ和方案Ⅱ的基础上形成的，即新建西黄村综合性货运站和黄土店散堆装专业场，以满足社会需求，平衡枢纽货运站布局，并通过集中办理散装货物作业，提高货运作业效率及作业水平，减少货运站作业对城市环境、城市交通的干扰影响，封闭北京南站、北京北站的货运作业，以配合枢纽客运站分工需要；改造大红门站、小红门站，把大红门站的危险品货物作业转移到离城市较远的小红门站办理，将北京南站的货物作业移到大红门站办理。方案Ⅲ的定性指标是 4 个方案中最优的，故该方案是较理想的。

方案Ⅳ可以说是枢纽货运站布局与分工的目前方案；因此该方案没能解决枢纽货运站布局与分工所存在的问题，如货运站布局不平衡、分工不合理、城市短途运输距离过长、对城市交通干扰较大、对城市环境污染较为严重等。因此，该方案是不可取的。

综上所述，方案Ⅲ在满足社会货运需求的基础上，较好地协调了货运站与枢纽、货运站与客运站的布局与分工，特别是较好地协调了与城市之间的关系，基本上使枢纽货运站现存的问题得到了解决。

5）关于北京枢纽专用线问题

（1）专用线概况

在北京枢纽的86个车站中，据北京分局1986年《北京铁路分局专用线（专用铁道）设备及运输情况汇总表》，有43个车站设有专用线，242个单位有铁路专用线设备。专用线总延米为324 km（不包括专用铁道），这些专用线遍布枢纽内各干线、支线和环线上。对于北京枢纽的货物运输，专用线有着举足轻重的作用。每年在专用线上完成的货物装卸量，占枢纽内货物装卸量的70%以上，1987年专用线完成的货物装卸量为枢纽内总装卸量的80%，其中发送量为总送量的79%，卸车量为总卸车量的80.6%。可见，专用线的合理布局与合理使用，是一个不可忽视的问题。

（2）专用线合理布局研究

与货运站相比，同是货物装卸地点，铁路专用线有自己的特点。货运站面向社会，货主多，货物品种繁杂，形态各异，如何进行专业化分工是需要研究的重要问题。专用线情况则与此不同，专用线是为某一固定单位服务的，所办理的货物由该单位的需求所确定，即使共用专用线，仍以原所属单位的货物为主。因此，专用线的分工在它修建时就已确定了。

对于北京枢纽，重点应研究专用线的合理布局问题。专用线布局原则如下：

① 方便货主。运输本身是联系生产和消费的纽带，专用线是实现企业与铁路运输网联系的主要手段，对于确有必要设置专用线的单位，应尽量满足其需要。

② 从枢纽大系统出发全面考虑，集中设置专用线。企业修建专用线对其是非常有利的，专用线过多，对枢纽运输干扰大，在编组站集结时间长，占用车站到发线、调车线时间长，对咽喉能力干扰很大。所以，要从枢纽全局出发，综合考虑，合理布局。

③ 修建专用线要考虑长远效益。专用线具有一旦修成就不易变动的特点，因此在布局中应考虑长远，包括工业布局的远期规划、现有企业的发展趋势等。

④ 与其他运输方式相结合考虑专用线布局。北京是内陆城市，无水运可利用，空运、公路运输均不发达，远距离大宗货物运输主要靠铁路，在这种情况下，大量铁路专用线的存在是不可避免的。今后，随着其他运输方式的发展（尤其是高速大型载重汽车），铁路专用线应减少。

⑤ 按主要物资和重点单位进行专用线布局。在布局研究中，应首先找出运量大、对生产和生活影响大的物资，以及运量大且在北京经济生产领域中占有重要地位的单位，以这些资料为依据进行布局，其他单位在此布局方案的基础上进行规划。

（3）综合评价指标体系

建立合理的评价指标体系，对于正确认识专用线在枢纽中的地位和作用、正确评价布局方案，有十分重要的理论意义和实际意义。

在项目研究中，我们建立了由服务率、专用线利用水平、专用线设置水平、专用线装卸量比重等指标构成的指标体系，对专用线的布局方案进行了研究，重点是以装卸量、距离为主要依据进行计算，研究各种可能性，通过比较，得出最终方案。

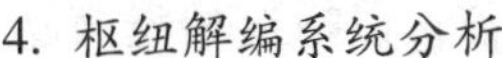

4. 枢纽解编系统分析

1）北京枢纽编组站现状分析

北京枢纽是全国最大的铁路枢纽之一，它衔接八大干线。枢纽内现有编组站 3 个：丰台西编组站、丰台编组站和双桥编组站。从近几年各站办理车数情况看，丰台西站占枢纽编组站办理车总数的 68%，丰台站占 24%，双桥站占 8%，丰台西站起着主要作用。从各站办理车数的数据看，日办理车数量基本上是稳定上升，丰台西站年增长 1 200辆，丰台站每月度增加近 400 辆，双桥站因投入运营时间较短，增长幅度较小，基本上稳定在 200 辆左右。由此看来，经济发展对铁路编组站的要求越来越高，必须加快发展编组站的步伐，才能适应运输的发展需要。

从北京枢纽内主要编组站——丰台西站数年来车辆出入情况看，办理车数虽在上升，但有调比却在逐步下降，最低达 36%，说明经过枢纽的车流量大、质量高（无改编比重大），这样可减少枢纽内客、货列车的相互干扰。

从编组站运营情况看，枢纽存在以下问题：

① 编组站能力严重不足。丰台西站作为一个路网性编组站，应有足够的能力满足各方向交换车流的能力要求，然而由于下行系统投资较晚，至今尚不能形成能力，丰台西站出发场的出发咽喉能力、到达场的到达咽喉能力都比较紧张，由于小运转流量大、方向号多，分类线数量显得不足，丰台西站 24 个方向号中车流量超过 250 辆的组号有 6 个，编组场除去守车线、禁溜线、站修线等，股道数量与容量都不够，降低了线路和车站设备的利用率。

② 编组站的布局与分工不相适应。双桥站尽管大部分设备已投产使用，但由于驼峰方向与主要车流方向相反，造成设备运用、能力匹配上存在矛盾，如分类线仅有 16 股，现行组号已达 16 个，而驼峰能力为 2 600 辆，目前日均改编数才 1 200 辆，驼峰设备能力没有充分发挥出来。双桥站到发线 4 股，其中还有 1 股用于机车走行，实际上只有 3 股，因此双桥站通过能力也比较紧张。

2）枢纽编组站布局与分工原则

布局与分工原则可以从两个方面进行考虑，一是从由全路枢纽组成的路网枢纽系统来考虑；二是从枢纽内部来考虑。

从全路枢纽组成的路网枢纽系统来考虑，主要原则如下：

① 车流组织直达化。车流组织直达化是减轻编组站负担的一个重要方面。据不完全统计，全路车辆在途中转次数达 3 ~ 4 次，如果平均减少一次，按现在的日装车数计算，则每天可减少 1.5 万 ~ 2 万辆的中转作业车数。因此，根据车流性质和集散规律，有效地组织直达列车是运输组织的发展方向。在中转车流集中的编组站，应加强直达列车的组织工作；在大宗货物的装车基地，应尽可能地组织始发直达列车，以减少列车在途中的改编次数。

② 编组站建设集中化。根据车流组织直达化的原则和优化的车流组织方案，对编组站进行分类。集中力量建设能力大的路网性编组站，以便迅速扭转编组站能力紧张的被动局面，为开好技术直达列车创造条件，在煤炭、木材、燃油等大宗货物的装

车点，应有截流集列的基地，在大量卸车地要有消化能力设备，以适应始发直达列车的需要。

③ 设备现代化。为进一步提高编组站的能力，要有计划、有步骤地采用现代化的技术设备，尤其在作业量较大的编组站上，应优先发展，借以挖掘设备潜力，提高工作效率，降低劳动强度，保证作业安全。

④ 充分利用既有设备，适当考虑新建工程。在编组站进行扩建时，应本着“精打细算，节约投资”的精神，在充分利用既有设备的前提下，适当考虑新建工程。但是在利用既有设备时，不能迁就原有的不合理布局，应通过技术经济比较、社会效益分析和环境效益分析后确定。

从枢纽内部来考虑，主要原则如下：

① 局部服从整体。在路网规划的前提下，确定枢纽的工作量，在此基础上合理安排枢纽内各技术站承担的任务，加强枢纽车流组织，充分利有技术设备，减少车流中转环节，在一定数量小运转列车的情况下，加速车辆周转。

② 最大限度地减少折角车流。折角车流的大小是枢纽内编组站合理分工与否的明显标志，它直接影响运营费用的多少，因为折角车流增加列车在枢纽内的走行公里，增加点线能力的占用，增加调车作业量和停留时间，而且机车车辆购置费和货物滞留费都相应增加。因此，最大限度地减少折角车流，对提高枢纽的系统能力利用率及降低运营费用有很大的作用。

③ 合理性与可能性统一。分工与布局研究时，要将合理性与可能性统一起来，有些研究方案虽然从车流组织上来说是合理的，由于编组站建设的特点（占地多，投资大，受地质、地理、气象条件限制），其方案实施可能性很小，因此是没有意义的。

④ 近期与远期相结合。枢纽内编组站的分工与布局，要考虑目前车流的情况，同时要对远期车流进行预测，使编组站的建设既不要投资过早，造成投资浪费，也不要投资过晚，造成近期能力紧张。

⑤ 提高经济效益。选择方案要进行技术经济比较，以最少的投资和运营支出，完成最多的运输任务，来获得最佳经济效益。

总之，编组站合理布局与分工的主要目的，就是要明确编组站在路网上的属性，并使各种性质不同的编组站，在充分发挥各自设备能力的基础上，能够形成一个有机的整体，这样既可以节约设备投资，又可以降低运输成本，从而质量良好地成运输生产任务；否则，将会造成编组站设备能力的空虚或不足，使运输能力和运量脱节。

3）方案分析与评价

北京枢纽内有三个编组站：丰台西站、丰台站和双桥站，其布局形式是一站布局于4条干线的交点上，一站布局于3条干线的交点上，一站布局于城市边缘。因此其分工方案有：①一主两辅方案、②二主一辅把进口方案、⑨二主一辅把出口方案。

下面将各分工方案分述如下：

方案1：一主两辅方案（现行方案）

丰台西站为主要编组站，丰台站和双桥站为辅助编组站。丰台西站主要办理各干线间中转车流的解体、编组作业，附代办理部分小运转的到发作业。丰台站主要办理枢纽内南部和西南、东南部小运转的到发作业。双桥站主要办理东部及北部地区小运转的到发作业。

方案 2：二主一辅把进口方案

丰台西站为主要编组站，主要办理所衔接各干线接入及中转车流的解体、编组作业，以及所衔接干线发往与双桥衔接干线间中转车流的解体、编组作业。

双桥站作为另一主要编组站，主要办理所衔接干线接入及中转车流的解体、编组作业，以及所衔接干线与丰西衔接干线间的中转车流的解体、编组作业。

丰台站作为辅助编组站，主要办理枢纽内小运转的到发作业。

方案 3：二主一辅把出口方案

丰台西站作为第一主要编组站，主要办理所衔接各干线出发与中转车流的解体、编组作业，以及双桥衔接干线到丰西衔接干线间中转车流的解体、编组作业。

双桥作为第二主要编组站，主要办理所衔接干线出发、中转车流的解体、编组作业，以及丰西衔接干线到双桥衔接干线间中转车流的解体、编组作业。

丰台站作为辅助编组站，主要办理枢纽内小运转的始发与到达作业。

上述方案中所说中转车流是指有调中转车流，原则上，无调中转车流最好不要进入枢纽和编组站，而是从联络线上通过。

表 11.15 给出按现行车流计算的各指标结果。

表 11.15　方案计算结果

	方案 1	方案 2	方案 3
办理车数	33 583	33 583	33 583
车辆中转时间/h	4.12	4.14	4.20
运营费	—	+25 万元	+104 万元

4）方案综合分析

由现行车流情况看，枢纽内主要车流集中于京山、京广、丰沙、京秦四线。从京秦上行到丰沙的车流主要是无调中转空车流，而且双桥编组站能力有限。若采用方案 2 和方案 3 都要增加车流在枢纽内的滞留时间和重复作业车辆数，并且需要相当多的投资来改造编组站，况且丰西下行系统即将投产，那时编组站能力紧张状况得以缓和，双桥站难免造成能力的空废。

仅研究单个枢纽编组站的布局与分工，很难对编组计划进行调整，只有对相邻枢纽进行研究以后，才有可能适当调整编组计划。如果不考虑与相邻枢纽编组站的分工，则可认为现行分工方案是比较合理的。

5）关于枢纽机务系统

从宏观上看，北京枢纽机务系统基本上适应目前运输生产部门的需求。然而，从系统观点来分析，枢纽机务系统尚存在下列问题：

① 在客货机车能力分配上，客运机车供应能力不足；

② 个别机务段位置欠当，如北京内燃段的位置从布局上看不理想，灵活性较差。

③ 机务系统与运输等部门协调能力较差，在组织管理上尚需进一步进行改善。

从上述问题出发，尚需探讨改善机务系统的途径，主要方向是：

① 调整机车、机车乘务员与站、段的关系，明确责权利，加强相互之间的协调与合作关系；

② 提高机务段设备与管理的现代化水平，如机车交路的自动编制、电力机车牵引的采用及相应的管理信息系统的建立及完善等。

③ 调整部分机车交路。在京包线上，北京内燃段承担 13 对客运列车牵引任务，由于从南口到康庄一段是以 34‰ 坡度著称的大坡道，必须采用双机牵引，才能达到牵引要求，目前机车走行是从北京经东北环到南口，然后从南口坡道运行到康庄，进而到沙城。而从北京经东北环到南口一段为非坡道，不必双机牵引，这样构成了在北京到南口这一区段上每 24 h 纯放 13 对单机现象，既浪费机车，也浪费了大批燃料，如果将这部分客运任务调整给南口段来完成，那么就会消除由北京内燃机承担而造成的北京—南口区段的单机往返浪费现象。虽然由南口段承担存在诸如机车配属不够、技术设备不足等问题，但南口机务段也曾担任过京包线的临客任务并顺利完成，因此这一方案也是可行的。

5. 综合研究与研究结论

本课题运用系统分析的方法来研究整个枢纽站群系统，以达到较为全面地描述枢纽站群系统，并对站群系统的布局与分工进行优化的目的。

1）客运系统

（1）尽快建设北京西客站及有关配套工程

目前，北京枢纽的运量与运能矛盾日益突出。要适应 2000 年客运量的需要，必须建设新的客运站，从西客站的建设时机上看，由于运量增长迅速，早建优于迟建。这不仅可减少某些不必要的投资，以免造成投资顺序上的不合理性，而且在乘客方便性、安全性与组织管理等方面都是合理的。北京西客站能力的形成，还将对北京枢纽的城市交通、城市规划等产生巨大影响，缓和城市各方面的压力。

北京是特大枢纽，国外类似规模的枢纽，车站数都远远多于北京枢纽，例如，巴黎枢纽有客运站 10 个，伦敦枢纽有客运站 15 个，莫斯科枢纽有客运站 9 个。从各国发展情况看，保持一定数量的车站，对缓解城市交通压力、方便旅客乘车等都有很大的作用。北京枢纽中，尽管国家已作出规划，要建设北京西客站，但投资一直未能落实，附近需拆迁的厂房也未明确，越拖越被动，至今仍未能开工。随着北京枢纽客运任务迅速增加，修建北京西客站已是迫在眉睫，最近国家已确定修建西客站，这是缓和北京地区交通紧张状况的根本措施，它将大大缓解北京站目前的拥挤、堵塞状况。在修建北京西客站时，还应把北京西客站与北京地下直径线修建起来，使各次客车可以直达运行，中转旅客能方便中转。此外，还要考虑与城市公共交通工具衔接和协调的问题，按交通枢纽综合体的全局思想进行统筹规划。

远期，还必须考虑京九线、京津客车线的引入。修建西客站至南岗洼的联络线及望京至顺义的联络线，以完善枢纽客运系统。迄今为止，我国南北大干道的运输任务主要靠京广、津浦两条铁路干线完成。鉴于两干线目前运输任务繁重，客运列车终年超员，对人们出门旅行造成极大不便，给运输安全也构成了严重威胁，建议尽快建设南北第三铁路干线，分解京广、津浦两线客货流。因此，应及早修建京九线，并应纳入北京铁路枢纽客运站布局与分工中来。

（2）北京北站、北京南站也应扩建改造

为促进整个枢纽客运站布局与分工的合理性，不宜继续将客流集中于北京站。在加快建设北京西客站之后，应对北京北站和北京南站继续进行改造，使北京站得以分流，即到京山、京沪、京秦、京包、京通线的客车集中于北京北站到发；京广线客车主要集中于北京南站到发，这样，既可改善枢纽客运布局与分工的不合理状况，也是迅速解决目前北京站被动局面的最好分流办法，同时各站还可按方向开行市郊列车。枢纽客运站进行调整后，市内公共交通也应做相应的调整，与客运站的调整相配合；否则，分流以后旅客集散、中转等又会产生新的问题。

（3）发展市郊铁路运输

市郊铁路运输效率高，投资省，安全性好，容量大，旅行速度快且准时，舒适度好，能源消耗低。因此，大力发展市郊铁路客运，对缓解北京地区交通压力有一定战略意义。例如，适当改造北京北（西直门）至南日线，加开市郊客车；充分发挥五路至门头沟线的现有线路能力，增开市郊旅客列车；新建动物园至门头沟、动物园至颐和园市郊客车线等。

因此，北京枢纽客运系统远期应采用二主（北京站与北京西站）、二辅（北京南站与北京北站）、多市郊（东郊、五路、和平里等）的客运体系，才能圆满地完成枢纽运输任务。

2）货运系统

（1）调整货运布局，提高工作效率

① 在货场分布上，将零担和集装箱安排在市区集中办理，便于加强对“高、精、尖”货物的管理；一般怕湿整车货物、包件货物等安排在近郊三环路附近办理，以减少污染、缩短公路运程和减少车辆周转，大宗散堆装货物安排在远郊区办理。这种三环配置，使货物分布与首都体布局相协调。

② 新建西黄村和黄土店货场，封闭北京南站、北京北站和西便门站货场，使环城货物分布趋于合理，改变目前西部地区能力不足的局面，实行专业化分工运输。改造和平里货场，完善东郊货场，将广安门货场扩建成具有现代化水平的集装箱货场，充实南口、黄村货场，办理集装箱业务，使集装箱运量达到零担物运量的70%以上。

③ 搞好现有货场的配套工作，改变货运服务设施简陋和安全性差的状况。对年办理能力10万t以上的49个货运站要增添消防和排水设施，补齐围墙，达到承运前保管条件的要求，保证货物安全。

④ 推广应用新技术、新设备，提高货运工作的现代化管理水平，货运计划、交付、查询、制票和集装箱微机管理系统在北京东站、广安门站、和平里站、北京南站和丰台站推广应用，有条件的站要实行站内联网，以提高工作效率，改善货运通信联络，加强信息交流。

⑤ 实现货运站分工专业化，以提高运输效率，加速货物周转，减少环境污染，降低运输成本。

（2）合理使用专用线

北京枢纽专用线布局是20世纪50年代起，经过近四十年逐步形成的，即使用科学方法得出优化布局方案，也绝非在短期内能够实现。除了研究布局方案，现有专用线的合理使用也很重要，可以采取以下措施：

① 严格控制新建专用线，除了年运量达到一定数量标准（新建专用线一般应能做到整列装卸），否则不予建设。

② 对于连续5年装卸量很小的专用线，应组织其他货主，实行专用线共用，否则车站不再向其送车。

③ 积极开展专用线共用，提高现有专用线利用率。1987年专用线共用作业量北京局为179万t，占专用线作业量的2%，利用率很低。这种状况在北京分局和北京市经委的努力下正在改变。

④ 在车站分工调整中，专用线布局应尽量向优化布局方案靠拢，调整到相应车站中去，四等站以下车站最好不设专用线。

3）编解系统

按各编组站的能力分工，对有调作业车进行集中，对于无调作业车，在条件允许的情况下以分流为主，北京枢纽除应加快车西站下行系统的建设速度外，还应采取如下措施：

① 修建黄村、良乡立交桥。根据现行列车编组计划和列车走行路径，从京广方向到京山方向去的列车有18列，其中有3列在南站技检，其余在丰西技检。从京山方向到京广方向的列车有9列（1列空），其中6列经黄良支线后上京广线，其余3列在丰台西技检。如能修建黄村、良乡立交桥，可使得这部分车流比较方便地从京山转线京广或从京广转线京山。

② 对东北环、西北环的单线区段进行改造。将东北环、西北环的单线区段进行复线改造或修建复线插入段，提高线路能力，这对车流组织的合理化、增加枢纽内车流调整的灵活性与机动性都将起到积极作用。

③ 修建京九线时，应提前安排和布局，确定将京九线引入北京枢纽的疏解方案。

15.5.4 政策建议

枢纽站群系统是一个综合性的复杂系统，它既包含对运输设备、用地等方面的规划，又直接涉及运营管理等问题，这些问题与城市规划、城市环境、居民日常生活等问题交织在一起，给日常管理乃至于局部规划造成了一些错觉与假象。只有通过全面而系统地进行研究，才能看清问题的本质，找出症结所在。

通过对站群系统的分析与建模，我们模拟了部分方案的效果。同时，对国内一些较大型的典型枢纽进行了现场调研，将模拟的假想方案与实际工作经验相结合，进行了概括与总结，提出站群系统研究的政策建议如下：

① 枢纽的总体规划应与整个路网的要求相协调，即枢纽规划应以枢纽长期运量预测、分析为基础，结合枢纽衔接方向数量与运量发展规划，相邻枢纽的分工与发展规划等因素来考虑。

② 枢纽规划应与城市规划和城市交通相协调，亦应隶属于城市规划，应充分兼顾城市特点与地理、经济发展的要求，在综合考虑各行业、各部门的要求的前提下制定规划。

③ 在对新枢纽进行总体规划时，客运站、货运站与编组站等子系统的设置，一般应尽量做到客运系统与编解系统分开或并联设置，货运站与编组站系统就近设置，专用线宜集中在几个主要的货运站与编组站上接轨。

④ 对既有枢纽的改造，应根据枢纽的运量预测与存在的问题，进行详细的综合配套研究后予以解决。切忌采取头痛医头、脚痛医脚的局部最优的处理办法。

⑤ 对客运量不大的小型枢纽，客运设备的设置以集中为方向，客运站的设置地点应适当靠近市中心，一般范围为 2 ~ 3 km；对大型及特大枢纽，应考虑客运系统设备的适当分散，以一主（或二主）多辅型布局为方向，主要客运站可考虑设于市区边缘或市中心 3 ~ 5 km 处。根据与城市规划、城市交通相协调的观点，主要客运站的运量规模以开行大约 60 对客车为宜。

⑥ 对大型、特大型枢纽，主要客运站应采用通过式站型。客运站的分工方式宜按方向别进行；货运站应与客运站同步建设，并应设置在主要客运站附近；枢纽的进出站线路与城市道路的交叉，应采用立交或预留立交用地。

⑦ 在货运量不大的小型枢纽，以集中设置一个综合性货运站为方向，站址应设在市区边缘。对大型以上枢纽，应根据城市特点考虑其布局，当市区范围大、货运分布面广时，应适当设置多个货运站或货场，货运站以专业化为主。在布局上要采用圈层结构，即零担货物、集装箱和整车包件货物等对城市环境影响较小的货运站（场）应设置在市区里；对城市环境影响较大的笨重货物，宜设在城市的近郊区；对城市影响很大的散堆装及危险货物等，应设置在远离城市的远郊区。

⑧ 编组站的布局以集中化为主，尤其是为路网服务的路网性编组站，应根据车流特点集中设置。当枢纽地方作业量很大时，可设置辅助性编组站，一方面负责地方车流的改编任务，另一方面辅助路同性编组站作业（负责部分作业复杂的短途车流的改编）。在特殊情况下受地形限制等影响时，或集中设置将引起大量折角车流时，也可考虑分散设置。路网性编组站应设置在郊区的适当地点。

⑨ 编组站的规划应采取“通盘安排、一次购地、分期建设”方针。一般情况下，路网性编组站的发展，初期可采用二级三、四场，远期预留双向三级式规划用地。编组站的接发、编解等各项能力（包括编组场的驼峰头部解体能力、尾部编组能力、到发场到发能力及咽喉区的通过能力等）应与区间通过能力相匹配和协调，同时应保证一定的储备能力，以适应运量波动与以后发展的需要。枢纽内机务与车辆段的设置，应与枢纽编组站同步建设，在布局上，机务段可设在客运站与编组站之间靠近编组站的位置，车

辆段也宜设置在编组站附近或站内正线外侧的适当地方，以便于机车、车辆的出入，减少机车、车辆走行。

⑩ 编组站应根据运量和改编作业量的需要，逐步实现现代化与自动化，尤其路网性编组站，应配有驼峰机车速度自动控制、货车溜放速度自动控制和溜放进路自动控制的自动化驼峰及其他现代化管理设施。

11.6 我国中西部地区—九龙间开行国际集装箱专列方案研究

11.6.1 研究背景

集装箱运输已是一种重要的运输形式，它以其自身特有的优越性越来越被人们所重视，尤其在国际贸易中的件杂类货物运输，逐渐被集装箱运输取代。我国集装箱运输开展较晚，普及也不够，但近年来发展得较快，在外贸货物运输中尤其如此。

香港以其有利的地理位置和自由港的特殊条件，港口集装箱吞吐量在世界港口中名列前茅，具有较大的吸引力。在香港即将回归祖国之际，为充分发挥香港港口集装箱运输的优势，更好地为外贸进出口货物运输服务，本项目对我国中西部地区至香港九龙间开行国际集装箱专列的可行性方案进行研究。

11.6.2 研究内容

1. 我国铁路集装箱运输的现状

1991 年，全路集装箱货源统计数是每年 6 000 万 t，约占货运总量的 5%，而已装箱运输才 1 200 万 t，1995 年达到 2 000 万 t，年递增 22%，2000 年计划达到 5 000 万 t，年递增 15%。

以国际集装箱运输而论，其运量无论是绝对数量还是在世界贸易运输总量中所占的比重都相当少，铁路集装箱运输所占的比重更少。“八五”期间虽经努力，铁路集装箱运输年运量刚达 2 000 多万 t，只占货运总量的 1.4%，占全国集装箱总运量不到 20%，其中进出口占比不到 2%，与铁路在国家运输行业中的地位很不相称。进入 20 世纪 90 年代，我国外贸运输中集装箱运量有了较快的增长，1991 年国际集装箱运量为 204.9 万 TEU，比 1990 年增长 43.6%，1992 年达到 278 万 TEU。尽管如此，我国国际集装箱运输发展水平与世界发达国家相比仍有很大差距，据 1992 年进行的统计，日本、新加坡的港口集装箱年吞吐量达到 600 多万 TEU，我国的港口年吞吐量明显存在一定的差距。

随着我国经济发展和对外开放步伐的加快，我国的对外贸易量会以更高的速度增长，加入 WTO 后，我国经济将全方位与世界经济接轨，逐步进入国际经济大循环、大流通、大市场，这意味着集装箱运输具有一个潜在的市场，同时也要求我国的货物运输从运输组织方式到管理水平都迈上一个新台阶，与国际贸易运输接轨。因此，必须大力发展集装箱运输，尤其是国际标准集装箱运输。

2. 中西部地区外贸集装箱货源及箱源情况

货物是运输的对象，货源是运输工作的基础，它包括货物发生的地点、数量、品种、去向等内容。集装箱作为运输的一种工具，是开展集装箱运输的必备条件，它包括箱的数量、规格、空箱来源及有无规定去向等。本项目围绕这两方面的问题，分别进行调查研究。

1）集装箱货源

研究货源问题，需围绕以下几个方面展开。

（1）研究区域范围的界定

本项目的研究目标，在于弄清我国中西部地区外贸进出口货物经由香港中转的集装箱的数量。这就要解决在中西部地区范围内究竟哪些地区的集装箱经由香港中转较为经济合理的这一问题。解决这个问题，需要考虑以下因素：

① 所研究区域的地理位置，它决定着办理集装箱业务的地点距港口的距离，因为运输费用的大小会影响货主的选择；

② 所研究区域与港口间交通运输通路的便捷程度，这一条件影响运输的成本和货主办理运输的方便程度，以及货物运输的速度；

③ 所研究区域运量的大小，它决定了开行集装箱专列方案的可行性。

根据以上原则，我们选择了江西、安徽、湖南、湖北、河南、河北、山西、陕西、甘肃、四川、贵州 11 省作为货源调查对象。

（2）集装箱适箱货物品类的确定

在外贸货物中，各种各样的货物都有，而适合于集装箱运输的货物，主要是日常运输中的杂货。根据货物的形状、大小、性质、用途和运输实际情况，适合装箱的货物主要是食品类、纺织品类、日用品杂类和机电产品类，具体如表 11. 16 所示。

表 11. 16　集装箱适箱货物表

序号	类别	明细物品
1	机电类	机动车零配件，非机动车零配件，低压电器及元件，电冰箱，空调机，冷热风机，电风扇，排烟机，洗衣机，吸尘器，电热器，电熨斗，灯具，灯泡，灯管，小型通信设备，录像机，摄像机，电视机，录音机，收音机，音响设备，显像管，计算机及设备，电子元器件
2	仪器仪表类	自动化仪表，电工仪表，显微镜，望远镜，分析仪器，实验仪器，教学仪器，钟表，量具，小型衡器
3	小型机械类	千斤顶，小型泵，电工工具，风动工具，机械设备零配件，缝纫机及配件，医疗器械，电影器械，幻灯机，投影仪，复印机，照相机及照相器材，打字机，摩托车，自行车
4	玻璃陶瓷建材类	玻璃仪器，玻璃器皿及其他制品，保温瓶及瓶胆，日用陶瓷、陶器，卫生陶瓷，油毡，石棉布，瓷砖等装饰材料

续表

序号	类别	明细物品
5	工艺品类	玉雕、木雕等雕塑品，景泰蓝，金银器，竹藤草编织工艺品，刺绣抽纱工艺品，地毯、挂毯，工艺陶瓷，其他工艺品，展览品
6	文体用品	纸张，书籍，报纸杂志，本册，文具，教学模型和标本，乐器，音像制品，体育用品，玩具，游艺器材
7	医药类	西药，中成药，药酒，中药材，生物制品，畜用药，其他医药品
8	烟酒食品类	卷烟，烟草加工品，酒，饮料，罐头，蜂蜜，糖果，蜜饯，饼干，方便面，粉丝，腐竹，干果，干菜，腌制菜，调味品，茶叶，乳制品
9	日用品类	化妆品，牙膏，香皂，肥皂，鞋油，合成洗涤剂，日用搪瓷，日用铝制品，日用不锈钢制品，日用塑料制品，鞋帽，手套，提包（箱），伞，其他日用百货
10	化工类	油漆，颜料，涂料，染料，食品添加剂，化肥，有机玻璃，合成橡胶，人造革，合成革，胶片，磁带，塑料地板及地板革，塑料编织袋，塑料薄膜
11	纺织品类	棉布，混纺布，麻布，毛巾等棉制品，棉毛衫裤等针织品，尼龙，毛线，毛毯，服装，毛皮
12	小五金类	合页，拉手，锁，刀剪，理发用具，钉子，螺丝，切削工具，手工工具，焊条，装饰五金，等

这些货物在外贸统计中有的是直接以质量统计的，有的是以其他数量单位统计的，也有的根本没有数量，只有价值额。在本研究中，对于第二类货物，以其常规质量或体积大致折算成质量统一计算；对第三类货物，由于不易量化，数量也较小而略去不计。这样处理不影响基本把握货源数量的要求。对第二类货物的折算，也不是很准确，一是因为品类较多，难以分得很细；二是有的货物，品种规格不同其体积质量变化也较大。因此，在下文所列出的适箱货物中，不是全部的适箱货物，其质量也是一个大概的量。

（3）中西部地区外贸货物中的适箱货物

所研究地区的外贸货物中，出口货物以初级产品和轻工产品为主，机电类产品所占比例较小。进口货物则以机械设备、工业原料、家用电器、计算机及食用油为主。

在适箱货物中，现在由集装箱运输的货物只占较少一部分，如四川只占十分之一左右，其余大量货物都以零担或铁路整车方式运到出关港口，然后再装箱或直接装船出口。

（4）中西部地区外贸货物可能经由香港中转的运量

为估算中西部地区可能经由香港中转出口的货物运量，根据1994年全国统计的分地区别外贸出口量的比例进行近似估算。1994年我国内地按金额计算的出口货物，其去往地区情况见表11.17。

表11.17　1994年分地区别外贸进出口金额

地区	出口金额/万美元	所占比例	进口金额/万美元	所占比例
亚洲	7 344 670	60.68%	6 876 515	59.4%
非洲	174 905	1.44%	89 398	0.8%
欧洲	1 880 398	15.54%	2 504 021	21.6%
南美洲	245 475	2.0%	224 738	1.9%

续表

地区	出口金额/万美元	所占比例	进口金额/万美元	所占比例
北美洲	2 286 016	18.9%	1 580 130	13.7%
大洋洲	172 384	1.4%	291 561	2.5%
合计	12 103 848	100%	11 569 280	100%

去往亚洲地区的货物最多，去往欧洲的货物中，发往俄罗斯及独联体其他国家的货物肯定不会经由香港运输。另外，去往欧洲的货物中还有一部分由铁路经欧亚大陆桥直接运出。这样，中西部地区可能经由香港中转运出或到达香港的货物量约为外贸量的70%，适箱货物也以此比例计算，则中西部地区外贸货物中可能经由香港的货源量为224 万 t，如表 11. 18 所示。

表 11. 18　中西部地区可能经香港运出的外贸货物　　（单位：万 t）

省份	江西	安徽	湖南	湖北	河南	河北
数量	12	14	20	34	27	17
省份	山西	陕西	甘肃	四川	贵州	
数量	8	18	47	22	5	

（5）集装箱货源构成分析

集装箱适箱运输的货源由三部分组成。第一部分是目前经集装箱运输的货物，这只是其中一小部分，主要是家电类、土特产类、轻工产品类及少量机电类产品。它们都是价值较高、附加值较高的产品，或是利用回空集装箱捎带运输的货物。

第二部分适箱货物是以火车整车运输的方式运到出境港口再装箱的，有的直接装杂货船出境，这部分占集装箱适箱货源的很大一部分。

第三部分是不同运输方式间竞争的货源，主要是沿长江的四川、湖北、湖南、江西、安徽等省，部分外贸货物沿长江黄金水道运至上海港中转。随着上海港集装箱运量的快速增加，以及上海等港口开通至欧洲和美洲的定期集装箱班轮，上海港外贸集装箱的吸引力也会不断增强，竞争会更加激烈。这也会促使铁路采取相应的改进措施，以提高自身在集装箱运输市场的竞争能力。

2）集装箱箱源情况

集装箱是开展集装箱运输的必备工具。在国际贸易运输中用的集装箱主要有两种，即20 英尺箱和40 英尺箱。20 英尺箱应用更广一些，一是因为货主喜欢用，其载重力利用率高于40 英尺箱，每箱货物装载量较小，使用方便；二是因为运输方便，对起重机械和车辆要求较低。20 英尺箱有效容积为29. 0 m^3，最大总重为20. 32 t，载货重量由于箱体材料不同而有所不同，一般可载 17 ~ 18 t。40 英尺箱有效容积为 60. 5 m^3，最大总重为30. 48 t，一般可载货 27 t 左右。

目前，各省外贸集装箱运输多数是卸大于装，箱源基本上是利用进口卸空箱装运出口货物，富余箱或重箱主要求返空箱者则直接排空箱到指定地点（一般是港口），也有根据代理公司或运输公司要求从指定地点调空箱进行装箱的。

集装箱的流动不是自由流动，受箱源归属运输公司和货运代理公司业务的制约，铁路无权调动，这对于铁路组织外贸集装箱运输是不利的，缺乏主动性，铁路所拥有的大型箱（20 t 箱和 40 t 箱）尚不能在国际上流通，只可以在香港地区使用，可用于内地与香港间的部分货物交流，而不能用于经香港的出口贸易，若用则需要在香港掏箱后重装国际标准箱，增加环节和费用，故一般不用。

集装箱的箱体生产能力有较大富余。因此，就集装箱箱源来讲，总体看供大于求，问题在于组织，应在充分利用上做文章。若要吸引更多的出口货物经香港中转，就必须同时吸引更多的进口货物经香港中转，以使进出的箱体数量大致相等和稳定，这需要和外贸主管部门、外运代理公司和运输公司协调，采取配合性的行动。同时，需要铁道部集装箱中心协调各有关路局、分局及主要集装箱办理站的工作，使得集装箱箱源得以充分利用，尽量减少集装箱的回空运输，以减少铁路运力的浪费，这也是减少货主支出、吸引更多货源的必要措施。

铁道部已明确表示要逐步取消零担运输，这无疑会促进铁路集装箱的快速发展，也会影响到外贸货物向集装箱化方向发展。外贸集装箱发展具有很大的潜力，从中西部地区货源看，近期集装箱运量翻一番到两番是没有问题的，箱源上除了香港尽量争取更多的中转外贸以提供回运箱源外，铁路部门应适当发展自己拥有的国际箱，同时加大力度发展自己的外贸货物运输代理业务，由铁道部集装箱公司和外运服务公司共同协调外运集装箱的使用和调拨。

3. 经济分析与比较

经济分析与比较包括两方面的内容：一是集装箱与其他运输方式的比较，重点是集装箱运输的相对优势；二是香港港口集装箱运输与内地港口集装箱运输间的比较，重点是分析香港港口在集装箱运输上具有的有利条件，为香港吸引更多的外贸运量提供依据，并有的放矢地采取相应的措施。

1）集装箱运输与其他运输方式的比较

与其他运输方式相比，集装箱运输有它独特的优点，主要是可以节省大量的货物包装费，便于装卸，从而使装卸效率大大提高；由于装卸效率提高可使货物中转换装的时间减少，加快货物运输的速度，为货物提供保护，从而使货物在运输途中的损失和出差错的机会减少，便于实现装卸作业机械化以减轻工人的劳动强度等。与此同时，集装箱运输也带来一些不利因素，主要是箱体的回空运输问题，占用运输能力，增加运输费用，还会在一定程度上降低运输工具的利用率。此外，集装箱运输对装卸机械要求较高。

当前，大部分适箱货物由整车或零担承运。这些货物不走集装箱的主要原因如下：一是我国集装箱运输尤其是 20 英尺及其以上集装箱的运输开展得还不普及，发送地点较少，货主采用集装箱形式的方便程度不及铁路整车或零担；二是对集装箱运输的优势宣传不够，人们还存在认识上的问题；三是集装箱运输的费用较其他运输形式高，许多利润率较低的货物承担不起运费，或是觉得利润损失太多，因此宁愿先装车运至出境港口再装箱。

有关地点到最近港口铁路段的整车运输费用如表 11. 19 所示，以便与后面计算的集装箱运输所花费用比较。

表 11.19　部分路段整车运输费用

路段	总运费/元	平均/（元/t）	用 20 英尺箱的价格/（元/t）
石家庄—天津	2 146.0	44.7	60.7
太原—天津	3 056.0	63.7	75.8
南昌—上海	3 566.0	74.3	86.3
合肥—上海	2 780.0	57.9	72.0
郑州—连云港	2 642.0	55.0	68.2
武汉—广州	4 436.0	92.4	104.3
长沙—广州	3 158.0	65.8	79.8
西安—连云港	4 682.0	97.5	109.7
成都—连云港	8 030.0	167.3	180.5
重庆—湛江	6 146.0	128.0	140.3
贵阳—湛江	4 346.0	90.6	103.4
兰州—连云港	7 436.0	154.9	165.9

2）香港港口与内地港口的比较

（1）香港港口的优势

香港港是世界上著名的自由港，在世界贸易中具有特殊的地位。香港港口集装箱办理量近年来一直处在第一位或第二位，1994 年吞吐量达 1 100 万 TEU（国际标准 20 英尺箱），略多于新加坡港，远远大于世界其他港口。这是由它的地理位置、自由贸易港对国际贸易的吸引力、亚洲地区与世界其他地区的贸易量等情况所决定的。

与我国沿海其他港口相比，在集装箱运输方面香港具有较大的优势，表现在以下 4 个方面。

① 贸易自由港的吸引力。由于香港的自由贸易政策对国际商界包括运输业有着较强的吸引力，促使香港在国际贸易运输中成为一个重要的中转站。香港本身也是一个消费城市，吸引了来自世界各地的货物及由此转口的不少外贸货物。

② 集装箱吞吐量大，便于快速转运到世界各地。送达速度快是货物运输的重要质量指标，而装卸方便、送达速度快，也正是集装箱运输的优势之一。海运集装箱的运送速度，在送货地点确定的条件下，主要取决于是否需要中转、中转等待时间、发送港集结等待时间。发送港和中转港的等待时间，在很大程度上取决于港口办理集装箱的数量。

目前，国际贸易运输中的集装箱船已逐渐大型化，一个港口的集装箱能否快速装船直接运往目的地，一个很重要的因素，就是它能否在尽可能短的时间内集结足够多的到达同一港口或同一方向相近港口或沿线港口的集装箱，以便装满班轮。一般来讲，港口办理集装箱的量越大，集结各航线的足够数量集装箱所花费的时间越短，越有利于组织直达航班，送达速度也越快。

1994 年，我国沿海集装箱吞吐量较大的港口有上海港（120 万 TEU）、天津港（63 万 TEU）、青岛港（43 万 TEU）、大连港（30 万 TEU）、珠海港（27 万 TEU）、厦门港（23 万 TEU）、广州港（22 万 TEU），其中集装箱办理量最大的是上海港，其办理量也只有香港港的九分之一，相差甚远。

③中转费用低。由于我国沿海其他港口集装箱办理量比较小，运往欧美的集装箱多数需要在附近港口中转，包括日本、韩国、新加坡和我国的香港、台湾等地的港口。表11.20给出了几个港口装卸费率。

表11.20　港口装卸费率　（单位：元/箱）

箱型	我国内地	我国香港	我国台湾
20英尺重箱	365.3	925.4	812.1
20英尺空箱	255.8	925.4	650.4
40英尺重箱	548.0	1 506.5	994.2
40英尺空箱	383.6	1 506.5	832.1

从表11.20可以看出，内地港口费率最低，香港最高，台湾居中。

④香港回归祖国的影响。香港回到祖国的怀抱，这对于香港地区的集装箱运输来说，会带来一个飞跃性的发展，原因如下：一是香港回归后，其与内地的联系更加密切，货物来往更多，国际贸易中经由香港的货物也会增加；二是京九铁路的全线贯通，使我国中部一些省市到香港的运输通路更加便捷，同时由于京九线通车后，京广线运输能力紧张状况得到缓解，会吸引中西部地区的更多货流南下；三是华南地区的经济高速发展，使之成为我国重要的进出口贸易产生地，加上香港的自身优势和我国保持香港平稳过渡、持续繁荣的政策，香港在我国外贸运输中会发挥更加重要的作用。

（2）运输总费用的比较

为了便于比较，我们做如下限定：

① 我们讨论的货物仅限于集装箱运输，由我国沿海其他港口装船后需要在亚洲地区其他港口中转后才能送往目的地的货物；

② 假定这些集装箱都经过香港中转；

③ 总的运输费用从发货地点开始，到达香港集装箱码头为止，其后发生的费用相同，不再计入；

④ 报关费及代理费视为相等，没有比较价值，不计入比较范围。

对所研究地区，我们通过两条外贸集装箱运输径路的费用计算，进行了经济比较。两条径路分别为：

① 径路1（中转径路）：外贸货物从发送地由铁路或水路运到运输距离最近的港口或采用现在径路的港口装船，到香港中转后运往目的地；

② 径路2（直达径路）：从发送地直接以火车运抵香港码头装船，然后运往目的地。

从货物发送地到达香港集装箱码头所需费用，前者为：国内陆路、铁路或水路运费、港口中转费、沿海水路运费；后者为：内地铁路运费（计算到深圳北站）、九广铁路（深圳北至九龙）运费、九龙至葵涌集装箱码头的短搬费。

为了计算方便，将本项目所研究的地区以省为界划分为不同的较小区域，每个省以处于接近地理中心和经济中心的省会所在地作为代表地点。四川省由于有长江水路直达上海，故除了成都外将重庆列为比较点，这也符合四川省的经济分布情况。

在此基础上，计算各个发送点的外贸集装箱分径路的运输总费用，计算中的费用标准依据铁道部和交通部现行有关标准进行，计算结果如表 11.21 和表 11.22 所示。

表 11.21　径路 1 总费用　（单位：元/20 英尺重箱）

发货地点	铁路（水路）运费	港口中转费	沿海水运费	合计
石家庄	1 028.2	1 050.0	1 272.0	3 350.2
太原	1 363.9	1 050.0	1 272.0	3 685.9
郑州	1 226.8	1 050.0	1 110.0	3 386.8
武汉	1 877.9 （水）1 765.8	1 050.0 1 050.0	456.0 943.0	3 383.9 3 758.8
长沙	1 436.8	1 050.0	456.0	2 942.8
合肥	1 296.5	1 050.0	943.0	3 289.5
南昌	1 553.6	1 050.0	943.0	3 546.6
兰州	2 986.0	1 050.0	1 110.0	5 146.0
西安	1 974.1	1 050.0	1 110.0	4 134.1
成都	3 248.9	1 050.0	1 110.0	5 408.9
重庆	2 524.6 （水）3 965.8	1 050.0 1 050.0	561.0 943.0	4 135 5 958.8
贵阳	1 860.9	1 050.0	561.0	3 471.9

表 11.22　径路 2 总费用　（单位：元/20 英尺重箱）

发货地点	至深圳运费	深圳至港口段运费	合计
石家庄	3 521.9	1 712	5 233.9
太原	3 836.6	1 712	5 549.6
郑州	2 963.5	1 712	5 675.5
武汉	2 229.1	1 712	3 941.1
长沙	1 760.6	1 712	3 472.6
合肥	2 186.5	1 712	3 898.5
南昌	1 752.7	1 712	3 464.7
兰州	4 733.3	1 712	6 445.3
西安	3 689.9	1 712	5 401.9
成都	4 303.6	1 712	6 015.6
重庆	3 581.5	1 712	5 293.5
贵阳	2 940.2	1 712	4 652.2

由表 11.21 和表 11.22 可见，与我国内地其他港口相比，香港在某些方面具有优势，同时也有不利因素。一是直达径路运输，分为大陆段和香港段两部分，运输总费用大于中转径路，主要原因是香港段费用过高，由内地部分城市到深圳的费用低于中转径路，深圳到九龙虽只有 35 km，但运输费用超过 1 700 元，尤其是到达九龙后尚需汽运短搬，增加了短搬费和由此产生的一次装卸费，致使总费用高于中转径路；二是当香港港口距离货物发送地点较远时，若内地其他港口也开行直达世界主要港口的集装箱航

班，香港港口就处于不利位置；三是箱源问题，由于国际集装箱不像我国铁路集装箱那样可以在路网上自由行驶，受箱源归属限制较大，香港和内地一些港口相比缺少国内外贸公司和远洋运输公司多年形成的协调配合；四是铁路部分在我国外贸运输中的代理工作起步晚，规模小，在组织外贸货物的运输工作中缺乏自主性和竞争性，使铁路在组织外运货物经香港中转出口这一对铁路企业较有利的行动中，在组织货源方面处于不利地位。

若要使香港能吸引更多的外贸货物集装箱到香港中转，除了发挥铁路在运输组织工作上的优势外，对以上问题应大力改进，以增强竞争能力，并将由香港中转的外贸集装箱和香港与内地间的贸易运输中的集装箱结合起来，使集装箱运输形成较大的流量，以取得规模增大带来的效益。

综上所述，就香港港口本身而言，在与内地沿海其他港口的竞争中，有其明显的优势，但到港运输径路的选择，西南和中南地区开行直达列车有竞争优势，华北和西北地区的货物走直达径路运费较高但时间节省，因此仍可组织直达列车。

11.6.3 政策建议

本项目研究的中西部地区，开行至香港的集装箱专列，在前面货源调查分析的基础上，尚需解决两个问题，一是国际集装箱办理站的设置，二是列车组织工作，包括确定可能的集装箱专列组织站。

1. 国际集装箱办理站

1994 年，由集装箱发送的货物超过 100 万 t 的有郑州东、汉口西、西安西、兰州西、成都东 5 个站；发送量在 50 万 ~ 100 万 t 之间的有石家庄南、太原东、合肥、株洲、长沙北、武昌北、襄樊、贵阳东、重庆西 9 个站。除江西省外，其余各省都有较大的集装箱办理站，这为开行集装箱专列提供了有利的条件，这些站可以作为支点站。

除了这些支点站外，还需要适当在外贸到发量大的其他大中城市发展和新设国际集装箱办理站，以最大限度地吸引外贸货源。以四川省为例，拥有全路集装箱办理量最大站成都东站及排在第四位的重庆西站，但根据四川省外贸厅的统计，成都和重庆两市的外贸出口量约为全省的一半，其余广大地区的出口货物有不少由于距国际集装箱办理站较远而采用了其他运输方式。

以办理国际箱业务量大的车站作为支点站，既要吸引就近的大量外贸货源，同时又要成为办理量较小的车站所办理的集装箱的集散站，充分发挥铁路成网和大型站核心作用的优势，形成以点带面的局面。

2. 组织方案

由中西部地区发往香港的集装箱，从目前看由一个站或一个省很难组织起专列，因此，运输组织方案有两个：

方案一：由各支点站装出的发往香港的国际集装箱，以技术直达或直通列车挂出，在沿途编组站挂到衔接最近的直达或直通列车上，如此一段段地向前传递。这种方式在始发站不需要增加工作难度，货物可随到随发，缺点是运输速度比较慢，不能发挥集装箱运输方便快速的优点，且沿途编组站的工作量较大，也无法收到成列运输的经济效果。

方案二：比照已经开办的郑州、武汉至九龙的集装箱直达快车专列的方法，沿铁路线与数个大的集装箱办理站协作，定期定点定时装箱，在某个铁路枢纽组成集装箱专列，以直达快车方式发往九龙。这种方案需要始发站（或支点站）与行车部门紧密配合，准确无误才行，但效果会比方案一好，是应该采取的方案。

实行方案二，除了现在已经开行的乌鲁木齐、兰州、西安、郑州、武汉至九龙线外，可考虑将河北、山西产生的集装箱也挂到郑州集结，以增加开行直达列车的密度，加大规模，争取更大的经济效益；开辟成都、重庆、贵阳、长沙、株洲线，从株洲开行直达九龙的集装箱快车专列；由河北省东部、河南省东部、安徽省、江西省中北部发出的集装箱，在向塘站集结，以专列或成组车方式沿京九线直接发往深圳北。

在方案实施初期，从货源分析情况可知，仅靠国际贸易中由香港中转的集装箱组织直达专列面临货源不足的问题。我们建议，将由上述地区发到香港地区的铁路集装箱货源并入外贸中转货源，使两种发到货源相同的货流合二为一，同时还可将中西部地区发往珠江三角洲地区的集装箱货物也考虑进来，组成直达列车，到深圳北或广州摘下。这样，使得数量不够多的外贸集装箱得以快速运出，同时使国内集装箱货物加快运输速度，收到一举两得的效果。

在组织结构上，铁道部成立集装箱中心以来，各铁路局和分局相继成立了分支机构，从组织上保证了集装箱运输的大力发展。集装箱专列的具体运行方案可由部集装箱中心和各个有关铁路局协商确定，但在实际操作中需注意解决两个经济方面的问题：一是尽量压低集装箱运输的费用，使集装箱运输在价格上具有竞争力，这主要是减少中间环节，压缩运费外的收费；二是在利益分配中照顾到各个方面的利益：部集装箱中心、港九公司、各有关路局、分局和车站，如果有一方在经济上不能得到相应的回报或分配明显不均，则难以发挥各方积极性，于长期发展不利。这是市场经济条件下的必然结果，无法再只靠行政命令来处理经济问题。

11.7　华东地区上海铁路局管内铁路通道能力协调、加强与发展研究

本研究课题是上海铁路局提出铁道部下达的一项重要的研究课题，上海铁路局、北方交通大学共同组成了课题组。研究成果的很大一部分被铁道部采纳，对京沪高铁的建设与发展做出了重要贡献。

11.7.1　研究背景

这项研究是在上海铁路局与北方交通大学主要领导参与指导下，在铁道部科技司、计划司、运输局和上海铁路局领导、专家的支持帮助下，在课题组同志的共同努力下，经过近两年的工作而完成的。这是一个铁路网络的通道大系统研究项目，涉及全国铁路网和京沪、京九等我国南北重要大干线，以及南京、上海、杭州、芜湖、阜阳等重要路

网性枢纽的分工、协调与规划，更涉及京沪高速铁路的建设与发展。

因此，这是一项多因素、多功能、超区域、网络性的复杂系统工程项目的研究，在理论、方法、问题分解与方案设计上难度也较大，提出的研究报告有所创新，并获得铁道部的认可，其中有部分研究成果已被铁道部和上海铁路局采纳，其中关于修建京沪高铁之事已被纳入我国铁路发展计划。

11.7.2 研究内容

1. 华东地区上海局管内通道运输能力的协调与加强对策

上海局管内南北通道能力协调加强应采取的改造强化一通道，疏通、配套建设二通道，改善运输组织等硬软相结合的综合治理方针。

根据 1994 年 2 号文件的安排，2000 年上海局接入货流量为 17 730 万 t，其中北口占 70%，达到 12 430 万 t，比 1994 年增加 5 811 万 t，北口的符离集、新河、王楼（商阜）的接入量还要继续增长，因此合理分流是十分必要的。

目前，南北二通道无法实现完全分流的主要制约因素是芜裕轮渡。芜湖大桥虽已开工，但建成通车还需要若干年时间。在建成大桥之前，加强轮渡综合能力，进一步扩大二通道分流能力，仍然具有现实意义。因此，能力加强、协调也将按两个阶段进行。

1） 南北通道能力协调与加强的对策

根据南北通道容量限制，考虑至 2010 年的运输需求，从以下两个方面提出通道的协调和加强对策。

（1） 车流组织措施

根据计算，2000 年京九线建成，如芜湖大桥未建成，以郑州支点产生的到达福州分局及浙赣沿线的车流，主要经京九线南下，分流了部分原皖赣线车流。经最短径路由二通道过江的运量，为 1 200 万 t 左右，其中到皖赣线占 47%（主要为局管内和徐州支点到福州分局的车流），到宣杭线占 53%（主要由郑州支点产生），二通道宣杭线运量只有 700 万 t 左右，未达到设计要求。由于宁芜线能力已饱和，一通道过江转走二通道已不可能。因此，扩大二通道分流的重点是加大组织经由二通道由芜裕轮渡过江到杭州分局的车流，这样就要对特定径路进行车流组织。考虑芜裕轮渡设计能力1 200 万t，可以把二通道 2000 年的分流目标定为 1 200 万 t。二通道主要分流一通道运量，可把徐州支点经由符离集口、一通道和沪杭、浙赣线到杭州分局的运输，按指定径路经新河口、二通道、宣杭线运输。因此，全国车流径路图应把徐州支点到福州分局产生的车流经由三通道即京九线运输，徐州支点到杭州产生的车流部分经由二通道运输（考虑芜裕轮渡和宁芜线的限制）。

（2） 二通道线路的建设

在大桥修建的同时，要进行线路配套工程的建设。如分析所述，须同步建设芜湖南宣城段复线，以及宣杭线复线。

2） 编组站及枢纽系统能力的加强与协调

在芜湖大桥建成前，编组站及枢纽的规模和任务可基本保持原状。在二通道实现分流后，下行过江货流量将达到 3 000 万 ~3 500 万 t，比目前的轮渡运量增长 3 ~3.5 倍，各编组站及枢纽所承担的任务量及规模需有相应的提高和加强，才能保证通道能力的协调。

（1）阜阳北站

该站规模大，设备新，其改编能力预计可达 1 万辆。为了充分发挥其作用和能力，近期解编任务可设想为：除解编相邻各区段的区段、摘挂列车及地区小运转列车外，还可对京九线往北编组去丰西或南仓的技术直达列车，往南编组去向塘西、武昌东的技术直达列车解编；对二通道，往北编徐北、郑北直通列车，往南编乔司、鹰潭的直通列车。原阜阳站已变为客运站，其解编任务集中在阜阳北站进行。

该站应担当起缓解一通道徐北编组站压力，分流京九、二通道车流，使二通道车流可直接通过芜湖大桥无改编直达杭州枢纽及肖甬线路站畅通无阻。

（2）淮南西站

阜阳北站建成后，淮南西站的部分作业转移到阜阳北站。淮南西站规模可不再扩大。为适应二通道运量增长的要求，应提高改编能力，可增加 2 台调机，由现有的单推单溜改为双推单溜，改编能力可达到 4 000 ~4 500 辆，比目前提高 33% ~50%，从而达到与二通道输送能力 3 000 万 ~5 000 万 t/年相协调的目的。其主要任务除为淮北各矿区集中配空，编解相邻各区段的区段列车、摘挂列车及专用线取送车外，要编解郑北支点站去皖赣、浙赣和杭州地区的车流，还可辅助阜阳北站编组去往郑州北、徐州北的空车直达列车。

（3）芜湖东编组站

芜湖大桥建成后，原经由一通道南京东去往皖赣线、杭州地区的车流，将改由二通道无改编通过芜湖东站。原为轮渡进行的各项作业将停止。该站将主要编解区段、摘挂列车及芜裕地区的小运转列车，还可以编组去乔司、鹰厦、阜阳北和南京东的直通列车。

该站目前为单向一级三场，配备两台调机，实行单推单溜，改编能力为 2 800 车/日，为了在近期扩大能力，可增加 2 台调机，由单推单溜改为双推单溜，改编能力可达每日 3 600 辆，提高 28.5%。芜湖大桥引入本站后，远期可扩建为单向二级四场，原化鱼山站改为通过场，新增到达场 6 条股道，改编能力可达到 4 000 ~4 500 辆/日，提高 47.8% ~60.7%，从而可以适应二通道过江货流 3 000 万 ~3 500 万 t/年的需求。

（4）杭州枢纽

杭州枢纽正在建设中，尚未形成完整的能力，而二通道疏通分流后，所增加的运量大部分是经宣杭线到达枢纽的。因此，杭州枢纽能力的加强必须与大桥及宣杭线的能力相适应，保证二通道的通畅。还要与肖甬复线、浙赣复线及相邻编组站的能力相协调，枢纽内的各项设备、编组站的能力也必须互相配套，使车流在枢纽内走行通畅。

① 编组站的规模及分工。

乔司站近期建成一级三场，预留二级四场，艮山门难以扩展，只能保持原状；远期乔司建为二级四场，形成 8 000 辆改编能力，南星桥改建为客车整备场，肖山东建通过场，办理浙赣、肖甬间折角车流的甩挂作业。

乔司站主要编解浙赣、宣杭线车流，可编组去往南翔、鹰潭、芜湖东的直通列车，编组相邻区段的区段、摘挂列车及枢纽小运转列车。

艮山门站主要编解肖甬线、宣杭线及部分浙赣线的车流，可编组去宁波北、金华的区段，摘挂列车，去绍兴的空车、直达列车及枢纽各主要站间的小运转列车。

因此，远期二通道引入 2 000 万 t/年（下行），在杭州枢纽全部改编时，艮山门编组站不改建，乔司编组站建为二级四场，其改编能力尚有富余（余 2 426 辆），可不影响二通道的畅通。

② 枢纽联络线的建设。

为减少枢纽内交叉地带的干扰，以及折角车流的折返走行，应在枢纽内修建一些必要的联络线，如勾庄—乔司北环线、白鹿塘—夏家桥间联络线，笕桥、艮山门、杭北、杭东十字交叉地区联络线建设和进站线路疏解，并将笕桥—杭东—盈宁—肖山间复线开通，以提高枢纽的综合能力。

（5）南京东、南翔编组站任务的调整

① 南京东站。

芜湖大桥建成后，原经由南京东站去往芜铜线、皖赣线、浙赣线、鹰厦线及杭州地区的车流，均可经由二通道运行，南京东站的解编能力可得到部分缓解。鉴于目前南京东站饱和状态难以根本转变，可采取以下措施适当缓解：

a）针对南京东站摘挂车流多、组号细、分类线少的问题，进行扩建，增加分类线数，对驼峰进行自动化改造，解体能力可提高到 5 200 辆以上。编组场尾部采用微机联锁，编组能力可提高至 6 000 辆以上。

b）充分利用浦口站设备，并与宁西线引入枢纽相适应，江北新建永宁辅助编组站，担当江北车流的解编任务，以减少过江地方车流，减轻南京东站的压力。

② 南翔站。

该站为双向混合或三级五场编组站，设计改编能力为 11 200 辆/日，二通道分流后，杭州地区及浙赣线渎口以东的车流不再经过南翔站，其解编作业量会有所减少。但上海地区的到发车流量及沪宁、沪杭沿线经济发达地区的车流量日益增长，预计 2005 年解编车数达 9 700 辆，2010 年达 10 770 辆。南翔站上、下行系统综合自动化必须配套，其能力应能满足需要。

3）芜湖大桥建成前加强轮渡综合能力的对策

目前，轮渡能力依然是南北通道的主要制约因素。在芜湖大桥建成前，加强轮渡综合能力仍然具有现实意义，为此建议采取以下对策：

（1）加强轮渡车流组织，确保必要的过江车流量。

逐步扩大非最短径路车流，扩大跨局特定径路范围，如增加徐北、郑北支点站去皖赣线的车流、增大大集线去福州的直达煤流。

安排好管内特定径路的车流，如淮南线往南昌、福州分局的车流不经水蚌、津浦运输，而改由轮渡担当，蚌埠分局装往杭州分局的车流经由轮渡后走宣杭线去杭州及肖甬线等地。

（2）创造条件，力争实现三轮航行，日均渡运量可由目前的 540 车提高到 750 车，年渡量可望达到 1 300 万 t/年。

（3）加强运输组织工作，主要体现在以下几方面：

① 建立统一的南北两岸生产调度指挥机构，使两岸协调运行，尽量减少各项等待时间；

② 轮渡调机实现内燃化（东风 7），缩短取送车时间，提高栈桥能力；

③ 根据水位变化制定不同的轮渡作业方式，保证轮渡的正常运行。

（4）加强与地方政府协调，制订相应的协议、规定，确保航运畅通。

4）机务能力协调与加强

华东地区南北第二通道现有阜阳、淮南、合肥、芜湖、景德镇、鹰潭六个蒸汽机务段，由于各机务段建成时间较早，技术设备相对落后，其能力已不能适应我国铁路发展目标及远期运量的需求，因此对二通道上各机务段进行内燃化改造已经势在必行。机车能力的提高继而要求机务段设备的更新和检修整备能力的加强，所以，应通过合理调整机务段的布点、加速内燃化建设、统一牵引定数、配套检修设备、改进作业组织、推行长交路轮乘制，最终使机务系统能力有所提高。

（1）合理调整机务段的布点，机车运用方面大力推行长交路

实行长交路最显著的优点是可以减少不必要的机车出入段的次数，减少机车在机务段的作业整备时间，节约建设资金，提高机车运用效率，这是我国铁路机务工作发展的必然趋势。受蒸汽机车的煤、水箱的容量限制，蒸汽机车交路只能按 1 50 km 的半径布局。与之相比，内燃机车的机车交路有显著的延长，实际上可达 450 km。二通道上共有 6 个蒸汽机务段，机务段设置的密集性大大地增加了机车出入段及段内整备作业时间，极大地影响了机车运用效率。合理调整机务段的布点、大力推行长交路，可以减少不必要的时间和设备浪费。

延长机车交路可适应南北第二通道的内燃化设备配套改造的需要，以从根本上解决二通道机务能力紧张问题。

（2）在机车乘务制度方面大力推行轮乘制

实行长交路，要求机车乘务制度也随之改革，需要采用轮乘制：机车达到技术站后继续前行，而乘务组进行换班，即换人不换车。

此外，机车检修要实行专业化集中修，需要进一步改革机车检修制度。

2. 修建京沪高速客运专线是缓解南北一通道能力紧张的必由之路

京沪线是我国铁路运输最繁忙、能力最紧张的南北大干线，二通道、京九铁路建成后，可起到部分分流作用。但京沪线跨越我国东部经济最为发达的地区，沿线大中型企业星罗棋布，农业十分发达，难以大规模分流；另外，京沪线连接着京津沪和沪宁杭两个最大城市带，沿线人口稠密，客运量很大，长途客运比重较高，其他线路难以替代。因此，一通道货流增长幅度很大，客流也大幅度增长，长期以来存在客货增能的矛盾，不仅货运压力大，客运需求也不能满足。

由于一通道客运需求的增长，南京大桥能力限制了客货流量的增加，在客运专线上新南京大桥修建之前，为解决南京大桥客车过江问题，可先修建宁芜复线，使京沪线南下的货车改走二通道过江，以使南京大桥腾出部分能力改走客车，以充分发挥芜湖大桥

的能力和增加过渡的机动性。

2010 年，一、二通道客货能力已达饱和，不能满足运输需求，只有及早修建高速客运专线，才能使京沪线长期紧张的状况从根本上得到改善。

高速铁路采用最新的科技成果，将对提高铁路系统的整体科技水平、推动铁路科技进步起到重要作用。

11.7.3 研究成果

1. 华东铁路通道能力协调加强对策

根据如上所述的各方案，考虑 2010 年中长期运输需求的发展，我们提出上海局管内南北通道能力协调与加强的对策。

1）车流的组织措施

根据计算，2000 年，京九线建成，如芜湖大桥未建成，以郑州支点产生的到达福州分局及浙赣沿线的车流，主要经京九线南下，分流了部分原皖赣线车流。经最短径路由二通道过江的运量，为 1 200 万 t 左右，其中到皖赣线占 47%（主要为局管内和徐州支点到福州分局的车流），到宣杭线占 53%（主要由郑州支点产生），二通道宣杭线运量只有 700 万 t 左右，未达到设计要求。由于宁芜线能力已饱和，一通道过江转走二通道已不可能。因此，扩大二通道分流的重点是加大组织经由二通道由芜裕轮渡过江到杭州分局的车流。这样就要对特定径路进行车流组织。考虑芜裕轮渡能力 1 200 万 t，定二通道 2000 年的分流目标为 1 200 万 t，二通道主要分流一通道运量。因此，把徐州支点经由符离集口、一通道和沪杭、浙赣线到杭州分局的运输，按指定径路经新河口、二通道、宣杭线运输。全国车流径路图应把徐州支点到福州分局产生的车流经由京九通道运输；徐州支点到杭州产生的车流部分经由二通道运输（考虑芜裕轮渡和宁芜线的限制）。

2）通道线路的建设

在大桥修建的同时，要进行线路配套工程的建设，要同步建设皖赣线芜湖南—宣城段复线，以及宣杭线复线。

3）通道枢纽的建设

杭州枢纽乔司编组站于 1996 年建成，缓解了杭州枢纽的能力紧张状况，增强了二通道的分流能力。此后，江南段的芜湖东枢纽成为薄弱环节，目前由南京东编组站编直通列车，以减缓芜湖大桥的紧张程度。随着一通道能力紧张和二通道过江量增大，芜湖东枢纽要及早安排技术改造，并与芜湖大桥的建设配套进行，如提前上到达场、驼峰尾部上内燃调机、下行到发场和调车场的预留线路的修建工程等。

4）及早修建京沪高速客运专线

一通道客货能力的根本改善，在于高速客运专线的修建。要及早进行京沪客运专线的建设，可在上海—南京间修建试验区段，进而由南向北逐段修建。

高速铁路采用最新的科技成果，将对提高铁路系统的整体科技水平、推动铁路科技进步起到重要作用。

2. 加强轮渡综合能力的对策

芜裕轮渡为制约二通道通过能力的关键，在芜湖大桥尚未修建以前，加强轮渡综合能力仍然具有现实意义，为此，可采取下列对策。

1）加强轮渡车流组织，确保必要的过江车流量

其措施可以从两方面入手：

① 逐步扩大非最短径路车流，扩大跨局特定径路范围，如增加徐北、郑北支点站去皖赣线的车流，增加太焦线去福州的直达煤流等；

② 安排好管内特定径路的车流，如淮南线往南昌路局、福州分局的车流不经水蚌、津浦运行，而由轮渡担当，蚌埠分局装往杭州分局的车流经轮渡后由宣杭线运往杭州等。

2）创造条件，力争三轮投入航行

目前，整个轮渡已配备 5 艘渡轮，力争 3 渡 1 备 1 修（3 艘顶岗航行，1 艘备用，1 艘厂修），日渡量由目前两轮 23 渡逐步增加到三轮 30 渡。为达到此目标，轮渡周转时间必须由目前的 58 min 缩短到 33 min，渡运量由日均 540 车提高到 750 车，则年渡运量可望达到 1 300 万 t/年的目标。必须指出，三渡航行的实现，目前尚有许多客观条件的限制，如长江航运日益繁忙，轮渡待避时间增加；江中挖沙不止，妨碍渡轮航行；雾天渡轮不能航行等。加之三轮航行，定员和维修费用骤增，因此，即使创造条件，实现三轮航行，年渡运量达到 1 200 万 t，已属不易。

3）加强运输组织工作

① 建立统一的南北两岸生产调度指挥机构，使交接班、调机整备、吃饭时间等两岸协调运行，尽量压缩作业间的等待时间。

② 轮渡调机实现内燃化（东风 7）以缩短取送时间，提高栈桥能力。

③ 根据水位变化制定不同轮渡作业方案：低水位（4.0 m 以下）时可使渡船水仓的后仓充满水，船头上翘 100 ~ 200 mm；高水位（11.0 m）时，可使渡船水仓的前仓充满水，使船头下降 100 ~ 200 mm；正常水位（4.0 ~ 11.0）时，船舱则不必充水。通过作业方式调整，使牵引坡度符合要求，保证取送车的正常作业，缩短上、下船取送车作业时间。

第 12 章 港口项目

12.1 深圳海岸港口功能系统分析

20 世纪 80 年代初期，深圳市开始建特区，其港口发展问题受到普遍关注。受深圳市政府委托，我们系统分析研究室师生先后完成了深圳港口布局、深圳市交通规划及深圳和香港交通衔接 3 个课题研究。研究成果得到了深圳市有关方面的肯定，同时我还被深圳市政府聘为交通顾问。

本项目系统分析了深圳建市以来社会经济发展形势，运用系统分析的理论与方法，研究了港口对深圳地区经济发展的作用，分析预测了经济发展后对港口的运输需求；通过多目标分析与定量评价，研究了该地区港口群不同发展方案对地区发展的全面影响，重点分析了盐田港发展的战略需求、技术与市场对策，提出了深圳地区港口发展及促进经济持续增长的技术与政策建议。该项成果于 1987 年获深圳市科技进步二等奖。

12.1.1 研究背景

深圳经济特区是我国规模最大的经济特区，位于珠江三角洲东侧，毗邻香港，是一个在经济和交通领域内都占有重要地位的新兴城市。经济特区面积 327.5 km^2，1985 年的人口为 30 万人，大小工厂 150 多家，1984 年工业产值达 18 亿元，与 1979 年相比增加了 30 倍，随着中央对外开放政策的进一步贯彻和香港回归问题的圆满解决，特区经济将会以更高的速度发展。

为适应经济飞速发展的要求，特区的海岸港口建设也必须迅速发展。经济的发展对港口建设提出了要求，同时也为港口的发展提供了依托条件。深圳经济特区东临大鹏湾，西靠珠江口，共有海岸线 171 km，深水岸线约占 1/3，是我国东南沿海极其宝贵的天然资源，加强港口功能系统优化十分重要。

1985 年 2 月，接受深圳市政府委托，“深圳海岸港口功能系统分析”课题开始运作。课题小组经过 8 个月的调查与研究（见图 12.1 ~ 图 12.4），完成了科研报告。

课题研究的总目标是：对深圳海岸港口进行系统分析，为深圳海岸港口开发建设的规划与决策提供科学的依据和方法。

图12.1

图12.2

图12.3

图 12.4

12.1.2　研究内容

深圳海岸港口功能系统分析课题研究内容包括 4 个专题：

① 深圳海岸港口系统综合评价；

② 深圳港口货流初步预测与港口功能分析；

③ 深圳港口陆路集疏运系统分析；

④ 深圳大鹏湾深水港建设发展趋势。

12.1.3　课题优化分析与论证

1. 港口系统综合评价

运用系统综合评价的理论与方法，对深圳海岸港口系统及深圳大鹏湾深水港建设及发展进行综合评价。

① 设计一个“评价指标体系”及相应的数学处理方法，使其能兼顾各种因素的影响程度和各种目标决策的效果，从而全面反映系统的优劣程度。按照深圳港口评价的指标体系和综合评价数学模型编程和计算机计算，得到深圳蛇口、赤湾、盐田、妈湾等各港的优度运算结果。结果表明，各港的总优度 P 皆在 0.6 左右，都具备了基本的建港条件。各港的具体条件各有特点，综合来看，盐田港总优度 P 最高（0.794 5），妈湾港第二（0.668 8）。从总优度的角度分析，这两个港建设深水大港条件较好，在规划和建设中应优先考虑。特别是盐田港的自然条件优度较好（0.986 2），表明其发展大型港口将非常有利。蛇口港、赤湾港也有其优度较高的部分，如原有工业基础及通公路条件较好，这些有利因素在确定港口功能时也必须予以考虑，以充分发挥其各自的优势。

② 针对深圳大鹏湾深水港的建设进行分析与评价。大鹏湾的综合优度较高，为 0.757 9；其次为北仑港，其优度为 0.690 1。黄埔港和湄洲港的优度分别为 0.429 8 和 0.502 8。总的来看，北仑港的几个重要指标都很好，只是距香港航运中心较远。湄洲

港陆域大，不淤积，但航道和疏运条件不足。大鹏湾的综合条件较好。综上所述，各港的具体条件各有特点，而大鹏湾的条件略有优势，是华南地区比较理想的深水海港资源。

2. 港口货流量预测和功能分析

运用运量生成树和港口货种适应度的理论与方法，进行港口货流预测和港口功能分析。港口功能分析包括港口在运输系统中应承担的作用分析和应承担的运量分析。这是一个多目标决策问题，因此采用在特定目标下进行方案决策的方式进行研究。首先，利用各港的评价优度、总运量预测结果和集疏运系统分析的结果，通过计算机模拟并列举不同的方案，以符合评价优度、经济上的可行性与合理性、货流流向合理性、集疏运系统适应性等为目标进行方案决策；然后，通过对华南各大港口的分析和经济腹地的分析，确定深圳海岸各港的基本功能如下：

① 蛇口港：主要为蛇口工业区和深圳市服务，承担的任务是件杂货、建材和集装箱。

② 赤湾港：远期以南油后勤基地为主，并承担珠江三角洲地区的散货（水泥、化肥）任务及部分件杂货与集装箱。

③ 妈湾港：服务于珠江三角洲及珠江水系省份，亦可考虑为黄埔港分流和承担由珠江口出海的外贸货物中转，主要货种是煤炭和件杂货。妈湾港可建规模潜力较大，应根据南油开发的结果，动态考虑港口的规模和运量。

④ 盐田港：应是深圳今后重点开发和建设的港口。它位于深圳特区东部，与香港毗连，可以成为重要的国际贸易中转港，主要货种是石料、煤炭和件杂货。

3. 集疏运系统优化

应用数学规划方法建立集疏运系统优化模型。集疏运系统是港口系统中的一个主要组成部分，是形成港口综合能力必不可少的因素。在对深圳港口集疏运进行系统分析时，首先对港口集疏运系统的现状与发展规划进行研究，并预测集疏运系统的运量；然后根据集疏运系统中各种运输方式的特点、分工程度及不同阶段所能提供的运能，进行港口集疏运系统的优化。

在集疏运系统的优化模型中，应考虑到各种影响因素。该模型应为由固定成本费用和可变成本费用组成的总费用最小的混合整数规划模型。通过优化模型分析得到深圳港口集疏运系统具有以下主要优点：

① 同集疏运系统流经的区域运网是协调的；

② 能充分发挥各种运输方式的优势；

③ 具有较小的换算集疏运费用。

12.1.4　主要研究成果

1. 深圳海岸建港条件的综合评价

在课题研究中，运用系统分析的方法对深圳海岸建港条件进行了综合分析与评价。分析研究的范围包括政治、经济、自然条件、与城市地区发展规划的关系、与国内外交通网的联系、资源、环保七个方面。研究结论是：在深圳海岸线上，盐田港建设大型深水港的综合条件最优，其次为妈湾港，然后是赤湾港和蛇口港。

2. 深圳港口与相邻港口的综合比较

为了更全面和系统地分析深圳港口，特将与深圳相邻的其他深水港口的基本条件也进行了比较。参与比较的港口有宁波北仑港、湄洲湾秀屿肖厝港、广东黄埔港和深圳盐田港。比较范围包括经济条件、自然条件等十项指标。若以 P 表示建设深水港的综合条件优秀程度，设 $P=1.0$ 表示“最优”，$P=0$ 表示“最劣”，则四个港口的比较结果是：盐田港 $P=0.757\ 9$，北仑港 $P=0.690\ 1$，秀屿肖厝港 $P=0.502\ 8$，黄埔港 $P=0.429\ 8$。此结果表明，盐田港和北仑港建设深水港条件比较优越，秀屿肖厝港、黄埔港次之。由此结果也可证明，深圳的建港条件在华南沿海地区也是比较优越的。

3. 深圳海岸港口运量预测与分析

在研究过程中，对深圳港口可能产生的货流进行了预测和分析。深圳港口由于所处的特区地位和优越的交通地理位置，有着产生较大货流的条件。预测过程中，考虑到各个货种所能达到的上下限运量及其实现的可能性，并通过概率运算求出各货种运量的数学期望（即期望运量）。深圳港口总运量到 20 世纪末预计可达2 400 万t。

4. 深圳海岸各港口运量合理分配的研究

在研究过程中，建立了计算机方案决策模型和运量分配模型。结合各港的具体情况列举出比较合理的分工方案和适宜承担的货种及运量。其基本方案如下：（2000 年预测）盐田港可达 948 万 t，蛇口港 273. 5 万 t，赤湾港 427 万 t，妈湾港 749. 5 万 t。

5. 集疏运系统的分析研究

在深圳市交通发展规划中，为港口集疏运提供的条件是：到 20 世纪末，广深铁路复线电气化后可为港口提供运能 1 960 万 t，深—广—珠高速公路可为港口提供运能 1 500 万t 以上。深圳港口集疏运条件基本上能够保证港口发展的需要。

12. 1. 5 政策建议

在完成课题的基础上，给深圳市政府提出以下 3 个方面的政策建议，需要市政府重视并聚集人力进行研究。

1. 岸线资源的合理利用

深圳经济特区的海岸线是我国华南地区不可多得的宝贵资源。岸线资源的合理开发与使用应予重视，并根据现状从整体上加以系统地协调和安排。建议市政府对岸线资源的合理开发制订规划，以适应远期海港发展的要求。各部门使用岸线必须符合规划。

2. 管理体制的改进和各港之间的协调

深圳经济特区港口的管理体制是一个值得研究的问题。目前，我国港口管理体制基本上是两种类型：一种是为全国服务的大港，如上海港、黄埔港、秦皇岛港、大连港等由交通部直接管理；另一种是为地区服务的港口，由各省市地方管理，如厦门港、福州港、天津港等。而目前深圳港口分属不同的公司企业管理，这是一种新的模式。在这种情况下，如何确立有效的管理体制，使之既有利于加强各港之间的协调，又有利于提高港口的经济效益，是一个比较关键的战略问题，建议市政府对此问题加强研究。

3. 港口与城市建设应突出港口城市的模式

通过调查研究并参考国际上一些港口城市的状况，可以得出“深圳市已具备一个港口城市的条件”的结论，具体原因如下：

① 深圳具有良好的海岸线资源，东西部的岸线资源足够形成上百个泊位的巨大港口群，港口发展的潜力非常可观；

② 深圳的港口处于经济特区之间，毗邻国际航运中心——香港，在全国港口中，其经济、地理位置都是非常优越的，因而其港口的功能应是服务于全国和国际性的航运；

③ 深圳是一个外向型综合经济特区，而外向型的经济循环主要靠港口来实现。港口及与港口相关的配套工程，相应的港区工业和其他服务于港口的行业发展都将对特区的经济发展产生深远的影响。

基于以上条件，深圳市的建设应按照港口城市的模式进行。建议深圳市政府在城市规划和交通规划中把港口系统的建设与发展作为一个战略重点加以考虑。在城市规划中，应包括岸线资源近远期的使用、港口及相应的配套工程、港口集疏运系统和港口工业区等项目的建设规划，使深圳的交通系统逐步形成由海岸港口、公路与铁路口岸、国际机场等联合组成的外向型经济特区交通系统。

12.2　保护福建深水港，开发湄洲湾秀屿肖厝港的建议

20 世纪 80 年代初，福建港口资源和港口建设中存在一些问题。对福建的这几个港口资源进行保护和开发建设，对我国海运和外贸事业的发展十分重要。于是，福建省提出了“以港口建设为重点”的发展福建交通的战略思想。我在全国经济地理研究会第一次学术讨论会上了解到这个情况，在北京经济学院教授孙敬之和北方交通大学校长王见新等同志的支持下，对湄洲湾做了初步考察，提出了“保护福州深水港，开发湄洲湾秀屿肖厝港”的建议，这个建议获得了福建省科技工作者优秀建议奖（见图 12.5），并被福建省采纳。

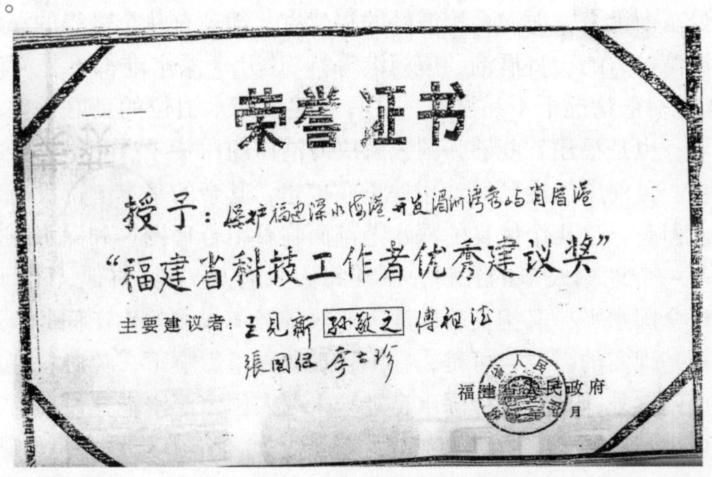
荣誉证书

授予：保护福建深水港，开发湄洲湾秀屿肖厝港

“福建省科技工作者优秀建议奖”

主要建议者：王見新 孙敬之 [illegible]

[illegible]

福建[illegible]民政府

[illegible]月

图 12.5

12.2.1 提出建议的历史背景

1981 年 11 月，我在福州参加全国经济地理研究会第一次学术讨论会期间，了解到有关福建港口资源和港口建设中存在的一些问题，深感福建几个港口资源的保护和开发建设，对我国海运和外贸事业的发展十分重要。随后，与研究会的理事长、北京经济学院教授孙敬之和研究会顾问、北方交通大学校长王见新在福建省委常委蔡黎同志的支持下，对湄洲湾做了初步考察，回京后向有关部门反映了情况。

1982 年 1 月，福建省召开福厦交通学术讨论会，联系到全省全国的交通形势，提出了以港口建设为重点的发展福建交通的战略思想，大家一致认为福建优越的港口资源是国家的宝贵财富。在当时我国海港压船压货情况十分严重的情况下，应当使这些深水良港为我国的四化建设做贡献。经过酝酿，我与北方交通大学校长王见新、北京经济学院教授孙敬之、福建师大副教授傅祖德及北方交通大学讲师李士珍等联名提出了“保护福建深水港，开发湄洲湾秀屿肖厝港”的建议。

12.2.2 建议的内容

1. 关于保护福建深水海港资源的建议

党的三中全会以来，实行了经济开放政策，对外贸易有了很大的发展，但由于过去锁国自封，对海港建设注意不够，致使目前各海港压船压货现象日趋严重，成为全国交通运输业两个主要矛盾之一。据交通部估计，仅 1980 年船期损失即达 2 亿美元，平均每天在港外货船舶 180 艘，其中能进行装卸作业的仅 85.5 艘，等待泊位的达 94.5 艘，货运延期所造成的间接损失更加巨大，这不仅影响了四化建设进程，而且对外造成不良影响。为了从根本上缓解这个矛盾，积极促进外贸事业的发展，加速四化建设进程，除对现有的海港进行挖潜改造外，必须积极保护现有的深水港，开发新的深水港，实现周总理生前关于深水港泊位要搞到 250 ~ 300 个的指示。

目前，全国能够建设深水泊位的深水海港已经不多，能容纳十万吨轮船进出的海港则更少，但地处东南沿海，面向台湾海峡的福建省，却还有几个难得的深水海港（主要有沙埕港、罗源湾、秀屿、肖厝港、厦门港等）。这几个深水港都不是河口港（只有小河流入港湾），在一般情况下不易淤塞，并具有建设深水泊位的良好条件，因此是国家少有的宝贵资源，也是福建省能够为国家解决海港压船压货矛盾和进一步发展对外贸易的巨大潜力所在。目前厦门港已经动用并正在扩建，其余的基本上都没有动用，或没有当深水港使用。但是，这几个优良的深水港都面临着不合理围垦和深水不能作深水港用的威胁。福建是一个地少人多的省份，平均每人只有 0.77 亩耕地，沿海各县则更少，口粮标准也低于全国水平，又担负着甘蔗等亚热带经济作物的生产任务，通过围垦海滩以扩大耕地面积是现实的需要，可是，在不合理的围垦影响下，势必使港口迅速遭到淤毁。目前，除厦门港外，其余几个深水良港均未列入国家深水港建设项目，有关部门和地区为了发展中小型运输已经或计划兴建小码头，如不统筹规划，也会破坏宝贵资源。为使国土资源能够得到合理开发利用，在确定具体围垦地点和兴建小码头时，必须统筹兼顾，对海港资源进行保护。

总之，这几个深水港是国家少有的宝贵资源，淤一个就少一个，其损失是难以弥补的，而一项不合理的工程导致一个良港的淤毁是十分可能的。对深水港资源及早采取保护措施是国家和人民长远利益所在，有必要引起国家的重视。为此，我们对保护福建深水港资源方面提出建议如下：

① 由国务院有关部门会同福建省有关部门，组织有关专业科技工作者进行综合考察，以勘定保护海港不应围垦（包括建盐场）的滩涂范围，并由国务院下令执行；

② 建议由福建省人民政府通知各有关方面在动用这些深水港建设小码头时，必须注意今后总体开发的需要，严格按深水深用的原则办事，按规定程序报经主管部门批准后方能施工，以防因建几个小码头而使完整的深水岸线遭到破坏；

③ 厦门港目前仍不失为一个优良深水港，但已开始出现淤浅苗头，应组织力量及早进行综合研究并提出对策。

2. 关于开发湄洲湾秀屿肖厝港的可行性研究问题

湄洲湾位于福建省莆田、仙游、惠安三县的交界处。秀屿位于湄洲湾东侧，肖厝位于湄洲湾西侧，分属莆田、惠安两县。秀屿肖厝港在多方面具有建设深水港的有利条件，其中最关键的是水域条件。由湄洲湾南口至秀屿肖厝港的南航道（主航道），全长16 km，水深在10 m以上，深水岸线在17 m以上。这个深度是按略低于最低的低潮面起算的，加上4 m多的潮差，10万t轮船可以进出与停泊。港前水域宽阔，在两条10 m等深线之间的宽度约1 500 m，深水水域面积约为（1 500 × 3 000）m^2，一般水深在12 ~ 19 m之间。保持水深的条件有三：一是秀屿肖厝港以北尚有较宽广的纳潮区可以容纳泥沙；二是湄洲湾内无大河出口，陆源物质不多；三是退潮速大于进潮速，泥沙不易在港池停留。

就避风条件而言，秀屿优于肖厝（因为秀屿位于背风侧，肖厝位于迎风侧）。当地9月至翌年5月以东北风为主，且6级以上大风主要发生在10月至翌年3月。秀屿的东北面有山丘掩护，风浪较小。目前的海军舰艇也常到秀屿避风。

秀屿的陆域条件也很好。秀屿原属山丘孤岛，现有围堤与陆地相连，并已形成一片宽平的滩地，可供陆域设施的总体布局，不存在拆迁问题。秀屿的近期发展岸线长度有2 km，远期尚可向秀屿以东发展，可供建10万t、5万t至万t、数千吨的一系列泊位。如能将秀屿肖厝港纳入一个通盘计划中来合理安排，肖厝则宜于建设游船码头，可将秀屿肖厝港建设成为一个综合性的多功能的大型深水港，既便于互相呼应，又便于做某些必要的隔离。

就交通运输条件而言，目前秀屿、肖厝有福厦公路（72%属二级公路，28%为三级公路）相连，该港距外福铁路的福州为130 km；距鹰厦铁路漳泉线的剑斗为215 km。

其他建港条件中，沙石等地方建筑材料均极丰富，又极便利。电源条件可利用闽北11万伏电网与地区电网相联系，也不成问题。水源条件，莆田县的白马潭大型水库已完成勘探设计工作，只要水利部决定投资（约六千万元）即可动工。

秀屿、肖厝地处上海、湛江和福州、厦门之间，与上海港、湛江港基本上等距离，与马尾港、厦门港也是等距离。开发利用秀屿肖厝港的经济意义如下：从近期来看，可以着眼于减轻上海港和湛江港的过重负担。只要先建起一两个深冰泊位，即使目前没有相应的铁路线衔接，也可采用水上作业，用数千吨级的轮船分别与各海港及长江中下游各大河港联系。这样，即使充分挖掘了长江水运的巨大潜力以后，也不至于过分增加上海港的负担。同时，通过秀屿到福厦公路与外福铁路相连，这样就可通过鹰厦线、皖赣线，把秀屿与江西、安徽相连。从远期来看，如再配上相应的铁路线以扩大腹地，就会成为一个雄踞我国东南沿海面向港澳、东南亚、美洲、大洋洲的综合性大海港。

这个港的建成，尤其是有了相应的铁路线以后，对于促进福建省山海相连、念好“山海经”、发展工农业生产和对外经济联系将有莫大的利益，福建省的经济工作就更加活了。

鉴于厦门港即使按计划完成深水泊位建设，仍不能容纳十万吨巨轮，而厦门港又要兼顾军用，其吞吐量也有一定局限。建议在积极建设厦门港的同时，立即着手对秀屿肖厝港的开发利用进行可行性研究。这个可行性研究的指导思想应当是：从秀屿肖厝深水港在国土资源中的优势地位出发，面向全国；近期则以缓和对外贸易中的压船压货现象为主要任务。这样必然能推动福建工、农、运输业的进一步发展，为实行特殊政策和灵活措施创造有利条件。

在正式进行可行性研究之前，我们建议尽快地由福建省科协组织有关学会的专家、教授及技术人员，就以秀屿肖厝港开发利用为中心的交通建设问题，进一步进行综合考察，开展学术讨论，通过调查研究，为正式开展可行性研究做好前期准备工作。

12.2.3 建议的效果

这个建议在《福建科技工作者建议》1982 年 1 期上发表后，引起有关方面的重视，2 月 20 日中国科协《科技工作者建议》第 88 期转刊了这一建议，并报送中央及国务院的领导同志。

1982 年 2 月 1 日，中共福建省委第一书记项南同志对上述科技工作者的建议做了“好建议，应请科协作好可行性研究的前期工作……”的批示。福建省省长马兴元、副省长胡平、王炎、温附山也做了批示，省委书记程序、常委何若人等领导同志专门听取了汇报，做了指示，对我们的建议都十分重视。

随后，筹建考察筹备组，我和北方交通大学校长王见新做了许多联络及邀请工作，邀请国内知名专家、学者对福建港口资源保护暨湄洲湾开发进行科学考察。主要考察任务如下：

① 福建省港口自然条件的评价；

② 福建省港口资源的保护；

③ 秀屿肖厝港的任务；

④ 秀屿肖厝港开发规模和相应的铁路、交通能力的协调；

⑤ 秀屿肖厝港开发工作的建议。

大型科学考察结束后，福建省采纳了“保护福州深水港，开发湄洲湾秀屿肖厝港”的建议，依建议进行港口开发。

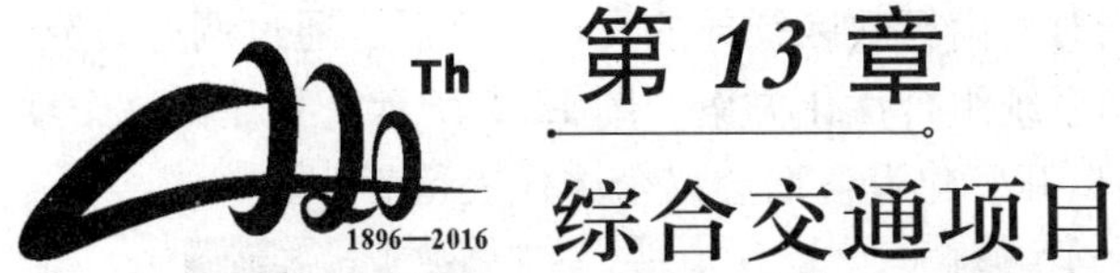

第 13 章 综合交通项目

13.1 河北省综合交通运输布局与规划

13.1.1 研究背景

1958 年，应河北省委交通工作部部长王建新和省政府邀请，北方交通大学为该省编制综合交通运输规划与布局方案。北方交通大学接受此任务后，派出由北方交通大学党委副书记宋诚德带队的课题组去完成这项任务。

由于我大学毕业后先分配到北京铁路局车务所实习，于 1953 年 8 月调到铁道部设计局经济勘察事务所担负经济选线工作，曾负责过我国第一个五年计划的闽赣线、粤赣线的选线工作，回学校后一直教经济地理课程，所以北方交通大学党委副书记宋诚德就安排我主持完成河北省委省政府下达的编制“河北省综合交通规划与布局”的研究任务。

13.1.2 研究工作

这项研究是新中国成立后我国第一次进行的省级综合交通运输规划与布局研究实践。

此项工作共进行了一年。课题组共有 60 多位同学，我们分别到河北省辖内的铁路、公路、水运港口、机场调研，运用经济地理理论和生产配置理论进行了综合交通运输规划与布局方案的编制，圆满地完成了河北省委省政府交给北方交通大学的研究课题。应该说这是我第一次主持编写“综合交通运输规划”，通过这次实践，使我对综合交通运输的结构、布局有了较深入的学习和研究，是我开始着手进行综合交通研究工作的起点。

13.2 海南岛以港口为中心的交通运输系统组合优化方案

我提出创建交通运输系统工程新学科后，得到了中国港口协会的支持。该协会邀请我参加有关海南岛港口建设问题的调研。调研后，我们向当时的海南行政区领导建议：鉴于海南四面环海，该地区交通建设应该用系统分析的方法进行，研究以海南港口建设为核心的全区交通布局。此建议得到了当时海南行政区领导的支持。之后，通过调查研究，提出了海南岛以港口为中心的交通运输系统组合优化方案。图 13. 1 所示是我在做这个项目时的照片，图 13. 2 所示是海南岛港口开发建设咨询会议全体代表留影。

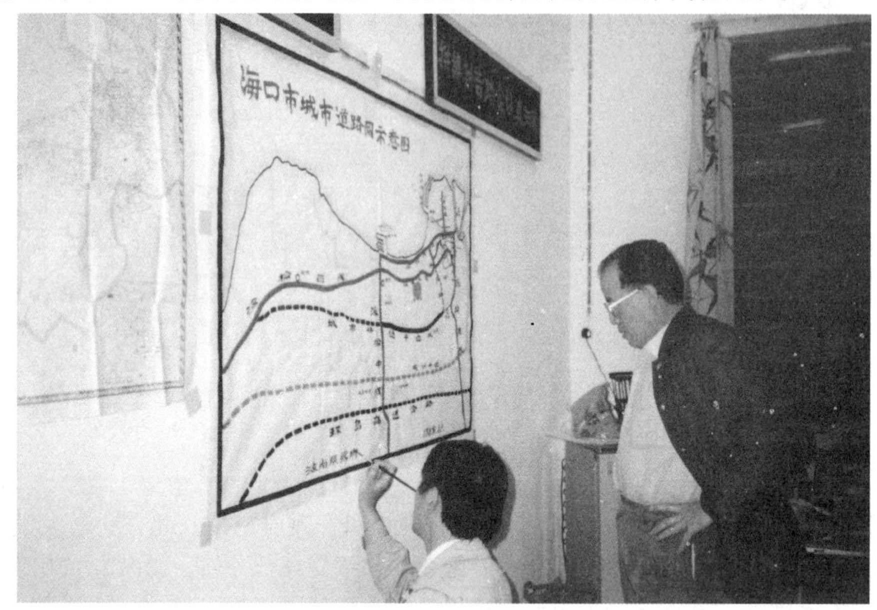

图 13. 1

图 13. 2

此项研究成果获得海南行政区科技进步一等奖和北京市哲学社会科学和政策研究优秀成果二等奖，如图 13. 3 所示。当时海南还没建省，是广东的一个行政区，这项研究成果同时也得到了广东省委的支持。

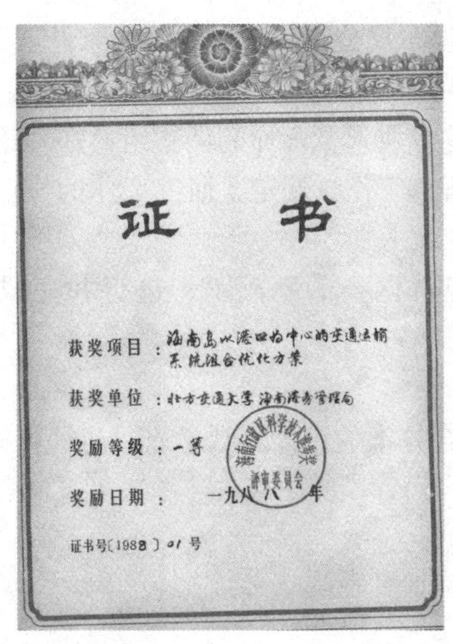

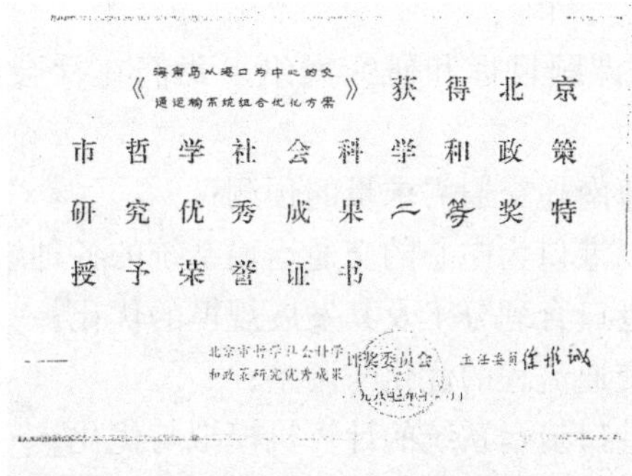

图 13.3

13.2.1　研究背景

海南岛地处我国南海，是我国第二大岛。气候温暖，资源丰富，它同台湾一起，并称为我国的宝岛。党的十一届三中全会以后，中央做出了关于加速海南建设的重要决策，为海南岛的开发与经济建设创造了有利条件。

然而，海南岛虽然经过三十多年的社会主义建设，在经济上取得了较大的发展，但由于原来基础薄弱，技术水平低，而且起步也晚，因此，同其他沿海地区相比，同世界富裕国家和地区相比，其经济仍然是很落后的。当前尤为突出的问题是交通、能源落后，科技人员缺乏，建设基金不足，远远不能适应开发建设海南的需要。特别是交通运输方面，全岛只有 180 km 铁路、12 788 km 公路，港口的吞吐能力也很紧张，深水泊位不足。岛上公路虽已基本成网，但路面情况极差，二级公路只占 0.2%，三级公路只占 4.5%。海南岛的这种交通现状，同它的经济开发与建设是极不相称的。

为了适应海南经济发展的需要，加速海南岛的交通建设，在中国港口协会的具体组织下，北方交通大学运输系统分析研究室受海南港务管理局的委托，承担了“海南岛以港口为中心的交通运输系统组合优化方案意见”的咨询任务。

13.2.2　研究目标及准备工作

这一项目的主要目标是：

① 提出海南岛以港口为中心的交通运输系统的功能技术水平和发展规模；

② 提出海口、洋浦、八所、三亚、清澜等诸港在海南港口系统中的功能、任务、布局及其发展规模；

③ 提出海口、洋浦、八所、三亚、清澜等港口的疏运系统建设布局优化方案；

④ 提出海南岛由沿海、内河、铁路、公路、航空等运输方式所组成的运输系统中的分工协作、布局、组合优化方案意见；

⑤ 提出海南岛以港口为中心的交通系统建设布局分阶段实施发展的意见。

根据这一咨询课题目标，我们从 1984 年 10 月开始做理论准备和组织准备。组织了由系统科学、数学、铁路、水运及电子计算机等专业人员参加的课题组，在理论上，确定了运用系统分析的理论和方法来完成课题的研究工作，制定了研究工作的作业流程和课题研究大纲。

根据课题目标和研究大纲，我们在社会经济调查的基础上，进行并完成了以下工作：

① 海南岛交通需求量的预测；

② 以港口为中心的交通运输系统的各种组合方案的设计、数学表述与计算机模拟；

③ 港口合理分工及其发展规模的优化；

④ 交通流程的优化与调整；

⑤ 港口疏运系统的计算机模拟与优化；

⑥ 各种组合方案的综合评价与比选；

⑦ 确定推荐方案并对其进行研究分析。

13.2.3 研究方法

海南岛以港口为中心的交通运输系统既是海南岛国民经济大系统中的一个子系统，又是全国交通运输大系统的一个子系统，就其本身而言也是一个由若干子系统组合起来的大系统。因此，运用运输系统分析理论与方法，研究海南岛以港口为中心的交通运输系统方案，将有助于规划出较优的发展方案。

1. 确定作业流程，绘制总框图

运用运输系统分析的理论和方法研究与优化海南岛以港口为中心运输系统组合优化方案的作业流程和总框图，作业流程如下。

① 在社会经济调查的基础上，对海南岛在 20 世纪末的交通流量进行预测，确定不同档次的运量规模，以此作为海南岛以港口为中心的交通运输系统方案设计的基础。

② 在运量预测的基础上，对海南岛的交通流进行系统分析，把全岛的交通流划分为客流、货流两大类，货流又分为国际流、陆岛流、岛内流，找出岛内经济循环和岛外经济循环的方案，明确了海南岛交通运输系统必须以港口为中心、以公路为骨干。

③ 把全岛的港口看作一个整体、一个系统，在此基础上对海口、洋浦、八所、清澜、三亚诸港进行功能合理分配。

④ 对交通流进行两方面的优化，一是港口分工和港口规模的优化，二是全岛交通流的流向、流量的优化。

⑤ 进行海南岛以港口为中心的交通运输系统可行方案的多层次、多指标、多目标的系统综合评价，选出三个推荐方案。

⑥ 对推荐的三个方案进行灵敏度分析，进一步考察推荐方案的稳定性。

⑦ 在运量预测和港口分工的基础上，运用固定成本费用和可变成本费用所组成的总费用最小的混合整数规划模型，求算海口、洋浦两港集疏运系统方案。

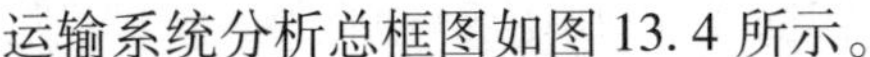

运输系统分析总框图如图13.4所示。

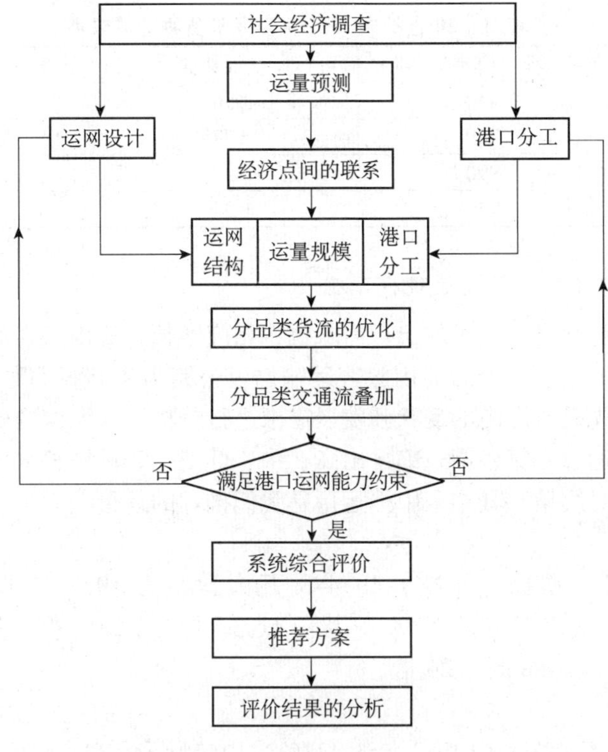

图13.4

2. 运输系统分析方案优化的模型设计

运用运输系统分析的理论和方法，对海南岛以港口为中心的交通运输系统进行总体优化，我们设计了以下4个模型：

① 海南岛客、货运量预测模型；

② 港口分工与交通流优化模型；

③ 港口疏运系统优化模型；

④ 系统的多层次、多指标、多目标可能满意度综合评价模型。

此外，还设计了数据处理与模型计算分析微型计算机支持系统。

13.2.4　研究结果和推荐方案

根据本课题要求，通过近一年的研究分析，最后得出的结论和选出的海南岛以港口为中心的运输系统组合推荐方案如下。

1. 2000年海南岛货运量的发展规模预测

根据《一九八四年十月海南行政区经济发展规划草案》中经济发展的主要指标，我们采用数学模型与经济分析相结合的方法，并与世界某些国家和地区相类比，同台湾20世纪80年代发展水平及我国发展水平相类比等方法，进行了海南岛交通运量预测，然后再经分析、比较，最后推选出海南岛在20世纪末13个主要品类货物的需求量如

表 13. 1 所示。

表 13. 1 20 世纪末 13 个主要品类货物的需求量

	保守运量（低档运量）	可行运量（中档运量）	乐观运量（高档运量）
总货运量/万 t	2 440	3 508	4 558
进口货运量/万 t	720	775	1 090
出口货运量/万 t	990	1 393	2 018
自销货运量/万 t	730	1 340	1 450

2. 海南岛 2000 年客运量发展规模预测

随着海南经济的起飞，人民的出行需求也将相应增长，岛内旅客运量和陆岛间客运量均会有较大幅度的增长，今后岛内旅客运输仍以公路为主。我们对海南岛 2000 年旅客运输的推算，首先是对海南的现状和发展需求进行分析，参照国内外旅客运输发展的资料进行类比，再通过专家咨询，确定出高、中、低三档客运增长水平，供规划海南岛旅客运输发展规模时决策。其中，中档运量是我们推荐的运量。

（1）高档运量

发送量（公路、铁路、航空）19 448 万人次，为 1983 年的 561%，周转量 731 302. 5 万人 km，为 1983 年的 497%。公路、铁路人均乘车 28 人次，人均旅行 1 053 km，为 1983 年人均旅行 247 km 的 4. 26 倍。

（2）中档运量

发送量 14 586 万人次，为 1983 年的 423%，周转量 535 334. 5 万人 km，为 1983 年的 366%。公路、铁路人均乘车 21 次，人均旅行 771 km，为 1983 年人均旅行 247 km 的 3. 12 倍。

（3）低档运量

发送量 9 724 万人次，为 1983 年的 285%，周转量 389 601. 9 万人 km，为 1983 年的 269%，公路、铁路人均乘车 14 人次（相当于全国相应水平），人均旅行 561 km，为 1983 年人均旅行 247 km 的 2. 27 倍。

3. 海口、洋浦、八所、三亚、清澜五港功能分配

海南岛四面环海，有 60 多个天然港湾，其中可以建港的有 24 处，现有港口 13 个。这些港口本身就构成了一个海南港口运输系统。各个港口的功能分配，应通过对全岛港口系统进行分析、优化来确定。这里所说的功能分配，是指各港在承担货物品类和规模数量上的分配。

在海南岛众多港口中，尤以海口、洋浦、八所、三亚、清澜五个港口最为重要，根据它们各自的自然条件不同，以及它们在岛内所处的政治、经济地位和地理条件的不同，使它们在海南岛交通运输系统中所处的地位、应发挥的功能和作用也各不相同，通过我们研究分析，这五个港口功能分配如下。

（1）海口港

海口是海南岛的政治，经济、文化中心，同时也是海南的交通中心，它在海南交通运输系统中及在海口经济发展中均起主导作用。为此，海口港应建成具有一定规模的综合性港

口。其中档运量为：2000 年吞吐量 807.5 万 t，主要吞吐货物为煤炭、粮食、橡胶、木材、化肥、件杂（包括集装箱）等货物。同时也要建立专用客运码头以满足客运发展要求。

（2）洋浦港（待建）

洋浦将成为海南工业的重心，故它应主要发展为具有相应规模的工业港口。由于水深、岸线、港湾条件好，故它将成为海南最重要的深水港。2000 年时其中档吞吐量为 812.5 万 t，主要吞吐石油、化工产品、化肥、水泥、煤炭、糖、钢材及件杂货等货物。

（3）八所港

八所港当前是海南铁矿石出口的专用港，今后仍应将其作为主要承担海南铁矿石出口的专用港口。同时，根据八所港的港湾条件及港口建设基础，今后亦应向以矿石港为主的综合性港口方向发展。2000 年时，其中档吞吐量为 630.5 万 t，主要吞吐铁矿石、煤炭、钢材及件杂货等。

（4）三亚港

三亚港既是海南的优良港湾，又是海南的旅游胜地，在考虑三亚港今后发展时，应注意处理好港口发展与旅游业发展的关系。经研究表明，它可建设成中型综合性港口，2000 年时，其中档吞吐量可达 288.5 万 t，主要吞吐食盐、粮食、糖、热带作物、件杂货等，同时亦应建立专用客运码头，以满足旅游事业发展的需要。

（5）清澜港

清澜港应发展成为小型综合性港口，主要吞吐煤炭、粮食、化肥、经济作物及件杂货等，同时亦可吸收部分来料加工的进出口货流。2000 年，预计其吞吐量可达 85 万 t。

4. *海南岛以港口为中心的交通运输系统推荐方案意见*

在海南岛以港口为中心的交通运输系统方案中，铁路有五种可能方案；公路南北向取东、中、西线，东西向取横贯线四条，每条线可取高级、一级、二级、三级、四级五个方案；若航空运输只考虑一个方案，则共有 983 040 个组合运输方案。为了减少计算工作量，我们根据实现的可能性，最后选出 11 个方案进行比较，通过对 11 个可能实现方案应用“可能满意度”的“综合评价”理论与方法，最后选出三个方案作为我们推荐的方案。具体三个推荐方案如下（按“可能满意度”指标高低排序）。

① 西环铁路通洋浦、海口；公路：海榆东线一级，西线、中线二级，洋浦—那大—琼中—万宁二级，其余三级。

② 西环铁路通洋浦、海口；公路：海榆东线一级，西线二级，其余三级。

③ 海南区政府规划方案：西环铁路通洋浦、海口；公路：东线、西线一级，中线及洋浦至那大二级，其余三级。

上述三个方案通过 23 个指标多层次、多目标的可能满意度综合评价。它们的评价值如果以 1 为最优，则分别为 0.846 2、0.840 9、0.831 7，表明这三个方案都是较优的。为了检验三个推荐方案的稳定值，我们进行了评价结果的灵敏度分析，分析表明，三个推荐方案在其各指标可能满意度降低 10% 的幅度内时，其可能满意度仍然优于其他诸方案。

全岛以港口为中心的运输系统组合优化方案的三个推荐方案主要是铁路、公路不同的组合方案，而航空运输发展方案（包括机场建设与航线开辟）则以海南区政府规划方案为依据来做其他调整，其具体方案为：将北部海口、南部三亚两机场改为国际标准机场，能起降波音707飞机。海口机场扩建工程跑道部分，1985年春节竣工。三亚机场利用现有机场起飞波音747飞机。另外，在凤凰村新建机场，开辟岛内航线，建设洋浦、清澜、通什小型机场。

上述三个推荐方案，其运输能力都可满足2000年海南岛运输量发展要求，并且尚有能力储备，我们认为这是必要的，因为：

① 我们对海南未来交通运输的预测，主要考虑的是根据海南政府提出的经济发展规划而推算的，至于海南深水港建成后将产生或吸引的新的货流，则未予考虑；

② 海南是个岛屿，在陆岛联系运输方式没有彻底解决以前，海南客货运量的不确定因素、变化因素均较大陆为大。

基于以上两点考虑，海南岛以港口为中心的运输系统的运输能力的储备量，与内陆地区相比较应该大些。

具体推荐的三个方案如图13.5所示。

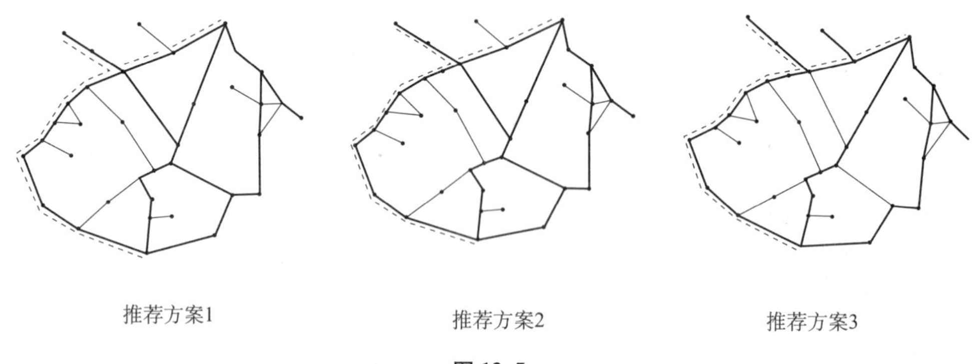

推荐方案1　　推荐方案2　　推荐方案3

图13.5

5. 洋浦、海口两港集疏运系统方案

根据前面的运量预测和港口分工方案，在港口规模、港口与经济点之间的交通流量均已确定的情况下，通过由固定成本费用和可变成本费用所组成的总费用最小的混合整数规划模型，得出洋浦、海口两港的集疏运系统网络方案如图13.6所示。

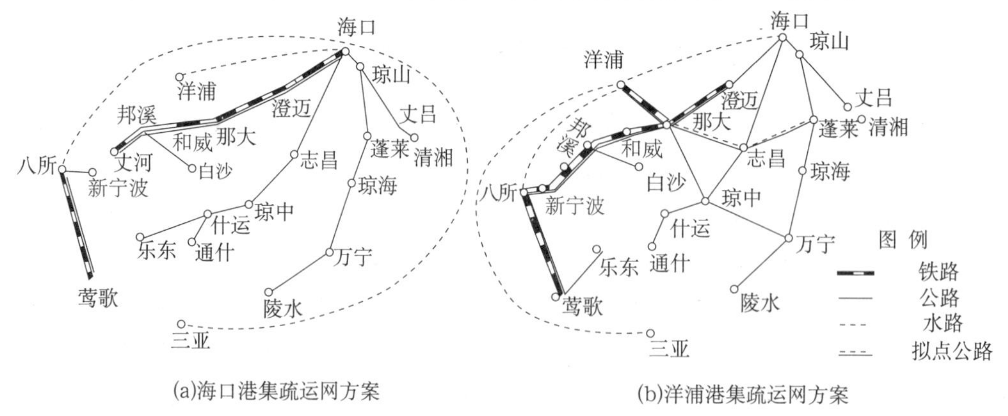

(a)海口港集疏运网方案　　(b)洋浦港集疏运网方案

图13.6

所推荐的集疏运系统方案具有如下优点：

① 可与海南岛整个交通运输系统相协调，便于地方运输。

② 换算年费用较低，当海口港运量达到 782 万 t 时，此方案可完成年周转量 63 450. 455 万吨公里，换算费用 5 400 万元。当洋浦港运量为 462. 5 万 t 时，按此疏运方案，可完成年周转量 60 511. 852 万吨公里，换算年费用 5 470 万元；由于换算年费用低，可以取得较大的经济效益。

③ 充分利用了海南水上运输的优势。

13. 3　海南省交通运输系统发展战略与规划研究

为了适应海南建省后社会经济发展的新形势，本项目全面研究了海南省交通运输系统发展的现状，从交通角度分析了海南交通系统的发展战略，针对海南特定的社会经济环境背景，研究了海南交通系统运行的内涵，提出并系统阐述了“三通四流”，即岛内通道、陆岛通道、国际通道，以及陆岛流、岛内流、国际流、中转流的形成与运行机理，从网络角度研究了促进岛内交通系统建设、确保经济运行与发展效率的技术与政策措施。该成果于 1990 年获海南省科学技术进步奖二等奖（见图 13. 7）。

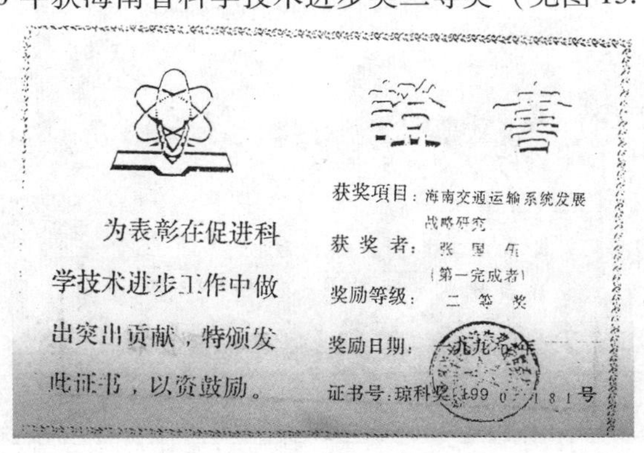

證　書

为表彰在促进科学技术进步工作中做出突出贡献，特颁发此证书，以资鼓励。

获奖项目：海南交通运输系统发展战略研究

获 奖 者：张 国 伍（第一完成者）

奖励等级：二 等 奖

奖励日期：一九九[illegible]

证书号：琼科奖 199 0 [illegible] 1 8 1 号

图 13. 7

13. 3. 1　研究背景

海南岛是我国第二大岛，总面积 33 920 km^2。

海南建省并建成全国最大的经济特区，是中央做出的一项重大战略决策，为海南社会经济发展开创了新局面。为了更好地指导海南的开发建设，海南省政府制定了海南社会经济发展战略和城市总体建设规划，明确了海南社会经济发展的战略目标、步骤和对策，研究和探讨了产业政策和地区布局等重要问题，勾画出海南社会经济未来发展的基本蓝图。

交通运输是海南经济发展的基础产业，是海南经济建设的基本投资环境，是海南对外开放的物质基础。海南的经济发展，必须建立在形成合理而有效的交通运输系统的基础之上。为此，海南省的领导非常重视，迫切需要制定海南交通运输系统发展战略。图 13. 8 ~ 13. 10 是我在进行这项课题研究时与部分海南省领导人的合影。

图 13.8

图 13.9

图 13.10

13.3.2　研究内容

交通运输发展战略是海南社会经济发展战略的重要组成部分，其主要研究内容是：海南省在一定历史时期内在其社会经济发展战略目标指导下，与海南社会、经济及其他诸要素协调发展的有关海南交通运输系统（包括岛内运输、陆岛运输和国际运输三个运输通道系统等）发展的全局性、根本性和长远性的问题。它包括海南交通运输系统发展的战略目标、战略水平、发展阶段及战略对策等有关内容，以对交通运输系统的合理规模、结构及空间布局等交通运输发展的战略问题，指出明确的方向。

13.3.3　总体设计

1. 海南交通运输系统发展战略研究的基础

海南交通运输系统的现状、问题及其自然地理特征、未来社会经济发展战略及交通运输系统自身发展的基本规律和特点，是研究海南交通运输系统发展战略的基础和出发点。

2. 海南交通运输系统发展战略研究遵循的原则

在研究海南交通运输系统发展战略的过程中，需遵循以下原则：

① 必须同海南社会经济发展相适应，并使海南交通运输系统的发展略有超前性；

② 与相关的社会经济系统的发展相协调；

③ 考虑海南国防建设的要求；

④ 促进海南投资环境的改善；

⑤ 有利于结构协调、布局合理的综合运输网的形成；

⑥ 有利于运输系统的效益和技术水平的提高；

⑦ 保证运输服务水平的提高，有利于提高交通运输系统的可靠性和安全性，并能减少环境污染。

3. 海南交通运输系统的构想——四流三通

基于以上原则和出发点，提出海南四流三通的运输系统构想。根据海南各种社会经济关系所形成的人流、物流、信息流、资金流在生成和空间分布上的不同特点，提出陆岛流、国际流、岛内流和中转流四种交通流。各交通流的基本形态为人流、物流，同时又是资金流和信息流的一般载体，它们共同构成了海南各种社会经济联系的广义流通体系，依托着相应的三个运输通道系统——陆岛通道、国际通道和岛内通道。每个通道又作为多层次、多种运输方式的综合运输体系，保障着四个流的畅通，进而保障和促进海南各种社会经济联系的通畅。

4. 海南交通运输系统发展战略研究的三阶十步

海南交通运输发展战略研究分为三个基本阶段和十个基本步骤，如图 13.11 所示。

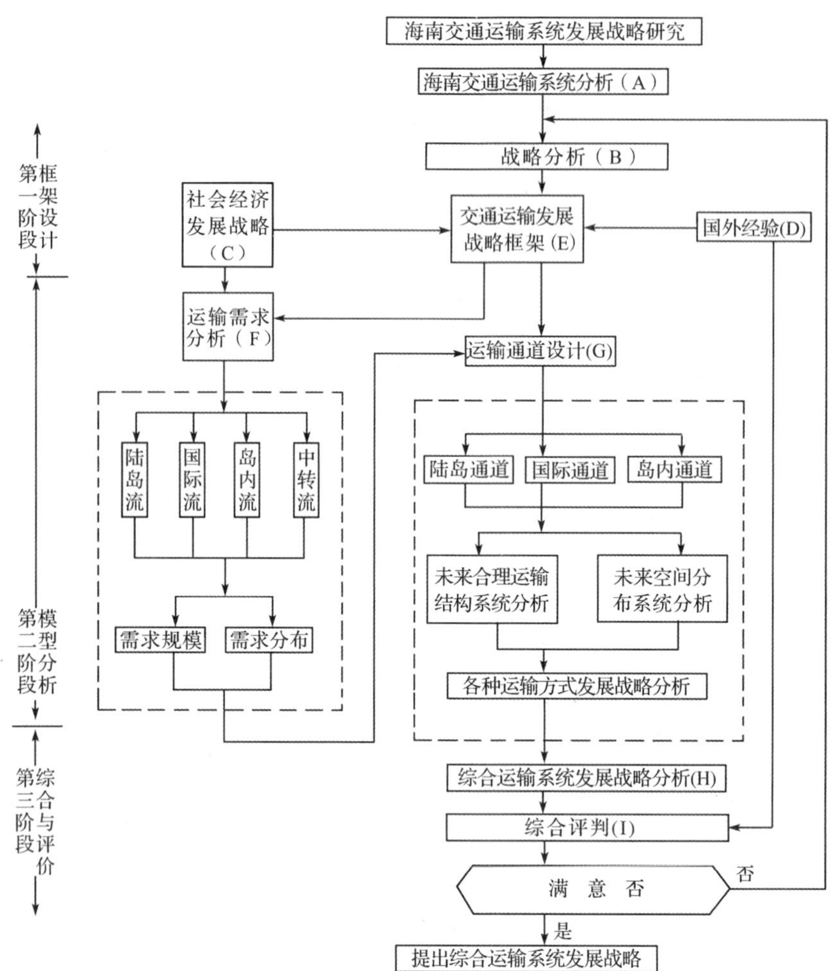

图 13.11 课题研究工作框图

13.3.4 理论与方法

1. 四流三通理论

根据交通发展战略理论和交通运输理论提出海南交通发展战略的四流三通理论，详见5.1节。

2. 模型方法

1）运输需求规模预测模型

这里采用的是变系数指数外推预测模型，这主要基于以下考虑。

海南建省办大特区，社会经济性质有了较大的变化，用回归方法预测难以描述未来状况。由于海南基础数据不全，计量经济模型等难以运用。故采用以下模型：

$$Q_i = Q_0(1 + a_{ij}X_i)^i \tag{13-1}$$

式中，　Q_i——第 i 年的运输需求量；

Q_0——1987 年的运输需求量；

a_{ij}——第 i 时期第 j 个流的运输弹性值；

X_i——第 i 时期的经济平均增长速度。

以 1987 年作为发展起点，根据海南省政府工作报告中提出的经济增长速度要求进行预测，因此运输需求结论与经济规模对应性更强。根据四流三通理论，分别对总运量、陆岛流、国际流、岛内流、中转流进行了预测。根据各时期经济增长速度的不同采用不同的参数。

关于运输弹性值，对日本、韩国等国家和地区 1950 年至 1980 年的运输平均增长弹性进行考察，其值多在 0.8 ~ 1.5 之间。20 世纪 50 年代经济恢复时期弹性值都很大，在 1.2 以上，最高达 2.5。在 20 世纪 60 年代经济稳步增长期运输弹性值在 1.0 ~ 1.2 之间，20 世纪 70 年代后稍有降低，但都不低于 0.8。此处使用的运输弹性值就是根据海南各时期的具体发展情况，参考以上数据，通过专家咨询等办法确定的。

2）运输需求分布预测模型

根据区位经济理论，两地间运输流的大小与两地经济水平直接相关，故选用重力模型进行预测。由于客货流引力条件存在差异，故确定采用两个不同的模型分别进行。

货流模型：

$$Q_{ij} = K_{ij}\frac{G_i \times G_j}{r_{ij}^{\ 2}} \tag{13-2}$$

式中，　Q_{ij}——i 地区与 j 地区间的运输需求量；

r_{ij}——i 地区中心点到 j 地区中心点之间的距离，海南以海口为中心；

G_i、G_j——i 地区、j 地区的人均国民收入；

K_{ij}——i、j 地区间的运输引力系数，根据历史数据和其他地区间运输联系情况综合定出。

客流模型：

$$D_{ij} = K_{ij}\frac{K_1(P_iG_i)^{\frac{1}{2}}K_2(P_jG_j)^{\frac{1}{2}}}{r_{ij}^{\ 2}} \tag{13-3}$$

式中，　D_{ij}——i 地区与 j 地区间的旅客运输需求量；

P_i、P_j——i 地区、j 地区的总人口数；

G_i、G_j——i 地区、j 地区的人均国民收入；

K_1、K_2——海南与其他某地之间的旅游参数，按两地往返旅游人员比重定出；

r_{ij}——i、j 两地区中心点间的距离；

K_{ij}——i、j 两地区之间的运输引力系数。

内陆地区划分为 4 ~ 5 个经济片，海南岛内划分为 5 个经济片，国际地区划分为

6~8个经济片。划片原则为自然地理特征、运输联系状态和社会经济性质兼顾。

3）通道结构分析模型

通道是由若干运输方式组成的。一个合理的综合运输结构，有助于提高通道的运输服务水平，发挥各种运输方式的优势。这里主要有两种方法：一种是层次分析法，另一种是 Logit 模型。logit 模型是一种广义出行费用最小的选择模型，它能提供一个综合的分担比例来描述各种运输方式的合理结构。

Logit 模型：

$$P_i = \frac{e^{-v_i}}{\sum_{i=1}^{n} e^{-v_i}} \tag{13-4}$$

式中，P_i——第 i 种运输方式的分担率；

v_i——第 i 种运输方式的广义出行费用，其定义为：

$$v_i = a_0^i + a_1^i F_i + a_2^i T_i + a_3^i M_z^i + a_4^i f_i$$

式中，F_i——第 i 种运输方式的运输费用；

T_i——第 i 种运输方式的出行时间；

M_z——中转次数；

f_i——服务频率，也是指运行密度，是平均班次的倒数；

a_1、a_2、a_3、a_4——相关项的参数，为该项的权重系数；

a_0——不可定量因素，如方便性、舒适性和可靠性、安全性等的综合反映。

Logit 模型在海峡通道和岛内通道中得到较多的运用，作为主要模拟手段，广义出行费用函数中的参数是通过类比得到的。

4）运输结构分析方法——AHP 法

多层次权重分析决策方法（又称 AHP 法）是一种新的定性与定量分析相结合的决策方法。它将决策者对复杂问题的决策思维过程数学化、模型化。分析者通过判断矩阵，将决策者对简单问题的判断决策引导出来，然后再通过权重的综合，得出对于复杂问题的符合决策者思想的决策。应用这种方法时，以下几个技术关键步骤应予注意。

（1）认清问题

必须对所研究的问题有清楚的认识，分析问题所包含的因素及其相互关系，根据这些关系和要达到的目标，将问题分解为不同的元素（影响因素），并归并为不同的层次，从而形成多层次结构。

在海南交通运输发展战略研究中，应用这种方法实现了以下 3 个问题的优化：为岛内不同运输方式合理发展比例，设计了由 5 个制约方面、12 个影响因素和 4 个发展战略构成的递阶层次结构（见图 13.12）；为港口规模合理发展比例，设计了由 6 个制约方面、18 个影响因素、5 个发展战略构成的递阶层次结构（见图 13.13）；为海南交通运输合理投资比例，设计了由 6 个制约方面、13 个影响因素、4 个方案构成的递阶层次结构（见图 13.14）。

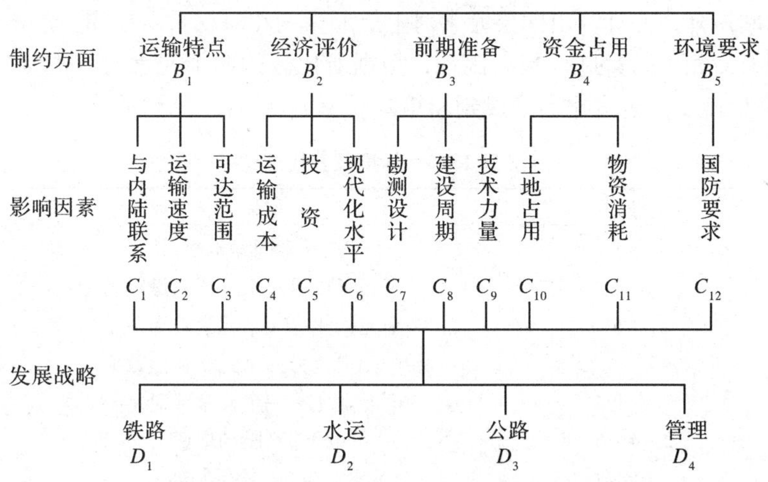

图 13.12

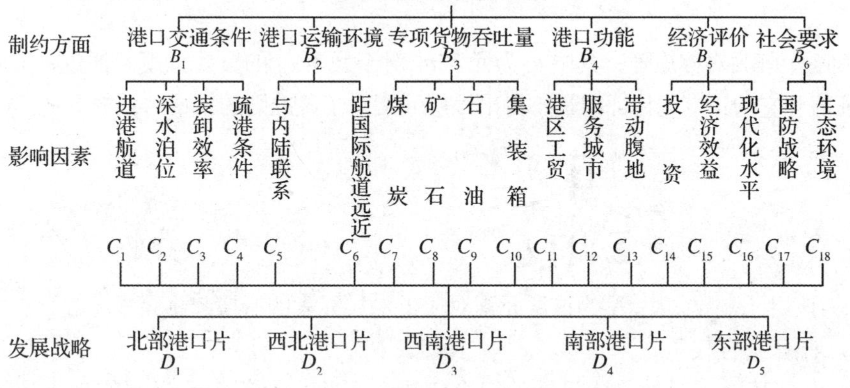

图 13.13

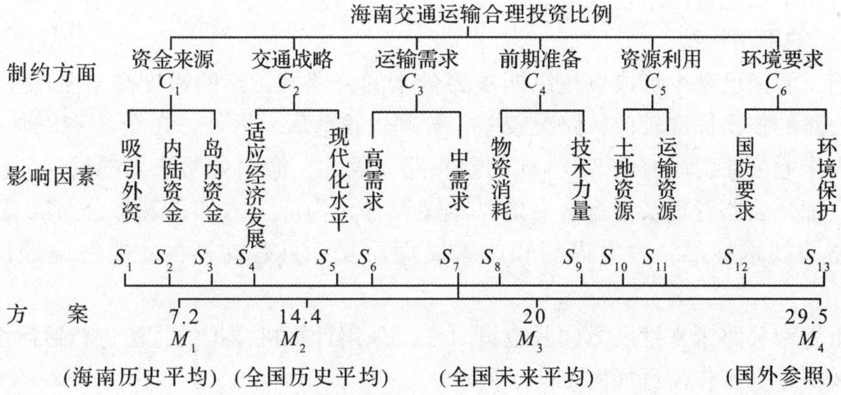

海南交通运输合理投资比例

制约方面：资金来源 C_1　交通战略 C_2　运输需求 C_3　前期准备 C_4　资源利用 C_5　环境要求 C_6

影响因素：吸引外资 S_1　内陆资金 S_2　岛内资金 S_3　适应经济发展 S_4　现代化水平 S_5　高需求 S_6　中需求 S_7　物资消耗 S_8　技术力量 S_9　土地资源 S_{10}　运输资源 S_{11}　国防要求 S_{12}　环境保护 S_{13}

方　案：7.2 M_1（海南历史平均）　14.4 M_2（全国历史平均）　20 M_3（全国未来平均）　29.5 M_4（国外参照）

图 13.14

（2）构成判断矩阵

构成判断矩阵，并计算出同层元素对上层元素的相对权重。在同一层次中，决策者按某一准则，对相关因素进行判断比较，根据所比较的两个元素对于准则的重要程度，按标度（见表 13.2）定量化，形成判断矩阵。

表 13.2 标度及其描述

标度	定义
1	二元素同样重要
3	一个元素比另一个元素稍微重要
5	一个元素比另一个元素较为重要
7	一个元素比另一个元素强烈重要
9	一个元素比另一个元素绝对重要
2，4，6，8	两相邻判断的中值
倒数	元素 i 与 j 比较得判断 a_{ij} 则 j 与 i 比较得判断 $a_{ji}=1/a_{ij}$

该判断矩阵为对称矩阵，其中 a_{ij} 为元素 a_i 对于元素 a_j 的重要程度。通过计算该矩阵的最大特征值和它的正交化特征向量，得出该层元素对于该准则的权重 v_i，按下式计算 v_i：

$$v_i = \frac{\left(\prod_{j=K}^{N} a_{ij}\right)^{1/(N-K+1)}}{\sum_{i=K}^{N}\left(\prod_{j=K}^{N} a_{ij}\right)^{1/(N-K+1)}} \qquad i = 1,2,\cdots,n \qquad (13-5)$$

式中，i 为该层元素数，K、N 为该层元素对于上一层元素的所属起止元素序数。

（3）计算组合权重

为了得到某层元素对总体目标的组合权重，可将上层每个元素都作为下层元素的判断准则，得出下层元素对于上一层元素的相对权重，然后用上一层元素的组合权重加权平均，得出下层元素的组合权重。

5）运输网络模拟

目前，海南已基本形成以三纵四横为骨干的公路网，路网密度高于全国平均水平。但现有公路的技术标准较低，路况较差，管理也较落后。另外，在全岛 318 个乡镇中尚有一个乡未通公路，尚有约 350 km 的断头路。因此，海南公路未来的发展，除了修通断头路、加强公路管理及进行必要的基本建设外，尚应大力加强现有公路的技术改造，提高公路的技术标准，大力提高和改善路面质量，只有这样，才能适应经济发展的需要。

关于海南公路未来发展方向及建设时序，采用计算机模拟的方法进行区际公路发展战略的模拟，其工作流程如图 13.15 所示。

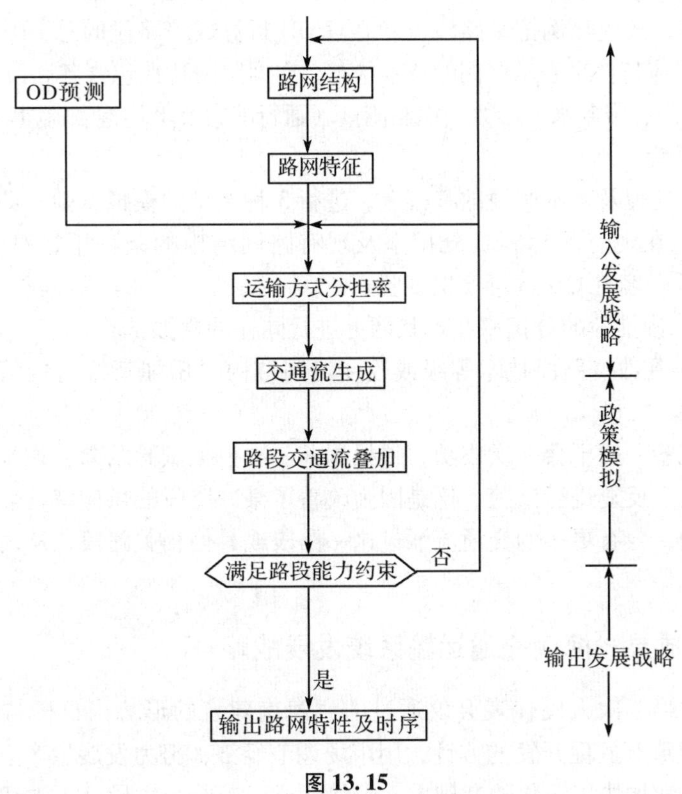

图 13.15

（1）技术处理及基本假设

这种模拟过程，首先是将现有区际路网或未来区际路网抽象成一个网络图，然后将未来区际客货流等输入具有不同路网供应特性的公路网络进行政策模拟试验，最后输出优化的路网供应特性及其生成时序。进行这种政策模拟试验时，须对路网及路网供应特性做出如下技术处理及基本假设：

① 吸收悬挂边；

② 归并、删除中间点，路网线段所具有的边权（距离、行程时间）在路网特性中如实标出；

③ 经济区内各经济点所发生或消失的区际客货流量，均假设在该区中心城市或位于区内的路网节点上产生或消失；

④ 区际客货流量按 4 t 折合 1 车及 8 人折合 1 车的标准统一折合成车流量；

⑤ 两个经济区之间若有多条通道存在，其路径选择及交通量的分配按概率法分配，即行程时间短的路径所分配的交通量较多，行程时间长的路径则分配的交通量较少，其计算公式为：

$$P(K) = \exp(-T_K) / \sum_K \exp(-T_K) \qquad (13-6)$$

式中，　$P(K)$——从两区之间所有可能的路径中选择路径 K 的概率；

T_K——路径 K 的行程时间。

⑥ 假定区际客货运量占用区际通道能力的60%，即允许部分区内的县间的客货需求占用区际通道，按此比例把某路段区际客货 OD 折算成该路段的总 OD；

⑦ 用路网供应特性来表示路网的技术状态，亦即路网特性包含各路段或路径的长度、零流量的行程时间、服务水平参数、饱和流量（通行能力及平均饱和流量等内容）。

（2）模拟试验

在上述技术处理及基本假设的基础上，进行3种类型的模拟试验，即：

① 模拟Ⅰ：在现有区际客货分担率及现有路网结构的条件下，对1992年、1997年、2005年的区际客货 OD 进行模拟试验。

② 模拟Ⅱ：按推荐的分担率在现状网上进行同样的模拟试验。

③ 模拟Ⅲ：在改变路段技术等级或改变路网结构（增加新线）的情况下，进行同样的模拟试验。

模拟Ⅲ的试验一般不会一次成功，须根据前一次模拟试验结果，逐步改变能力短缺路段的供应特性，反复进行试验。这是因为改善了某一路段的供应特性后，根据交通流的概率分配原则，会有更多的交通流涌进这一路段或其他相关路段，从而造成新的能力短缺。

13.3.5 研究成果：海南交通运输系统发展战略

根据海南省第一次人民代表会议通过的“海南建省的形势、目标与任务”报告中提出的“坚持改革开放促开发的方针，用市场调节经济，努力发展生产力，在大力引进外资、引进技术和加快工业化的基础上，最终建成以工业为主导，工农贸旅并举，人民生活比较富裕，以发展外向型经济为主的综合经济特区……力争20年或稍长一点时间，使海南人均国民生产总值达到2 000美元以上，进入东南亚经济比较发达国家和地区行列”的海南经济发展战略总目标，海南未来运输需求将有较大幅度的发展，并且在经济发展的不同阶段，其规模及空间分布将表现出不同的特征。

1. 发展战略目标

为了保证运输任务的完成，海南交通运输系统的发展必须达到以下目标。

（1）在今后20年左右的时间内，把海南交通运输系统建成一个以海口为中心，由优势互补、结构协调、布局合理的多种运输方式所构成，设备先进、四通八达、高效快速、安全可靠并具有现代化管理水平的立体运输通道网络系统，以适应海南经济发展和人民物质文化生活的需要，促进海南特区社会经济发展战略的实现。

（2）未来的立体运输通道网络系统是：以环岛高速公路和西环铁路及环岛沿海水运为主体，串通海南主要的西环铁路与大陆铁路网较好衔接，南北两个大型机场和四方七港作为对外运输联系门户，以海口为核心并有洋浦、三亚、八所、琼海相配合的综合枢纽体系所构成的立体运输通道网络系统。

（3）要以加强陆岛通道和国际通道的建设为重点，强化岛内通道系统。随着海南经济的不断发展，逐步扩大和延伸对外通道的可达半径，提高各通道的客货送达速度。以三个通道的优良服务，保证四流的畅通，实现海南对内对外经济发展的良性循环，增强海南经济的吸引力和辐射力。

2. 分通道发展战略

1）陆岛运输通道

在海南未来发展进程中，对内经济联系一直是海南经济发展的主要动力之一。海南与内陆之间的运输通道是海南内联发展的物质基础，是海南吸引内资、技术、人才和开辟内陆市场的保障。未来海南将与内陆建立全方位、多层次、贸易型大进大出的经济联系，这一切都将有赖于陆岛交通通道的畅通。为此，陆岛通道的发展应实现以下战略目标：

在今后 20 年左右的时间内，将陆岛通道建设成一个适应陆岛需求结构的、大扇面的、以海峡轮渡为基础的，由铁路、海运、公路、民航几种运输方式与内陆良好衔接的、畅通无阻的现代化立体通道。

为实现以上战略目标，需解决以下战略问题。

① 组织陆岛间多种形式的联合运输。近期：要成立联合运输公司，组织陆岛间的联合运输，提高陆岛间的畅通水平。中期：发展便于联运的运输工具，扩大滚装化运输，考虑与长江及沿海地区实行载驳船运输，逐步扩大集装化运输比重。

② 建立陆岛间铁路运输联系是解决陆岛间便利的运输联系的根本途径。以铁路轮渡沟通这种联系是见效较快的方式，在技术上是可行的，经济上也是合理的。1997 年前要开通铁路轮渡。

③ 建立陆岛间的大海峡通道。大海峡通道是沟通海南同从防城到珠江口一带运输联系的运输通道。通过逐步建立多点、多线的陆岛间海峡联系，扩大陆岛通道的扇面，提高通道的运输能力。

④ 强化沿海运输，加快深水泊位建设，接纳大型船舶入港，实现长途运输船舶大型化、大宗物资运输船舶专业化，并逐步建立起一支海南自己的商船队，保证陆岛间重点物资运输。

⑤ 强化陆岛间的航空运输。

2）国际运输通道

未来海南经济发展的一个重要方面是发展外向型经济，积极参与国际经济分工和市场交换。出口额占国民生产总值的比重将逐步达到 40% 以上，外资占全部投资的比重将达到 35%。对外贸易和旅游是海南未来的支柱产业，国际运输通道就是海南这种对外经济联系和人员往来的物质基础。在海南国际运输通道中，货运以海运为主，客运以航空为主。

海南国际运输通道的发展战略目标是：实现海南与西太平洋各国和地区的稳定、畅通的运输联系，同时实现与世界各主要国家和地区的经常、便利的运输联系，以促进海南经济逐步走向世界。

3）岛内运输通道子系统

① 岛内运输通道的三个子系统。岛内运输通道是海南交通运输系统的重要组成部分，是沟通海南各经济区之间及各经济点之间联系的基本渠道，是海南经济得以发

展的重要基础设施。岛内运输通道由连接岛内外通道系统的港口枢纽、连接五个经济区的区际通道和以各经济区的中心城市为中心向其腹地辐射的腹地通道三个子系统构成。

② 岛内运输通道的发展战略。海南岛内运输通道系统的发展战略目标是：在今后 20 年左右时间内，把岛内通道建成一个以港口为中心，以公路为骨干，由优势互补、布局合理、协调发展的多种运输方式所构成的四通八达、高效快速、安全可靠的现代化交通运输网络系统。

4）通道接口系统

通道接口系统是岛内外通道系统的结合部，它包括港口和机场。

① 港口。港口枢纽是海南同外界进行经济联系和交往的门户，是海南交通运输系统中不可替代的重要组成部分。世界上许多国家和地区的经济发展经验表明：一个岛国或岛屿地区的经济振兴都要优先发展港口。因此，在某种意义上可以说，海南经济的起飞要靠强有力地推行一种政策——以港兴岛。

为了促进海南经济的发展，海南的港口系统应建成一个以大中港为主、大中小港协调发展的、各种类型的泊位功能齐全、设备先进、工艺合理、能力配套并具有现代化管理水平的现代化港口群。

② 机场。机场是对外空中联系的门户和口岸。要逐步将三亚、海口两个机场建成能够接纳大型客机的国际机场，保证对外航空联系的畅通。

3. 海南交通发展的基本战略对策

1）建立结构合理的综合运输体系

世界交通运输的发展历程，大致经历了水路、铁路、公路和各种运输方式综合发展几个阶段。目前许多国家的运输发展趋向于系统化、合理化和高效化，其着眼点是：建立各种运输方式优势互补的综合运输体系，在各种运输方式之间实行合理分工，发展统一的运输网络；协调各种运输联系，开展联合运输；建立综合运输管理机构，创造运输系统的综合效益。

海南现在已有铁路、公路、水路和航空四种运输方式，未来还将发展管道运输。根据海南的客观环境将各种运输方式组织起来，形成综合运输网络系统，使之发挥海南运输系统的综合效益，是发展海南交通运输事业的经济合理的道路。海南发展综合交通运输系统的优势在于，海南的运输系统相对较为独立，加之目前规模较小，又有运输厅这样的综合运输管理机构，使建立海南综合运输体系处于十分有利的地位。

目前，海南综合运输体系的基本结构是以环岛公路为主体，以海口、八所、三亚港和海口机场为主要门户的一个运输体系。铁路完成的货运量仅占 10% 左右，客运量更少。沿海水运和岛内航空作用很小。这与海南现有的社会经济基础是基本适应的。今后，随着海南的发展和规模经济的形成，尤其是西部重工业的建设，沿海水运和铁路将发挥更大的作用。海南未来综合运输体系的基本结构为：以环岛高速公路和西环铁路及环岛沿海水运为主体的、串通海南主要港口的西环铁路与大陆铁路网较好衔接的，南北两个大型机场和四方七港作为对外运输联系门户的，以海口为核心并有洋浦、三亚、八所、琼海相配合的综合枢纽体系构成的立体运输系统。

为了建立上述综合运输体系，须加强综合运输网的规划，为宏观决策提供科学依据；须建立保证综合运输体系发展的有关政策、法规，引导各种运输方式协调发展；须充分利用海南交通运输厅的运输综合管理职能，加强宏观控制。

2）加强港口建设和推行以港兴岛的政策

港口是海南对外联系的门户，是海南经济得以长足发展的根本。海南面积只有全国的0.3%，人口只有全国的0.6%。其资源与市场都是有限的，完全闭关自锁地发展经济是不可能的。同时，海南原有的基础较差，其经济要起飞，必须在经济、文化、科学、技术等方面沟通同内陆及国际的联系。因此，海南要借鉴世界上许多岛屿地区经济振兴的经验，推行以港兴岛的政策。

海南的港口在海南经济发展中的重要地位是不能以位于海南本土以外的港口来替代的。因此，港口是海南交通运输系统中不可替代的重要组成部分。海南交通运输系统必须以港口为中心，才能充分发挥它在海南经济发展中的应有作用。

随着海南经济规模的不断扩大，港口能力要逐步做到有适当储备和超前，以满足国民经济发展的需要。

3）加强琼州海峡通道的建设

琼州海峡横亘于海南与内陆之间，占据陆岛联系的最有利位置。从海南横越海峡到内陆最近点仅9.63海里。同世界各地的海峡都是海运最繁忙的地区一样，琼州海峡的运输亦颇繁忙。加强海峡运输通道的建设是强化陆岛联系、促进海南经济发展的重要战略之一。

加强琼州海峡运输通道建设，要充分利用海峡得天独厚的地理位置和自然条件。通过软硬结合的发展政策，逐步建立起一个西起广西北海、防城，东至珠江口，由多种运输方式组成的多方位、多层次、技术先进、畅通无阻、高效可靠的大海峡通道，以方便海南同全国各地的联系，为海南创造良好的投资环境。

未来海峡运输通道的发展应统一规划，宜采用统一管理与活跃的运输市场竞争机制相结合的方法，开拓新点、新线，适时引入大型化、滚装化与小型快速相结合的船队体系，引入新的过海运输方式，以强化海峡运输。

4）发展海运船队和促进海南对外联系的发展

海南省是由岛屿组成的，其对外运输以海运为主，海运对于海南岛沿海及各岛屿间的运输联系也将发挥积极作用。因此，建立海南地方船队，对满足海南社会经济发展的特殊要求、稳定海运市场、保障国防需要都有重要意义。同时，海运作为一种产业，能为海南创造产值，并能带动许多附属行业的发展，增加就业机会。然而，海运业是资金、技术密集型产业，盲目发展也会带来沉重的经济负担。根据海南未来海上运输需求发展趋势，海南应逐步建立一支规模适当、技术管理先进的海运队伍。到2005年建成一支拥有140万载重吨、以近海和近洋运输船舶为主体的、以先进专用船舶为骨干的、大中小并举的海运船队。客船以客滚船和豪华旅游船为主。

近年来，海运事业发展迅速。由于海南经济以市场经济为主体，所以海南海运企业的发展，将面临来自内陆各航运企业和国际航运企业的有力竞争。未来的竞争是技术、管理和服务水平的竞争。因此，海南发展自己的海运船队步子要稳，要根据海南的特点，不要片面追求船舶的大型化，应着重发展集装箱船、滚装船和客货滚装船，充分重视火车轮渡船、子母船、豪华旅游船和沿海顶推驳船的研究。只有在技术、管理和时间上走在前面，才能依托这些专用航舶队伍发展综合海运船队，才能保持有利的竞争地位。

5）大力发展航空运输

海南四面环海，没有便捷的陆路通道与外界相通。海南的自然地理条件及社会经济环境决定了海南的航空运输将比国内其他省市有较高的客货分担率。航空运输具有速度快和不受地理条件限制的优点，可以做到远程快速直达。这对于海南推行对外开放政策和实现经济腾飞具有特殊的重要意义。未来海南的航空运输主要承担同内陆主要城市间的客运直达运输和绝大多数的国际旅客运输任务，为海南内引外联、吸引外资、引进人才、技术开发及发展旅游提供良好的物质基础，还可为航空工业的发展创造有利条件。

为此，应采取以下战略大力发展航空运输：根据海南社会经济发展战略的需要及内引外联的重点方位，以机场建设为重点，逐步打通与国内外主要城市的直达运输航线，并逐步建立起一支自己的航空运输队伍，以适应海南特区发展的航空需求。

6）多渠道筹集资金以支持交通运输建设

交通运输是经济发展的重要基础设施和投资环境之一，而资金又是交通运输得以发展的直接制约因素。为了适应经济发展，交通应有较大的发展，因而必须有足够的建设资金予以支持。海南交通运输投资占海南总投资的比例，应高于未来全国的平均水平，以 21.7% 为宜。

资金筹措应采取多渠道集资的政策，并采取一定的优惠政策扶植交通运输建设。解决资金问题的对策主要是：①对于投资较多的重大交通项目，应积极争取纳入国家计划，争取更多的国家投资；②允许截留海南交通运输系统上缴的部分税款，以扶植海南交通经济集团；③向中央财政争取返回部分海南上缴的交通能源建设税；④向中央各部委争取获得更加特殊、更加优惠的吸引外资政策，大力吸引外资，如允许外资独资经营或联合经营他们所投资建设的港口、码头、机场、公路、铁路及航空等运输业务，允许外航公司经营国内航线，等等；⑤争取获得国外长期低息贷款，允许采用综合补偿的方式以二次投资的外向型企业所得的外汇来偿还债务；⑥采用发行交通建设债券或股票等金融手段集资；⑦制订各种优惠政策，大力扶植交通建设，如对于重点项目免征土地费税、港口水下部分不带本息偿还等；⑧增收交通运输专项设施使用者税，如客货运输附加费、机场建设费、车辆过桥过路费等。总之，要采用多种渠道筹措交通建设资金，促使交通运输建设的迅速发展。

7）完善交通运输管理体制，加强各种运输方式的综合管理

① 组建交通运输厅。要建立综合运输体系，必须有一个统筹规划和协调监督的政府机构，并实行政企分开。美国、加拿大和德国的政府都是由运输部统一管理整个运输业的。日本也是由运输省统一管理各种运输方式的。海南建省率先组建了交通运输厅，这是符合交通运输综合管理特点的。交通运输厅作为政府机构统筹管理全省运输行业，主要发挥以下职能：协调交通与其他社会经济系统的关系；编制相应的交通运输发展规划；协调各种运输方式间的关系，调节运输市场；研究宏观管理并制定交通政策法规；为交通基础设施筹集资金；组织研究交通发展的有关问题；教育和培养交通运输人才，

等等。

② 利用竞争机制。海南实行的是社会主义市场经济，应充分利用竞争机制作为促进和调节运输企业发展的基本手段。运输企业根据市场情况来组织自己的生产和经营。政府和交通厅通过政策和法规，为企业创造平等的竞争环境。政府不直接参与企业的生产经营，现有国有交通企业也要实行租赁、承包等形式自主经营。同时，要建立运输交易市场，鼓励运输代理公司和联运公司的发展，通过竞争促进运输生产组织的合理化。

③ 增设三个通道委员会。考虑到海南各种社会经济联系的特点和运输系统的综合管理，设想在现有交通运输厅体制下，增设三个通道委员会，即陆岛通道委员会、国际通道委员会和岛内通道委员会，并增设一个市场管理处，负责管理运输企业的登记、注册，监督企业生产经营活动。

8）加强联运组织，发展多式联运系统

如果说，内陆开展联运主要是为了提高综合运输效率，那么海南就不仅仅停留在这个意义上。海南对外运输是以海运为主，如果用户之间不都毗邻港口，那么货物运输至少要经过 1 ~ 2 次中转，这种中转多在不同运输方式之间进行，难以实现一票到底，给货主和旅客带来极大的不便。因此，海南对外运输通道建设的一个很重要的任务就是开展联运业务，实现一票到底。目前，陆岛之间由于此项业务发展极为有限，严重影响了和内陆广大地区的社会经济联系。因此，当务之急是，首先在湛江、广州等地积极开展联运，主要是铁水联运，以保证海南所需重点物资的供应。

组织联运能解决一票到底的基本任务，但却解决不了货物中转带来的费用高、安全差、时间长、运输组织不便等困难，开展集装化运输和多式联运是基本根除这些问题的最有效途径。国际集装箱多式联运被认为是世界交通史上的一次革命，正在越来越引起世界各国的普遍重视。目前，国际集装箱多式联运仍以海运为主，对船舶技术性能要求越来越高，形式也越来越多样化，有集装箱专用船、子母船、汽车滚装船和火车滚装船等。这些多式联运加强了各种运输方式之间的联系和合作，便于深入港口的经济腹地，促进国家和地区的工业与贸易发展。在内陆与海南、国外地区与海南之间开展各种多式联运，能减少换装环节，缩短换装时间，降低运输成本和运价，对于海南建立迅速、安全、可靠的对外运输系统具有十分重要的意义。

9）加强交通运输的科学研究

要依靠科技进步做好海南交通运输业的建设。在世界新技术革命浪潮的推动下，发达国家的运输业取得了很大进步，交通运输面貌发生了很大的变化。海南省交通运输业的发展与建设必须依靠科技进步来完成。为此，今后海南省交通运输业要以科技进步为手段，促进经营管理及运输组织的改革，把那些世界上先进的、适合海南省情的先进技术设备与管理手段及现代化管理方法引进到海南交通运输部门中来，使海南经济特区的交通运输系统达到世界先进水平。另外，海南省的交通运输建设是一项新的课题，其开发建设的模式、经营方法和管理体制及具体政策等都是新问题，都需要逐步研究、逐步解决，加强综合研究必将成为海南交通建设发展的重点。

10）加强人员培训以提高全民的交通意识

海南省交通运输系统的建设与发展离不开交通运输职工队伍的建设和人员素质的提高。今后，随着海南的开发建设及新交通运输系统的逐步形成，现代化管理人才是不可缺少的。同时，现有交通运输业职工，也必须随着海南交通运输系统的革新与改造而进行相应的学习，以提高其素质。为此，海南省交通运输厅必须做好交通运输人员的培养工作。

另外，尚需加强宣传教育，提高全民的交通意识，自觉维护交通线路的畅通，以提高行车速度和道路的通行能力。

11）制定实现交通运输发展战略的有关法规与政策

交通运输业的有关法规与政策，是交通运输得以发展的法律保证和行动指南。在这些法规与政策中，有的由省人大通过并颁布执行，有的则由省交通运输厅制定并下达执行。初步设想，法规与政策包括以下几个方面：

① 交通项目有关资金的筹集政策；

② 交通项目的税收政策；

③ 交通工程项目投资优惠政策；

④ 交通项目环境保护法规；

⑤ 交通运输市场管理的法规与政策；

⑥交通运输企业经营管理政策；

⑦ 有关交通管理的法规；

⑧ 海南岛岸线使用与管理法规；

⑨ 交通运输企业运价政策；

⑩ 外资、外商在海南进行交通建设和从事运输活动的有关法规。

上述有关法规与政策应尽早组织力量进行研究和制定。

13.3.6 研究成效

本项目的研究成果，获海南省科学技术进步二等奖，评审专家给予极高评价，评审现场见图 13.16。我们提出的海南省交通运输系统发展战略，被用于指导海南省的交通运输系统建设，为海南省的发展奠定了交通基础。这项成果在全省交通工作会议做了报告（见图 13.17），后来海南省交通发展就是基本上依据我们推出的“海南省综合交通发展战略与规划”的方案实施的。

图 13.16

图 13.17

13.4　陇海—兰新地带城镇发展与交通经济带研究

交通运输是城乡之间、城市之间、地区之间乃至国家之间交往、流通的纽带和桥梁，城市是连接交通运输线的节点。陇海—兰新地带联系南北，横贯东西，节点众多，具有重要的交通运输战略地位。本项目从陇海—兰新大陆桥功能与地带内相关城镇综合交通网络发展现状出发，根据城镇发展规划预测了地带内客货运输流量，研究了需求增长后如何满足城镇发展的交通需求，提出了铁路、公路、民航网络建设的技术政策与建议，重点剖析了 27 个主要枢纽的建设规划与供需平衡战略，提出了发展地带内综合交通体系的具体建议。该项成果于 1995 年获建设部科技进步二等奖(见图 13.18)。

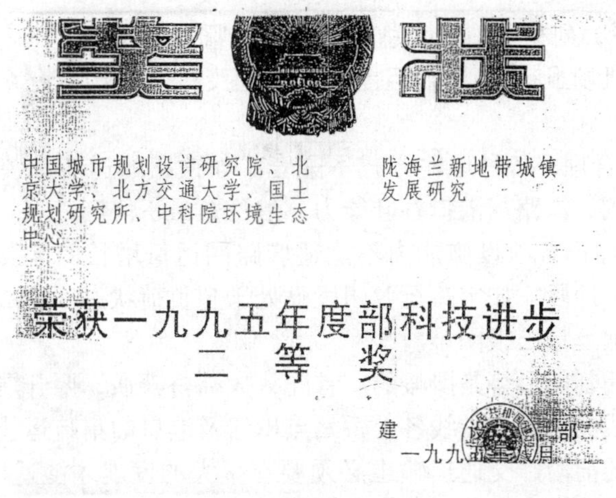

图 13.18

13.4.1　地带综合交通运输概况

1. 交通运输网概况及在全国的地位

陇海—兰新地带目前基本形成了以铁路为骨干、港口为门户，铁路、公路、水路、航空、管道五种运输方式相结合的交通运输网络。

地带内运输网的基本框架是以陇海—兰新线、石西线（石臼所—兖州—新乡—侯马—西安）铁路及 310、312、309 国家干线公路为横轴，以京沪、京广、焦柳、同蒲、宝成、包兰等铁路线及 104、105、106、107、108、109、204、205、206、207、209、210 等国家干线公路为纵轴，构成鱼骨形骨架。到 1990 年年底，共有 40 余条 1 万多 km 长的铁路线和 34 条国道及近 30 万 km 长的公路线。铁路营业里程占全国的 29.3%，铁路复线率 33.8%，高于全国 24.4% 的水平。公路通车里程占全国的 28.5%。内河航运不发达，仅在黄河中游和东部大运河有少量河运。地带东部有两个大型港口——连云港和石臼所，1990 年货物吞吐量分别为 1 137 万 t 和 925 万 t，分别列全国沿海港口的第九、第十位。地带内有民航机场 22 个，占全国 98 个民航机场的 22.45%，以旅客吞吐量排序，西安、乌鲁木齐、兰州、郑州分别列全国航空港的第 7、15、22、26 位。地带内有原油输油管道和成品油输油管道共20多条，输油里程2 700多km。天然气输气管道6条，输气里程850多km。

总的看来，地带交通网在全国交通网中起着联系南北、横贯东西的重要作用，特别是陇海—兰新铁路及与之相平行的公路构成了我国唯一一条横贯东西的交通走廊。

2. 地带交通运输存在的问题和面临的形势

地带运输能力紧张，长期与社会经济发展不相适应，影响了地带特别是西部地区的发展。存在的问题主要表现在以下几个方面。

① 交通运输基础设施数量少、质量差。如公路线路标准低，高等级公路仅占公路总里程的0.57%，等外公路占16.7%，铁路电化率低，有些路段超负荷运作，造成车流积压；交通运输技术装备水平低，铁路交通运输技术装备水平仅相当于工业发达国家20世纪60年代水平，列车平均牵引总重低，大型重载列车少，汽车数量少，货车完好率低，重载车少。机场虽有22个，但能起降中型飞机的机场只有6个，限制了航空运输的发展。

② 运输结构不合理，各种运输方式不配套。如铁路的运能及装卸能力与后方公路的集疏运能力不协调，铁路与港口吞吐能力、泊位数量不协调。

③ 部分交通枢纽内各项设施能力不能适应路网运量增长的需要；陇海—兰新铁路通而不畅，有卡脖子地段。如宝鸡至兰州段已处于超负荷状态，武威至乌鲁木齐段也处于饱和状态，再增加运量已很困难。

地带运输今后面临的形势是严峻的。首先，大陆桥开通，要开展国际运输，必须提高陇海—兰新铁路线的运能和沿线各上桥站点枢纽及港口的集疏运能力，新疆西部成为我国向西对外开放的前沿，交通运输也必须要有很大的发展才能适应对外交流的需要。其次，西部煤炭、石油外运是我国未来较长一段时间内的必然发展趋势，大量煤炭外运迫切要求增加运输能力。再次，西部是我国主要的原材料基地之一，这些物资要运往全国各地，必须要有系统完善的交通运输网络。最后，我国几乎所有南北向的主要交通干线都穿过陇海—兰新地带，南北、东西向交通在本地带大交会，因此需要规划好枢纽城市的交通组织工作。图13.19所示为陇海—兰新经济带城镇体系规划工作会议现场。

图13.19

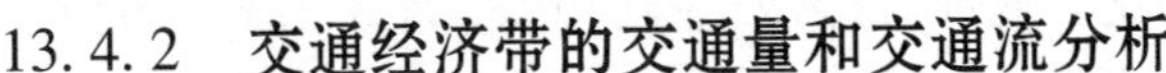

13.4.2　交通经济带的交通量和交通流分析

1. 交通量分析

交通量（包括客运量、货运量、旅客周转量、货物周转量）和交通流既是交通运输行为本身的结果，也是衡量评价交通发展程度的重要指标。因此，交通量和交通流的研究分析对交通运输网规划和发展有重要作用。

货流运输的特点，除山西省较高外，其他均表现为“东高西低”，即东部的江苏、山东、河南等省运量大，西部的青海、宁夏、新疆等省运量小。山西省是国家能源大省，因运煤量大而使货运量高。通过对货运量的分析可以看出，铁路在地带内交通运输结构中处于主导地位。在地带十省份中，铁路货运周转量占总货物周转量的比例在90%以上的有6个，在80%～90%之间的有3个，即使最低的江苏省也为64.33%，高于全国的平均水平（51.99%）。说明铁路在经济发展中的重要作用，是地带形成和发展的重要基础。公路货运周转量所占比例普遍偏低，多数省份在5%以下，只有青海、新疆因面积广、铁路网密度低，公路运输的比例才稍高一些，分别为11%和13%。

客流运输的特点是，在空间分布上表现为东、中部较高，西部较低，这主要是由于人口密度不同而造成的。从客运量上看，公路起着重要作用。公路客运量占总量的比例除山西省外均在80%左右，即使最低的山西省也占68%。铁路客运量占总量的比例大都在20%以下，唯有山西省在31%左右。但从客运周转量来看，铁路占总量的比例又大大提高，河南、甘肃在70%以上，山西、陕西在65%以上，山东、安徽、青海在50%左右，江苏、新疆在40%左右，宁夏为31%。说明铁路在中长途特别是长途旅客运输中起着主要作用，而公路主要是承担了短途旅客运输任务。

2. 货物到发量分析

通过对陇海—兰新地带十省铁路货物到发量的分析，发现有如下特点：各省货物到发量不平衡，东部的山东、江苏、安徽等省货物到达量均大于发送量，反映了东部加工工业较强的特点，主要是输入工业燃料和原材料，输出加工产品，而中西部的大部分省份是货物发送量大于到达量，尤以山西突出，新疆、宁夏次之，主要是因为它们以输出煤炭为主，另有石油和其他原材料等。经过对1971—1990年货物到发量的趋势分析发现，西北五省和山西省、河南省的货物到达量的增长率都低于发送量的增长率，而江苏、山东、安徽三省货物到达量的增长率都大于发送量的增长率。由此可以看出东西部由于产业结构的不同而引起货物输进、输出的差异。

3. 交通流分析

交通流有三种：区内流、区外流和通过流。

该地带1990年铁路货运交通总流量为471 560 kt，地带总到达量为245 191 kt，其中区内到达区内172 234 kt，区外到达区内73 103 kt，区内发送总量是226 369 kt，区内发到区外的总量是199 930 kt。说明货物总到达量和总发送量基本持平，到达量稍多一些。货物到达量以区内到区内为主，是区外到达区内的2倍多。而发送量却是以区内发到区外为主，是区内发到区内的6倍多。总体上看是该地带向全国发出货物量多，而接受全国运进本地带的货物量少，这种情况与地带工业结构密切相关，反映了本地带向全国输送煤炭、原材料等运量大的物资，而吸收全国各地运量较小的加工工业产品；到达量大于 1 000 万 t 的城市有徐州、太原、郑州、兰州、西安、洛阳、石臼所，其中郑州市区外货物到达量占总到达量的 47%，太原为 41%，西安、洛阳为 35%，徐州为 23%，而兰州、石臼所只有 10% 左右，说明郑州、太原、西安、洛阳等城市的吸引力不仅表现在地带内，对地带外也有较大的吸引力。而兰州、石臼所对地带外的吸引力很弱，主要是吸引地带内的货流。徐州介于这两类城市之间，以本地区为主，区外也有一定的货流量。

发送量大于 1 000 万 t 的城市有太原、长治、徐州、洛阳、宝丰、西安、郑州、银川、阜阳、兰州。其中徐州、太原、宝丰、长治发往区外的货物量占总发送量的 55% ~70%，主要是由于向区外的运煤量比较大。阜阳、郑州发往区外货物量的比重也很大，分别为 75% 和 66%，说明这两个城市辐射影响范围很广，涉及区外。其他城市（洛阳、西安、银川、兰州）货物以发往区内为主，尤其是银川、兰州更为突出，总发送量的 70% 多是发往本土地区内的。

综合以上分析可以看出，中东部的城市到、发量不仅局限在地带内，还有相当的量涉及地带外，具有联系的广泛性。而西部的城市到、发量主要发生在地带内，具有联系的单一性。到、发量都较大的城市有徐州、太原、郑州、西安、兰州、洛阳，这些城市（除太原外）都在陇海—兰新线上，是地带内的铁路枢纽城市。其中郑州、徐州的辐射吸引范围更扩大到地带以外，可以说是具有更大区际意义的铁路枢纽城市。

4. 陇海—兰新铁路运输能力及大陆桥运量预测

由于大陆桥运输与陇海—兰新铁路运输能力密切相关，因此要对陇海—兰新铁路的运输情况进行分析。陇海—兰新铁路目前各段的运输能力很不均衡，有的路段年运量可高达 6 800 万 t，有的路段则只有 1 100 万 t。预计 2000 年连云港至乌鲁木齐全线建成双线，运输能力为 4 000 万 t/年，电气化后可达 6 000 万 t/年。远期通过三线建设、其他支线建设和设备更新，全线运输能力可达 8 000 万 ~10 000 万t/年。

根据铁道部门的分析，认为第二条欧亚大陆桥的吸引范围是广阔的，运量是可观的，货物来源基础是有保证的。过境集装箱主要来源于日本、韩国、东南亚及西欧、北欧、东欧和独联体诸国。吸引货物的关键是优惠的政策、优质的服务、合理的运价和较短的运输时间等。第二条欧亚大陆桥的未来运量可参考第一条欧亚大陆桥的运输情况。西伯利亚大陆桥的过境集装箱运量最高可达 15 万标准箱/年，目前基本维持在 7 万标准箱/年。预测第二条欧亚大陆桥的过境集装箱运输情况如下：

1992 年试运行；1993—1995 年为 3 万 ~5 万标准箱/年；1996—2000 年为 6 万 ~10 万标准箱/年；2001—2010 年为 11 万 ~20 万标准箱/年。

过境国际集装箱列车，若每列编组 50 辆专用车皮，每辆车可装 2 个标准箱，若每两日对开一列，全年为 3.65 万标准箱，若每日对开一列，则全年可达 7.3 万标准箱，每日对开两列即可达 15 万标准箱/年。按每年 15 万标准箱计算，其运量只占陇海—兰新铁路运量的 1/40 ~ 1/30，因此大陆桥国际集装箱运输并不会给陇海—兰新铁路运输带来太大的影响。另外，西伯利亚大陆桥西行是重车方向，苏联在制定过境集装箱费率时，有意使西行运价比东行运价高出 20%，目的是吸引更多的东行箱流。我国陇海—兰新线恰好东行是重车方向，西行是轻车方向，与西伯利亚大陆桥形成互补，这样可以避免东行箱流占用第二欧亚大陆桥本来就十分紧张的上行能力，又在与第一欧亚大陆桥的竞争中找到了合作领域。

13.4.3　交通运输经济带对城市发展的影响

交通运输是保证城市实现各种职能的重要保障，对城市地区的区位、工商业的发展、社会组织及行政地位等方面都会产生影响。同时，城市发展与交通运输线路和设施也会互相产生干扰，造成城市发展离不开交通运输，交通枢纽设施又影响城市布局、分割城市的矛盾局面。因此，有必要研究交通枢纽城市的发展和交通运输与城市布局的关系。

1. 交通枢纽城市的发展

交通枢纽城市有的是铁路枢纽，有的是公路枢纽，有的是这两者结合而形成的枢纽，还有的是海运与铁路、公路形成的枢纽。就陇海—兰新地带来说，交通枢纽城市有以下 3 种情况。

1）大型交通枢纽城市

地带内连云港、徐州、郑州、西安、宝鸡、兰州、乌鲁木齐等市属这类城市。

这类城市大多是大城市，有四个以上方向的铁路线或公路线，有数个客货站，与全国交通运输网络有着密切的联系，并具有枢纽作用。连云港虽不是大城市，但它是陇海线的起点，大陆桥的东桥头堡，且有海港，是铁路、公路、海上运输的交会点，有可能成为多功能的国际海港城市。宝鸡也不是大城市，但陇海、宝成、宝中（在建）铁路在此交会，又有宝平等四条干线公路通过，是通往西南、西北的交通要地，因此，把这两个城市也列为大型交通枢纽城市。

2）已设市的新兴交通枢纽城市

在地带内，有些城市目前还不是交通枢纽城市，但随着今后铁路、公路的建设会逐步成为交通枢纽城市，相应的城市也会得到发展。有些城市将由小城市发展成为中大城市，并且会成为一定地域范围内的中心城市。这些城市有新沂、临沂、菏泽、阜阳、商丘、侯马、平凉、库尔勒等。

3）新兴的交通枢纽城市

随着地带经济的发展，交通条件的改善，一些镇成为建制市，从而形成了一批新兴的交通枢纽城市，这类枢纽城市大致有以下几种类型。

① 新兴的铁路枢纽城市。这类城市是由于铁路新线的建设而形成的，城市内至少有三个方向的铁路交会，地带内这类城市有平邑、兖州、符离集、宝丰、汤阴、介休、柳国、武山、中卫、干塘、平罗、哈尔盖、乌苏、子[illegible]、精河等。

② 新兴的公路、铁路枢纽城市。目前西北地区一些公路交通线的交叉点形成了一些镇，有了一定的经济基础。随着未来铁路线的修建，若通过这些交叉点，就会进一步

促进地区经济的发展，这些交叉点有的可成为新兴的枢纽城市，如固原、同心（宝中线过之）、武都（兰州—阳平关铁路经此）。

③ 新兴的公路枢纽城市。由于多条公路交叉，随着当地经济的发展，交通枢纽地位加强，这样形成的城市有奇台、托克逊。

2. 交通运输与城市布局的关系

因为陇海—兰新地带的许多城市都有铁路线经过，而且往往不止一条，所以城市布局受铁路站场的影响比较大。铁路经过城市，就有可能要设客货站场、编组站、疏解线等，需要占用较大量的城市用地，还会与公路、城市道路形成交叉，矛盾问题较多。通过对地带内 20 多个城市与铁路站场关系的分析，大致可归纳为以下几类。

① 串珠式。由于城市长条形布局，铁路线从中间穿过，形成了多个站场，如连云港、宝鸡、兰州等城市就是这种情况。这种布局需要注意铁路站场的合理分工，一般在主城设客站，货场和转站设在副城，尽量减少对主城的干扰。若铁路及站场由主城中心穿过，对城市干扰太大，应考虑将铁路站场从主城中心迁到边缘，未来城市建设应注意不要再跨铁路发展。

② 穿越式。一条或多条铁路从城市中心穿过，将城市分割为若干块，如郑州、日照、兖州、漯河、焦作、侯马等。这类城市一方面要加强铁路线路与城市道路的立交建设，同时要合理确定城市发展方向，尽量减少铁路分割造成的不便。

③ 边缘式。铁路线从城市边缘通过，这是城市与铁路比较理想的组合形式。如乌鲁木齐、开封、菏泽、临沂、新乡、阜阳等市。未来城市发展应注意不要跨越铁路线，铁路站场与市中心要有便捷的交通联系。

④ 环线式。铁路除穿越市区，还在城市外围形成环状网络，如西安市、徐州市。这类城市除要解决好铁路穿越城市的问题外，还要考虑城市发展方向与铁路环线建设的关系。徐州市铁路从城东穿过，铁路与市区道路之间修建了十座大立交工程，在北部由茅村至夹河寨形成环线，布局较为合理，是较好地处理了铁路枢纽与城市之间关系的典型。

13.4.4 地带内交通运输线路在全国所起的地位和作用

陇海—兰新地带位于我国的中部，从现有路网考察，地带内的铁路南部有八大通路，其中四路通七个海港口岸，它们是：

① 宁波、杭州、上海—徐州；

② 福州、厦门—鹰潭—合肥—商丘；

③ 深圳、广州—长沙—武汉—郑州；

④ 湛江—柳州—襄樊—洛阳；

⑤ 贵阳—重庆—宝鸡；

⑥ 昆明—成都—宝鸡；

⑦ 格尔木—西宁—兰州；

⑧ 库尔勒—乌鲁木齐。

陇海—兰新地带铁路北部有七大通路，其中有二路通三个海港口岸，它们是：

① 烟台、青岛—济南—兖州；

② 天津—兖州；

③ 北京—新乡；

④ 太原—月山—洛阳；

⑤ 二连浩特—集宁—大同—太原—孟塬；

⑥ 延安—西安；

⑦ 呼和浩特—银川—兰州—武威。

随着陇海—兰新铁路构成新大陆桥，南北十个通海港口点线相连，外联内接，形成国际运输大动脉的形势。陇海—兰新铁路和十五条干道形成的布局及今后将修建的一些新的铁路干线，将发挥整体系统功能，彻底改变我国铁路现有面貌。

此外，地带范围内的公路线是以平行于陇海—兰新铁路线的 310、312 国道为脊骨，北部有 17 条干线公路与其相连，向南则辐射出 22 条通路，204、327 国道在连云港，205 国道在新沂，104、206、311 国道在徐州，105 国道在商丘，106、220 国道在兰考，107 国道在郑州，207 国道在洛阳，209 国道在三门峡，108、210、211、312 国道在西安，109、212、213、309、316 国道在兰州，227 国道在张掖，215、313 国道在柳园、安西，216、314 国道在乌鲁木齐，217 国道在奎屯，218 国道在伊宁与 310、312 国道连接，组成了鱼刺形和井字形的公路网，共同担负着沿线地带内城镇间的客货运输任务，在全国公路网中具有重要的作用。图 13.20 所示为此项研究成果展现场照片。

图 13.20

13.5　东北经济区与中原经济区海陆通道流优化研究

13.5.1　研究背景

交通运输通道是黄河三角洲经济带开发的重要基础。研究东北经济区与中原经济区海陆通道对黄海、渤海区经济开发及促进全国统一市场发育和建设具有重要的战略意义和实践意义。

在东北经济区与中原经济区海陆通道流优化研究中，东营（现为山东日照市）区位优势明显，东临渤海，与日本、韩国隔海相望，北靠京津唐经济区，南连山东半岛经济区，向西辐射广大内陆地区，是环渤海经济区的重要节点，是山东半岛城市群的重要组成分，而且还处于连接中原经济区与东北经济区、京津唐经济区与胶东半岛经济区的枢纽位置。

为了发挥东营的枢纽作用，增进胶东半岛经济区与东北经济区的联系，1993 年，受山东营市政府委托，我们北方交通大学应用系统分析研究所承担了“东营与东北经济区海上通道系统研究”这个项目，由我带领十多位教师和研究生进行此课题研究。

13.5.2 研究内容

本项目的主要研究内容如下：

① 东营在胶东半岛的位置：东营处于连接中原经济区与东北经济区、京津唐经济区与胶东半岛经济区的枢纽位置；

② 胶东半岛与东北经济区的关联度，因为这两个经济区具有密切的联系和交流；

③ 东营建海港条件及集疏运分析；

④ 东营建深水海港的条件及集疏运条件；

⑤ 东营与大连间开行滚装船流量预测分析。

13.5.3 主要研究成果

本课题对建设东北经济区与中原经济区海陆通道进行了详细的论证，提出了必须建设两大区间的海陆通道的正确结论；经过充分研究，提出了建设东营港及港口后方铁路等交通通道建设的结论，评审会专家一致肯定这两点结论的科学性，同时还指出课题所用研究方法达到国内先进水平，值得推广。图 13.21 所示为评审会现场照片。

图 13.21

评审会专家建议国家、省等有关方面，在这项研究的基础上，继续做好后续工作。铁道部采纳了本项目的研究成果，开通了北京—临沂—日照的特快列车，图 13.22 所示为作者在特快列车开通仪式上的留影。

图 13.22

13.6　图们江经济开发区铁路网规划

13.6.1　项目背景

图们江经济开发区地处东北亚中、俄、朝三国交界处，东临日本海，与韩国、日本、蒙古等国家的联系具有地缘和经济优势，其丰富的自然资源、得天独厚的地理位置及周边国家之间经济上业已存在的良好互补性，使图们江经济开发区在全球贸易联系中独具特色，为实现区域工业化和现代化的经济腾飞提供了巨大的潜力，同时也为该地区成为世界性运输和物流中心提供了现实的可能。

作为 TREDA 大规模经济开发的先导，交通基础设施的投资建设与路网布局对促进东北亚国家间政治经济联系和贸易的发展、带动不发达地区的资源开发和经济起飞、改善区域投资环境，以及推动项目成员国产业结构调整和区域经济的合理布局，均具有十分重要的作用。因此，交通基础设施，特别是铁路运输网络，在整个图们江地区开发项目中具有举足轻重的战略地位。

在此背景下，1991 年年初，北方交通大学交通应用系统分析研究所承担的由国家科委下达的“图们江地区开发”项目的一个名为“图们江地区交通规划研究”子项目，我们在国家科委的领导下进行了图们江地区交通规划的编制与开发工作，经过一年多的努力，最终完成了这个项目。

13.6.2　研究内容

1. 图们江地区（TREDA）铁路运输网络的系统特性分析

图们江地区开发项目是 UNDD 的一个项目，这是个庞大的社会系统工程项目，由国家科委对外合作委员会下令研发。在图们江地区经济发展中，交通运输发挥着带动和支撑资源开发和经济开发的重要作用，铁路运输既是图们江经济开发区综合交通运输体系的一个有机组成部分，同时它本身又是一个完整的复杂系统，具有鲜明的系统特性。因此，理解 TREDA 铁路运输网络的系统性特征，是进行铁路运输网络规划的前提。

1）整体性特征

TREDA 铁路运输网络是一个统一的整体。铁路系统的各个构成要素只有有机结合、相互协调，才能更好地发挥系统的整体效能。因此，铁路系统规划应当从系统的协调入手，新建项目与既有设施改造相配合。一方面，要注意关键区段的新线建设，不断完善 TREDA 铁路运输网络；另一方面，又要考虑点线能力协调，提高运网的整体运输能力。

2）开放性特征

TREDA 铁路系统是一个开放系统。TREDA 铁路运网必须与联系项目各成员国经济腹地间的运输设施相互衔接，特别是铁路设施与图们江经济区港口群的配套建设是 TREDA 综合交通运输体系建设的关键。只有与外部环境联系方便的、开放的铁路运输系统才能为图们江经济开发区发展开放的、以外向型为主的经济系统提供必要和强有力的支撑，进而实现辐射腹地经济，带动东北亚经济腾飞的目标。TREDA 铁路系统的开放性表明多种运输方式交汇的大型运输枢纽及结合部的建设是 TREDA 铁路运输网络规划的重要内容。

3）层次性特征

图们江地区铁路网是一个具有特定结构的系统。在图们江经济区的开发过程中，铁路网的建设与完善，是该地区与区外运输联系的基础。图们江地区铁路系统按照其空间形式和功能可以分为三个层次：①洲际通道；②区际通道；③区内干线。

这三个层次，在空间上依次由远到近，由外到里；在时间上，由远期规划、中期规划到近期实施；在功能上，洲际通道承担国际过境货流，省际通道为本地区与区外联系的命脉，承担大部分国际货运任务，区内干线主要为港口群集疏运服务。

2. 图们江地区铁路网规划的战略设想

1）图们江地区铁路网的环境——东北亚铁路网

图们江地区位于东北亚的东部，与其相连的铁路主要有俄罗斯远东铁路、中国东北铁路网、朝鲜北部铁路和蒙古东部铁路。与图们江地区相连的东北铁路的基本骨架已比较完整，但许多支线的等级有待提高。

俄罗斯境内有两条干线横穿远东地区，一条始于瓦尼诺港，另一条始于东方港，纳霍德卡和海参崴组成的港口群。这两条干线均为电气化复线，条件较好。目前除运输俄罗斯远东的资源到国内其他地区和出口以外，还担负亚欧陆桥的功能，但其陆路距离较长。

中国东北地区铁路网是国内密度最高的。其中有一条“T”形主干线，东西向为大庆—哈尔滨—牡丹江，南北向为哈尔滨—长春—四平—沈阳—山海关，均为复线，通过能力很大，但已基本饱和。其他线路多为单线，蒸汽机车牵引。

朝鲜北部地区有一沿中朝和俄朝边境的环形铁路，该铁路多位于山区，路况较差，且目前运量不大。该环形铁路与罗津港和清津港相连。

蒙古东部有两条铁路，一条途经乌兰巴托，并在二连浩特与中国铁路网相通，在乌兰乌德与俄罗斯西伯利亚铁路相连，是蒙古一条可通过中国或俄罗斯铁路到达海港的通道。另一条由乔巴山通到俄斯路网的博尔贾。

需要指出的是，东北亚铁路网中存在两种轨距，一种是宽轨——1 520 mm，俄罗斯和蒙古采用；另一种为标准轨——1 432 mm，中国和朝鲜采用。因此，图们江地区铁路网规划需要考虑两种不同轨距铁路系统的连接和融合问题。

2）图们江地区铁路网洲际运输通道

鉴于图们江地区得天独厚的地理位置，一条始于该地区的新亚欧大陆桥正在筹划中。它东起俄罗斯的扎鲁比诺新港，途经中国珲春、图们、延吉、吉林、长春、大庆、白城、乌兰浩特、阿尔山，然后与蒙古铁路接轨，经乔巴山，向北在博尔贾与俄罗斯的西伯利亚铁路连通，由赤塔往西为既有的西伯利亚干线，该陆桥尚未全部连通，其中图们至扎鲁比诺约166 km的铁路正在施工，关于乔巴山至阿尔山约470 km的铁路建设正处于商议阶段，其余部分均已通车。

该陆桥比现有的三条亚欧陆桥具有明显的优势。首先，同西伯利亚陆桥相比，前者约近1 700 km，运输时间将大为减少，且途经诸多大城市，而不是寒冷人稀的俄罗斯远东地区，与沿线经济的相互促进较为明显；其次，与始于中国的天津港，经中国大同、蒙古的乌兰巴托进入俄罗斯，再同西伯利亚干线相连的另一条陆桥相比，前者运输尚有潜力，且目前现有线路的能力有剩余，只要部分线路加以改造，整条线路的能力还可以有较大提高，能够承担国际货流，而后者在中国境内的线路仅用于运输大同煤炭至天津港的列车已占用大部分线路能力，承担大批量国际货流十分困难；最后，与始于中国连云港，经郑州、西安、乌鲁木齐、在阿拉山口与哈萨克斯坦铁路接轨，穿越该国并与俄罗斯铁路相连的陆桥相比，后者途经国家多，且中国境内的陇海、兰新线能力已饱和，要增加大量国际通过货流，须沿线路进行全面改造，费用高，时间长。

综上所述，开发始于小三角的新欧亚陆桥具有广阔发展前景。它不仅可以作为一条横跨欧亚大陆的运输通道，而且对图们江地区的发展和沿线的经济振兴将起到积极的推动作用。

3）图们江地区区际铁路通道

图们江地区铁路网最重要的功能就是确保该地区与区外的运输联系。由于该地区未来将成为一个外向型经济区，产品以出口为主，因此区际运输十分重要。该地区将形成通往俄罗斯远东地区、中国关内地区、朝鲜南部地区、蒙古东部地区和图们江地区港口群五大铁路运输通道。

（1）通往俄罗斯远东

现在从中国的图们有两条路线可以到达俄罗斯远东地区，一条是图们—牡丹江—绥芬河—乌苏里斯克（俄），然后接西伯利亚铁路。从图们到乌苏里斯克约600 km，单线，半自动闭塞。在中国的绥芬河有一换装站，目前能力小于实际货流量，经常积压大量重车。另一条是图们—吉林—长春—哈尔滨—大庆—昂昂溪—满洲里—博尔贾（俄），后接西伯利亚铁路，该路线中，仅长春至大庆间为复线，其余为单线。长春—大庆间线路运输已接近饱和。满洲里有一换装站，其紧张程度与绥芬河相似。由图们至博尔贾约 1 600 km。

由于上述两条现有通路能力较为紧张，随着图们江地区的开发，铁路运量也将大幅度上升，因此寻找和开辟由图们江地区通往俄罗斯远东地区新通道势在必行。根据中俄协议，由图们到俄罗斯的卡梅绍娃亚的铁路线正在修建中，该线路为宽准轨并行，预计 1994 年贯通。由图们到卡梅绍娃亚的混合轨建成后，将用宽轨把卡梅绍娃亚与克拉斯基诺连接起来，这样一条由图们到俄罗斯远东地区的新通道就产生了：图们—珲春—长岭子—克拉斯基诺—乌苏里斯克，长约 320 km。

自朝鲜到俄罗斯远东地区，已有一条线路：清津—罗津—雄基—豆满江—哈桑—克拉斯基诺—乌苏里斯克，接西伯利亚干线。由清津到乌苏里斯克长约 420 km，单线，其中清津至豆满江为混合轨，在哈桑和豆满江各有一个换装站——朝鲜清津，罗津和雄基港的俄罗斯列车可直接进入朝鲜海港，若要驶入朝鲜腹地则需在换装站换装。在朝鲜混合轨沿线装车开往俄罗斯的列车可直接沿宽轨线路驶入俄国境内，不需换装，而来自朝鲜南部运往俄罗斯的货物则需换装。

俄罗斯的远东地区自然资源丰富，有大面积的原始森林，木材储量可观，另外还有丰富的铁、锌、铜等矿产资源。为了使图们江经济开发区能够获得充足的原料供应，应加强与俄罗斯远东地区的铁路联系。具体措施包括连接图们和克拉斯基诺，乌苏里斯克至哈桑的线路复线化，将豆满江至清津铁路电气化。

（2）通往中国关内地区

大三角铁路网位于中国东北铁路网的东部，从图们到山海关现有两条线路，一条是图们—吉林—梅河口—沈阳—山海关，全长 1 033 km。图们至梅河口段为单线，半自动闭塞，1992 年货运密度为 1 500 万 ~3 200 万 t・km/km。沈阳至山海关为复线，400 km 长，年货运密度高达 1. 7 亿 ~2. 0 亿 t・km/km。另一条是图们—吉林—长春—四平—沈阳—山海关，全长 1 040 km。仅吉林—长春—四平—沈阳段与前一条不同。吉林至长春为限制区段，长 128 km，单线，年货运密度约 3 600 万 t・km/km。

另外还有两条路可以经北京通往关内。一条是图们—吉林—长春—大安北—通辽—赤峰—北京，全长 1 608 km，均为单线，半自动闭塞。另一条是图们—吉林—梅河口—四平—通辽—赤峰—北京，全长 1 566 km，单线。

为满足图们江地区未来经济发展的需要，以上这四条线路都需要进行部分地区的改造。降坡、用内燃机车替代蒸汽机车、修建复线是提高上述线路通过能力的主要途径。

（3）通往朝鲜南部地区

目前，在大三角中从中国到朝鲜仅有一条通道，即由图们到朝鲜南阳，然后分为两条线路通往清津，一条是南阳—豆满江—罗津—清津，全长约 266 km；另一条是南阳—三峰里—会宁—清津，全长约 150 km。上述两条线路中仅 34 km 为复线，且线路位于山区，坡度大。现有运量不大。

在中国的开山屯与朝鲜的三峰里相距约 1 km，没有铁路。图们江在此经过，中朝双方正在筹划建一条铁路桥，将两国铁路在此相连。这样，经开山屯、三峰里到清津比从南阳到清津约 40 km。

俄罗斯与朝鲜在哈桑和豆满江以宽轨相连，宽轨一直深到朝鲜境内 134 km，延伸至清津。该线路目前年过境运量约为 430 万 t。

（4）通往蒙古东部地区

蒙古是一个内陆国家，位于图们江地区的西边。其支柱产业是畜牧业，矿产资源也比较丰富。最近，蒙古在乔巴山附近开辟了一个自由经济区。

目前有两条线路可以从图们江地区到达蒙古，分别是俄罗斯巷口—乌苏里斯克—哈巴罗夫斯克—赤塔—乌兰乌德—乌兰巴托（蒙），和俄罗斯巷口—乌苏里斯克—哈巴罗夫斯克—博尔贾—乔巴山（蒙）。这两条线路都较长，沿中俄边境绕行至蒙古。

一条始于图们江地区横穿中国东北地区并与蒙古相连的新路线正在规划中，它就是图们—延吉—吉林—长春—大庆—阿尔山—乔巴山。除阿尔山至乔巴山间 470 km 外，其余区段已连通。该线路使蒙古到海港的距离比绕行西伯利亚铁路要近了 1 000 多 km，是一条较为理想的连接蒙古与图们江经济开发区的通道。

（5）通往图们江地区港口群

图们江地区的港口群是海陆交通线的交会处，因此可以把通往港口群的铁路线看作连接陆地与海上航线的通道。

图们江地区港口群主要包括俄罗斯的东方港、纳霍德卡、海参崴、扎鲁比诺、波谢特，朝鲜的雄基、罗津和清津。通往俄罗斯东方港，纳霍德卡和海参崴的铁路为复线。通往扎鲁比诺和波谢特的铁路为单线。连接雄基、罗津和清津的铁路为混合轨。中国在该地区没有海港，中、俄、朝三国都将有铁路直接通到海港与海上运输相连接。

4）图们江地区区内铁路干线网

图们江地区区内的铁路干线把沿海港口群与区间铁路通道连接起来，发挥着纽带的作用。

目前与港口相连的铁路网主要在朝鲜和俄罗斯境内。其中朝鲜境内铁路线呈“△”形，南阳位于顶点，清津位于左下角，豆满江位于右下角，在清津和豆满江之间的“底边”上，还有罗津和雄基港。俄罗斯境内铁路线呈“人”字形，由乌苏里斯克至波谢特和扎鲁比诺港的线路构成“人”字的“撇”，末端为哈桑。从乌苏里斯克到海参崴、纳霍德卡和东方港的铁路构成“人”字的“捺”。“△”形与“人”字形铁路网在豆满江、哈桑接轨。

现在正在修建一条从中国的图们，经珲春到达俄罗斯的卡梅绍娃亚的混合轨铁路。根据中俄协议，该铁路还将进一步延伸，宽轨与克拉斯基诺接通，准轨直接通到扎鲁比诺港。这样一来，图们江地区的铁路干线网就将基本形成，其核心是以图们、罗津和扎鲁比诺为顶点的三角形铁路干线，地处图们江经济开发区中心，以扎鲁比诺和罗津港为两个海上出口，图们为陆路联系枢纽，形成多方辐射、内部贯通的小三角铁路网骨架。以此为核心，向朝鲜延伸至清津，向中国延伸至延吉，向俄罗斯延伸到乌苏里斯克，形成放射状区际联系通道。

13.6.3　研究成果

图们江经济开发区的开发建设必须以铁路网的改造和完善为前提。交通运输应作为该地区经济建设的先导。

该地区的铁路网骨架已基本形成，但存在大量需要技术改造的区段。作为新欧亚陆桥的桥头堡，图们江地区将成为未来国际交通枢纽。广泛而便利的区际运输通道将有利于该地区发展成一个集商贸和高科技于一体的外向型经济中心。通过本项目的研究，取得以下成果：

① 提出了图们江地区客货运输量的预测方案；

② 提出了图们江地区交通流分配方案；

③ 提出了图们江地区交通网的规划（包括铁路、公路、水运、航空等）；

④ 提出了图们江地区交通枢纽的建设规划方案。

这一个项目是由联合国开发署下达的国际合作项目，我们对图们江地区的交通网规划项目研究取得的一系列成果达到了联合国开发署总部的要求，同时也完成了国家科委下达的研究任务。为此，研究成果得到国家科委的表扬，并受到当时国家科委主任宋健的接见和鼓励。

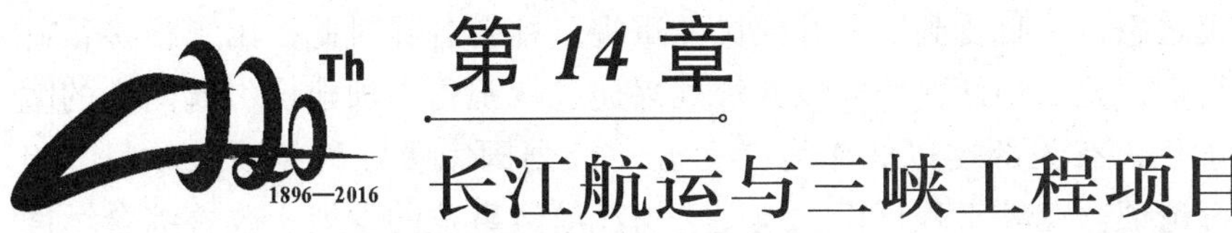

第 14 章 长江航运与三峡工程项目

14.1 三峡工程航运效益分析

三峡工程航运效益分析项目，是交通部三峡办下达的一个子项目。国家建设三峡工程的主要目的有 4 个，以防洪为主，同时还要解决灌溉、发电和航运问题。因此，三峡工程产生的是综合效益，必须用系统工程理论进行分析，而不是分别计算单一的部门效益。我们所做的三峡工程航运效益分析是在防洪、灌溉和发电基础上进行的，所以本研究提出的三峡航运效益分析的研究基础，对当时确定三峡大坝的坝高起了重要参考作用。

本项目分析了国家建设三峡工程需解决的 4 个问题，通过系统分析理论与方法，综合评价了三峡工程的效益。研究表明：三峡工程的建成，将大大完善长江上游的航道条件和水流状况，使原来坡陡流急、水浅面窄的川江航道变成水深面宽、坡平流缓的库区航道；扩大航道通过能力，降低燃油消耗，提高航行的安全度，改进船队形式，大大降低航运成本；同时，我们还对三峡修建 175 m 大坝的坝高进行了分析与论证。

需要指出的是，三峡的航运效益基于防洪、灌溉和发电。

该项研究成果获得交通部三峡工程领导小组和指挥部优秀成果奖。

14.1.1 研究背景

长江流域内气候适宜，物产丰富，工农业总产值约占全国的 40%，在我国经济建设中占有十分重要的地位。但是，长江流域的水旱灾害分布很广，尤以中下游平原地区洪涝灾害最为严重。从清代以来，水灾更趋频繁。1860 年、1870 年两次特大洪水，长江中下游平原损失惨重。1931 年、1935 年两次大洪水，分别淹地 5 090 万亩和2 246 万亩，直接淹死人口分别为 14.55 万人和 14.2 万人。1954 年大洪水，虽然经过广大军民大力防守、抢救，采取分洪措施，仍淹地 4 755 万亩，死亡 3.3 万人，京广铁路 100 天不能正常运行。历史上，每次灾害，都给流域内人民的生命财产带来巨大的损失，对国家经济造成很大影响。

如何解决长江中下游特别是荆江河段的防洪问题，解除长江中下游两岸人民乃至国家、民族的心腹之患，一直受到国家和人民的重视。社会各界对此提出了很多很好的意见和建议。其中，尤以长江西陵峡三斗坪处兴建三峡工程大坝建议引起国人的瞩目。为使决策科学化，有关部委以此作为“七五”计划国家重点科技攻关项目，组织各方面专家进行论证。三峡工程可极大地促进川江航运事业的发展，改善综合运网运输状况，推动三峡经济覆盖区内社会经济的发展。

本课题是“三峡工程综合效益评价”专题中的一个子课题。目的是通过计算，获得三峡工程给航运事业及通过航运事业所带来的社会效益。三峡工程可极大地促进川江航运事业的发展，改善综合运网运输状况，推动三峡经济覆盖区内社会经济的发展。因此，三峡工程的航运效益是巨大的。为了正确认识这一效益，开展本课题的研究是很有必要的。

本课题的目标如下：

① 探索超大型水利工程航运效益在综合运输网中国民经济评价的理论与方法体系；

② 初步建立三峡工程在综合运输网中航运效益评价的决策支持系统；

③ 提出三峡工程在 1996 年开工情况下，150 m、160 m、170 m、175 m 和 180 m 水位方案的航运效益评价结果。

14.1.2 研究内容

1. 超大型水利工程效益评价方法的确定

三峡工程投资之大，影响及受益领域和地域之广，影响及受益时间之长世所罕见，使得一般评价方法不能完全适用。因此，评价方法体系的确定成为本课题的主要内容之一。

2. 三峡工程与综合运输网相互关系分析

三峡工程对于运输系统的影响远远超出对于三峡航段的影响，也不仅仅限于建坝后的影响。它对于本区段及中下游某些区段航运改造方案的决策、投资，各阶段船型选择和船队构成及航运通过能力都将产生很大影响，进而影响到长江航运的成本、效益和运价，影响到它在区域综合运输网中的地位和所吸引的运量，最终影响到与长江相关的综合运输网的建设。因此，在评价中必须考虑航运在综合运输网中的航运效益分析。三峡工程评价方法的设定要涉及一个相当长时间段内长江及其相关综合运输网的建设方案的选定及设定方案下运量的合理分配。其中，相关区域边界和相关运输网边界的确定、三峡区段运输需求分析和长江及运网最可能方案预估均是需要解决的难点。

3. 费用及效益测算

三峡工程本身耗资巨大，建设周期长，同时具有综合效益，又因为与其他相关航运及综合运网项目相关联，所以航运系统的效益和费用将是复杂和难以区分的，所要解决的首要问题是费用和效益时间、地域和性质功能上的划分；其次是费用和效益的具体测算。费用测算主要解决三峡工程航运分摊费用和三峡工程断航、碍航损失费。效益测算中需解决航运的社会效益。

4. 建立决策支持系统

三峡工程是一项复杂的系统工程，很多因素及相关系统环境具有不确定性，另外还有很多问题探讨得不尽透彻，通过一次攻关不能全部解决。因此，本决策评价结果不能视为唯一性的结果，仅作为供领导决策的参考资料。

评价过程主要由 4 大部分组成：

① 三峡区段运输需求分析；

② 费用划分与测算；

③ 航运条件；

④ 国民经济净效益。

14.1.3　研究方法

三峡工程航运效益分析中所应用的研究方法介绍如下。

1. 运输网络系统分析方法

采用运输网络系统分析及货流合理分配的方法与模型体系，目的在于求出三峡区段未来运输需求序列。

采用运输网络系统分析的理论与方法，建立以下方法体系，如图 14.1 所示。

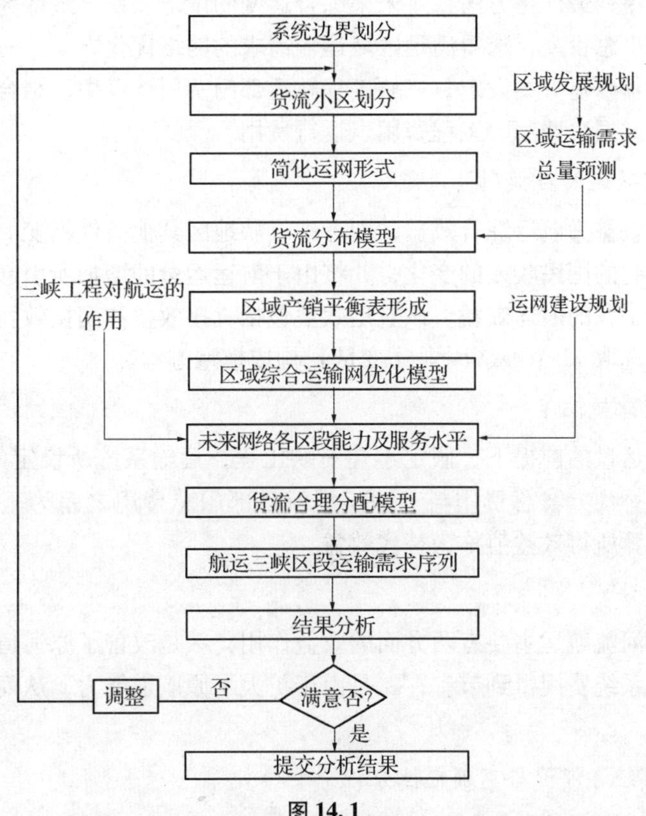

图 14.1

由图 14.1 可知，运输需求的网络分析方法有以下主要内容。

三峡工程影响延续时间长，影响地域广，但为了系统分析，必须划定一个适当的地理边界，而且还要划定相应的区域综合运输网边界。该工程承担的货流主要是进出西南地区的物资，以滇、黔、川三省及湘、鄂部分沿江地区为主要覆盖区。其中，货运小区划分及简化运输网的形成是将产、销区划分成若干片，每片中以一个质心代表小区的货运特性，并设这一点为小区内全部货流的收发点。小区划分是为了满足网络系统分析中货流分布和简化实际运网的需要。

根据西南地区区内资源、产业布局、行政区划、交通网分布特点及主要城镇和交通枢纽分布特点，将覆盖区分成 11 个货运小区。每一个小区选一个核心的城镇或交通中心，作为代表该小区的经济核心和运输网络节点。

西南地区交通网以长江干流上游航段及若干条南北向和东西向铁路为骨干，另外还有公路和水运支流及航空线。根据西南地区运网布局，考虑运网目前及未来各线路与长江干流的关联强度，南北方向以阳贵线、汉渝线、湘黔线为界，东西方向以宝成线、成昆线、京广线为区域运网边界，这样区域内包含了主要相关线路，并以广元、昆明、武汉、株洲等为代表性的边界点，形成一个合理可行的综合运网。

对于三峡区域运输网分析，根据产销区域不同的经济特点，分别建立不同发点和收点的运量分布模型。

采用多目标序列最优化方法，对未来综合运网的设定以系统最优为目标，即以国家对于运输系统最小总投入，求得满足区域运输需求的网络优化方案。三峡工程航运的评价，按照三峡工程修建方案设定。三峡工程航运部门费用计算中，结合总费用使用性质划分为分摊费用、损失费用、工程费用、运行费用。

2. 三峡工程航运效益模型

此处所指的效益为航运综合效益，即考虑三峡地区其他条件不变。仅当运输周转量发生变化时所引起的国民收入的变化，并将由于航运运量的增加所引起的地区国民收入的增量视为三峡工程的航运效益。该航运效益包括直接效益和间接效益，统称为综合效益。经过分析，选取 11 个经济因素（变量）构成模型方程。

3. 替代方案比较法

在完成相同运量的前提下，假定不建三峡工程，运输系统所设定的最优改造方案，称为替代方案。替代方案总费用与三峡工程航运部门总费用之差为三峡工程航运净效益，由该方法计算所得效益值称为替代效益。

4. 增加收益法

水利工程对河流航运主要有两方面的效益作用，一是改善了原河道能力内的通航条件，使原航道的系统费用得到节省；二是由于扩大了原航道能力，从而增加运量所带来的新增收益。

5. 航运效益经济评价与不确定性分析

航运效益的不确定性分析包括敏感性分析和风险分析。敏感性分析是考察各参数的较小变化所引起的航运效益的变化，以确定出各参数对航运效益的敏感程度。风险分析则是通过对风险的辨识、估计和评价，以考察各因素发生一定变化的概率及对航运效益的影响，从而确定出航运效益的概率分布。敏感性分析从内在关系上反映了航运效益的风险和各个参数的相对重要性，并为进一步深入的风险分析奠定基础。

在航运效益的风险分析中，首先应辨识影响航运效益的风险因素，然后再对各因素进行风险概率估算，最后再计算航运效益的概率分布。航运效益风险因素主要有运量预测序列、船闸和航道通航保证率（特别是施工期中的通航保证率）、单位营运费用、影子运价等。对于各风险因素概率分布的估算，可根据统计调查结果，结合专家咨询法，采用某种理论分布模型计算，或完全采用估测模型，或采用蒙特卡罗计算机随机模拟方法得出各风险因素的概率分布。根据各风险因素的概率组合，可以计算出航运效益的概率分布。简单的做法可采用 Beta 分布对航运效益进行风险评估。

14.1.4 主要研究成果

1. 提出政策建议

三峡工程建成前，航道始终为原河道，由于原有河道年通过能力只有 1 000 万 t，而根据运量预测，1996 年运量发展即将超过 1 000 万 t，并将于 2008 年三峡工程围堰蓄水年之前，年运量达到 2 000 万 t。为适应长江上游的航运需求，必须在 2008 年以前保持对原河道的航道整治与港口建设投资，扩大航运能力至 2 000 万 t。这样，三峡工程建成后的新增航道通过能力就只有 3 000 万 t，按增加收益方法，三峡工程航运效益应为最终达3 000万 t 新增运量效益加相对于原河道2 000万 t 运量的费用节省，此为直接效益。

根据总课题的要求，本子课题不进行航运部门的国民经济评价，故在计算三峡工程航运费用时未包括大坝分摊费用。由于船闸运行费归入大坝运行管理费用之中，在此也未予考虑。由于将港口视为非营利保障机构，其运行费用和收益抵消，故在效益和费用计算中均未考虑。减航损失费用在风险分析中进行计算。

计算结果包括三峡工程各水位方案、替代方案和原航道 2 000 万 t 运量费用、由三种航运效益计算法所给出的直接效益、综合效益、替代效益，不同水位方案的直接净效益等。

通过上述分析，得到三峡工程的主要结论：

① 三峡工程对航运而言有利有弊，但利大于弊；

② 三峡工程航运效益的发挥时间较长，三峡工程上马时机与航运效益密切相关，早上马则航运效益大，晚上马则航运效益小；

③ 对航运效益而言，三峡工程高坝方案优于低坝方案；

④ 三峡工程航运效益的发挥与未来运输需求发展的关系很大。因此，由于未来运输需求发展的不确定性及三峡工程航运配套设施投资的庞大，三峡工程航运效益的实现具有一定的风险性，但一般不会出现负效益。

2. 建立了航运效益分析决策支持系统

该项目研究开发了航运效益分析决策支持系统。三峡工程航运效益分析决策支持系统（HYXYDSS）是在“七五”计划期间攻关项目“三峡工程在综合运网中的航运效益分析”研究的基础上开发的，系统采用功能结构法设计，功能明确，结构清晰，维护性强，易于进行系统扩充，同时还提供了极为友好的用户界面、彩色图形及汉字提示，使不懂计算机的决策者亦可方便地进行操作。

HYXYDSS 可为决策者提供如下决策支持。

① 用彩色图形或表格的形式屏幕显示或打印出三峡区域综合运网运量合理分配结果（包括三峡航运区段各年度通过大坝运量），允许决策者对综合运网的某些参数进行修改（用本系统提供的屏幕界面进行修改，或用数据文件进行修改），以得到不同情况下的结果。

② 按影子价格计算不同水位方案（150 m、160 m、170 m、175 m、180 m）的航运费用，包括大坝分摊费用、航道整治费用、航道维管费用、港口投资费用、船舶营运费用、减航损失费用及费用合计。用彩图形式、表格形式屏幕显示或打印输出计算结果。

③ 计算三峡工程建成后的航运综合效益，用彩色图形或表格形式屏幕显示或打印输出计算结果。

④ 对不同方案的航运效益进行经济评价，屏幕显示或打印输出给定社会贴现率时的经济净现值。

⑤ 屏幕显示或打印输出不同水位方案的航运经济现金流量表，用彩色图形显示现金流入、现金流出及净值。

14.1.5 研究成效

这些研究的成果，都被国家有关部门采纳。其中与三峡相关的两项研究对后来三峡工程的上马决策起到了重要作用。

14.2 长江干流航运综合交通发展战略研究

长江干流航运综合交通发展战略研究项目是交通运输部和长江航运管理局共同下达的科研项目。长江是我国最大的河流，全长 6 300 km，流域面积 180 万 km^2，约占全国陆地总面积的 19%，养育着全国 1/3 的人口。长江流域的水资源十分丰富，总储存量约占全国的 1/3，水力资源可开发量约占全国的 53%，内河航运里程约占全国的 70%。本项目系统分析了长江航运在我国经济建设中的重要地位，通过对流域宏观经济系统发展、产业布局和城镇发展的研究，提出了应从区域综合运输网大系统上来认识长江航运的地位与作用的观点；预测了长江航运的运输需求，并提出从长江航运大系统上来确定长江未来的系统综合能力。最后，建立了基于系统的综合航运能力模型，构建了可分析长江航运发展内部、外部战略的系统动力学模型，可为各级决策者提供参考。该项目成果已被长江航运局采纳。

14.2.1 研究背景

长江是我国第一大江。长江水系现有航道 7 万余公里，干流横贯东西，支流众多。主要支流分布于干流南北，对称发育，形成我国最大的内河航道网，沟通长江流域内的重庆、武汉、上海三大经济区，并为这三个区域连接东南沿海发达地区和对外开放提供了一条重要的大通道。长江流域资源丰富，经济发达，工农业总产值占全国的 40% 左右。长江水量丰富，航运条件优良，借长江舟楫之便，水利之利，沿江地带将逐步形成我国最大的产业密集带。因此，认识长江，充分开发利用长江航运对于联系东西、带动南北、开发大西南、实现我国东靠西移的经济发展战略具有重大的战略意义。

长江自然条件好，运能大，发展航运投资少，用地节省，运输费用低，耗能少，效益高。因此，长江航运自古以来就是流域经济发展的一大优越条件。但是，由于种种原因，长江并没有得到充分的开发利用。长江航运基本上还处于天然状态，设备老旧，成本高，效益低，缺乏对用户的吸引力，没有发挥出自己潜在的优势及其巨大的综合利用效益。因此，可以说，长江是一个丰富的金矿，有待于我们去认识、开发和利用，使它成为名副其实的黄金水道。

党的十一届三中全会以来，随着改革开放的深化及长江流域经济的发展，运输需求不断增长。在我国经济东靠西移发展战略的推动下，长江航运的价值及其潜在的巨大开发效益正在被越来越多的有识之士所认识。随着长江航运的发展开始走出低谷，踏上了开发之路，诸多方面的专家、学者为此著书立说，献计献策，做了大量有益的工作。但是，长江航运发展是一个复杂的系统问题，必须以国家经济发展大系统的观点来深刻认识长江的价值，探讨它未来的地位、运输需求及长江航运发展的战略目标、任务、水平和对策。

基于上述情况，我接受长江航务管理局下达的“长江干流航运发展战略研究”课题，带领学生对长江水域进行考察，并建模型对外进行分析（见图 14.2、图 14.3）并于 1991 年 10 月完成该课题最后报告。课题的研究宗旨是：应用交通运输分析的理论与方法，从国民经济、综合运网大系统上认识长江航运，把握其未来需求，并把研究范围集中于长江干流系统，为未来的宏观决策提供一个有价值的政策实验室，供决策者和咨询人员长期使用。同时，本次干流模型系统的开发也为下一步整个长江水系发展战略模型的研制打下坚实的基础。

图 14.2

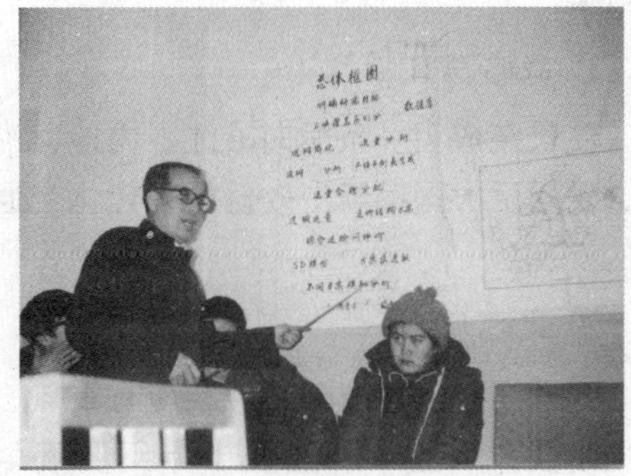

图 14.3

14.2.2　研究内容

根据长江航运发展现状及未来需要解决的重点问题，本项研究着重探讨以下几个宏观战略层次的问题。

1. 航运对国民经济的影响

探讨航运与国民经济之间的相互作用机制，以此为出发点提出区域运输需求分析，以及航运对国民经济的影响程度分析，探讨航运的国民经济效益与航运短缺对国民经济的制约。

2. 区域综合运网分析

进行区域综合运网分析，定性、定量地分析运输方式合理分工及运输需求的合理分配，从综合运网大系统上认识航运的地位，求得航运的运输需求发展的序列关系。

3. 航运系统综合能力分析

以长江航运供需均衡为目标，分析航运系统综合能力构成及能力发展动力机制，提出导向航运内部协调发展的能力规模与合理布局，并提出相应的投资需求和投入导向。

4. 提高长江航运竞争的战略决策

分析长江航运魅力构成及影响因素，提出提高长江航运竞争力的战略对策。

5. 长江干流航运发展战略研究模型体系

综合以上定量分析，建立长江干流航运发展战略研究模型体系，作为战略实验室，对各种战略集进行实验，并为未来决策咨询和为长江水系航运发展战略研究提供有益的依据和基础。

6. 长江干流航运发展战略组织

通过模型模拟进行战略实验，提出长江干流航运发展战略，为各级决策者提供科学依据。

14.2.3 主要研究成果

通过研究，得到长江干流航运发展战略，主要包括战略总目标、战略步骤及重点战略对策。

1. 战略总目标

使长江成为一条面向沿江、内地、沿海、国际四大市场的低成本、大运量、服务优良、发挥巨大国民经济效益的现代化交通运输大通道，适应并促进国家 T 形经济发展战略的实现。

2. 战略步骤

为了实现上述战略目标，应有重点、分步骤地进行航运建设。本次研究将战略分为两个阶段:“八五”计划及十年纲要规划期间(1991—2000 年）为近中期，2001 年到 2030 年为远期。各阶段发展战略如下。

1）近中期（1991—2000 年）

这是我国国民经济建设关键的十年，也是长江航运发展关键的十年。在这十年中，长江航运建设的核心目标是通过各种战略对策提高航运吸引力，扩大航运需求，把航运发展推向良性循环，有重点地扩大航运综合能力，适应经济建设的需要。应重点完成以下具体战略任务：

① 加大投入，进一步深化各界对于长江航运的认识，强化中央、地方对于长江航运资金、政策方面的投入，加大外部推动力，使长江航运彻底走出低谷；

② 完善航运体制改革；

③ 建立健全水资源综合利用及航运管理各项法规；

④ 引导运输适度竞争；

⑤ 有重点地提高长江航运的综合能力，根据运输需求规模、分布及货种结构，有重点地进行投资，提高长江航运综合能力，引导航运能力协调发展，使长江航运 2000 年综合能力达到 3. 0 亿 t，运输货物 2. 5 亿 t，周转量 1 450 亿 t · km；

⑥ 增强航运吸引力，扩大航运需求。

2）远期（2000—2030 年）

在前阶段航运发展的基础上，使航运向现代化水平发展，把长江建成一条真正的黄金水道。这一阶段的战略任务主要包括：

① 扩大航运综合运输能力，在运输良性发展的基础上，根据运输需求增长的要求，不断扩大航运综合运输能力，在 2030 年使运输量达到约 10 亿 t，周转量 6 000 亿 t · km；

② 继续进行以水资源综合利用为中心的支流开发，吸引沿干流、支流建厂，进行航道渠化，使长江水系逐步成为高水平的现代化水运网；

③ 实现航运现代化，在现代各种运输方式加快技术进步进程的形势下，航运要不断引进新技术；在运量规模不断扩大的基础上，不断扩大专业化运输，保证航运安全、可靠，加强航运生命力，使航运由一种古老的运输手段转变成一种现代运输手段；

④ 实现运输组织现代化，在技术设备现代化的基础上，实现运输组织管理现代化：包括集装化、运输班轮化、专业化，以提高航运准时性、安全性、快速性，提高航运竞争力。

3. 重点战略对策

长江航运需求不旺的原因之一是支流航运萎缩。因此，长江航运规划要把干、支流作为一个大系统，进行系统规划，合理投资，尤其在目前阶段，应将相当比例的投资和精力用于支流开发，使长江航运真正成网，提高干支直达、支支直达比例，降低换装率，使水运直达性、方便性、经济性不断提高，使长江货源源远流长。

长江干流发展战略包括外部战略与内部战略。

1）外部战略

航运发展外部动力是航运发展的推动力。尤其在多年来航运投入欠账多、目前水平低的状况下，需要足够的外部动力才能推动航运走上良性循环之路。外部战略一是资金方面的硬投入，二是政策方面的软投入。

2）内部战略

内部战略包括：①以科技兴航运；②抓管理，抓效益；③提高长江 12 条干流运输活动。

14. 2. 4 研究成效

本项目是在长江航务管理局的领导下，由北方交通大学应用系统分析研究所和长江航运规划设计院合作完成。

1996 年，我作为北方交通大学应用系统分析研究所的负责人，承担国家科委委托的三峡工程与航运能力协调和三峡覆盖区综合交通运输网布局的研究。在这项研究中，运用复杂大系统、多目标决策、模拟与模型等理论完成了三峡工程坝高、坝址选择，被交通部三峡办采纳，推动了三峡工程的上马。

1. 专家评审意见

专家组评审意见如下。

① 在课题研究中，把三峡工程航运放在区域综合运输网上进行分析，并把系统动力学理论用到区域交通运输网和三峡航运发展分析中。这项研究有重要的现实意义，同时它在交通运输网络规划建设上也是有新意的，对三峡工程航运效益分析有重要参考价值。

② 通过运输系统分析理论方法提出的 2000 年、2030 年长江三峡过坝运量及西南地区交通运输政策分析，对今后进一步研究我国三峡工程有重要参考价值。

③ 把运输优化理论与方法应用到区域交通运输网和货流规划中，建立相应的数学分析模型，运用计算机手段进行多方案分析比较，最后求出区域内较优的货运方案与运输网方案，这套理论、模型和计算机软件不仅适用于三峡工程航运效益分析，也可推广到区域交通网络规划与建设中。

④ 针对不同目标把系统动力学理论和其他多种方法应用到区域交通运输网建设中，进行运输发展政策的系统分析，这在国内是先进的，这种方法和所建立的模型也可在其他地区运输网建设中参考和使用。

⑤ 课题还进行三峡覆盖区综合运输数据模式设计，为进一步建立区域交通运输数据库打下基础，这项研究有重要的现实意义。

综上所述，本课题研究运用的理论与方法在我国交通运输规划中是成功的，综合研究水平在国内交通运输领域是领先的，研究的结论对三峡建设是有重要意义的。

2. 项目影响力

本项目的研究成果，已被长江航运局采纳，推动了三峡工程的上马。

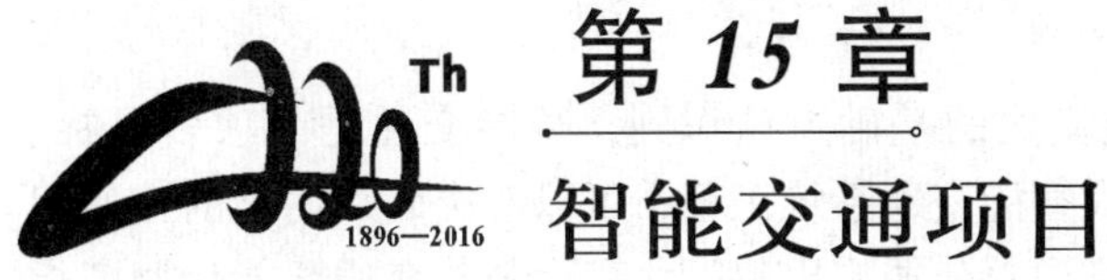

第 15 章 智能交通项目

15.1 北京市公共交通智能化调度指挥系统研究

智能交通系统（intelligent transportation system，ITS）是将先进的信息技术、数据通信技术、控制技术及人工智能技术等有效地综合运用于整个交通管理体系，在系统工程综合集成思想指导下建立起来的实时、准确、高效的交通综合管理系统，是解决当今交通问题的新思路。

智能交通有广义和狭义之分。广义上的智能交通系统是指交通系统的规划、设计、实施与运行管理都实现智能化，而狭义的智能交通系统则主要指交通运输系统的管理与组织的智能化，其实质上就是利用高新技术对传统的交通运输系统进行改造而形成的一种新型现代交通系统。北京市的智能交通系统属于狭义的智能交通系统，此项目是北京市政府和北京公交集团总公司共同下达的新中国成立 50 年献礼项目。在这个项目中，我们完成了公交调度指挥系统智能化的总体方案设计，并进行了示范工程建设。

15.1.1 研究背景

1. 北京公交管理情况

1995 年，在北京市的城市公共交通旅客运输总量中，公共电汽车占 75%，地铁占 15%，出租汽车占 10%。北京公交总公司担负首都繁重的运营任务，它拥有公交汽车约 5 000 辆，运营线路 319 条，线路总长 6 115 km，每日客运量可达 850 万人次，但还是远不能满足城市居民对公交系统日益增长的服务需求（包括服务质量、运行时间等）。

当时，北京公交总公司管理机制分为总公司、二级公司、分公司、线路四级管理。车辆运营管理主要以公用电话网为依托，在固定点（总公司、二级公司、分公司、车站）之间通信，以 690 台 800 MHz 无线通信设备进行调度指挥，调度员与运营车辆间不能直接通信，不能对运营车辆进行实时监控与调度。

2. 国际上智能交通发展情况

美国、欧盟和日本等发达国家争相投巨资研究开发 ITS 技术，其中也包括对公交

ITS 项目进行的研究与开发，而且公交部门通过应用 ITS 技术获得了巨大的收益。

3. 提议建设北京公交智能化管理系统

1995 年，我在考察欧盟开发智能交通的基础上认识到，智能交通是一项多目标、多学科、多技术合成的复杂、先进的大智能交通系统工程，可以解决北京面临的交通问题，随后向北京市政府和北京市公共交通总公司提出建设北京市公共交通智能化调度指挥系统的建议。后来北京市政府和北京市公共交通总公司决定开展“北京市公共交通总公司智能化调度系统总体方案设计及示范工程”项目研究，委托我主持这项工程，北方交通大学、北京航空航天大学及公交总公司近 40 人参加，双方于 1998 年 3 月签订《北京市公共交通智能化调度系统技术开发合同》(见图 15.1)。

图 15.1

我运用了复杂巨系统的理论和方法，包括总体设计、通信与信息网络、分解与集成、控制与协调、模拟与模型、软件与硬件配套及综合评价等理论，指导完成北京市公共交通智能化调度系统的总体设计及 6 个子系统的设计，并承担了示范工程——北京市公共交通智能调度指挥系统工程施工的总指挥工作，工程实施合同签字仪式如图 15.2 所示。这项工程共投入 3 200 万元人民币。

图 15.2

15. 1. 2　课题设计原则与专题设计

1. 课题设置原则

① 符合 ITS 的发展和规划。首先，公共交通是城市交通的重要组成部分，必须进行信息和资源共享，才能发挥出 ITS 的效率，为此公交 ITS 与城市 ITS 必须相互联系。其次，ITS 的实施必须有科学的符合客流规律的路网，现在的客流分布发生了巨大变化，同时以往对新技术带来的影响考虑不足，且目前线路的重复系数过大，造成很大的资源浪费，为此，在进行路网优化的同时，必须考虑各种因素带来的影响，发挥智能交通系统的效率。最后，ITS 的一个重要目的就是方便乘客出行，给乘客提供出行信息和其他相关信息，所以要开发适合公共交通的信息服务系统。

② 解决示范工程存在的问题，完善示范工程。根据示范工程中存在的有关 GPS 定位、运营调度平台等问题，有针对性地解决，使之更加符合公共交通的特点。

③ 弥补示范工程的不足。在示范工程中没有建立客流监测系统，调度决策缺乏准确的依据，建立该系统后将大幅度提高决策的可信度，提高公交系统的运营效率。示范工程中也没有建立相应的抢修救援调度平台，不利于发挥抢修系统的潜能，建立该平台后可以大大缩短救援时间，减少交通拥堵。

④ 更好地满足公交的服务对象。市民是公共交通的服务对象，为更好地提高服务水平，必须能提供给他们出行前（路径选择等）、出行中（换乘信息等）和到达目的地（有关目的地的相关信息）的各种信息，所以要求有公交信息服务系统的存在。

⑤ 充分发挥示范工程的效率。示范工程已经建成了包括调度大楼和各分公司在内的许多设施，为智能化调度的实现和完善提供了可能。同时，基础设施只有在完善智能化调度系统后，才能发挥出 ITS 的功能。示范工程中实现智能化调度的线路少，车辆少，仅 100 多辆，投资建成的相关设施还没有充分发挥出效率，如果不对示范工程进一步扩展和完善，则不能发挥出已建成的系统的功能。

⑥ 要建立高效的公共交通运营管理和调度系统。利用高科技建立起完善的运营机制，使公共交通能够成为一种高效的能够适应现代化大都市的交通方式。

2. 专题设计

根据课题的内容、所利用的技术和攻关路线，共设置 8 个专题。

① 公共汽车线网优化。现有的线网已不能满足目前的多层次乘客出行要求，亦不能满足智能化调度系统的要求，特别是为推行智能交通及提高客运组织效率，由目前实施的线调改为区域调度（把若干相关线路始发站与终点站进行调整，使其在一个区域内）。

② 运营调度平台。调度平台的智能化程度不高，还不具备分析和决策的功能。

③ 抢修救援调度平台。根据抢修救援的特殊性，建立合理的智能化程度较高的调度平台。

④ 客流监测系统。通过开发设置在车辆及车站上的客流监测系统，为运营调度平台提供可靠的决策依据，将大大提高公交系统的运营效率。

⑤ 车辆定位系统。由于示范工程中受到通信网的限制，车辆定位数据传输周期过长，实时性差，不能获得到站的确切时间，进而影响了对车辆的有效调度，通信系统是信息传输的主体，如何使之满足公共交通车辆和分公司间的通信需要，关系到整个系统的成功与否，因此必须针对北京市的实际情况和公交特点，研究出适用的通信系统。

⑥ 综合信息服务系统，提供市民出行所需的所有信息。方便出行是公共交通吸引乘客的主要手段，如何利用信息时代的各种技术，服务千家万户，是公共交通必然要采取的措施。电子站牌是为站点上乘客提供沿线车辆到站预告信息、换乘信息的工具，是吸引市民利用公共交通出行，并为他们提供方便的一个重要手段，而且能够提高公交的服务水平。电子站牌也是对外的宣传窗口，能够改变公交的形象，所以必须开发出符合北京市实际情况的电子站牌。同时，还应建立基于电话、Internet 等多种方式的信息查询系统。

⑦ 对外接口。建立与公共交通相关部门尤其是公安局、公安交通管理局、地铁公司等的联系是实现公交 ITS 不可缺少的部分，否则不能为乘客提供完善的运输与信息服务。

⑧ 计算机网络系统。目前公交总公司与分公司都已建成了局域网，但没有充分利用它更好地为公交和乘客服务，必须进行完善和应用。

15.1.3 系统功能与设计原则

1. 系统功能

北京市公共交通智能化调度指挥系统的总目标是实现公交调度的智能化。整个公交智能化调度系统建成后将实现以下主要功能。

① 通过调度指挥中心屏幕能监视线路上公交运营车辆、机动车辆、抢修车辆的动态位置情况。

② 通过业务通信网实现总公司、分公司和区域调度中心的实对通信。区域调度中心调度人员在该系统的辅助下，能对运营车辆和抢修车辆进行实时优化调度，增强对运营状况的指挥与应变能力。

③ 通过计算机网络中心数据库，实现对 IC 卡系统、车辆定位数据的共享，实现客运量、客运收入及运营生产过程信息的自动采集、传输，提高企业基础生产信息记录的客观性与真实性，满足不同层次、不同范围的核算要求，对运营质量进行检测。

④ 相关人员能在该系统的辅助下，编制行车时刻表和司售人员排班表，进行线路网优化等。

⑤ 通过电子显示技术实现线路站牌对运营车辆到达时间信息的预报及位置信息的显示，提高公共交通的社会服务水平与服务质量。

⑥ 能够与公安交通管理部门和社会紧急救援服务部门接口。

公交智能化的示范工程作为总系统分步实施的第一个步骤，在合理选择范围的基础上，结合企业运营、管理、调度的实际要求，建立具有先进性、代表性、可行性、有效性、经济性的系统，为整个系统的完成与拓展奠定基础。

2. 设计原则

我们在北京市公共交通智能化调度指挥系统的设计中遵循了以下指导原则。

1）以国际标准为指导

在研究总体方案时，根据NA的标准结构和要求，考虑公共交通管理与其他子系统之间的接口问题。例如，公交优先就要和交通管理子系统中的“信号控制”接口，公交乘客信息服务系统要和“远程接入子系统”接口等，这样才能使总体方案具有良好的前瞻性和系统兼容性，而且向国际标准靠拢，将产生长久的效益。

2）注重系统的综合集成与协调

运用系统工程的思想，以实现智能化调度功能为核心，综合考虑时刻表编制、司售人员排班、车辆抢修救援、IC卡、乘客服务等多项功能。同时，充分利用国内外现有的先进技术，有效集成了AI、GPS、GIS、MIS、通信和计算机网络等诸多技术，并在总体设计构思的指导之下，发挥总体设计部的指导及协调作用，对各子系统在目标、技术、规模、工程实施等方面进行协调。

3）结合北京公交特点，先示范，后推广，逐步提高智能化程度

公交智能化具有投资大、技术水平要求高的特点，且北京当时的公交基础设施较落后。因此，在考虑公交智能化项目时，一定要本着“先示范、后推广、逐步提高智能化程度”的原则。尽管北京公交智能化调度系统的逻辑结构包含7个模块的内容，但示范工程可以首先从若干具有代表性的模块开始。

15.1.4　系统设计的总体要求

从国内外的发展现状来看，公共交通应用ITS技术是一种必然的趋势，而且这种应用的深度和广度正在不断增加。但由于国情不同，城市情况不同，北京公交ITS项目虽可借鉴国外公交ITS的技术和经验（如北京公交的管理体制和规模与巴黎公交相近），但也不应完全照搬。北京公交需要根据自身的特点，在借鉴国外成功经验的同时，走自己的路。考虑到北京市的实际状况，我们设计的北京公交智能化调度机理如图15.3所示。

1. 系统结构设计的要求

① 系统所涉及的各种技术，既各自独立又紧密相关，必须弄清相互间的关系，留好接口。

② 参照总体设计要求及分技术的专项设计要求，首先提出分技术的专项设计方案，以便分块组装实施。

③ 鉴于IC卡工程将由公交华讯公司承担，且目前已完成方案设计，故本设计中不考虑该技术的应用细节，但必须搞清需依赖于有线网传输的车载机每日采集、汇总的数据量。

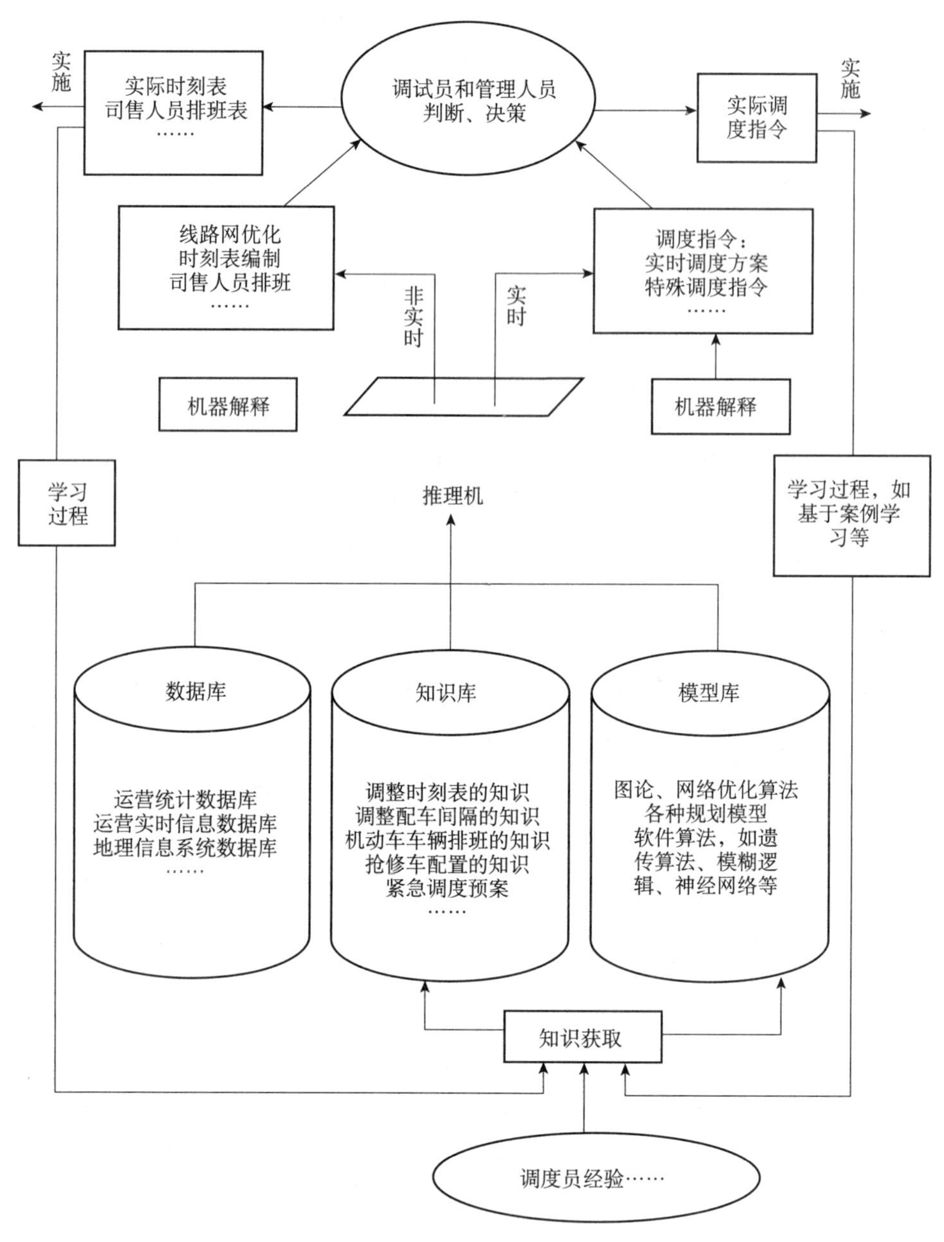

图 15.3

2. 系统拟采用的技术

系统拟采用以下技术：

① 用于各级调度与运营车辆间通话的通信技术；

② 用于对车辆位置进行动态监控的卫星定位技术；

③ 用于各运营管理单位内部的计算机局域网技术；

④ 用于总调度中心多种显示功能的大屏幕技术；

⑤ 用于取代纸质车票的感应式 IC 卡技术；

⑥ 用于智能调度系统的综合处理技术。

3. 系统的监控对象、规模与范围

监控对象为北京市公共交通总公司所辖的市郊公共电汽车、机动车、抢修车及少量的业务、调度指挥车辆。

当时北京市公共交通总公司共有公共电汽车约 5 000 辆，考虑到今后的发展，监控系统的容量可按 12 000 辆考虑。

监控范围应覆盖市郊公共电汽车线路运营范围。

4. 调度指挥体系结构

新技术的应用将引起公交企业运营管理组织模式的变化。强化区域运营组织与调度功能，加强中央监控系统对突发事件的应变能力，是智能调度指挥系统所应具有的基本特征。区域调度的核心是改变目前人、车固定配属某线的做法，实现区域调度所辖人、车面向其所辖线路的统一调配使用。因此，线路时刻表的编制与劳动班次的配备显然应以区域调度为单位组织实施。区域调度的控制规模由技术与调度台作业能力两方面因素决定，具体有待实践确定。

当时，北京市公共交通总公司下设 8 个运营分公司，每个运营分公司车数规模大约为 600 辆，因此每个运营分公司至少划分为两个区域调度，拟采用的调度指挥体系结构如图 15. 4 所示。

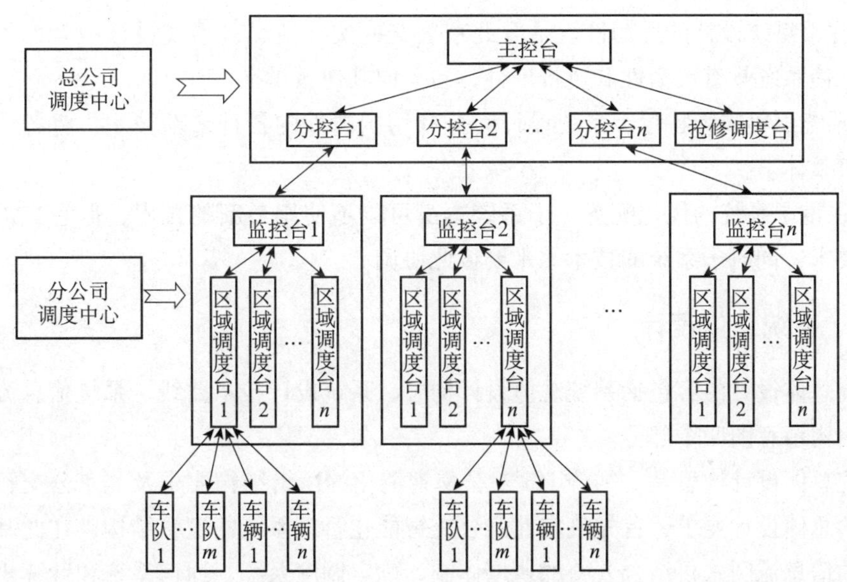

图 15. 4

一个总调度中心（总公司调度中心）、8 个分公司调度中心（运营分公司调度中心）。每个分公司调度中心设监控台一个，监控两个以上区域调度台运行状况。总调度中心配大屏幕显示器一块，设主控台一个，分控台 4 个（可考虑预留 6 个）。

每个分公司监控台负责监控 1 ~2 个分调度中心或 2 ~4 个区域调度台的运行状况。为了加强故障车抢修能力，提高抢修车辆的利用率，总调度中心设立抢修调度台，统一调派抢修车辆，并监控抢修工作动态。主控台可通过对分控台或抢修调度台信息的选择实现对系统内所有车辆的监控（动态跟踪与位置显示）。

机动车按区域调度台进行配属，并由其指挥调配使用。

5. 系统扩展与对外衔接

就公共交通系统内部而言，市郊范围内的公共电汽车为系统的监控主体，但同时总调度中心还要建立与长途汽车公司、出租汽车公司调度中心的调度专线联系。还要考虑新的公交方式的纳入，如专线车、空调车等。

就公共交通系统的外部而言，要考虑与市政府、公安局、交管局、公交分局、地铁、消防等有关部门的联系。

整个系统将按照“总体设计、分步实施、示范先行”的方式逐步建成。

15.1.5　系统的水平定位和设计特点

系统的设计本着“满足需求、技术成熟、相对先进、性能价格优化”的原则。系统建成后，将达到国内领先、国际先进的水平。系统设计的特点如下。

① 注重与国际标准接轨。系统设计考虑了 NA 对公交智能化功能的要求，使系统具有良好的兼容性和可扩展性。

② 注重系统设计的通用性。结合北京公交的实际情况，系统设计中考虑了相关技术标准，使系统具有灵活性和可推广性，易于向其他城市推广。

③ 系统以集成为特色。系统设计充分利用国内外的各种最新技术，将各子系统集成为有机整体。

④ 注重子系统的优化配置。子系统本身可以不使用最新的技术，但它必须满足总体功能要求，同时子系统的技术水平要彼此协调。

15.1.6　系统总体设计

系统总体设计内容包括系统总体设计构思、系统设计技术路线、系统信息流图和系统总体结构示意图四个部分。

系统总体设计构思是：结合 ITS 对公交智能化的逻辑结构要求及北京公交智能化管理系统的总体设计要求，首先确定北京公交智能化管理系统的逻辑结构，在此基础上得到系统的信息流图，再结合公交的调度体制，确定调度系统、通信系统和计算机网络系统的方案。在这些方案的基础上，参照公交 ITS 物理结构对软硬件的要求，确定三个子系统的具体工程方案和子系统间的接口方案。最后结合北京公交示范工程的要求，确定示范工程的施工方案。图 15.5 显示了上述系统总体设计构思。系统设计技术路线如图 15.6 所示。

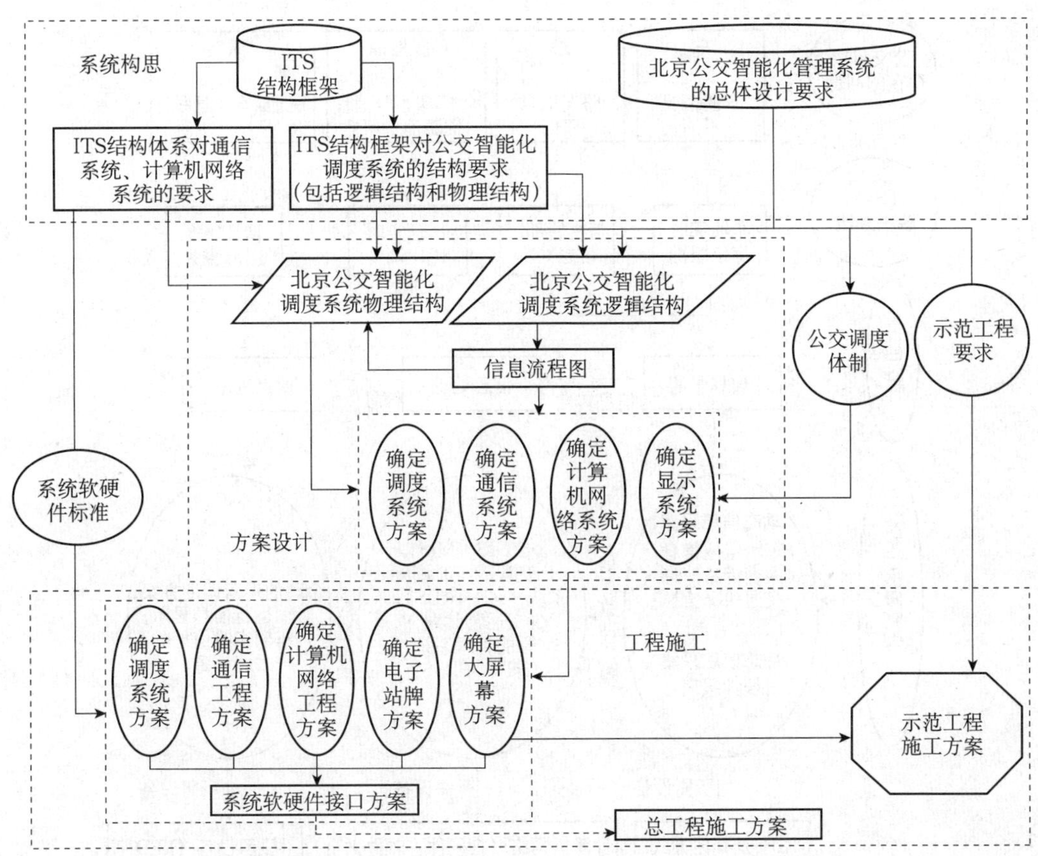

图 15.5

系统的总体结构示意图如图 15.7 所示。

15.1.7　子系统划分

依据 NA 对公交智能化的要求，结合北京公交提出的设计要求，北京公交智能化调度系统分为运营调度、通信、计算机网络、乘客信息服务及大屏幕显示四个子系统，各子系统间彼此分工又相互协调，围绕运营调度这个核心子系统，共同构成一个有机的整体。下面是各子系统设计方案。

1. 运营调度子系统设计方案

1）运营调度组织的结构及目标

根据对北京市公交调度体制的现状分析及未来采用新技术的影响、公交运营调度系统总体规划，北京市公交运营调度指挥系统采取以区域调度为核心的运营调度组织结构。公交运营调度系统开发的总目标是实现运营调度智能化，通过运营调度系统智能化可实现以下两个目标。

① 乘客目标。对乘客，目标是使乘客总出行时间最短，通过公交线路网优化及加速公交车辆运行时间实现，包括采用公交专用道实现。

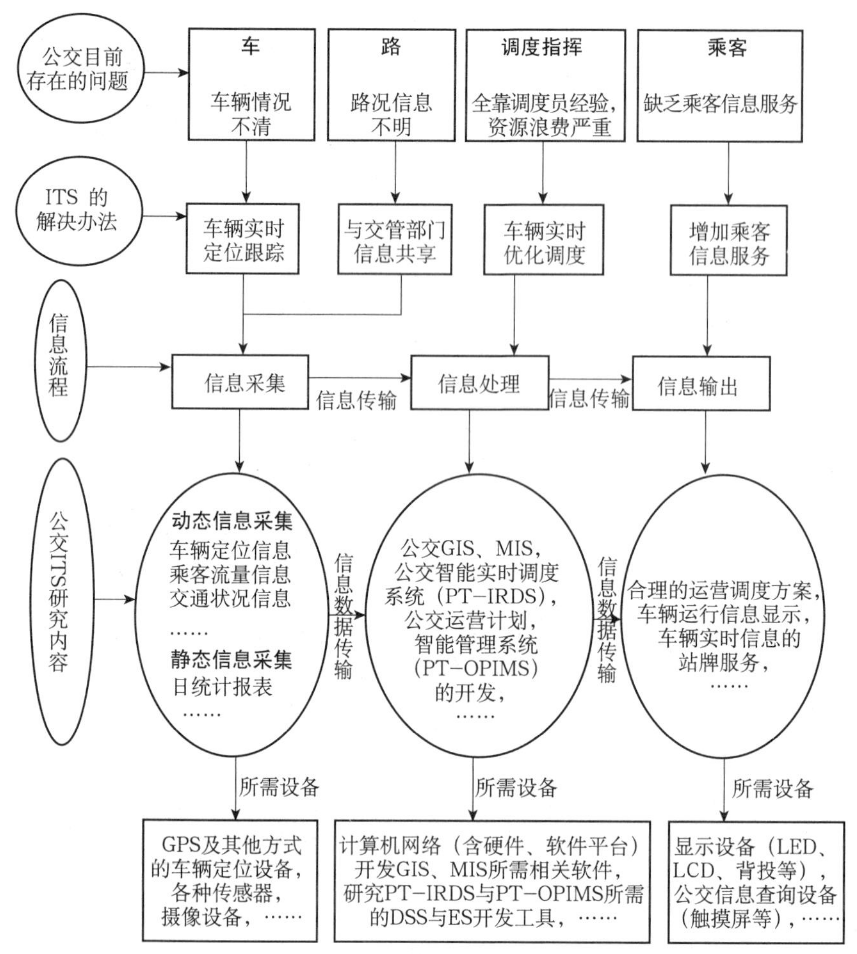

图 15.6

② 公交企业目标。对公交企业，目标是在满足客流需求和一定乘车间隔的前提下，以最少的车辆完成最大的运力。

2）运营调度系统的功能

运营调度系统的主要功能包括以下 6 个方面。

① 实时监视。借助车辆实时状态信息采集系统、通信技术及屏幕显示技术实现对线路运营车辆、机动车辆、抢修车辆动态位置的掌握及与被控车辆的通话，提高调度员对车辆运营状况的了解程度。

② 通过编制调度软件提供调度员对突发事件的实时调度方案（包括调整运行间隔，提供区间车、快车方案，改变线路行驶路线，调配机动车，抢修车调度，等等），提高调度员实时监控与应变能力，实现公交车辆运行调整智能化。

③ 运营指标统计。借助各种先进的数据采集技术，实现客运量、客运收入与运营生产过程信息的自动采集、传输，提高企业基础生产信息记录的客观性与真实性，并借助编制的统计软件，满足不同层次、不同范围的核算要求。

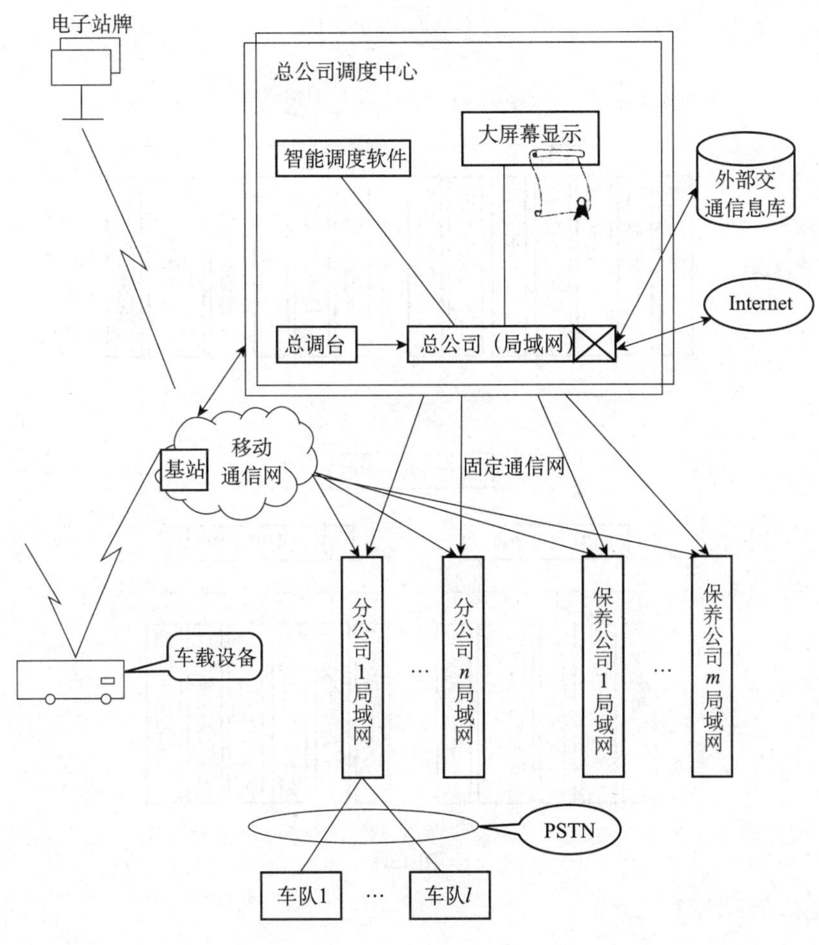

图 15.7

④ 运营计划编制。实现计算机编制线路时刻表、编制网络时刻表，多条线路配车统筹考虑，实现总体的配车优化，同时对排班进行优化处理。

⑤ 公交运营线路规划。应用图论网络技术，实现公交运营线路的总体布局规划。

⑥ 编制车辆保养计划，实现车辆定时修到状态修的过渡。

运营调度系统与原调度系统相比有两处较大的改变：

① 由四级调度改为两级调度。第一级调度为区域调度（分公司调度），第二级调度为总公司调度。根据通信设备和车辆人员管理规模的限制，以 100～300 辆车组成若干个区域调度。

② 由以线路调度为核心改为以区域调度为核心。采用智能化运营调度系统后，一个区域调度可控制多条线路。区域调度在国外已经采用，北京市公共交通运营调度指挥系统在先进技术采用后，有必要采用这一调度组织模式。

3）调度中心业务

总公司调度中心业务如图 15.8 所示，分公司调度中心业务如图 15.9 所示。

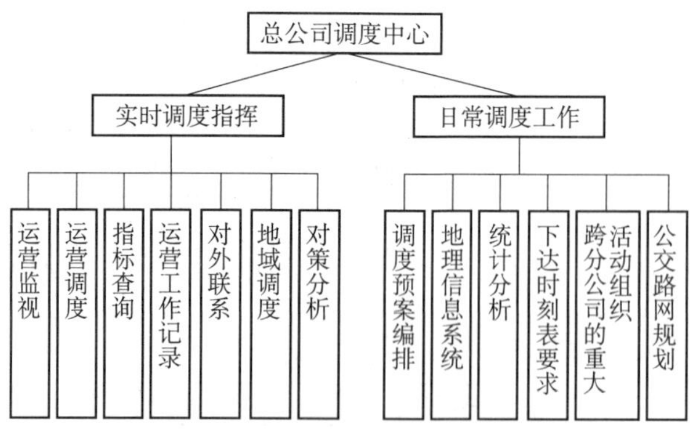

图 15.8

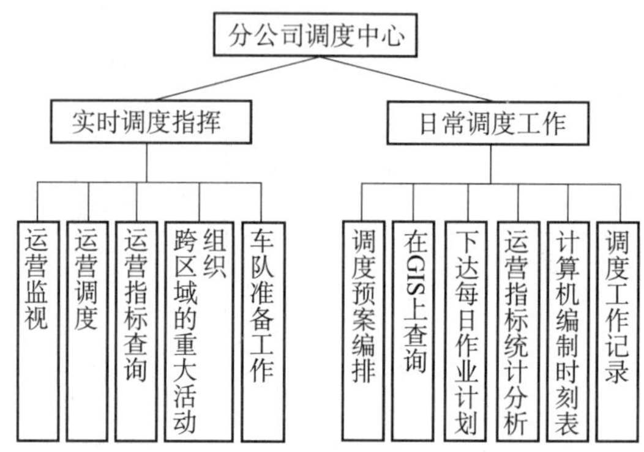

图 15.9

2. 通信子系统设计方案

1）建网原则

根据北京市公交总公司智能化调度指挥系统对语音、数据和图像等信息传输的需求，拟建立北京市公交总公司专用业务通信网。建网原则如下：

① 网络要达到国内领先水平；

② 新建网必须具备扩容的可能性；

③ 系统必须安全可靠，尽量采用国际先进技术组网，选用国外先进、适用且具有国产化前景的设备；

④ 对目前正在使用的信息传输系统，应尽量采取兼容、改造、转移及过渡等措施；

⑤ 尽量利用公网。

2）通信业务

通信子系统的通信业务包括语音传输、数据传输和图像传输。

语音传输类通信业务包括：

① 总公司调度对区域调度提供直通专用调度电话通道；

② 保证满足区域调度对运营车辆的语音直接调度指挥；

③ 提供总公司程控交换机与各运营公司小交换机间联网中的中继线路；

④ 提供与外部的通信热线与专用电话。

数据传输类业务包括：

① 为总公司与各运营分公司计算机联网提供通道；

② 为车辆定位信息提供传输通道；

③ 为调度短信息提供传输通道；

④ 为 IC 卡数据信息提供传输通道。

图像传输类业务主要是为电视会议留有传输通道。

3）网络结构

根据公交业务的需要，通信网络采用固定通信网和移动通信网相结合的方案。

（1）固定通信网

总公司、各运营分公司及区域调度之间指挥调度数据传输及通信联络可采用固定传输方式，推荐方案为无线扩频通信系统和租用邮电有线 DDN 公网的组合方案，原则上采用无线扩频通信系统，对无线传输条件差的路径，可租用 DDN 网。根据公交总公司、各运营分公司及区域调度之间地理位置的实际情况，可采取两种系统灵活结合的方式。

对距离近、传输条件好的分公司，可采用无线扩频通信系统，该系统的特点是传输信息所用信号射频带宽是普通信息带宽的 10～100 倍，由于扩频通信大大扩展了信号的频谱，因此具有系统抗干扰能力强、抗衰减能力强等特点，使传输系统可靠性高，同时还具有很好的隐蔽性与保密性。扩频技术适用于点对点或一点对多点的连接，可传输各种数据、语音及图像信息。

对距离远、传输条件差的分公司，可以租用邮电有线 DDN 公网。由于 DDN 的主要特点是采用同步时分复用方式，为用户提供永久或半永久的数字专线连接；网络为用户提供无规程的专线连接，“透明”地传送用户数据信息，网络的端到端传送时延低，能够满足公交通信业务传输信道要求，所以租用 DDN 专线是一种可供选择的方案。按公交公司业务需要，可租用 DDN 64 kbps 数据专线、384 kbps 图像传输专线，以及若干 9.6 kbps 的电话专线。

（2）移动通信网

移动通信网的推荐方案为：租用商用数字集群系统，即租用将在北京组建的 MOTOROLA 公司生产的 800 MHz 数字集群系统——iDEN 系统。该系统利用先进的 TDMA、M-16QAM、VSELP 及越区跟踪等技术，能在 25 kHz 的信道内容纳 6 个语音信道，比现有模拟集群信道可增容 6 倍，再加上频率复用技术和蜂窝组网技术，从而使得有限频点的集群通信网具有大容量、大覆盖区、高保密和高质量通话特点。该系统具有蜂窝电话、调度通信、短信息寻呼和无线通信功能。该网为公交总公司提供“虚拟专用集群通信”业务。使公交总公司在使用和管理上与自己建设专网没有区别，且业务多样化需求和业务质量得到满足，又省去了网络建设和维护方面的工作，从而使租用“虚拟专用集群通信网”费用比独自建网的费用低。

公交总公司 iDEN 系统“虚拟专用集群通信网”能满足区域调度对运营车辆的调度通话、调度数据、车辆定位信息、IC 卡信息的传输，又能满足总公司调度中心对各区调度中心及车辆的调度指挥。由于 iDEN 的工期问题，移动通信网可采用现有华讯 800 Hz模拟集群系统作为过渡。

4）电视会议系统

所选系统技术标准符合 ITU-TH. 320 系列标准，基本功能可满足公交总公司所提出的要求，并能方便地扩展、升级，操作简便，易于管理、维护，组网灵活。根据不同的投资，可有三种选择，按不同厂家报价，有 740 万元、480 万元和 300 万元三档。

3. 计算机网络子系统设计方案

总公司、分公司及车站内分别按需求分阶段建立类型不同的计算机网络，负责信息的处理、查询、指挥调度、传输、存储交换与发布。

总公司与分公司的计算机局域网内配置数据库，采用集中式与分布式相结合的布局，建立客户机/服务器应用体系，合理地选择平台与接口，有效可靠地满足服务需求。

总公司（调度中心）计算机网络应考虑先进性与实用性相结合，有效防止瓶颈与拥塞，灵活地划分网段，组成虚拟局域网（VLAN），并采用有效的安全与可靠措施。

公司内计算机网络选型，应根据具体情况及投资情况，配置中、低档局域网，并考虑支持逐步升级与扩充。车站内局域网应力求简单有效，可采用单机/多机直接远程联网，或组成小型局域网，通过通信网与公司局域网互联。

1）总公司大楼组网设计方案

总公司大楼网络工程包括主干网、楼层子网、远程网互联、结构化布线、大屏幕显示等几个部分。

总公司大楼应实施结构化布线，包括垂直布线系统、设备间布线系统、水平布线系统、管理间布线系统等几个部分。大楼结构化布线应符合 EIA/TIA 568 及 ISO 11801 建议。

总公司局域网可采用高速交换型以太网，采用具有第三层交换功能的 100 Mbps 中心交换机作为主干交换网，通过 100 Mbps 光纤链路延伸到大楼各层。调度中心大楼各楼层子网采用二级交换（10 Mbps 交换）Hub 组网。各级网络设备配置网管代理软硬件，以便全网统一网络管理，交换型 Hub 具有支持 VLAN 功能，便于灵活划分子网。主干网采用高速以太网，速率达 100 Mbps，可防止瓶颈及拥塞。考虑到将来的多媒体业务需求，网络应具有可扩性与升级性。

调度中心大楼计算机网通过路由器及网络互联转换设备与通信网互联，通过通信网与公司、车站的局域网连通。互联设备及路由器选型应进一步比较各公司产品性能。路由选择软件可采用 RIP、OSPF 或 IGRP，应具备协议转换、信息过滤及路由选择功能。

网络应采用 TCP/IP 协议作为通信平台软件，以便与因特网接轨。合理选择各种物理接口，实现高效可靠的连通。

配置调度服务器、应用服务器、网管服务器、Internet 服务器与主干交换机互联，网络应用体系应采用客户机/服务器应用模式，客户机可共享服务器及网络资源，以求获得广泛的资源共享。

调度中心大楼设置网络管理中心（NMC），网管平台采用 SNMP，以便对计算机网络设备实施监视、管理、诊断及故障定位，网络运行状态信息采集、统计与分析，软件与参数遥装配置等工作，便于全网管理，及时查找与排除故障。网络管理软件应结合设备合理选取。

为确保网络的安全性及可靠性，除采用冗余链路、热切换等措施外，可考虑设置防火墙防止非法入侵，实施过滤、隔离、阻断、授权及加密等措施。

软件配置与选型是计算机联网的重要环节，包括网络操作系统、数据库管理软件及开发工具、应用软件、网络管理软件、通信接口软件、路由选择软件、TCP/IP 软件及防火墙软件等。

2）公司级局域网方案

公司级区域调度局域网，根据公司大小及管辖范围，可采用高速交换以太网（100 Mbps）或交换以太网（100/10 Mbps）。网络操作系统用 Windows NT。

（1）公司网络现状

机构改革后，总公司所属的八个客运分公司包括七个客运分公司及电车分公司，每个公司所属职工均在 4 500 人以上，现有微机在 25 台（客运四公司）到 94 台（客运一公司）之间。部分分公司已初步联网，但属于按功能划分的分离式局域网，总计仅有 12 台低档非智能共享 Hub。操作系统以 Windows NT 或 Windows 95 为主。用户普遍要求联网，并使现有网升级到高速以太网。

（2）分公司级区域调度局域网定位

在分公司现有的布线基础上，尽可能规范化现有布线系统，配置必要的设备。分公司局域网应酌情配置应用服务器、调度服务器、网络管理站、Internet 服务器。考虑到目前分公司级局域网联网微机数量不多，上述设备可定位到高档微机或微机服务器档次。

为了实现总公司到分公司局域网间互联通信，分公司局域网与通信网间应配置路由器和 Modem，采用 V. 35 接口。

4. 乘客信息服务及大屏幕显示子系统设计方案

1）乘客信息服务

在乘客聚集量较大的中途站，设置来车信息显示装置。从区域调度中心发来的数据，经处理后可向候车乘客显示来车方向、距本站几站以上的运营车的动态位置。在本站不停的车，不予显示。

乘客信息服务系统将如下信息显示在公交车站站牌的电子屏上：

① 下 1 ~ 3 辆车的位置；

② 车辆意外故障信息；

③ 公用信息（如天气预报等）。

根据北京公交的实际情况，考虑可用现有的公交寻呼台来完成信息由指挥中心发往电子站牌的工作。电子站牌可根据需要灵活安排是否需要添加信息显示。

为了在车站电子屏显示内容，需要为运营控制中心计算机提供车辆的实际位置信息。计算结果通过无线寻呼的方式被传送到车站。公交车辆的故障信息可有选择地进行发布。被传送到车站的信息还可以包括天气预报、环境监测数据等公用信息。电子站牌可进行时间显示和定点报时。

2）大屏幕显示子系统

大屏幕显示子系统的设计要求如下：

① 能够清晰地显示城市街道图；

② 能够清晰地以车号方式显示行驶在街道上的运营车辆，并能区分上、下行；

③ 能够按要求任意缩放、组合、切换图像；

④ 能够显示总公司管理信息系统所支持的数据、表格及图形。

大屏幕显示子系统的主要功能如下：

① 监控线路运营状况；

② 处理突发事件的现场指挥；

③ 显示企业经营管理的有关信息；

④ 线路规划辅助设计系统动态模拟显示。

在总公司调度中心四层，主控调度台对面墙上安放监控大屏幕。大屏幕是由若干屏幕拼接成的组合屏。在这组屏幕上，既可以全屏幕显示一个内容（如全市公交线路图），也可以分屏根据需要分别显示不同的内容。大屏幕与主控调度台连接，受主控调度台控制，由值班调度长根据需要显示所要显示的内容。

大屏幕子系统的推荐方案为背投方案，备选方案为 LED 方案。

5. 子系统间接口

1）通信子系统与计算机网络子系统间的接口

为了实现总公司到分公司局域网间互联通信，总公司和分公司局域网与固定通信网间应配置路由器和 Modem，采用 V. 35 接口。移动通信与车载设备间的通信接口为 RS-232。

2）运营调度子系统与计算机网络子系统间的接口

总公司网络操作系统采用 UNIX，桌面系统采用 Windows NT，通信协议为 TCP/IP，数据库为 Oracle，分公司网络操作系统用 Windows NT，通信协议为 TCP/IP，数据库根据不同需要可以为 SQL Server 或 Oracle。运营调度软件开发平台应符合上述要求。

15. 1. 8　示范工程建设

1. 示范工程范围选择

考虑经济的可行性，示范工程规模不宜过大，而为了探索新的运营管理组织模式，示范工程规模又不宜过小。同时，示范工程的对象选择还应考虑满足技术实验的要求，尽可能发挥示范系统的作用，为运营生产服务。为此，应考虑以下几点：

① GPS 适宜控制规模、通信范围检验；

② 环境及抗干扰性实验；

③ 长距离信息传输验证；

④ 优先装备重点线路；

⑤ 尽可能充分利用现有通信设备（800 MHz）。

综合以上考虑，与调度指挥中心大楼构成示范系统外围对象的选择为：第六运营分公司长安街的两条线路：1 路、52 路，共 60 辆运营车辆；第三运营分公司二环路上的两条线路：44 路大小环，共 40 辆运营车辆；二者合计运营车辆为 100 辆。上述选择的目的为：

① 装备骨干线路 1 路、52 路、44 路大小环，提高对其监控能力；

② 通过客车与总公司数据交换，检验长距离传输的可靠性；

③ 试行以分公司区调台为主体的适度集中的运营管理与调度指挥模式。

2. 示范工程内容与规模

示范工程虽是整个公交智能化调度系统分步实施的第一步，但它应反映公交智能化调度的特点。示范工程的主要内容如下：

① 建设装备总公司调度中心；

② 建设两个分公司装备调度中心，即第三运营分公司装备调度中心、第六运营分公司装备调度中心；

③ 改造现有无线通信设备与 GPS 的接口；

④ 安装车辆定位设备；

⑤ 建立总公司、8 个运营分公司固定点通信网；

⑥ 建立总公司、8 个运营分公司计算机局域网；

⑦ 开发公交智能调度软件。

示范系统建成后，将构成由总公司（高）、第三运营分公司、第六运营分公司（中）及所辖线路（低）组成的由通信、GPS 技术支持的现代化的调度指挥系统（见图 15.10、图 15.11），改变以往又聋又瞎的落后局面。

图 15.10

图 15.11

示范工程的建设成功，对北京公交智能化建设和全国公交智能化，以及我国智能交通的发展都有重大作用，项目审定会上（见图 15.12、图 15.13），专家给予很高的评价。

图 15.12

图 15.13

1999 年国庆前夕，北京市把这个项目作为新中国成立 50 周年的献礼项目隆重推出，会议现场气氛热烈，如图 15.14、图 15.15 所示。

图 15.14

图 15.15

15.1.9　系统效益分析

1. 社会效益

① 该项目建成后，将成为全国第一个公共交通智能化调度系统，它的实现必将对我国各大城市公共交通作业的运营管理发展带来巨大的推动作用。

② 北京为我国首都，是全国政治经济文化中心，为国际化的大都市，北京公交智能化调度系统实现后，将会提高首都北京国际化大城市的形象，提高首都北京的世界形象。

③ 提高北京市公共交通企业的社会地位、社会形象和社会影响。

④ 为北京市交通运输行业发展提供超前性、高速性、安全性、高效性，起到示范

作用。

⑤ 把北京市社会上的出行者吸引到乘坐公共交通车辆上来，进一步发挥公交作用，提高道路通行能力，缓解道路拥塞。

⑥ 为乘客提供更加安全、快捷、舒适的公共交通工具，提高服务质量。

⑦ 避免或降低事故率，提高路口通行量，加速客流周转。

⑧ 改善公交电汽车的管理，减轻公交职工的工作强度。

2. 经济效益

1） 企业内部的经济效益

① 推进适度规模的区域调度，调度、指挥、监控等信息传递实时、快捷、准确，提高道路通行能力及运输效率，加速乘客周转，减少能源消耗，降低运营成本。系统实施后，将节省运力 10%。

② 实现公交企业办公自动化，用计算机进行管理或处理日常工作，可提高办公效率。为企业管理、领导决策提供依据，使企业管理更加规范化。

③ 改善调度指挥、通信等工作环境，提高公交企业的劳动生产效率，实现减员增效，减轻劳动强度。系统实现后，车队调度员员及管理员将减员 50% 以上。

④ 公交费用支付实现 IC 卡方式，可堵塞逃票漏洞，增加企业收益，同时精确记录、计量企业生产信息，打破分配大锅饭。

⑤ 实现线路运营实时监控，避免或降低各种事故、险情（抢劫、爆炸等人为破坏）的发生，减少公交企业的直接经济损失。

⑥ 加强车辆维修保养，降低故障率，减少不必要的经济损失。

综上所述，智能化公交调度系统将会使北京公交乘客增加，提高车辆利用率，节约公交运营系统的劳动力，改善车辆保养工作，增加公交企业的经济收入，降低企业生产运营成本，改善公交运营调度指挥的工作环境，促进公交运输企业的发展。

2） 企业外部的经济效益

① 提高道路通行能力，减少环境污染，包括废气、噪声等污染。

② 提高安全保障，减少各种事故对企业及社会造成的直接或间接经济损失。

③ 提高公交车的快捷舒适度，有可能减少社会车辆的出行。

④ 改善北京城市交通状况，提高北京城市交通的整体水平。

⑤ 提高社会上对公交企业的认识，推动国家制定的城市优先发展公共交通政策的实现。

15.1.10 本课题的推广价值

本系统的完成，彻底改变了北京市公共交通的落后状况，极大地方便了乘客出行，并提高了北京市公共交通总公司的运营水平，下面是北京市公共交通总公司的证明信。

证明信

北京市公共交通总公司于 1997 年到 1999 年进行的“北京公交智能化调度系统工程”是北京市新中国成立 50 周年的献礼工程，亦是我国公交系统第一个智能交通调度工程，由北方交通大学和北京航空航天大学承担。张国伍教授为总体负责人，项目投资3 200 万元，于 1997 年开始进行工程可行性研究，至 1999 年 10 月基本完成工程。这项工程的建成对北京市公共交通总公司长期来的传统操作、指挥作业的现代化改造进行了有益的尝试和实践。

张国伍教授在这次工作中从开始策划到进行总体设计、施工和运营都直接参与和总体协调，反映了张国伍教授在智能交通上的开拓创新和工程建设的能力。这项工程对推动北京公交智能化、全国公交智能化及我国智能交通的发展都有重大作用。

北京市公共交通总公司

2001 年 2 月 27 日

本项目完成后，可以在全国范围内推广，尤其对大中城市有推广价值，可以改善目前国内许多城市面临的城市交通拥堵的状况。

在本项目研究的基础上，我编写了《智能交通系统工程导论》一书，并由电子工业出版社于 2003 年出版。

15. 2　上海综合交通枢纽规划协调与智能化管理研究

受国家科委委托，我承担了“上海综合交通枢纽规划建设”的研究项目，该项目对上海港、浦东国际机场、京沪高速铁路、上海火车站及上海市公交线网合理布局等进行了全面的系统分析，提出了多种运输方式的协调布局理论。在这次运输系统工程理论分析中，运用了综合交通系统的协同理论，代替了过去规划后再协调的模式（即先规划各种运输方式，再在各种运输规划的基础上进行协调），应该说这是综合交通规划的首次重大理论创新。

15. 2. 1　项目背景

上海综合交通枢纽不仅结构复杂、设备复杂、功能复杂，而且管理也复杂。长期以来，实施多部门管理，分别由中央有关部委局（中国民航总局）与上海市分别管理，从而造成枢纽内各子系统（如港口、海运、铁路枢纽、航空港及公路汽车运输枢纽等子系统）规划、管理及相关衔接配合上的不协调，缺乏综合枢纽总体上的协调发展。由于实施多部门管理，各部门多从本部门利益出发进行规划，而综合部门进行综合交通枢纽规划时也只是简单地把各部门的规划合在一起，这样产生的综合枢纽的规划建设，则必然给综合交通运输系统带来许多不协调的问题，如相互衔接不紧密、不协调，甚至相互脱节，影响运输的畅通，特别是直接影响运输效率的发挥，甚至造成无效运输或低效运输，从而对城市和区域的经济发展也带来了十分不利的影响。

上海在全国实现社会主义现代化进程中起着不可替代的重要作用。党的十四大提出加快上海的“一个龙头、三个中心”建设，即把上海建成国际经济、金融、贸易中心，形成以上海为龙头的长江三角洲及长江沿江地区经济带，推动我国经济新飞跃。

从世界港口城市发展轨迹中可以看出，其经济和社会发展得益于其航运业的发展。如伦敦、鹿特丹、神户、香港等港口城市的经济发展与其国际航运中心地位的形成是密不可分、相辅相成的。因此，尽快把上海建设成为国际航运中心，这是建设“三个中心”和发挥龙头作用的重要保障。

“上海综合交通枢纽规划协调与智能化管理”课题是原国家科委工业科技司下达的由中国交通运输系统工程学会承担的项目，本项目亦得到了上海市科委的支持，并组织上海市有关部门和力量参加研究。在国家科委的组织下，组成了北京课题组与上海课题组共同进行本项目的研究，并明确了北京与上海两个课题组的研究分工，即上海课题组负责上海综合交通枢纽的规划协调部分，北京课题组负责上海综合交通枢纽协调管理、上海综合交通枢纽智能化管理、上海国际航运中心分析、上海综合交通枢纽规划协调和智能化管理项目的总报告编写。

项目研究从 1997 年开始，要求于 1998 年完成，项目研究中得到了国家计委、国家经贸委、铁道部、交通部、建设部、中国城市规划研究院、上海市规划局、上海市交通办、上海铁路局等部门的支持和帮助，他们都积极提供有关资料，参加课题研究的讨论分析，对本课题研究给予了极大的支持和帮助，为本项目的完成打下了基础。

15.2.2 上海综合交通枢纽的目标

将上海建成国际航运中心，是上海综合交通枢纽协调规划的总目标。同时，还有其相应的分目标。

1. 目标

将上海建成国际航运中心是我们努力的方向，一切工作都要围绕着这一总目标来进行。而分目标则是总目标的细化，是工作的切入点。对国际航运中心分目标的确定，关键在于对其特征有清楚的认识。国际航运中心一般具有如下特征。

① 具有发达的远洋运输业务；

② 具有较大规模的国际集装箱运输量和国际集装箱班轮数量；

③ 具有一定规模的国际航空客运量和货运量；

④ 具有发达的集疏运系统；

⑤ 一般是发达城市的所在地；

⑥ 具有强大的带动经济发展的功能。

根据以上这些特点，上海国际航运中心的分目标则有以下几个。

① 建成具有相当规模的国际集装箱枢纽港。集装箱运输是货物运输的主流，国际航运中心首先是国际集装箱运输的枢纽港口，这是国际航运中心的重要标志之一。

② 建成具有国际先进水平的航空港。尽管国际航运中心主要是针对货物运输尤其是集装箱运输来说的，但航空运输本身也是其一个重要的组成部分，其完成的主要工作是国际旅客运输。

③ 建成发达的集疏运系统。只有规模庞大的港口而没有相应的发达的集疏运系统，是很难实现国际航运中心这一目标的。

④ 进一步加强对经济的带动作用。国际航运中心不仅是运输工具，更是带动地区经济发展的动力。

2. 需要进一步明确的问题

总目标与分目标的确立，是从上海综合交通枢纽的实际出发而得出的，需要明确以下两点。

① 综合效率的最大化，体现在前三个分目标中。对于综合交通枢纽的建设来说，一方面是部门性枢纽自身能力的加强，另一方面是协作能力的加强。港口与集疏运建设并重，正是这一思想的体现。效率与能力并不矛盾，效率最大化本身就意味着能力的增强，而能力的增强就是效率提高的体现。

② 综合效益的最大化，体现在第四个分目标中。对于国际航运中心建设来说，其综合效益主要体现在对地区经济发展的带动作用上，因此把带动经济发展作为其分目标之一。

15.2.3　上海综合交通枢纽的功能定位

围绕着建成国际航运中心这一总目标，上海综合交通枢纽应发挥其相应的功能。关于这一点，同样要从运输功能与经济功能两方面来考察。

1. 对运输功能的定位

国际航运中心需要具有较大的国际集装箱运输能力，如航班的次数、集装箱吞吐能力、航道与泊位的水深、集疏运的能力等。同时，也应具有带动长江流域及华东地区经济发展的功能。

香港港 1994 年的集装箱吞吐量为 1 100 万 TEU，至 1996 年已达 1 341 万 TEU，居世界第一位，其处于国际航运中心的地位是当之无愧的。上海港要实现建成国际航运中心的目标，从运输功能方面来说，应在目前的基础上扩大集装箱的吞吐量。具体来讲，应尽快跨入集装箱吞吐量前十位的行列，从目前水平来看，应达到年均 200 万～250 万 TEU。

10 个国际航运中心总的年平均增长率在 10% 左右，那么在 2000 年与 2010 年，这一水平将应分别达到 300 万～450 万 TEU。按照上海港目前的发展速度，2000 年时集装箱吞吐量可达 258 万 TEU。这与国际航运中心所要发挥的运输功能还有一定差距。考虑到目前上海港超负荷运转的情况，在进行协调规划时就需要在这一预测值的基础上，进一步扩大规模，选择新港区，扩大其吞吐能力。

香港港、新加坡港之所以具有如此规模庞大的集装箱吞吐量，其中一个原因在于有相当一部分是中转箱，这是与其地理位置有关的。上海港虽然也具有很好的地理位置，但相比较而言要逊于这两个国际航运中心。因此，集装箱运输不能以海—海中转为主，而应以海—河、海—陆联运为主。这就要求在加强港口建设的同时，更要加强集疏运系统的协调规划与建设。

2. 对经济功能的定位

上海综合交通枢纽的经济功能定位，在于带动长江流域及华东地区的经济腾飞。这就要求交通的规划向国际先进水平看齐，同时要把交通设施的协调规划与所在地区的社会、经济特点结合起来考虑。

1995 年上海港有 1. 6 亿 t 的货运吞吐量，集装箱只是其中的一部分，这是由上海所背靠的巨大的经济腹地的特点所决定的。因此，把上海综合交通枢纽建成国际航运中心，是一个集装箱、大宗干散货并重的发展模式，一方面要大力发展集装箱运输，另一方面还要加强散货的运输。这对地区的经济发展，将起到更大的带动作用。

15. 2. 4 对上海综合交通枢纽的评价

1. 对现状的诊断

1）运输能力全面趋向饱和，严重影响了运输功能的发挥

上海综合交通枢纽中，各个部门性枢纽的综合运输能力及交叉作业的能力都已趋向饱和，这不仅与建立国际航运中心的要求相去甚远，而且很难满足上海及相关地区的发展的需求，具体表现在以下 4 个方面。

① 港口综合通过能力不足。1994 年，上海港公用码头设计通过能力为 8 494 万 t，完成吞吐量 9 892 万 t，超过能力 32%，与预测货物吞吐量相比，2000 年能力缺口为 8 396 万 t，2010年能力缺口为 14 396 万 t。

② 铁路客货运能力严重短缺。沪宁线能力利用率已达到双线最大值，沪杭线双线能力尚未形成，单线能力早已饱和。客运始发列车超员一般在 30% 以上，货运请求车的缺口保持在 30% ~50%，目前客货运能力只能满足需求的 50% ~80%。南翔编组站与新龙华编组站日均编组列车 9 000 辆、5 000 辆，能力基本饱和。货场能力为 1 928 万 t/年，零担、集装箱、怕湿货位尤感不足。

③ 航空港能力即将饱和。机场接送班机进出港的能力只能满足 2000 年的需求，而候机楼 1994 年的旅客实际吞吐量已超出设计能力 181 万人次，能力缺口 24%。

④ 内河能力长期超负荷运转。内河通航条件差，100 t 级的航道只占通航河道总长的 22%，超负荷通航达 20%；码头泊位少，其中 50 多个是“马路泊位”。

2）地理位置较好，但港口与航道自然条件较严峻

上海港位于东海之滨，我国大陆海岸线的中部，长江入海口附近的黄浦江中下游两岸。它外通海洋，内接长江，通过黄浦江及其支流与江苏、浙江地面河网相连。

尽管上海港地理位置优越，但自然条件并不很完美。上海港的两条主航道水深 7 ~8 m，候潮最大水深 9. 5 ~11 m。第三代、第四代集装箱船和 6 万 t 级散货满载吃水均在 12 m 以上。这就严重限制了上海港成为深水大港及国际航运中心的建立。

3）老城区土地资源尤其匮乏，严重限制了交通设施的规划与建设

目前，上海城区主要集中在浦西，街道狭窄，建筑物密集。对交通设施的规划与建设，不得不把大量的精力用在建筑物拆迁上。例如，上海市已建成的高架环线投资40亿元，而有一半费用花在拆迁户上。

分布在黄浦江两岸的老港区穿越市中心，在城市发展和上海港发展中起到了十分重要的作用，但随着城市的发展，老港区与城市发展均受到限制，严重影响了运输功能与经济功能的发挥。

4）管理水平相对较高，但与所要发挥的功能有一定差距

从全国范围来看，上海综合交通枢纽的管理水平较高，尤其是城市交通的管理。上海市区的道路状况较差，立交桥数量很少，市内交通方式复杂，给管理带来很大难度，但通过有效的管理，交通状况并未十分恶化。从国际航运中心的角度来考察，还必须提高管理的科技含量。从目前来看，通过ITS来提高管理的科技含量是一个有效的途径。

2. 对目标的评价

对目标的评价，是通过目标评价集合来进行的，需要针对建立国际航运中心这一总目标及其相应的分目标进行评价。

从前两个分目标来看，属于部门性枢纽的内部能力提升或者说效率的提高。通过浦东国际机场的建设，使得第二个分目标基本实现。浦东国际机场一期工程将形成2 000万人次的年吞吐能力，可以满足上海2000—2005年的发展需要。工程最终将形成8 000万人次的能力，这与国际航运中心这一总目标是基本吻合的。

第一分目标还没有一个被确认的规划方案与之相对应。关于这一分目标的实现，集中在深水港的规划与建设问题。一种方案是建立以上海港和北仑港为主体的组合港。还有一种方案是，在大小洋山规划和建设上海的深水港。这两种方案无论哪一种得以实施，都会在很大程度上促进第一分目标的实现。

从第三个分目标的状况来看，目前的规划方案对集疏运系统并没有很好地处理，还未见到集疏运系统的整体规划方案，而是公路有公路的规划，铁路有铁路的规划，很难与这一目标相符。

第四个分目标的评价可以通过TDC来完成。集装箱运输在经历了飞速发展阶段（1990—1995）后进入了一个相对稳定的发展时期，同时还对上海地区的经济发展起到一定的带动作用。这一规划构想基本与劳动效益这一分目标相符，同样还可以评价对华东地区及长江流域的带动作用。

3. 对目前规划方案的评价

根据协调规划的评价流程，通过目标的评价，使我们发现规划是否存在问题，而通过协调规划评价集合则可以找到规划的问题出在哪里。

（1）部门性枢纽的规划十分完善，具有很大的合理性。根据目标评价，浦东机场的规划及深水港的方案基本与总目标一致。

（2）对协调问题有所考虑，但广度与深度都不够。这里的协调问题可以从以下两方面考虑。

① 没有很好地把握布局的粘连原则。港口从规划上没有与铁路紧密协作，衔接不够。例如罗泾煤码头没有铁路的预留地，没有将地铁站、火车站与上海新客站进行立体化的规划与建设。

② 没有很好地把握结构的优化原则。在规划方案中，结构的结合原则遵循得比较好。上海是典型的港口城市，内河航运发达。在上海综合交通枢纽中，港口的吞吐量在50%以上，内河航运则是主要的集疏运方式。这就把国际航运中心的建设与地区的特点很好地结合起来。港口是航运中心建设的核心，这一点从规划的角度就有了一个满意的结果，但对优化原则把握得不好。铁路具有独特的优势，所以应当在集疏运系统中占有重要的地位。内河航运受自然条件限制，地位会逐渐下降。公路方便、快捷，会逐渐占有重要地位。因此，上海综合交通枢纽最终应建成“以海运为主，铁路与公路运输并重，内河航运为辅”的腹地型国际航运中心。

15.2.5 对上海综合交通枢纽协调规划的设想

1. 对总体布局的设想

对于上海综合交通枢纽的总体布局，我认为没有探讨的必要，因为总体布局是在充分考虑各种条件的情况下做出的，因此可以认为总体布局是合理的。

对于布局的设想，主要包括以下几点：

① 将目前的地铁站、火车站与上海新客站进行立体化改造；

② 新建港口如罗泾、外高桥等，应同时规划和建设港口货运站及相应的铁路专用线；

③ 浦东机场的规划与建设，应当与城市公共交通实现立体化换乘。

2. 对运输能力的设想

对上海综合交通枢纽能力的协调规划，主要应遵循发展原则。上海的运输能力长期处于饱和状态，严重制约了上海及相关地区的经济发展，对于建立国际航运中心则更加不利。因此，应当依照发展原则考虑，在资金允许的情况下，尽快扩大上海综合交通枢纽的整体运输能力。

3. 对技术设备的设想

由于上海综合交通枢纽的规划对技术设备的适度超前原则把握得较好，因此这里主要从兼容原则考虑。从建立国际航运中心的角度出发，集装箱联运是主要内容，可有以下几种联运方式：海－铁、海－公、海－公－铁、海－河。就技术设备的兼容来说，最需要解决的就是铁路的集装箱专用车不足的问题。扩大铁路集装箱专用车的产量，从而充分发挥铁路的优势，在上海综合交通枢纽中将起到重要的集疏运作用。

4. 对结构的设想

上海综合交通枢纽的结构规划对于结合原则把握得较好，这就需要在综合交通枢纽结构的协调规划中把握优化原则，确立合理的上海综合交通枢纽结构，即最终应形成以海运为主、铁路与公路运输并重、内河航运为辅的结构。

5. 对发展的设想

对发展的设想应从两方面考虑。上海老港区的发展余地不大，建立国际航运中心，并能不断地发展，就需要从旋进原则出发，在发展过程中不断地进行研究与规划，追求动态平衡。另外，要从可发展原则出发，由于在上海建立国际航运中心，其适宜的港区十分有限，集疏运系统也要占用土地，这就需要在规划中尽可能地节约用地，为今后的发展保留一定的土地资源。

15.2.6　对上海综合交通枢纽协调规划的政策建议

1. 加快体制改革的步伐

加快体制改革是建立上海国际航运中心、发挥国际航运中心功能的根本性问题。国际航运中心是一个由海运系统、集疏运系统、信息通信系统组成的统一的整体。在目前这种分行业管理的体制下，很难切实发挥系统的综合效率与综合效益。上海的交通办，其作用没有发挥出来，原因在于旧的管理体制的束缚使得部门职能重叠，有的地方没人管，有的地方谁都管。因此，就需要切实加强交通办的职能，同时将职能重叠的地方进行撤销和归并。

2. 解放思想，确立“大上海”的观念

虽然上海作为国际航运中心的深水港的条件并不优越，但它附近宁波的北仑港则是天然深水良港。因此，建立以上海港、北仑港形成的组合港为主体的国际航运中心，有其科学性。尽管大小洋山可以建成深水港，但毕竟投资巨大。由此，确立“大上海”的观念十分必要。

3. 进一步加强管理的科技含量

上海综合交通枢纽一方面要加快建设步伐，另一方面还要进一步提高管理的水平。增加管理的科技含量是一条有效的途径，最有前途的就是智能交通系统（ITS）的开发与应用，例如调度指挥系统、交通诱导系统、不停车自动收费系统等。通过这些高新技术，将使得管理更加有效，从而更有利于国际航运中心的建立与发展。

第 16 章 城市交通

16.1 北京市地铁二环线开通及地面公交线路调整项目

16.1.1 研究背景

北京最早修建地铁的目的主要是从“战备”出发，北京地铁 1 号线由北京站出发，经过王府井、天安门、西单、复兴门、军事博物馆，直到石景山。而地铁 2 号线（即环线）是从北京站出发，绕东单、东四、东直门、地安门到西直门，向南到阜成门，最后到复兴门与地铁 1 号线相连。

1986 年，地铁二环线没开通，只有地铁 1 号线在运营，地铁的客运量仅占北京公交客运总量的 3.5%，大量的客流都涌向地面公交，从而造成地面公交拥堵。同时，私家车也开始大量使用，使得地面交通更加拥堵。中央要求 1990 年要缓解北京城市交通的拥堵问题，要实现城市交通的畅通。

1986 年年底，为解决北京市地面交通拥堵问题，北京市政府召开专门会议，邀请有关专家献计献策。我当时是北京市政府交通顾问，在会上提出以下想法：把地铁 2 号线的环线开通，使 2 号线运行起来，并与 1 号线衔接，再把地面公交线路以地铁为骨架进行调整，使地面公交线网与地铁 1、2 号线的站点相协调，使乘客能方便地通过地面公交换乘地铁，减少地面公交的客运量，从而提高地铁的客运承担比例，同时使市民更愿意乘坐公交出行，这样就可以大量减少地面公交乘客人数和私家车车辆数，就可以缓解地面交通的拥堵，达到中央的要求。

基于这个想法，讨论时，我用系统分析理论分析了北京城市交通结构问题，提出了以下建议：环通地铁 2 号线，使地铁 1 号线、2 号线紧密连接，同时调整地面公交线路到发站和通过站的布置，使其与地铁有效衔接，使乘客能方便地“入地”和“离地”，把地面客流尽可能地引到“地”下去，做到地上、地下客流的平衡与协调，从而实现缓解首都城市交通拥堵的目标。

16.1.2 研究成果

此建议被北京市政府采纳，请我主持这项研究。我们运用系统工程理论、交通网络平衡、协调和优化理论研究北京城市地面交通和地下轨道交通的现状及拥挤问题。通过调查研究，我们编制出了改善北京市交通拥堵现状的具体方案。该方案提出，只需投资 8 000 万元，在复兴门地铁站修建一条折返线，就可使地铁 2 号线实现环通，并与 1 号线在复兴门相连，使北京的两条地铁成为城市交通主干运输线，再通过调整地面公共汽车线的站点分布，使之尽可能地与地铁站点布局协调，就可以实现将地面客流引入“地下”的目标，从而使北京市地面交通客流的拥堵现象得到有效缓解。我和北京市公交集团总经理郑树森共同确定调整地面公共汽车线路共 48 条，调整的原则就是以地铁 1、2 号线沿线主要站为停车站，调整地面公共汽车线路，使乘客方便地“入地”和方便地“出地”，特别是西直门地铁站，我们把 16 路公共汽车站调到西直门地铁站，零距离换乘，广大乘客非常满意。

这个方案实施后，北京城市交通的拥堵现象得到明显改善，地铁承担的客运量由原来的 3.5% 提高到 15%，地面公交的承运量则由原来的 96.5% 下降到了 85%，产生了巨大的社会效益。

16.2　提高北京地铁承担总客运量比重方案的研究

“提高北京地铁承担总客运量比重方案的研究”项目是由北京市科委下达的项目，北京市地铁是我国修建的第一条地下铁道。20 世纪 80 年代中期其总运营里程为 39.7 km，其中，1 号线地铁 23.6 km，运营区间为北京站—苹果园，1965 年 7 月 1 日开工，1969 年 9 月基本完成，1969 年 10 月 1 日试运行，1981 年 9 月 15 日正式运营；2 号线地铁 16.1 km，运营区间为复兴门—建国门，1971 年 3 月开工，1984 年 9 月 10 日正式运营。环通前，北京地铁按两条线路独立运行，即 1 号线及 2 号线半环线。本项目围绕地铁环通运行这一议题，运用运输系统分析理论与仿真技术，全面研究了北京地铁环通后的地铁运营方案、地面公交线路调整方案及其效益，提出了提高地铁承担总客运量比重的技术与政策措施，包括票价制度、不同方案的交通效果分析、经济效益和社会效益评价。预测环通后客运量可提高一倍，节省乘客出行时间30 000人 · h/d。该项目于 1989 年获北京市科技进步三等奖，如图 16.1 所示。

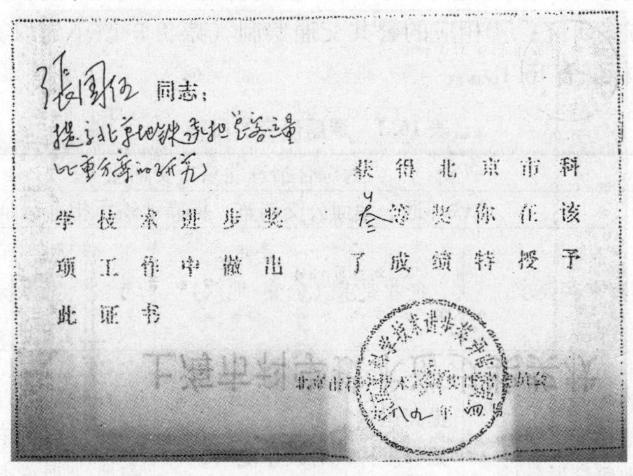
張国任 同志：
提高北京地铁承担总客运量比重方案的研究 获得北京市科学技术进步奖 叁 等奖 你在该项工作中做出了成绩 特授予此证书
北京市科学技术进步奖评审委员会
一九八九年四月

图 16.1

16.2.1 研究背景

随着经济的迅速发展，北京市交通服务能力与需求之间的矛盾日趋严重。交通拥挤、车速下降、事故增多、秩序混乱、乘车难已经成为突出的社会问题。为此，北京市市政府决定进行“北京市综合交通体系规划研究”，旨在使首都的城市建设和发展优先考虑城市交通，并实现以公共交通为主体的合理的城市客运交通系统。作为这个研究的前期课题，“提高北京地铁承担总客运量比重方案的研究”课题，由北方交通大学应用系统分析研究所承担，图 16.2 所示是现场调研的照片。本课题的目标是，通过提高北京地铁承担总客运量的比重，初步缓解北京的城市交通紧张状况，为今后进一步治理北京城市交通奠定一个良好的基础。

图 16.2

16.2.2 研究内容

本课题研究的主要内容是：①地铁环通后的客流预测分析；②地铁环通后的合理运行方案、运营优化方案及输送能力的研究；③配合地铁环通运行，地面相关公共交通线、站局部调整方案研究；④相应的公共交通票制（票价）改革建议方案研究。

课程研究的目标如表 16.1 示。

表 16.1 课题研究的目标

总目标	为综合治理北京市交通服务		
课题目标	地铁环通、地面公交调整、提高地铁承担客运量比重		
目标＼要求 分类	乘客要求	企业要求（公交/地铁）	系统环境要求
社会性	满足居民需求， 提供优质服务， 改善交通条件	公交政策合理， 提高运输能力， 充分发挥现有设备能力， 增强企业活力	体现改革精神，为首都城市建设服务，有利于城市功能的发挥，解决“乘车难”问题

续表

总目标		为综合治理北京市交通服务		
课题目标		地铁环通、地面公交调整、提高地铁承担客运量比重		
目标分类 \ 要求		乘客要求	企业要求（公交/地铁）	系统环境要求
有效性	快速性	减少出行时间	改善公交车辆运行管理条件	出行时间/工作时间最短
	方便性	减少换乘次数，改善换乘条件，提高可达性，提高票证通用性，完善引导标志	有利于公共交通的综合管理，减少车辆运营组织管理复杂性，减轻客流组织、售票管理工作难度	方便社会监督，方便社会管理
	舒适性	降低满载率	有利于现代化管理	
安全性		减少出行事故率	确保安全运输，减少运营事故率	交通事故率下降
		减少污染	减少区域公交污染量	城市环境污染减少
经济性		交通费用合理（票制、票价合理）	增加企业收入，降低运营费用，减少企业对工程改造投资，交通补贴合理	提高社会经济总效益

16.2.3　研究方法

1. 客流预测方法

本课题采用 3 种不同的方法对地铁环通后的客流进行预测。

① 特征函数分担率预测方法。采用多变量特征函数分担率预测模型（LOGIT 模型），当公共交通结构有较大变化时，预测各种公交方式分担的客流。

② 准最优分配预测方法。利用居民出行公交 OD 量和网络结构调整变动信息，进行网上客流分配，预测交通网络结构变化后地铁客流和地面公交客流变化，同时给出结构变化产生的时间效益。

③ 比例系数预测法。通过专家咨询，对地铁环通和地面公交调整后各主要路段客流的变化比例进行分析，最后得到预测结果。

2. 地铁环通运行方案及能力分析方法

采用 3 种研究方法对地铁环通运行方案及能力进行分析。

① 多方案比重系数评估法。根据运行方案中提出的“一环一线”“一环一线加套跑”“一环一线加直通” 3 种方案的特征，确定方案比选的 8 项指标：旅客直达性，运营安全性，总输送能力，车辆生产率，票制复杂性，对复兴门乘车的贡献，调度工作难度，站务工作强度。

② 定量分析计算法。高峰小时（单向）最大输送能力计算模型，全日输送能力计

算模型。

③ 计算机模拟分析法。基于对地铁环通后环线地铁设备数量及能力的计算、运量结构及客流分布规律的预测，建立环线地铁计算机模拟分析模型。这个模型主要由 3 个子模型组成，即运营方案优化子模型、运营过程模拟子模型、指标统计子模型。

16. 2. 4 主要研究结论

1. 疏导客流

地铁 2 号线的环通运行，将使地铁在北京市现有公共交通路网中的交通功能发生变化，形成合理的环形快速交通纽带，充分发挥地铁的潜力，缓解地面交通的压力，为疏导客流奠定基础。

预测表明：在地面公共交通线、站布局不加调整的情况下，地铁环通后，由于其交通结构的变化，将使地铁客流量得到相应的提高，结果如表 16. 2 所示。

表 16. 2 地铁环通后效果预测结果*

地铁票价/（元/张）	客运量相对增长/（万人次/d）	客运量净增/（万人次/d）	地铁客运量占总客运量的比重/%	地铁旅客周转量净增/（万人·km）
0. 10	40	20	9. 1	200
0. 20	27	10	7. 2	86

* 全日节省公共交通总出行时间 1. 9 万 h。

由此可见，地铁环通对充分发挥地铁的功能、缓解地面交通的压力、提高公共交通的社会效益均将起到一定作用。事实上，实施本方案后，1988 年年底北京地铁承担的客运量已占北京市公交总客运量的 10%。

为了充分发挥地铁环通后的设备能力，扩大地铁的服务范围，进一步满足客运的实际需要，提高地铁的客运比重，建议地铁环通后在实行 0. 20 元/张正式票价的基础上，进行地面公共交通线、站的调整和地铁环通后运行方案的合理选择是十分必要的。

2. 提高公共交通综合效益

地面公共交通线、站布局的调整，是实现地铁与地面公共交通协调配合、增强整个公共交通系统的能力和网络结构布局的合理性、提高公共交通综合效益的重要措施之一。

地面相关公共交通线、站调整推荐方案的分期实施，可以使与地铁环线相关的地面公共交通线路总条数由 75 条增加到 88 条，占地面公共交通线路总条数的 52%。

预测表明：配合地铁环通，本研究提出的第一、第二批地面相关公共交通线、站调整推荐方案的实施将产生如下效果：

① 地铁的运营效益得到提高，其全日旅客周转量较调整前可增加 120 万人·km；

② 环线地铁断面客流区段分布的不均衡性得到一定改善，环线的东部、西部、北部全日平均区段断面较调整前将提高 30%；

③ 城区地面公共交通客流相应减少，预计较调整前，市区地面公共交通客流量将减少 1. 5%；

④ 居民公共交通总出行时间较调整前节省2.9万小时/日。由此可见，配合地铁环通，相应地进行地面公共交通调整，对进一步发挥地铁环线的设备能力、缓解地面公共交通压力、提高公共交通系统的服务质量，均有明显效果。

为了配合地铁环通，须加快实现地面公共交通线站的合理调整，当前应当尽快落实公共交通用地，确保在规划道路范围内首先考虑公共交通的需要，绿化和其他用地应当服从交通用地的需要。同时，有关政府领导部门应当对公共交通线站调整方案的实施给予足够的重视和必要的投资。公共交通运营管理部门应当积极创造条件，采取相应措施，从车辆运营组织上逐步适应地铁环通后交通结构的变化和地面公共交通调整后线路运营要求的特点。随着地面公共交通调整方案的实施，地铁的客流尤其是环线地铁南环高峰断面客流量将会进一步增加。为缓解南环的压力，应当采取相应的运营组织措施，提高地铁南环高峰时段断面输送能力。

3. 合理选择运行方案

为基本适应地铁环通及地面相关公共交通线站调整后地铁客流的需求，挖掘现有系统能力，确保地铁环线环通后的正常运行，对地铁环通后的运行方案进行合理选择是极其重要的措施之一。

通过多方案比选、理论评价和可行性分析，提出近期实行一环一线推荐运行方案，具有行车组织工作简便、调度指挥自成系统、能力弹性大、行车安全可靠性强、现有设备技术管理条件比较齐备等特点。根据地铁环通后近期客流预测结果，此方案目前是可行的。后来具体实施时采用了此方案，证明是完全可行的。

在同等设备条件下，本方案可相对提高地铁环线的高峰最大断面输送能力，缓解由于环线南环区段客流量较大而限制地铁能力充分发挥的矛盾。在一定程度上，本方案能缓和地铁乘客的拥挤程度，节省运营车辆，提高车辆利用率。

运力与运量分析结果表明：地铁环通后实行不同的票价和运行方案，其能力的发挥和运营效果是不同的，主要结论如下。

① 在地铁票价不变（0.10元/张）时，两线最大断面客流预测值均大于（等于）各种运行方案下地铁现状设备所能承受的最大断面客流量。这表明现状票价条件下，地铁环通后运力比较紧张。

② 在地铁环通后票价为0.20元/张时，如地面公共交通线站不调整，两线最大断面客流预测值均小于各种运行方案下地铁现状设备所能完成的最大断面客流量。这表明：地铁运力有余，地铁能力未能充分发挥，应当进行地面相关公共交通线站的合理调整。

③ 在地铁环通后地铁票价实行0.20元/张的条件下，随着本研究提出的地面相关公共交通调整近期推荐方案的实施，其客流预测结果与地铁环通后的一环一线运行方案（环线3分4编，超员36%；新一线4分5编，超员20%）所能完成的客流量基本匹配。考虑地铁环通后近期客流有滞后增长的趋势及环线地铁具有客流自适应功能，在地铁现状条件下，推荐一环一线运行方案是较合理的。

④ 地铁环通后，采用一环一线加套跑的运行方案，环线可在不增加车辆和车辆段能

力的条件下满足预测客流量的需求。相对不加套跑方案在同等车辆设备和满载率指标下，可使最大断面输送能力提高 12%；地铁车辆超员率降低 20%；全年节省车辆走行公里 51 万车·公里。由此可见，在车辆设备不足、车辆段能力紧张、客流空间分布不均衡的条件下，采用套跑方案，对于充分发挥地铁的运力和提高服务质量都是十分有用的。

⑤ 为了充分发挥地铁的作用，提高地铁环通后的综合输送能力，应当积极采取措施加强和提高地铁站的通过能力和换乘能力，打开所有地铁出入口，修成并开放所有预留电梯，完善地铁的主要车站（复兴门、前门、北京站、崇文门、积水潭、西直门）客流组织工作和站台引导标记。对于能力紧张的个别站（如古城站），建议改建出入口和站台，建议复兴门站采用单向换乘客流组织方案。

为适应近、远期客流的需要，根据北京地铁的实际，在新地铁建成之前，提高地铁输送能力的途径是：一方面必须缩短列车运行最小间隔时分（达到设计指标——2.5 min），加大行车密度；另一方面，应当依靠扩大列车编组，在安全性好的条件下，较大幅度地增加输送能力。目前地铁的车辆和车辆段设备能力只能担负地铁环通后当前的断面客流量。中远期为满足地铁全日 100 万人次的客流需要，需实行 3 分 6 编的运营方案。因此，地铁环通后加快购置新车辆、对太平湖车辆段的库线延长改造、增设相应检修设备是近期应当采取的主要措施。

16.2.5 研究成效

1. 专家组评审意见

在北京市市政管理委员会的直接领导和北京市公共交通总公司、地铁公司、城市规划设计研究院、公安交通管理局等单位的协助下，经过一年多的工作，采用了多种研究方法和计算机手段，以提高地面、地下公共交通系统的综合效益为主要前提，围绕地铁环通运行，运用系统工程方法对提高北京地铁承担的总客运量比重进行科学研究，运用交通流和网络分析理论，设计出投资为 9 000 万元开通北京地铁二环线，调整地面 48 条公共汽车线、站布局，把客流引入地下以缓解地面交通拥挤的方案，为领导决策和公共交通部门提供了科学依据。专家组评审（见图 16.3）意见如下。

图 16.3

① 这项研究对缓解北京市的“乘车难”问题具有重大现实意义。课题研究的指导思想明确，研究的思路和框架科学、清晰。

② 从地铁和地面公共交通系统的整体性、层次性、动态性、价值性和策略性的基本特征出发，在进行大量现状调查分析的基础上，建立了课题研究的层次分析结构、目标集及相应的指标体系，构造了由七个子模型组成的公共交通客运大系统的总体模型，通过应用多种系统分析方法和计算机仿真技术，得出了地铁环通后的地下、地面公共交通运营和调整的多种可行方案及重要结论。

③ 这项研究的理论及方法准备比较充实，基础工作扎实，资料齐全，数据可靠，研究过程和结果分析中的科学论证较充分，逻辑严谨，方法先进，推荐的方案切合实际，在应用系统工程的理论和方法解决城市公共客运交通复杂大系统问题上，有创新和自己的特色。

④ 为了适应地铁环通后的运营需要，课题组及时向北京市政府和公共交通管理部门提供了研究的阶段成果、最终成果（其中包括地铁运营方案，地面公共交通线路及站点的调整方案，票制、票价改革建议方案）。部分研究成果已开始实施，效果良好，全部实施后，预计地铁承担的客运量比重将比环通前提高一倍，其客流分布的不均衡现象将得到改善，地面公共交通线路与地铁的衔接将显著改善，乘客日出行总时间将节省近三万小时。

综上所述，本课题组在不到一年半的时间里，完成地铁和地面公共交通系统这种复合型随机服务大系统的运筹规划，并提出分阶段的实施方案，在国内尚属首次，在系统工程的理论、方法的应用和研究成果的实用价值、学术水平等方面，达到了国内先进水平。

2. 项目实施效果

课题的推荐方案已被采纳，实施的结果同预测一致，因此受到客户和决策者的好评。

16.3　北京市城市交通综合体系规划研究

“北京市城市交通综合体系发展战略及技术经济政策”课题是北京市城市交通综合体系规划研究的一个子课题，这个课题负责单位为北京发展战略研究所和北方交通大学应用系统分析研究所。其中，北方交通大学应用系统分析研究所承担了北京市城市交通综合体系发展战略部分的研究。通过一年左右的研究，完成了课题任务，提交了北京市城市交通综合体系发展战略研究报告及以下附件：

① 北京市城市交通综合体系发展战略研究方法简述；

② 北京市城市交通现状水平及其与世界大城市的比较。

该项目获得了北京市科技进步一等奖，如图 16.4 所示。

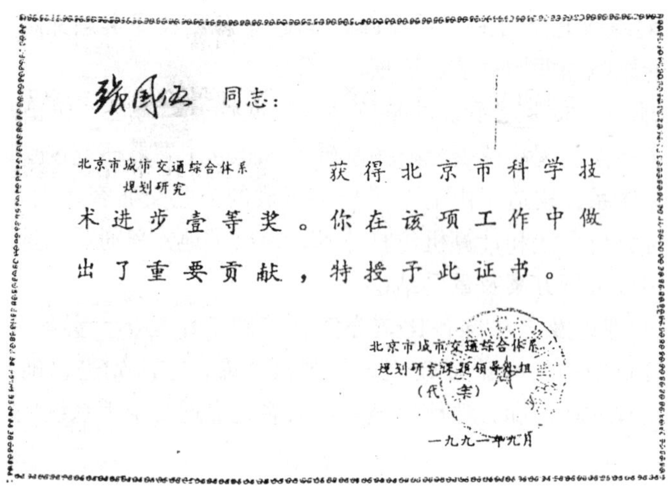
张国伍 同志：

北京市城市交通综合体系规划研究 获得北京市科学技术进步壹等奖。你在该项工作中做出了重要贡献，特授予此证书。

北京市城市交通综合体系规划研究课题领导小组
（代章）

一九九一年九月

图 16.4

16.3.1 研究背景

北京市是我们伟大祖国的首都，是我国政治、经济、文化的中心，也是对外交流活动的中心，是世界范围内的特大城市，这就决定了北京市在人流、物流、信息流等方面的高强度，并由此导致了城市交通供需之间的尖锐矛盾。

1. 交通拥堵严重

新中国成立三十多年来，北京市在城市交通建设方面进行了大量的工作，加强了交通管理，取得了很大的成绩，但远远落后于城市的发展需要。由于城市路网能力的增长无法与交通量的增长相适应，导致目前市区道路在高峰时普遍出现阻塞现象。地面的阻塞导致车速下降，反过来又加剧了地面车辆的拥挤，造成了恶性循环。

北京市的对外交通流量也迅猛增长，对外交通设施严重不足。北京的几条对外铁路通道已经处于饱和状态，铁路车站超负荷运转，民航客流急剧增长，候机楼已拥挤不堪。市区和郊区的联系线路少，密度低，质量差，严重影响交通车辆的畅通运行。

当前，北京交通拥挤、车速下降、事故较多、乘车难、行车难已成为突出的社会问题，并有继续恶化的趋势，严重阻碍了首都社会经济的发展。造成交通拥堵状况的主要原因如下。

① 长期以来缺乏全局的、长远的交通发展规划，对未来发展趋势的预测工作做得不够，对城市交通在城市建设中的地位和作用认识不足，影响了城市交通建设。

② 缺乏明确的发展方针和技术经济政策。长期以来，没有制定出北京城市交通发展战略与规划，即使制定了一些规划，也往往由于缺乏一套完整的技术经济政策和措施，使得规划难以实施，有些技术经济政策则缺乏统一的目的性。

③ 长期以来，城市交通建设的资金投入不足，城市交通建设的投资比例安排得不好，致使城市交通建设逐年“欠账”，造成城市交通状况的进一步恶化。

2. 交通量将大幅增加

随着改革开放的进一步扩大，北京市政建设和经济建设将迅速发展。北京市与国内外的交往和交流也将进一步增多。伴随旅游业的兴起，首都的交通量将大幅度增加，因此北京市城市交通问题已成为一个亟待解决的问题。

另外，世界大城市发展的实践充分证明，城市交通运输系统已经成为城市发展的重要有机组成部分，是城市繁荣、经济发展的前提和基础。

基于上述两方面的认识，制定北京市交通发展战略规划是非常必要的，是具有战略意义的。为此，北京市下达了“北京市城市交通综合体系研究”课题。我带领北方交通大学应用系统分析研究所的研究生和部分教师承担了作为其子课题的“北京市城市交通综合体系发展战略及技术经济政策”的部分研究内容，即北京市城市交通综合体系发展战略部分的研究。

16.3.2　研究内容与方法

战略研究是近十年来工业发达国家在管理科学的发展进程中逐步形成的一个新的研究领域，它从全局性、根本性和长远性的观点出发，研究大规模复杂系统的发展，研究其内部结构和运动规律，研究系统内部与环境之间的交互作用，并结合系统发展的条件和内在动力，根据客观形势的变化和发展，提出系统的发展目标及为达到此目标而应采取的政策和措施。

城市交通系统是一个复杂的社会经济大系统。根据城市交通问题具有的多因素和复杂性的特点，以及战略研究的全局性、根本性和长远性的特点，项目组以多种方法从多个方面、多个角度对北京城市交通的发展进行了分析研究。

1. 研究内容

总的研究内容如图 16.5 所示。

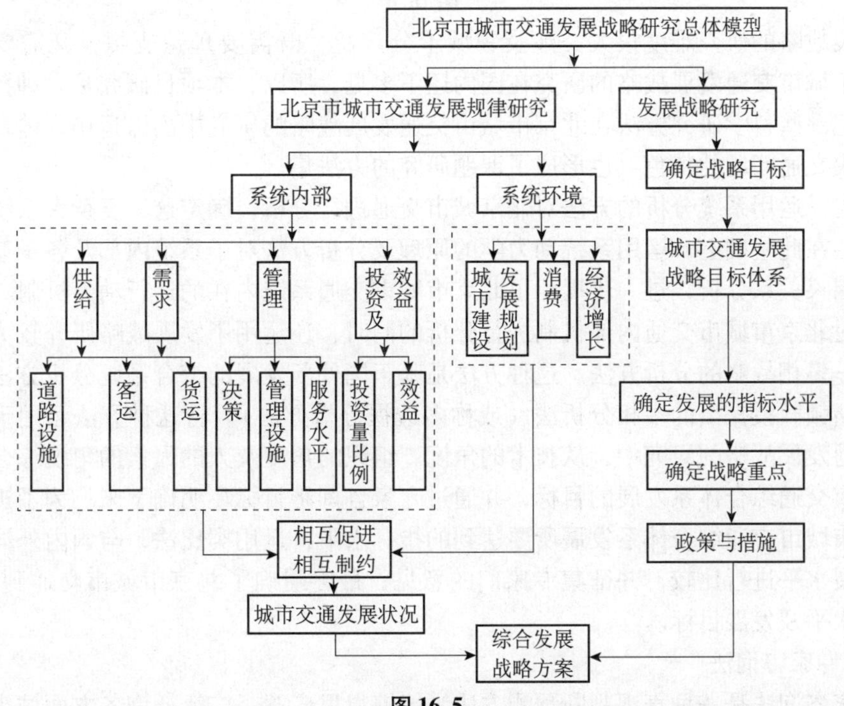

图 16.5

2. 研究方法

在研究内容明确之后，针对所要解决的问题逐一确定研究的理论与方法。研究过程及各阶段采用的方法如图 16.6 所示。

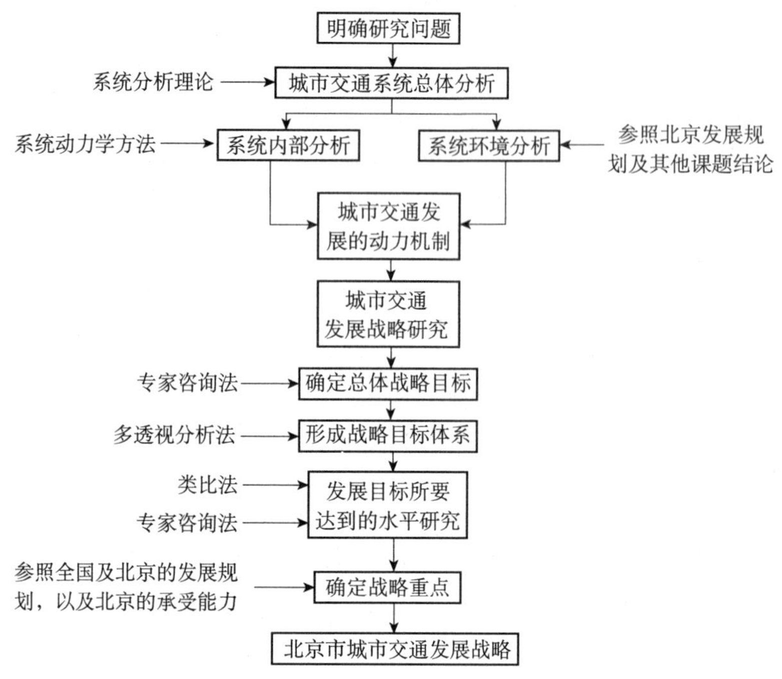

图 16.6

发展战略的研究难度很大，涉及领域十分广泛，既需要理论支撑，又需要实践经验。由于城市交通发展战略的研究在国内还不多见，所以，本项目研究是一种探索性的工作，把一些科学研究方法在北京市城市交通发展战略的研究中加以运用，体现了这些方法解决交通问题的特色，也形成了课题研究的方法集。

首先，运用系统分析的方法对北京城市交通进行分析，确定这一复杂大系统的子系统划分。在此基础上，运用系统动力学的原理及分析方法对子系统内部及各子系统之间进行了因果关系分析，进一步揭示了北京市城市交通系统内在的运行动力机制。

在对北京市城市交通内部机制进行分析的同时，还运用了发展战略研究较为得力的方法——多相战略的分析方法。这种方法是基于国外新发展的综合系统分析方法，如美国普林斯顿教授提出的多相分析法（或称多透视分析方法）。将这种方法运用于北京市城市交通发展战略的研究中，从技术的角度、组织的角度及人的因素的角度综合分析北京市城市交通综合体系发展的目标，并通过专家咨询将目标集明确下来。为了进一步确定北京市城市交通综合体系发展所要达到的指标水平，运用类比法，与国内外同类大城市的发展水平进行比较，并征集专家们的意见，最终明确了北京市城市交通到 2010 年的发展水平及发展目标。

1）专家咨询法

专家咨询法是一种直观判断预测方法，能够集思广益，广泛征询各方面城市专家的意见。城市交通问题涉及面广，包括道路、公交、地铁、公交管理等几大方面。同时，城市交通又属于城市基础设施，它的发展要受市政影响。因此，为使几方面协调发展，就需要几方专家协同工作。一方面要求各方专家独立提出各自的见解，另一方面又要求他们共同研讨。所以，本项目研究采用书面咨询与专家会议相结合的方法，来寻求一种确立北京市城市交通发展战略总目标及目标体系的途径。

书面咨询的优点在于，各位专家可以在不受任何干扰的情况下发表自己的独到见解。这在城市交通问题的研究中，是非常必要的。城市交通内部各主管部门既相互独立又相互联系，从部门来看，各部门有自身的发展及利益；从市政角度来看，又涉及与其他基础设施的关系。发展战略的研究则要求在保证整个城市交通系统最佳发展的前提下，合理协调各部门的发展。其中，既有独立的要求，又有综合的要求，书面咨询能满足这两种要求。咨询结果反映每个部门的发展要求，在这些调研结果的基础上又能分析与综合出总体发展的要求。书面咨询结果是研究结论的重要依据之一。

专家会议同样是重要的和必要的。讨论会的优点在于专家们的责任感普遍增强，在讨论过程中几种不同的观点可以同时提出，使得结论的正确性有所增强。城市交通问题非常复杂，因此，总体发展战略的确定是很难的，如果不面对面地讨论，所得结论很可能有所偏颇，把握不住全局性和根本性的问题。在本研究中，对北京市城市交通的发展战略及发展水平也采用这种方法进行研究，不仅明确了总体发展方向，而且明确了城市交通各部门的发展都方向。同时，还为各方面的专家与有关领导创造了一个交流观点的机会，使彼此增加了解，对今后发展战略的宣传及实施将起积极的作用。

2）系统动力学方法

城市交通系统具有多因素复杂性，其研究方法应该是人机结合，即以人为中心，决策系统、知识系统和信息系统协同工作，寻找一种通过计算机使人的经验和判断过程系统化的分析手段。由此对系统行为产生原因、系统构造情况、控制机理及因果关系制约方式保持清楚的理解，进而较好地处理系统动态发展过程中的问题。系统动力学方法能较好地满足这种要求。

系统动力学用于城市交通系统更有其深厚的基础。系统动力学将社会问题流体化，而交通问题在很大程度上就是交通流问题，例如，可对交通问题做如下抽象，如图 16.7 所示。

其中，阀门代表政策和措施，容器代表道路，而水则代表由出行起始点涌上道路的车流，下面的导出管代表车辆到达出行终点而离开道路。系统动力学方法的思想是，系统的结构决定系统的行为，研究基础是反馈控制理论。因此，系统动力学方法为研究城市交通的发展问题提供了有效的定量模拟手段。

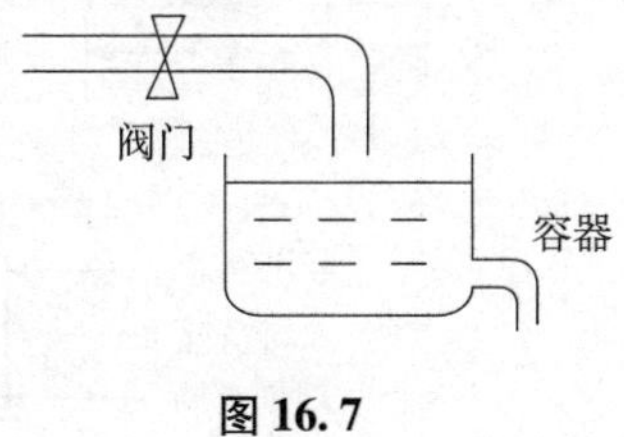

图 16.7

3）多透视分析法

多透视分析法的特点是从多个角度分析同一个问题。城市交通既具有服务性又具有企业性，并且是城市的基础设施。因此，城市交通具有全民关心的特点。人们站在不同的立场或角度就会产生不同的要求，得出不同的结论。本研究考虑到这一特点，采用多透视分析法，从技术的角度、组织的角度及个人的角度来评价城市交通，选择评价目标体系。本研究选定的评价指标体系如图 16.8 所示。

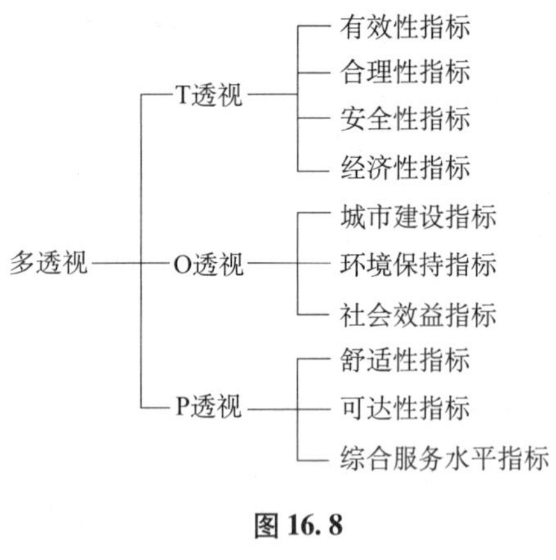

图 16.8

图 16.8 中，O 代表组织，T 代表技术，P 代表乘客个人，选择的指标是制定城市交通发展目标集的理论依据。

4）类比法

类比法的理论基础在于“相似的事物具有相近的发展过程”。在研究分析中注意到，所谓相似，不仅仅是某一方面的相似，而应具有多方面的相似。城市交通发展的研究要考虑与交通有关的其他因素，如出行量决定因素之一的人口、交通设施数量影响因素之一的土地面积及与交通政策有关的一些因素等。在分析这些交通影响因素的基础上，尽可能选取具有可比性的指标来反映各大城市交通的情况，例如，单位道路面积的车辆数、运量需求与运输能力之比等。

类比法用于城市交通发展战略研究有其优点和不足。优点在于，我国目前城市交通还很落后，世界上许多发达地区已走在前面，我们可以借鉴他们的经验和教训，少走弯路。不足之处在于，这种方法对“相似性”要求较高，并且这种相似应包括事物本身、系统环境和基础等。因此，对资料的收集有较高的要求，而这容易造成工作中的困难。但从总体上来讲，这种方法仍不失为研究发展战略的一种可行的方法。

16.3.3 北京市城市交通系统分析

城市交通即各类车辆（运输工具）在城市道路系统上往来行驶以完成各种性质的客货输任务。北京市城市交通系统的总体组成如图 16.9 所示。

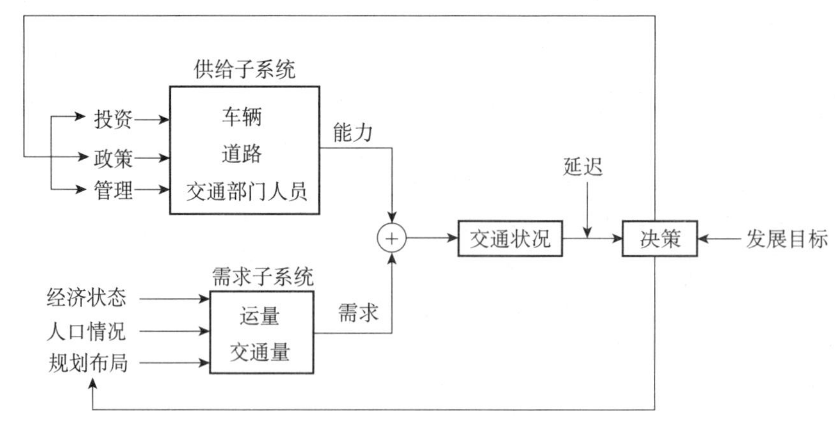

图 16.9

图 16.9 中，整个系统由供给子系统和需求子系统组成。投资、政策和管理是供给

子系统的可控输入，其输出是能力；需求子系统的输入包括经济状态和人口情况，这两部分是不可控的外部输入，而规划布局是需求子系统的可控输入。两个子系统的所有可控输入均是由一个反馈机制控制的，即两个子系统的输出——需求和能力共同决定交通状况，而交通状况及发展目标的对比作为决策者做出决策的依据。决策可以控制两个子系统的输入。

因此，本课题的研究是基于发展目标的研究及对供需系统及决策的研究展开的。

1. 需求子系统

需求是决策的重要依据。北京市城市交通需求的研究已单列课题，本课题不再深入研究，只是在考虑决策时考虑了运输需求，以及人口、经济、布局规划对需求的影响，并从政策措施上考虑对其加以控制。

2. 供给子系统

供给子系统是城市交通系统的重要组成部分，是本项目的主要研究对象。供给子系统划分为如图 16. 10 所示的几个子系统。各个子系统的主要构成要素有人、运输工具和道路，其中道路是联结客运系统和货运系统的桥梁。

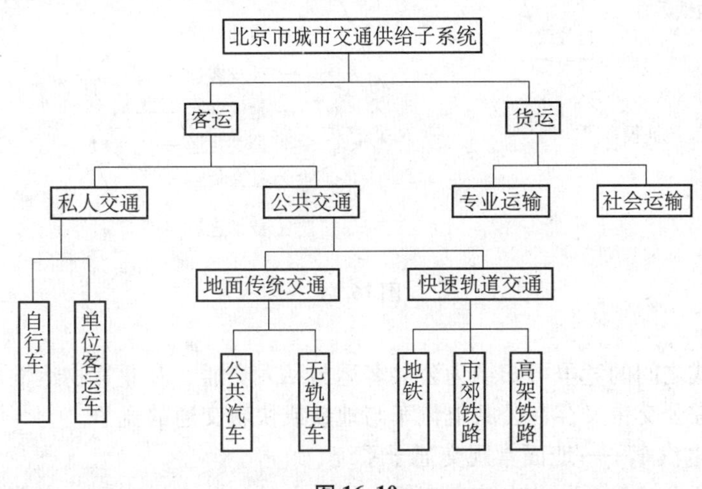

图 16. 10

3. 总体发展机制

城市交通的内在反馈机制，使各个子系统按一定规律发展。进一步分析这种机制，得到因果关系模型，由此可以较全面地分析城市交通系统的发展。

城市交通总体因果关系模型如图 16. 11 所示。因果反馈机制具体说明如下。

1）需求

本项目的研究任务不是预测客货运量，而是在既有运量预测的基础上，研究这些运输需求将如何得到满足。出路有二，一是“节流”，即从减少交通量入手，主要通过技术经济政策予以解决；二是“开源”，即发展城市交通以满足日益增长的需求。需求者根据自己的准则选择不同的运输方式，于是形成不同运输方式之间的竞争。各运输方式的竞争能力取决于各自的能力供给，而竞争的结果又决定了不同运输方式的发展及能力供给的增加。

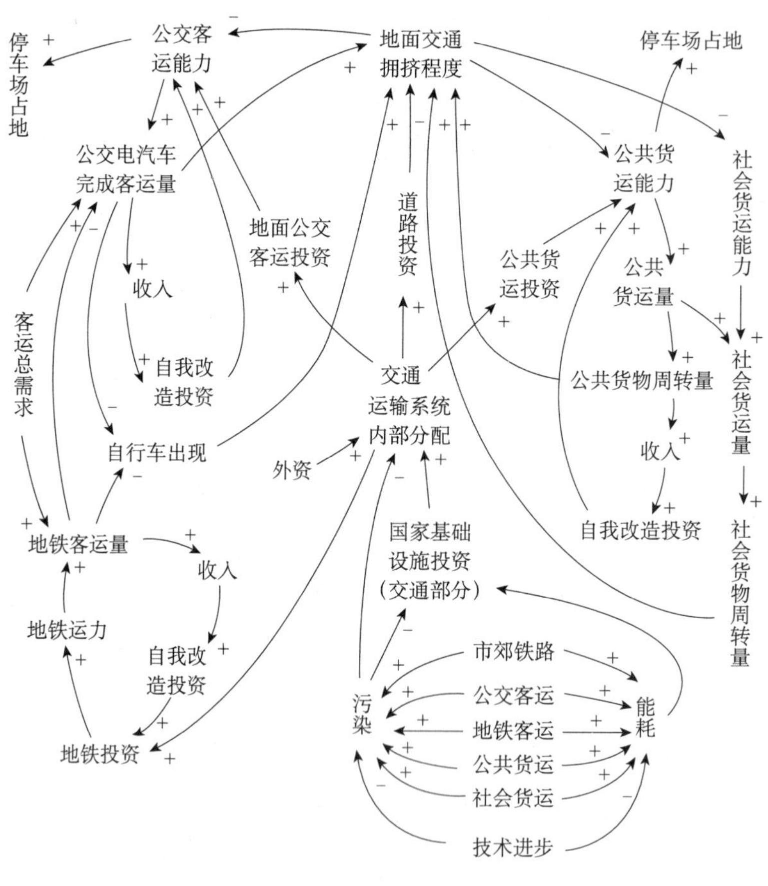

图 16.11

2）供给

各运输方式之间的竞争可归纳为公共客运与私人交通、专业货物运输与社会货物运输的竞争，而在公交中又存在公共电汽车与地铁或快轨交通的竞争。

（1）公共电汽车——地面常规交通子系统

公共电汽车系统包括公共电汽车车辆、司乘人员、公交线路和站点等，由此决定其综合服务水平。综合服务水平是迅速性、可达性、方便性和舒适性等的综合体现，同时也是竞争能力的组成部分。公共电汽车系统的最大优点在于覆盖面广、方便乘客，但缺点是容客量小，且要与货运及其他各种交通工具共用道路设施，因而干扰大、速度低，对道路交通影响大。

（2）地铁（包括快速轨道交通）

地铁有优势也有劣势，其优势在于运行速度快，容客量大；劣势在于其造价高，覆盖面小，方便性较差。就目前国外的发展来看，地上高架快轨的优点很多，其造价仅相当于地铁的1/3，可以克服地铁造价高的缺点。快轨在国外以其快速、舒适、可达性好赢得了乘客。快轨交通能减轻地面交通的压力。

在公共交通系统中，存在其自身的经济规律。公共交通是一种服务性行业，一方面国家应大力扶持，从投资和政策上给以优先权和优惠，另一方面也应给企业松绑，使之有一定的自我生存能力，即按如图 16. 12 所示的方式发展，形成一个正的反馈环。系统要想不断发展，其关键在于政策的保证，应在处理收入这一环节上寻找出路。

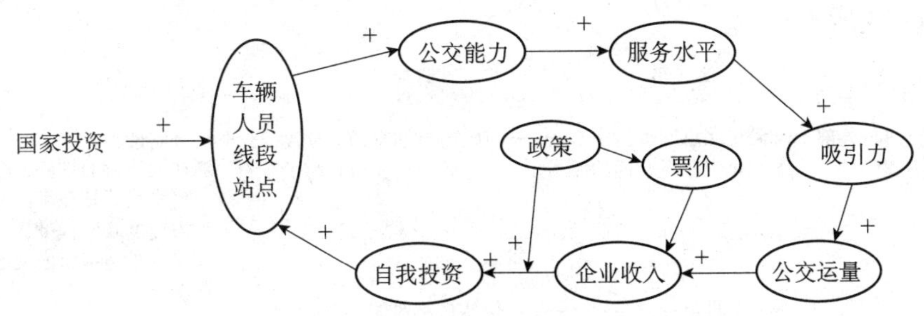

图 16. 12

（3）自行车——私人交通

无论是公共交通方式还是私人交通方式，吸引力大的出行量就大。目前由于公交吸引力日渐下降，所以自行车交通迅速增加，结果导致自行车与机动车争占道路，造成道路交通日益混乱，阻塞日益严重。这恶果又使得公交车辆运营速度逐渐下降，其服务水平再度降低，形成恶性循环。要制止这种恶性循环继续下去，有两个办法，一是大力发展公共交通，二是从政策上抑制自行车的购买与出行。

（4）道路

地面上客货运车辆都要占用道路这一设施。运量对运输工具产生需求，而运输工具又对道路产生需求。道路的供给取决于对道路的投资，对道路的投资决策所形成的城市公共交通系统中道路发展的负反馈环如图 16. 13 所示。

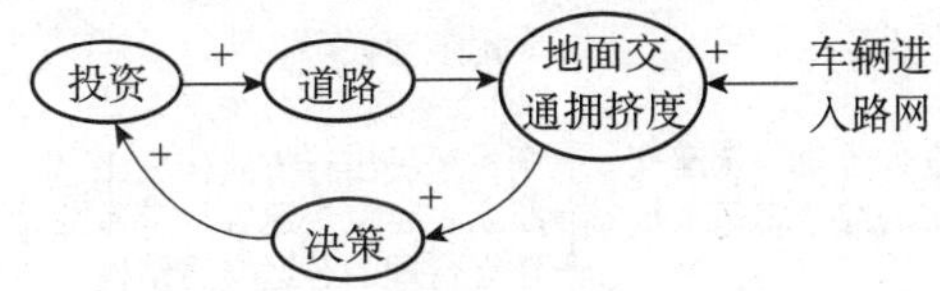

图 16. 13

进入路网的车辆越多，则地面交通拥挤度越大，对决策产生的影响越大，决策者还要视其他各项建设的安排及资金情况决定是否投资。投资增加则道路长度增加，拥挤度下降，于是形成一负反馈环。

由分析可以看出，是否最终形成这样一个使系统趋于稳定合理的负反馈环，主要取决于决策，这个负反馈环的意义在于它能使整个道路交通系统处于一种有自我调节能力和有应变能力的状态。

16. 3. 4　发展战略研究

1. *确定战略总目标*

根据首都总体战略发展的需要，根据城市交通的性质和功能，首先确定战略总目标，使之高度概括北京市城市交通的战略方向。在此基础上，为具体表达总目标，需要用指标来衡量总目标，本研究采用多透视分析法得到北京市城市交通发展的评价目标体系。在此体系中，主要反映三个方面对交通的评价，即：① T 透视——科学技术的角度；② O 透视——企业和社会的角度；③ P 透视——个人和个体的角度。评价目标体系如图 16.14 所示。

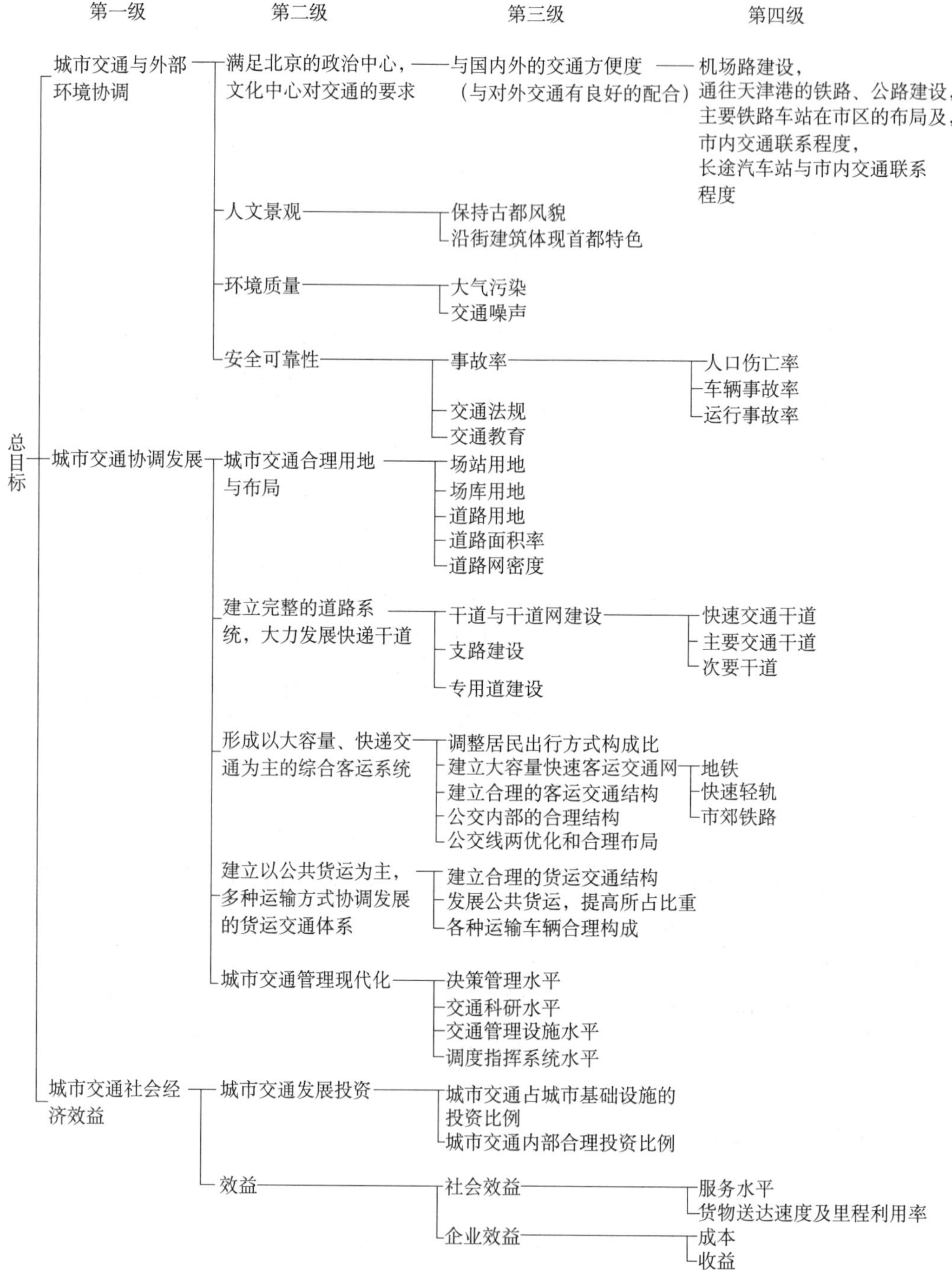

图 16.14

2. 确定指标水平

在总目标及评价目标体系确定之后，北京市城市交通总目标如何实现及应达到何种水平，在本研究中采用专家咨询法并结合类比法加以预测。

预测一个系统未来的发展水平必须有强有力的依据。研究未来实际上是对未来的一种预见。根据现状分析预测北京市城市交通系统的未来采用类比法是比较合适的。事物之间及事物发展过程的相似性，是类比法的客观基础。当两种事物在某一方面或多方面具有一致性或相似性时，则它们很可能在其他方面也有共同之处。它们的发展趋势和结果也可能具有一致性或相似性。如果其中一个是已知的现实过程，另一个是未知的未来过程，那么就可以用前者来预测后者。在对未来北京市城市交通发展方向及发展目标的研究中，着重选取了莫斯科、伦敦、纽约、巴黎、东京、香港等几个大城市作为对比城市，这几个大城市分别与北京在某几个方面具有相似性。

总之，中国实行开放政策的结果，必将使各方面的事业都卷入国际大环境之中去。北京是我国的首都，应与国外大城市有竞争能力，北京的交通是实现北京功能的一个不可忽视的组成部分。因此，借鉴国外大城市交通发展的经验及其发展方向，作为制定北京市城市交通发展的依据是可取的。

3. 制定城市交通战略的原则

（1）北京是我国的首都，是全世界的特大城市之一。北京城市交通必须赶上世界特大城市的交通发展水平，以适应首都城市功能的需要。

（2）北京城市交通建设的规模、设施水平和空间分布，必须与北京市政建设协调发展。

（3）北京城市交通建设的发展必须基本上适应北京城市基本交通量的需求。

（4）北京城市交通大系统包括城市内部交通与对外交通两个子系统。两个子系统既要各自形成较完善的综合交通体系，又要相互协调，成为一个具有与北京城市交通对内、对外需求相适应的综合交通系统。

（5）北京城市交通的建设与发展目标是建立一个与北京城市发展相适应的城市综合交通体系。这个综合交通体系以公共交通为主体，以快速交通为骨干，由多种交通方式组成，包括地面、地下和高架多种形式，技术设备与组织管理彼此接近，并争取达到20世纪80年代世界城市交通水平。具体内容如下：

① 以公共交通为主体、以快速交通为骨干的交通系统，其中快速交通包括快速轨道交通和城市快速干道网；

② 城市交通运输结构要合理，包括多种运输方式及其空间分布的结构、客运与货运结构、不同等级的道路结构、车辆构成等；

③ 要形成一个内部与外部，地下、地面与空中相结合的布局，一个较合理的立体式的综合交通网络及一个公共交通线路网和货物运输网；

④ 要有与综合交通网和货物运输网相适应的中转换乘方便、布局合理的枢纽站、换乘站、停车场和货物流通中心；

⑤ 要有较先进的交通管理、交通控制手段和科学的现代化管理方法，以及基本上

体会完善的交通法规。

4. 确定战略目标

在分析交通现状的基础上，根据今后发展城市交通的综合条件，提出上、中、下三种城市交通系统状态和服务水平的战略目标层次，供市政府在比较中做出选择。

1）争取达到的发展战略

到2010年，形成以快速道路和快速轨道公共客运交通系统为骨架，以社会化货物流通中心为基础和多方向辐射的铁路、公路和航空交通网，和由此组成的城市道路、客货运输及对外交通系统，并有20%～30%的承载能力储备的城市综合交通体系。

以此为支撑，构成多元化、多个空间层次和彼此衔接、配套的城市交通综合体系，并实现交通控制、管理和指挥系统的现代化，以形成能基本满足首都功能需要和多种交通需求所必需的交通承载能力和应变能力，达到中等国家的首都城市在20世纪80年代的同等服务水平。

2）努力实现的发展战略

到2010年，建立环形—放射式快速道路和快速轨道交通网的基础，以及社会化货物流通中心的骨架，加快以铁路为主体、高速（快速）公路和民航作补充的对外交通建设，形成必要的集散能力。

以此为基础，初步形成多元化、多个空间层次，且彼此衔接与配合的城市交通结构。通过多个层次和多种形式的空间分流（包括组织单向交通和公交专用车道）和必要的现代化交通控制和指挥手段的配备，提高城市交通的承载能力和有序化水平，以基本适应今后15～20年首都交通发展的需要。

3）保证达到的发展战略

加快以铁路客运枢纽、快速轨道交通和快速环形—放射式道路为依据的交通建设，使对外交通和市内客运交通的恶化趋势和机动车交通运行效率下降的势头得到有效的控制。到2010年，在客运量不断增长的条件下，北京城市交通维持目前的状况水平，不再继续恶化。

5. 实现战略目标的途径和控制模式

从当今世界大城市交通发展的普遍规律来看，要想在巨大的人口规模、活动半径和高强人流、车流的条件下适应多种出行的需要，建立具有上述协同互补的多元化、多个空间层次、彼此衔接与配合的交通结构及相应的城市交通综合体系，是唯一正确的选择。

1）实现战略目标的途径

（1）以快速和大容量制胜的途径

据初步预计，到2010年，北京市常住人口将达到1 345万人，日平均流动人口超过200万人。全部人口年出行量（包括自行车）将增至118亿人次，比目前60亿人次的出行规模增加近1倍。机动车拥有量将达到或超过90万辆，自行车拥有量为800万辆（相当于200万～220万辆机动车），年货运量也将增至3.5亿t左右。

面对如此巨大规模的交通负荷，仅仅依靠或主要依靠地面常规公共电汽车和常规道路网是难以承受的。因此，建立以快速和大容量的轨道交通和用于组织连续性、机动交通的快速路为骨架的现代城市交通结构，是解决交通负荷与承载能力之间矛盾的基本途径。

（2）利用系统协同机制的途径

无论是对外客运交通枢纽与市内公交线路的衔接、市内轨道交通与地面公共电汽车线路的优化组合，还是铁路、公路货运枢纽与货物流通中心或大中型货场的衔接，乃至地下、地面公交线路始发站、枢纽站与自行车交通的换乘联运等，即相关系统之间和交通流动及出行方式转换过程之间的接口，都是完全必要的。

从表面上看，似乎这些接口是具体的战术问题，但从整个城市交通大系统运行状态和服务水平的全局考虑，它们却是产生系统协同效应的关键环节和战略保证，因为协同效应构成的总体功能远大于各个组成部分的功能之和。

（3）实行多层次的空间分流

实行多层次的空间分流，是有效地利用交通资源并使交通运行有序化的基本途径。

在交通结构合理化的基础上，综合运用多层次空间分流的手段，可使多种交通流的空间分布和不同交通载体的交通负荷分配合理化，从而既能有效地利用已有的交通资源，均衡空间上的交通负荷强度，又能使交通运行有序化，并提高交通效率。

重要交通吸引点的合理布局，可以获得大幅度的空间分流与削减交通量的双重效果。快速路网与常规路网、街道外轨道交通与街道内公交线路的协同配合，不同出行方式的换乘和联运等，都可以使不同出行目的的交通流在随机选择和替代的过程中，实现空间和交通载体的分流，开辟重要街道平行复线，实行部分道路或车道的专用化，在路网密度高的地段组织单向交通，在交通负荷大的路口禁止左转弯等，都可以有效地均衡交通流的空间分布，减少干扰及由此引起的延误时间，提高交通资源的有效利用率。

2）实现战略目标的控制模式

城市交通管理实行头尾并重的双向控制模式，是缓和与协调交通供求矛盾的战略手段。

城市交通总需求大于总供给的矛盾，是城市化过程的必然产物。北京处于全方位开放的现代社会环境中，这一矛盾表现得尤为突出。预计到2010年，北京只能设法缩小两者之间的缺口，实现交通供给能力超前的可能性是不存在的。

因此，今后20年内全市交通管理的目标应该是，新增加的交通承载能力大于逐年净增的交通负荷量，而且两者的差额越大，越能提前形成良性循环的转机。实际上，北京交通投入能力的递增率与这一要求并不匹配。在这种发展背景下，更应实行头尾并重的双向控制模式，使交通的总需求量或各种出行的发生量控制在确保2000年前后形成良性转机所允许的范围内。

为此，要把过去的单向控制模式（交通管理基本上局限在对已发生的交通流施加控制上）转为双向控制模式；否则，不仅难以做到缩小交通总需求与总供给之间的缺口，更无实现尽早形成良性转机的交通管理目标。

6. 战略重点的选择

战略重点的选择在时间上分为近、远两期，即前10年为近期，后10年为远期。

1）近期战略重点的选择

无论是北京的对外交通，还是城市内部交通，当前最突出的问题是客运的全面紧张与局部恶化的发展趋势。其中，最关键的一环是，地面公共交通客运量的负增长与私人个体交通（主要是自行车出行量）的继续膨胀，以及由此导致的如下恶性循环：自行车进一步扩大道路面积占用率和交通干扰，引起机动车运行效率进一步降低和延误时间继续增加，又引起地面公交车正点率持续下降，拥挤度和候车时间进一步增加，进而刺激私人个体交通和单位自备车辆出行的膨胀。

与客运交通这个突出矛盾并存和密切相关的是，三环路以内特别是二环路以内交通高密度区的干道容量已趋于饱和或超饱和，这是导致市区交通效率每况愈下的症结所在。

根据分析，今后 10 年的战略重点应放在路网建设与地面交通的开发上，以改善公共电汽车为主，同时开始轨道交通（包括地下铁道）的修建，逐步加快建设速度，要充分利用和积极改造道路系统，优化公交路线，加强管理，改善经营，缓解交通的拥挤。

战略重点的具体表现如下：

① 把扩大铁路客运集散能力、加快地铁环路贯通线和市郊铁路的建设作为第一战略重点，并使它们在“八五”计划期间就能部分投入使用；

② 与遏制市区地面公交运营继续恶化相联系的交通高密度区干线街道的改建，平行复线或自行车交通专用干线的开辟，应作为与第一战略重点相平行和匹配的战略条件；

③ 通过对三环路以内特别是二环路以内交通状况的综合整治，一方面要弱化旧城区的交通吸引力，另一方面要使混乱的交通环境和交通秩序得到明显的改观。

如果上述三方面的战略重点能够在今后十年内基本实现，那么力争在 2000 年前后出现转机的目标就有了八成把握。

2）远期战略重点的选择

后 10 年则把战略重点转移到建设快速交通系统上来，全面加强城市交通综合体系的建设，最终形成以公共交通为主体、快速交通为骨干、由多种交通方式所组成，并与北京城市发展相适应的城市综合交通体系。

道路建设重点应放在快速干道的建设上，形成全市性的快速干道网，承担全市的大运量交通。同时，在全市范围内加速道路的建设，形成比较完善的城市道路网。

客运交通是在进一步完善地面公共电汽车交通网和扩大吸引范围的基础上，大力发展快速轨道交通，并加强各枢纽点的配套建设。同时，大力发展市郊运输，开行环城列车以起分流作用，形成完整的客运交通综合体系。

货运方面，应发展专业货运，建立货物流通中心，建立一个社会化的货物运输市场，形成一个运力适应运量、管理完善、组织合理并能满足社会多方面需要的货物运输体系。

交通管理则重点在于建设一个现代化的城市交通管理体系，建立起全市的交通管理控制中心。

7. 战略目标实现后城市交通达到的水平

由于现代化城市交通是一个多因素、多层次、复杂的大系统，评价城市交通的水平必须用系统工程系统分析的方法进行整体研究，制定出一套综合的、定性与定量相结合的目标体系。根据分析，第二种交通发展战略是可行的，在本课题研究中，根据指标的宏观性、综合性和可比性等条件，选用了 7 个指标。现就 2010 年达到此目标时 7 个指标可以达到的水平介绍如下。

1）可达性指标、城市规划范围内居民出行时间

最大限度地缩小交通时距，是城市交通现代化所追求的定量目标。居民出行时间是对公交线路网密度、公交线路行车密度、公交换乘率、公交正点率、运行车速等指标的高度综合。居民出行时间的多少是城市公共交通服务质量的重要标志。

到 2010 年，城市规划圈内居民单向出行时间将由现在的 58 min 降到 45 min 以内。

2）道路用地率和道路网密度

城市用地布局中反映城市交通用地的主要指标之一是城市道路用地率，而且道路用地占城市用地的很大部分。道路网密度或道路长度则反映城市交通的发达程度。

城市道路用地率由 9% 提高到 13% ~17%，路面宽度大于 7 m 的道路网密度由现在的 0. 96 km/km^2增加到 2. 25 km/km^2。二环路以内的道路密度达 4. 32 km/km^2，二环路与三环路之间的道路密度达 3. 03 km/km^2。城市规划圈以内的道路网密度为2. 25 km/km^2。

3）轨道交通长度指标

完全依靠地面交通来解决特大城市客运交通问题，是非常困难的，甚至是不可能的。地面公共电汽车交通所承担的客流量有一定的局限性。当客流达到一定强度时，地面公共电汽车不能适应，应利用大运量的快速轨道交通工具。轨道交通是大城市交通的主力军，是北京来来的发展方向，是解决北京市城市交通拥挤的根本途径。

今后，北京要积极发展快速有轨交通，使其长度由现在的 40 km 发展到 100 ~110 km。

4）客运结构指标

由于城市的客运结构不同，各种客运方式的组合比例也不同，总体运输能力也很不相同。城市交通战略和政策影响客运结构的变化，而其变化的结果又体现出这种战略和政策的合理程度。由于自行车不加限制地过量增长，现在北京已形成以自行车为主体的客运结构，严重影响公共交通的发展。目前，轨道交通所承担的客运量比重低，客流集中在地面，使得地面交通拥挤，秩序混乱。因此，采用以下两个指标综合地反映城市的客运结构：

① 提高公共交通的比重，公共交通量和私人交通量的比例由现在的 36∶64 达到 70∶30；

② 提高轨道交通量的比重，轨道交通承担的客运量占公共交通总客运量的比重由现在的 5% 提高到 30%。

5）货运量构成比

城市汽车运输的专业化可使车辆的社会构成更加合理化，可以控制社会车辆的盲目增长。这样，既能节约运力，又能缓解道路的紧张状况，还能反映出货运结构的合

理性。

专业货运部门的货运量将由现在的35.6%上升到60%左右。

6）交通事故死亡率

这个指标反映管理建设的现代化程度、交通法规的健全程度和人民的交通意识。交通事故在世界各国都被视为严重阻碍社会经济发展的公害之一。交通事故死亡率，由现在的5.3人/万车降到2.5人/万车（自行车按5∶1折算在内）。

7）环境质量指标

城市交通对城市的环境影响很大，特别是交通干道的环境污染相当严重。

目前，北京城市交通的噪声和废气污染已远远超过国家规定的标准。在交通对环境质量影响方面，国内的调查数据很少。因此，本课题研究报告只能提出，2010年其环境质量水平不超过国家规定的污染标准。

16.3.5 分析与展望

本课题研究采用的理论与方法，对于发展战略问题的研究，特别是城市交通发展战略问题的研究，具有借鉴意义。

第17章 发展乡镇交通的政策建议

17.1 研究背景

广西壮族自治区乡镇交通是整个交通的重要组成部分，是农村经济的基础设施。航空、铁路、公路的国道、省道，以及水路的干流，是交通的“主动脉”，公路的县道、乡道和水路的支流是交通的“毛细血管”。只有主动脉和毛细血管都畅通无阻，交通系统才能健康成长。一个国家或地区，只有干线和县、乡交通都得到发展并畅通无阻，它的经济方能兴旺发达。

乡镇交通沟通乡镇境内的政治、经济、文化点，以及各村的村委会、居民点与外部的联系。发展乡镇交通，对促进城乡物资交流，活跃农村商品市场，促进资源开发利用，发展农村经济，促进文化交流，方便农村人民群众生产、生活，加速农村的物质建设和精神文明建设，具有重要的推动作用。

国家科委工业司、交通部科技司、广西壮族自治区科委和中国交通运输系统工程学会联合于1992年8日下达“关于乡镇交通发展战略与政策的通知”，决定把广西、山东作为发展乡镇交通战略与政策研究的试点，广西壮族自治区交通厅随下达交科技（1992）531号文“广西乡镇交通运转系统发展的技术经济和政策研究的通知”，要求从广西实际出发，通过调查研究，明确乡镇交通的地位、作用及发展乡镇交通的重大意义，提出一个对发展广西乡镇交通起到积极推动作用、可操作性的方针政策。

我带领北方交通大学系统工程研究所的师生，与广西壮族自治区交通厅的同志一道，对广西乡镇交通进行研究，经过两年的基层调研，从系统工程的角度对调研数据进行了分析研究，并在广西进行推广，由于课题研究成果的推广应用前景很好，得到了国务院总理邹家华“拟同意所提若干建议，请计委研究，请镕基同志指示”的批示（见

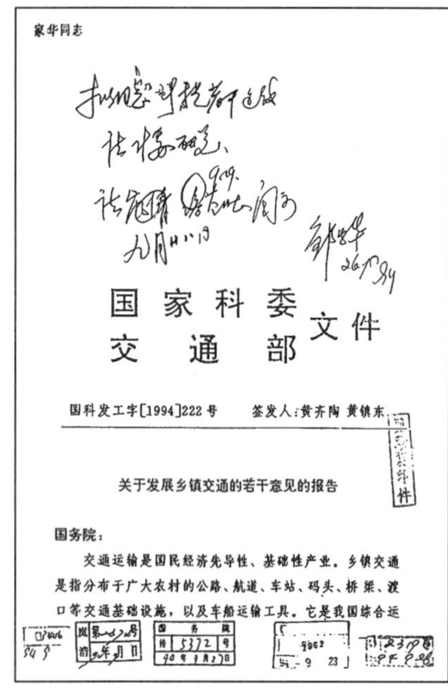

家华同志

国家科委
交通部 文件

国科发工字[1994]222号　　签发人：黄齐陶 黄镇东

关于发展乡镇交通的若干意见的报告

国务院：

交通运输是国民经济先导性、基础性产业。乡镇交通是指分布于广大农村的公路、航道、车站、码头、桥梁、渡口等交通基础设施，以及车船运输工具。它是我国综合运

图 17.1

图 17.1)，产生了很好的社会效益。

17.2 研究内容

17.2.1 交通现状

1992 年，广西的乡镇交通有了很大发展，但从总体水平看，还很落后，不能适应农村经济发展需要，已经成为制约农村经济发展的重要因素。大力发展乡镇交通，促进农村经济发展和社会进步，已经成为当务之急，主要存在以下几方面的问题。

1. 公路数量少，技术标准低

1）公路数量少

广西壮族自治区的公路密度为 16 km/100 km^2，虽然略高于全国平均水平，但若与沿海 11 个省（市）相比，仅为其平均数的一半。若与交通发达的国家相比，差距就更大了，广西公路密度仅是美国（67 km）、印度（65 km）的四分之一。现在全区尚有 17 个乡和 3 797 个行政村未通公路，仍然处于人背肩挑的原始状态。这些不通公路的乡村集中在老少边穷地区，如仅隆林县就有 3 个乡不通公路，这些地区山高岭大，交通闭塞，严重制约了经济发展和人民生活水平的提高。

2）公路技术标准低

目前公路等级状况如下：一级 11 km，二级 1 035 km，三级 1 875 km，四级 19 832 km，等外公路 16 432 km。四级公路和等外公路占全区总里程的 92.5%，乡公路更为突出，除仅有 15 km 三级公路外，全部为四级公路和等外公路，且通车里程仅 90% 左右，低级公路和无路面公路里程占乡公路总里程的 71%。全区还在危桥 83 座 2 498 延米。由于技术标准低，交通阻滞现象时有发生，不能适应运输需要。

2. 小河支流断航严重，航道通航里程锐减

由于森林被毁、水源流失，加上到处拦河筑坝，造成河道严重断流。1950 年，内河航道里程为 8 659 km，其中通航航道 2 166 km，到 1993 年内河航道缩减到 4 521 km，比 1950 年缩减 47.8%，这对水运的发展无疑是个很大的障碍。

3. 渠道不畅，资金严重短缺

长期以来，乡镇交通设施建设一直没有稳定的资金来源。国家计划没有这一块，自治区财政无力安排，养路费入不敷出，拿不出更多钱来修建县乡公路，只能采取一次性少量的补助，主要依靠社会统筹、群众集资、民工建设、群众投工献料。广西是个贫困地区，许多县吃国家补贴饭，拿不出钱来搞乡镇交通建设。“七五”开始，国家拨出部分粮、棉、布和中低档工业品实行“以工代赈”，进行交通建设，虽然解决了一些问

题，但从总体来看只是杯水车薪，不能满足交通发展的需要。自治区交通厅根据广西国民经济总体规划，提出在“八五”期内实现“五个一千”的奋斗目标，其中“一千”就是每一年要完成 1 000 km 县乡公路的新建任务。按现在四级公路标准建设所需资金平均 10 万元/km 计，共需 5 亿元，交通厅在资金紧缺的情况下，每年划出 2 000 万元补助资金，五年共投入 1 亿元，尚缺 4 亿元，缺口的资金必须从其他渠道解决。

从广西的情况看，发展乡镇交通主要是搞公路建设，修路建桥。因为公路交通机动灵活，可以直接通到村、屯、田间，所以搞乡镇公路建设，从勘察设计到施工管理，市县交通局都能自行解决，唯一的困难就是资金问题，如何保证乡镇交通建设有长期、稳定的资金来源，是发展乡镇交通建设的关键。如果资金问题得不到解决，地区之间、城乡之间的经济发展水平的差距会进一步拉大，共同富裕的目标难以实现。

17. 2. 2　发展乡镇交通具有重要的经济和政治意义

乡镇交通是繁荣农村经济、保持农业稳定发展的基础设施。广西壮族自治区的农业比重很大，农村人口占总人口的 87. 9%。农业在其国民经济中占有非常重要的地位，搞活农村经济，进一步解放生产力，对实现“保持国民经济持续发展、确保社会安定、实现经济健康发展”的宏伟目标起重要作用。发展乡镇交通，建成快速高效、四通八达的乡镇交通网络，就会把生产力解放出来，改善投资环境，促进农村商品生产和农村经济的进一步繁荣。

1985 年以来，玉林地区发动群众，新建县乡镇公路 900 km，改建乡镇公路 2 600 km，实现了全部乡镇和 80% 的行政村通公路，促进了工农业生产的发展，乡镇企业已发展到 17 万家，年总收入 50 亿元，个体运输汽车已有 9 000 多辆，年增长率为 20%。现在该地区已建立了以地方资源为依托的制糖、造纸、建材、制药、饲料、化工、卷烟、罐头食品、自行车、柴油机十大工业体系，以及粮食、甘蔗、林业、水果、茶叶、烟叶、北运冬菜、畜禽养殖等八大农业生产基地，已从单一的农业经济逐步走上了以市场为导向的农工商综合发展的道路。

乡镇交通建设是农村经济发展的前提和基础，发展乡镇交通是整个交通运输的需要。据调查，1992 年广西公路交通完成旅客运输 2. 32 亿人次，合计 133. 39 亿人 km，分别占全区、全社会旅客运输的 85% 和 55. 6%。完成货物运输 1. 75 亿 t，合计 102. 72 亿 t · km，分别占全区货运的 77. 5% 和 21. 8%。未来 10 年，预计广西国民生产总值年均递增 10% 以上。2000 年时公路客运量和货运量将分别比 1990 年增 80% 和 64%。2010 年，公路客运量和货运量又将分别比 2000 年增长 74. 4% 和 55%。

可见，公路在交通运输中的作用和地位是重要的。从广西现有公路里程看，全区 39 187 km 总里程中县乡公路有 29 483 km，占 75. 7%，有大量的矿产资源、农副产品、生产资料和商品要通过县乡公路运输。广大农村区域的人员集散，以乡镇为基点，通过县乡公路运输来完成。乡镇交通是沟通城乡的动脉和纽带，是整个交通的重要组成部分，乡镇交通越来越显示出它的重要作用。

17.2.3 发展乡镇交通的途径

发展乡镇交通，存在认识上的差异和资金上的困难等诸多问题。只有克服前进中的困难，解决好存在的问题，调动一切积极因素，才能把乡镇交通建设搞上去。

1. 进一步加深对发展乡镇交通重要性、紧迫性和它的地位、作用的理解和认识

乡镇交通是沟通城乡经济、科技、文化的重要渠道，是实现城乡物资快速、高效、优化配置的基础，是农民和农村经济走向市场、农业走向商品化和现代化的先导。四通八达、快速、安全的乡镇交通，对农村经济发展和社会进步有很重要的作用。因此，我们对乡镇交通的认识，不能只停留在表面，仅把它看作是商品流通的手段、服务配套设施，忽视它的生产性，则导致没有把它摆到战略高度上来认识，致使在资金安排上往往排不上队，可有可无，口头上重要，但实际资金落实不到位，搞无米之炊。因此，鉴于乡镇交通的地位和作用，我们应重视它，研究它，把它列入议事日程，使之在国民经济建设中占一席之地。

2. 搞好规划，逐步实施

乡镇交通规划是乡镇交通事业发展的重要一环，既是工作的核心，又是工作的起点，它不仅关系到乡镇交通运输的总体设计、规模、结构、布局，而且还决定乡镇交通发展的雏形和趋势，因而乡镇交通建设必须要制订一个布局合理、与经济发展相适应的远景规划。

乡镇交通发展规划应根据所在县市和本乡镇的国民经济和社会发展总体规划，综合考虑交通的流向和流量、客货运输量、水路和陆路运输网布局、居民点分布、资源开发、人口增长等因素，并要做到突出重点、远近结合、长计划短安排、分期逐步实施。乡镇公路的建设标准、走向、序列要与干线公路、县公路网的建设相协调，不能自成体系。

乡镇交通规划，要由乡镇政府提出方案。县（市）计委和交通局主持编制，经县（市）人大常委或人民政府批准后实施，报地（市）交通局和自治区交通厅备案。

3. 认真贯彻落实现有政策和新出台政策

新中国成立以来，党和政府曾先后制定、发布过不少关于发展交通的政策、法令，大的方针是十分明确的，但在执行过程中，都或多或少地打了折扣。例如，党中央和国务院一再强调“修建公路继续实行民工建勤、民办公助的办法，修建乡以下道路以民办为主”，但不少地县都贯彻不力，存在等、靠、要现象；又如，国家有关文件明确规定：“县乡公路的建设和养护，其主要经费来源是征收的手扶拖拉机、畜力车养路费，地方财政附加收入，以及其他集资。贫困地区不足部分可在省（自治区，直辖市）养路费中给予适当补贴。”这一政策也未得到落实，除有些县（市）财政对公路有些拨款外，多数县（市）是不投资的，这就影响了乡镇交通建设的发展。

随着形势的发展和改革开放的步伐加快，在认真落实现有政策的同时，对乡镇交通应给予新的政策。广西是贫困的民族自治区，又处在祖国边陲，国家对交通建设应予政策倾斜、扶持，适当提高投资比例，并应划出专用资金用于乡镇交通建设。国家征收的

能源交通和预算外资金管理基金返还部分，乡镇交通也应有份儿。广西财政实力较前有所增强，应规定各市、县每年编制财政预算中固定一定比例的资金用于乡镇交通建设，还可采取以下措施：开征乡镇境内自行车养路费，从甘蔗榨糖中每吨糖提取 1 ~ 2 元作为蔗区公路建设费，免征公路建设耕地占用税，公路建设和养护所用的土、砂、石料无偿使用，任何单位和个人不得收费索酬。这些建议形成政策，贯彻实施，必将大大加快乡镇交通的发展。

4. 坚持“社会统筹，多方集资和民工建勤、民办公助”的办法

多年来，广西采取这些办法修了一批又一批公路桥梁。实践证明，这些办法是行之有效的，农民群众也是愿意接受的，今后还应坚持下去。例如，按照自治区政府规定，每个劳动力每年有 4 个工日，社会车辆每年有 2 个车日义务修建和养护公路。应该有计划、有组织地做出安排，充分发挥群众的力量，搞好乡镇交通建设。筹措资金应因地制宜，采取捐款、集资、财政拨款、贷款等多种形式，调动社会各方面的积极性，加快乡镇交通建设步伐。

5. 用好管好“以工代赈”项目扶贫资金

党中央和国务院对贫困地区非常重视，在扶贫“八七”攻坚计划中每年增加 10 亿元的资金，按交通 70%、人畜饮水和水利 30% 进行分配，用于国家确定为贫困县的“以工代赈”项目。仅此一项，广西每年将增加 7 000 万元的扶贫资金，这笔资金怎样用好，使其发挥最佳效益，需要很好地研究。依以往的经验，项目归口管理效益比较显著。因此，建议交通的“以工代赈”项目归口交通部门管理，以发挥行业管理的长处，提高效益。

6. 加强小河支流和碍航闸坝的整治

对已建的碍航闸坝，货源充足，且有重要通航价值的河流，要分类排队，做好复航规划，进行整治和维护，其中属水电部门管的，应责成水电部门尽快采取措施。今后在通航河流上建造水利、水电工程时，必须综合考虑航运、防洪、灌溉、环保和旅游等方面，不能因修了一座水坝而断了一条河流的航道运输。

7. 建立健全乡镇交通组织管理机构

乡镇交通管理是乡镇交通发展的关键环节，如果只建设而不管理、不养护，则是乡镇交通发展的一个重大损失。1993 年 3 月 17 日，广西壮族自治区人民政府“关于印发广西壮族自治区乡镇交通管理办法的通知”（桂政办〔1993〕34 号），要求凡是有条件的乡镇都要成立乡镇交通管理站，并对乡镇交通管理站的性质、职责范围、经费等一系列问题做出明确的规定，对加强乡镇交通建设和管理将起到重大的推动作用。凡是有条件成立而尚未成立交通管理站的乡镇，应当按照办法的规定和要求，尽快把乡镇交通管理站建立起来，积极开展乡镇交通建设和管理工作。

17.3　研究成效

根据研究结果，我们向广西壮族自治区交通厅提交了 4 份报告。课题鉴定会上，得

到评审专家的一致好评，他们对本项目的鉴定意见如下。

① 广西壮族自治区交通厅根据国家科委工业司、交通部科技司、广西壮族自治区科委、中国交通运输系统工程学会的要求，决定组织人员对广西乡镇交通运输系统的技术、经济和政策进行研究，这是非常必要的、及时的，具有重要的经济和政治意义。乡镇交通是大交通不可分割的重要组成部分，是繁荣农村经济的基础设施。我国人口大部分在农村，而且目前的农村经济十分落后。落后的交通制约了农村经济的发展。因此，发展乡镇交通，特别是加快发展乡镇公路的建设，对发展农业生产、发展乡镇企业、搞好农村经济、提高农民生活水平有着十分重要的意义。

② 课题的研究方法是科学的，态度是认真负责、严谨的。课题组的同志们多次反复深入乡镇基层进行了大量的调查，调查面广，内容丰富，资料翔实，写出了“关于发展广西乡镇交通的意见”“发展乡镇交通，繁荣农村经济”等几篇水平较高的论文。论文写作过程中，广泛地征求各方意见，进行了不少于20次的修改，并在全国发展乡镇交通战略政策研讨会上征求了外省代表的意见。可见，课题组的同志对课题研究的态度是认真、谦虚、诚恳的。

③ 课题研究报告能结合广西的实际，对发展广西乡镇交通的重要意义、必要性、紧迫性，对广西乡镇交通的现状，广西乡镇交通的发展方针、政策、规划、建设、资金筹措、管理等问题，进行了详细论证，内容全面，可操作性强。

④ 课题研究取得了较好的成果和社会效益。根据研究的成果，交通厅向自治区政府拟报了“关于发展广西乡镇公路的意见”，广西壮族自治区人民政府及时批转各地行署、各市县人民政府和各有关部门遵照执行。这对进一步调动广大农民、各级政府和各部门、各单位修建乡镇公路的积极性将是有力的推动。

⑤ 课题研究成果在国内是最早的，也是先进的。对加快广西乡镇交通的发展、改善乡镇投资环境、改变乡镇贫困落后面貌，具有积极的决策支持和理论指导的作用。

附录 A 张国伍大事年表

1. 张国伍教授学历

	起止时间	学校	专业	学位
(1)	1949-08—1952-07	北京铁道学院（现北京交通大学）	交通运输工程	学士
(2)	1952-08—1956-07	中国人民大学（教师研究生班）	经济地理	硕士

2. 张国伍教授工作经历

	起止时间	工作单位	职务职称
(1)	1952-08—1952-12	铁道部天津铁路局事务处	实习生
(2)	1952-12—1953-01	铁道部设计局经济勘测事务所	技术员
(3)	1953-01—1954-08	北京铁道学院运输工程系	助教
(4)	1954-08—1956-08	中国人民大学经济地理教师研究生班研究生	讲师
(5)	1956-08—1957-08	北京铁道学院运输工程系	讲师
(6)	1957-08—1960-08	北京铁道学院运输工程系	讲师
(7)	1960-08—1980-01	北京铁道学院机械与经济学系	讲师
(8)	1980-01—1986-08	北方交通大学管理科学研究所	副教授
(9)	1986-08—1992-07	北方交通大学管理科学研究所	教授、研究室主任
(10)	1992-07—2000-01	北方交通大学系统工程研究所	副所长、所长、教授、博导
(11)	2000-01—现在	中国系统工程学会交通运输系统工程专业委员会	副理事长、秘书长

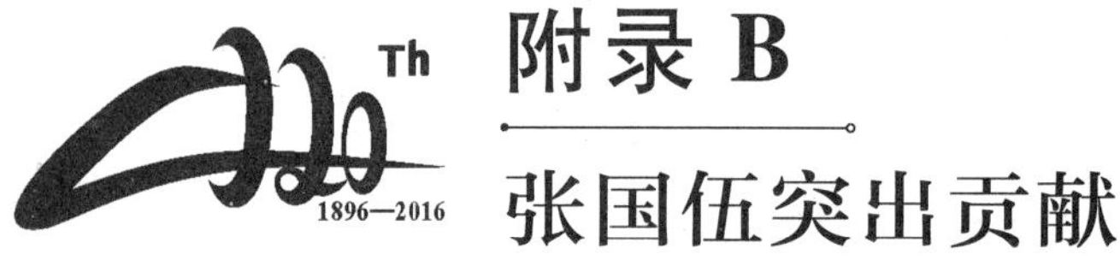

附录 B 张国伍突出贡献

1.“交通运输系统工程”新技术科学的创建者和奠基者

1978 年，张国伍教授在中国首先提出创建“交通运输系统工程”新学科的意见，他把系统工程科学技术与交通运输科学技术结合起来，主持了中国交通运输系统工程学科的创建工作，积极带领教师、研究生参加我国铁路、交通和城市交通建设实践，并大力开展研究生培养工作，积极编写交通运输系统工程方面的专著。在此基础上，于 1986 年创建了我国第一个交通运输系统工程硕士学位点，并于 1996 年建立了我国第一个交通运输系统工程博士点。到 1997 年年初，已经培养了 89 位硕士研究生，与上海交通大学联合培养了一名系统工程博士生。

2. 在我国铁道、港口、长江三峡工程论证及乡镇和城市交通建设中做出了重要贡献

近二十年来，张国伍教授运用系统工程理论方法进行我国铁路、港口、三峡工程、乡镇交通、城市交通及区域综合交通规划、设计、论证等项目的研究，先后完成了 39 个项目［国家和部、省（市）级工程研究设计项目］并取得重要成果，其中特别突出的有以下几项。

① 铁道部下达的北方交通大学与上海铁路局合作进行的“铁路运输结合部管理”研究，张国伍教授与上海铁路局协调配合，在当时上海铁路局局长韩杼滨同志的支持下，这项研究一方面取得了理论上的创新，另一方面在提高上海铁路运输系统的安全可靠性和运输能力上都取得了重要的应用效果，正如该项目鉴定中所指出的：“该课题立意有针对性，目标明确，在理论上有创新，方法科学，实践有效，在交通运输部门具有广阔的运用前景，研究铁路运输结合部理论与方法在铁路系统属首次，是对我国铁路运输管理科学发展的又一贡献，其中干线安全系统的车机联控，已在全国铁路推广。”这项研究获得了上海市 1993 年科技进步二等奖。

② 国家经委下达的“浙赣线技术改造方案研究”取得了重要成果，国家计委批复为：“您校（指北方交通大学）对浙赣线改造问题做了很多工作，该设计任务书已经国

务院批准。”国家计委 1982 年专门发了计文〔1982〕253 号国家计划委员会文件“关于沪杭、浙赣铁路复线设计任务书的审查报告”，吸收了该项研究成果。张国伍教授为此得到万里副总理的接见。

③ 国家四委（计委、科委、经委、建委）下达的铁路旧线技术改造政策研究的成果，已纳入铁道部颁发的铁路技术政策中。

④ 铁道部下达的“提高鹰夏、外福两线输送能力的研究”项目的背景是：福建创办经济特区以来，铁路运输能力不足。张国伍教授主持该研究项目，运用系统工程的理论和方法，在充分利用既有技术设备的基础上，在加强运输组织工作、进一步挖掘潜力、提高效率等方面开展研究，研究成果在福州铁路分局实施后，使福建省进出口的铁路物资年增 200 万 t 左右，经济效益 500 多万元，受到省政府的好评，该项目获得 1986 年铁道部科技进步二等奖、国家科委科技进步三等奖。

⑤ 张国伍教授主持了海南省建省后的第一个全省综合交通系统的战略规划设计工作，该设计方案被海南省政府采纳，并获得海南省 1990 年科学技术进步二等奖，项目评审中指出：“运用系统工程的理论与方法，研究一个省的交通运输发展战略，在国内当属首次。”

⑥ 张国伍教授的关于尽快修建北京西客站，建设深圳盐田港、福建湄洲湾秀屿肖厝港，三峡工程航运综合运输网评价等建议和研究，以及开通北京地铁环线、建设黄骅煤港口和神黄铁路建设方案等方面的研究成果和方案，基本上都被有关部门采纳。

⑦ 张国伍教授研究和提出的“关于发展我国乡镇交通建设的对策”报告（国家科委、计委下达的项目）得到朱镕基副总理、李岚清副总理、邹家华副总理的高度评价，并转发全国。邹家华副总理的批示为：“拟同意所提出的若干建议，请计委研究，请镕基同志指示。”

3. 编写专著与撰写论文方面成果突出

张国伍教授先后出版了《交通运输系统分析》《交通运输系统分析案例集》《交通运输系统动力学》《交通运输规划决策支持系统》等 15 本专著，特别是上述几本书，在国内都是首次出版的学科专著，它们为建立“交通运输系统工程”学科的基本理论、方法及推广应用都打下了重要的基础。多年来，张国伍教授在《系统工程理论与实践》《系统工程》等重要刊物上发表了论文上百篇。

4. 获得了国家、省（市）、部级 14 项奖

张国伍教授先后获得 14 项奖，具体包括：国家科技进步二、三等奖各一项；省部级科技进步一等奖一项，二等奖两项，三、四等奖各一项；北京市人文社会科学奖一等奖和二等奖各一项，四川省优秀图书奖两项。

鉴于张国伍教授在交通运输系统工程方面做出的突出贡献，从 1980 年起张国伍教授被北京市人民政府聘请为北京市公共交通顾问，1992 年被聘为 UNDP 图们江地区开发专家组成员，1993 年获得政府津贴，1995 年被北京市科协、北京日报评选为“北京科技之星”，1996 年被铁道部评为“八五”铁道部优秀科技工作者，1996 年获得了“中国科技发展基金会”颁发的茅以升铁道科技奖。

附录 C

部分科研项目一览表

序号	项目名称	项目来源	完成时间	成果意义	鉴定与获奖
1	浙赣铁路技术改造方案优化研究	国家经委	1979—1981 年	原技术改造设计方案旧线废弃 60%，研究后所提方案旧线废弃 40%，节省了大量投资和土地	国家经委确定本成果作为“六五”计划的依据，国家计委发文〔1982〕253 号采纳本成果
2	铁路旧线改造技术政策研究	国家计委、经委、建委、科委	1981—1982 年	提出了旧线改造的八条政策，已纳入国家科委的技术政策	1987 年得到国务院副总理万里的表扬，本人为此应邀参加 1993 年 4 月万里副总理的港口、铁路建设现场办公会
3	提高鹰厦、外福铁路综合运输能力研究	铁道部	1983—1985 年	当时福建对外开放，鹰厦、外福两线运力紧张，本课题提出的改造方案，已被铁道部采纳	1986 年获铁道部科技进步二等奖，1987 年获国家科技进步三等奖
4	提高哈尔滨铁路枢纽综合运输能力网络系统分析	铁道部和黑龙江省政府	1986—1987 年	在哈尔滨新铁路编组站建成前，提出了充分利用现有铁路车站的运营方案、缓解运力紧张状况的方案	1988 年获黑龙江省科技进步四等奖
5	铁路枢纽、站群合理布置与分工研究	铁道部	1986—1988 年	重点分析了北京、上海、天津、沈阳等枢纽，特别通过对北京枢纽的研究，提出了“加快西客站上马”的建议	本成果 1993 年被国务院采纳，1996 年西客站建成

续表

序号	项目名称	项目来源	完成时间	成果意义	鉴定与获奖
6	铁路运输“结合部”管理研究	铁道部	1988—1990年	完成了铁路安全结合部、扩能结合部、服务结合部方案设计，为提高铁路安全运输、扩能、完善服务起到了重要作用	本项目获上海市科技进步二等奖
7	铁路更新改造基建资金合理分配与使用研究	铁道部	1990—1992年	主要解决根据运输能力与运输任务承担情况而合理分配资金的问题，为铁道部合理安排与使用资金提供决策依据	本成果已被铁道部采纳
8	铁路重载扩能投资决策支持系统	铁道部	1993—1996年	针对京沪线运输能力不足的情况，采取重载扩能方案实施技改，建立京沪线重载扩能资金合理分配的计算机辅助决策支持系统，这是第一次把计算机辅助决策支持系统应用到确定铁路重载扩能投资方案上	已被铁道部采纳
9	铁路运输技术进步与提高劳动生产率研究	铁道部	1992—1994年	通过本课题的研究，明确了铁路运输部门（运输、机务、车辆、工务、通信、信号）采用新技术所应该取得的经济效益，并做了量化分析，为我国铁路运输部门如何根据经济效益安排技术改造提供了科学依据	已被铁道部采纳
10	铁路发展滞后对国家经济影响研究	铁道部	1991—1992年	本课题提出了铁路发展滞后的预警模型，为“八五”期间加强铁路建设提供了理论依据	已被铁道部采纳

续表

序号	项目名称	项目来源	完成时间	成果意义	鉴定与获奖
11	铁路运输企业有效系统管理	北京铁路局、哈尔滨铁路局	1985—1990 年	提出了一套铁路运输企业有效系统管理的理论、方案和具体操作规范	被北京铁路局采纳实施，中国企业管理协会向全国推广
12	中国铁路发展战略研究	铁道部	1994—1996 年		已完成
13	中国铁路经营管理改革方案研究	铁道部	1995—1997 年	为中国铁路改革提出设想方案	已完成，并通过鉴定
14	中国铁路客运走向市场的方案设计	铁道部	1997—1998 年	为中国铁路改革发展提出新的模式	已完成
15	华东铁路通道（上海铁路局管内）能力加强方案研究	铁道部	1996—1997 年	此项目重点为中央做出建设华东二通道芜湖—裕溪口长江大桥的决策提供科学依据	已完成
16	深圳海岸港口功能合理分配	深圳市政府	1984—1985 年	提出了深圳东、中、西部港口合理分工，特别提出了东部大鹏湾、盐田深水港开发的设想，此建议已被国家采纳，目前盐田港已成为我国南方最大的国际中转港	本成果已被国务院和交通部采纳
17	石臼港发展战略研究	石臼港务局	1990—1991 年	确定了石臼港的战略目标和港口的建设规划	已被日照港务局(原石臼港)采纳
18	保护福建深水海港，开发湄洲湾秀屿肖厝港的建议	福建省政府	1981—1982 年	发展了世界少有，中国不多的 10 万 t 泊位的深水港	1990 年 9 月获福建省政府优秀建议奖

续表

序号	项目名称	项目来源	完成时间	成果意义	鉴定与获奖
19	福建深水港保护暨湄洲湾开发的考察报告	福建省政府	1982 年	完成考察报告，对福建海港做了科学评价，并提出了开发建议	被福建省政府采纳
20	海南岛以港口为中心的交通运输系统组合优化方案	海南省政府	1984—1985 年	第一次提出了海南岛的综合交通规划	1986 年获海南省科技进步一等奖，1990 年获北京市社会科学二等奖
21	海南省交通运输系统发展战略	海南省政府	1987—1989 年	为新建海南特区提出了第一个综合交通网规划，已被海南省政府采纳，目前正按此方案实施	获 1990年海南省科技进步二等奖
22	上海综合交通枢纽规划、协调与智能化管理方案研究	国家科委	1996—1998 年	开创了中国综合交通枢纽的智能化管理的新阶段	已完成
23	北京市城市交通综合体系发展战略研究	北京市科委	1987—1988 年	已被北京市政府采纳	获 1988 年北京市科技进步一等奖、1990 年国家科技进步二等奖
24	三峡工程建设与长江航运效益分析	交通部、三峡办公室，“七五”攻关项目	1987—1988 年	为三峡工程上马提供了依据	国务院三峡办已采纳
25	三峡工程建设在综合运输网中的航运效益分析	国家科委，“七五”攻关项目	1987—1988 年	为三峡工程上马提供了依据	国务院三峡办已采纳

续表

序号	项目名称	项目来源	完成时间	成果意义	鉴定与获奖
26	长江干流航运发展战略研究	长江航运局	1990—1991 年	建立了长江干流航运发展系统动力学模型，为制定长江干流航运规划提供了依据	已被长江航运局采纳
27	提高北京地铁承担客运量比重方案研究	北京市科委	1985—1987 年	当时北京地铁承担总客运量的3.5%，本课题建议2号线地铁环通，并调整地面公共交通，则可把地铁承担客运量比重提高到15%	此项目获1988年北京市科技进步三等奖
28	北京对外交通系统评价与对策	北京市科委	1987—1988 年	已被北京市政府采纳	获1988年北京市科技进步一等奖，1990年国家科技进步二等奖
29	海口市交通与城市发展综合治理	海口市政府	1989—1990 年	海口市交通与城市发展极不适应，本课题研究提出了扩能与疏导并举的综合治理方案	已被海口市政府采纳
30	神木煤田出海通道方案优化研究	国家京煤公司	1990 年	本课题运用系统工程方法对神木煤田的煤炭出口通道方案进行评价，并对铁路、港口、煤炭出口方向进行综合评价，选出修建神木—河间、黄骅铁路，煤炭由黄骅港出口的最优方案	此方案已被国务院采纳、“八五”末期已开始了神黄铁路和黄骅港的建设
31	陇海—兰新地带城市间交通网络和枢纽布局研究	建设部	1991—1993 年	提出了这一地带的交通网发展与枢纽布局方案	（1）获1992年建设部科技进步二等奖 （2）已被建设部、铁道部、交通部采纳

续表

序号	项目名称	项目来源	完成时间	成果意义	鉴定与获奖
32	我国发展乡镇交通的战略与对策	国家科委	1991—1993年	本课题研究成果被邹家华副总理批示“拟同意”，全国发展乡镇交通以此为参考，推动了全国乡镇交通的发展	已被国务院采纳
33	交通运输系统动力学模型与方法研究	国家自然科学基金委员会	1988—1990年	完成了综合运输、铁路、水运、民航、城市交通系统动力学模型与方法设计	此方法后来被交通运输规划部门采纳
34	北京市综合交通系统建设投资比例优化模型	北京市科委	1992—1993年	完成了投资比例模型	已被北京市政府采纳
35	东北亚国家开发区贸易运输网规划研究	UNDP与国家科委东北亚图们江地区开发办公室	1991—1993年	经UNDP主持，由中国、俄罗斯、朝鲜、日本、蒙古和美国等六国共同开发图们江地区，委托我们进行图们江地区的交通运输网发展规划，最后我们提出了地面交通网规划方案	UNDP已采纳该方案，正在组织实施
36	北京—伦敦城市交通对比研究	北京市科委与英国文化委员会	1988—1991年	成果已被北京市政管委会指定为北京交通建设的参考	已被北京市科委采纳
37	东北亚经济区与中原经济区海陆通道交通流优化方案	东营市政府	1991—1992年	为黄河入海口的港口（东营港）建设提供了科学依据	研究成果已被山东省政府采纳，已着手东营港的建设
38	我国中西部地区—九龙间开行国际集装箱专列方案研究	中国远洋（集团）公司	1995—1996年	为香港回归祖国后，发展中西部地区—九龙集装箱运输提出设计方案	已被中远集团和九港铁路公司采纳

续表

序号	项目名称	项目来源	完成时间	成果意义	鉴定与获奖
39	北京公交智能化系统及示范工程	北京市政府北京公交集团	1995—1999 年	在国内第一次提出智能交通的工程总体设计方案，并完成第一期示范工程	已被北京市政府、北京公交集团采纳，是新中国成立 50 周年的北京市献礼项目
40	上海综合交通枢纽智能化管理和规划	上海市科委	1992—1993 年	已被上海市政府采纳	它是我国第一个综合交通枢纽的智能化规划设计方案
41	各部门地区综合交通规划研究	联合国开发署和国家科委	1992—1993 年		已被联合国开发署采纳并在东北黑龙江省实施

附录 D

主要出版物一览表

编号	论文名称	发表的刊物	期号（出版单位）	发表时间
1	关于我国地方铁路合理发展和合理布局的几个问题的探讨		北京铁道学院	1964
2	列车运行牵引计算的通用程序（蒸汽机车、内燃机车）	北方交通大学学报，科技资料编号：328		1979
3	提高对联合运输的认识，推动联合运输的发展	收集于北方交通大学科技情报室		1981
4	关于既有铁路线技术改造几个问题的探讨	技术经济研究	14	1981
5	福建深水海港资源亟待保护和开发	科技工作者建议	88	1982
6	铁路综合能力的系统分析	中国铁道学会运输与经济专业委员会论文集		1981
7	福建港口开发和相关铁路建设布局与协调	经济地理	2	1983
8	保护福建深水海港，开发湄洲湾秀屿肖厝港	福建深水港保护暨湄洲湾开发科学考察资料汇编		1983
9	福建港口开发与相关铁路建设布局的协调	福建深水港保护暨湄洲湾开发科学考察资料汇编		1983
10	刍议海南岛交通运输系统发展与港口建设	数量经济与技术经济研究	10	1984
11	铁路运输系统分析刍论	系统工程	3	1984
12	系统论导论		哈尔滨铁路局印发	1984

续表

编号	论文名称	发表的刊物	期号（出版单位）	发表时间
13	系统科学与港口建设	北方交通大学印发		1984
14	开展港口系统诊断分析，加速我国港口的开发与建设	中国港口协会 1984 年年会论文	1	1984
15	论我国交通运输的战略发展	人文地理学论丛	1	1985
16	港口功能系统分析模型与计算机模拟	系统工程	4	1985
17	福州铁路分局运输系统分析	北方交通大学科技研究	1	1985
18	海南岛经济模式及疏运网络之我见	中国港口	1	1985
19	开放港口城市与交通运输系统	开放港口城市研究	创刊号	1986
20	加强深圳海港建设，适应特区和全国经济发展需要	特区经济	1	1986
21	大城市公共交通系统的分析与优化	中英公路及城市交通讨论会论文集	北京出版社	1986
22	运用系统工程理论与方法治理和强化北京市客运公共交通	北京科技报成果汇编		1986
23	System analysis optimization of uran public transportation	中英公路及城市交通讨论会论文集	中国铁道出版社	1986
24	公共交通线路调整的网络系统分析	国际城市交通学术讨论会论文集	北京出版社	1987
25	我国铁路现代化发展系统分析若干问题的讨论	中国式现代化铁路学术讨论会论文集	中国铁道出版社	1987
26	编组站出发策略系统分析	铁道学报	2	1987
27	浅谈欧亚大陆桥的交通规则	开发研究	2	1987
28	运输系统分析	科技日报		1987
29	系统分析与联合运输	全国联运理论研讨会论文集	中国交通运输协会联运专业组资料	1987
30	综合运输决策支持系统	计算机模拟学会会议论文集		1987
31	区域运输网络结构系统分析理论与方法	北京国际系统工程学会论文集		1988

续表

编号	论文名称	发表的刊物	期号（出版单位）	发表时间
32	中国东北地区交通运输系统网络分析	东北亚开发国际学会论文集		1988
33	提高哈尔滨枢纽综合能力的网络系统分析	铁道科技动态	11	1988
34	开放港口城市与交通运输系统	国际城市经济与规划学术讨论会议论文集		1988
35	Openning port cities and the transportation systems	The Proceedings of International Conference on Urban Economy and Planning		1988
36	铁路运输生产安全系统分析初探		北方交通大学印发	1988
37	系统科学与铁路运输	北方交通大学系统分析专业论文集	1	1989
38	铁路综合能力的系统分析	北方交通大学系统分析专业论文集	1	1989
39	北京市城市交通系统科技工作的组织与管理	中国系统工程学会交通运输系统工程专业委员会成立首届学术讨论会论文集		1989
40	北京城市对外交通系统分析	铁路运输与经济	2	1990
41	The application of fault tree to railway transport	Regional Conference on Asian Pacific Countries International Geographical Union		1990
42	The reasonable traffic assignment of Yangtze Goges' regional comprehesive transportation network	Regional Conference on Asian Pacific Countries International Geographical Union		1990
43	The theory and method of formulating the development strategic decision of regional transportation	Regional Conference on Asian Pacific Countries International Geographical Union		1990

续表

编号	论文名称	发表的刊物	期号（出版单位）	发表时间
44	The theories and method of large cities transportation system research	Regional Conference on Asian Pacific Countries International Geographical Union		1990
45	大城市“对外交通系统”研究的理论与方法	北方交通大学学报	3	1990
46	运输系统结合部管理理论与方法初探	铁路运输系统结合部管理理论研讨会论文集		1990
47	大城市“对外交通系统”研究的理论与方法	科学决策与系统工程论文集		1990
48	区域交通运输系统发展战略决策制定的理论与方法初探	科学决策与系统工程论文集		1990
49	北京铁路枢纽、站群合理分工与布局	系统工程	增刊	1991
50	系统方法与区域交通发展战略研究	海南建设与系统工程	2	1991
51	Lyapunov 矩阵方程式的解析解	系统工程	4	1991
52	运输系统分析学科发展的十年	系统工程	交通运输系统工程：理论，实践	1991
53	提高北京地铁承担总客运量比重方案研究	系统工程	交通运输系统工程：理论，实践	1991
54	系统工程方法在海南交通运输系统战略规划研究中的应用	系统工程	交通运输系统工程：理论，实践	1991
55	城市公共交通最短路径算法	系统工程理论与实践	3	1992
56	公共交通线路网多条最短路径算法	系统工程理论与实践	4	1992
57	System analysis of transportation system and economic development in northeast area of Asia	Northeast Asia：Take off		1992

续表

编号	论文名称	发表的刊物	期号（出版单位）	发表时间
58	公共交通线路网多条最短路径算法	系统工程理论与实践	23（4）	1992
59	交通运输系统动力学——理论与方法	系统工程	交通运输系统工程：理论，实践	1992
60	发展中的北京城市交通系统分析	系统管理学报	1	1993
61	对提高既有铁路系统综合运输能力技术政策的探讨	北方交通大学学报	4	1993
62	公共交通线路网多条最短路径分析	系统工程理论方法应用		1993
63	有效系统管理——系统科学在铁路运输系统投资结构中的应用与效果	系统工程	交通运输系统工程：理论，实践	1993
64	交通规划若干问题的思考及交通规划理论	经济地理	4	1994
65	图们发区铁路规划的战略设想	中国科技产业	6	1994
66	中国区域交通运输系统发展及其研究方法	中国基础设施发展战略国际会议文集		1994
67	运用灰色系统理论分析铁路运输系统投资结构与效果	系统工程	交通运输系统工程：理论，实践	1994
68	北京铁路枢纽站群合理分工与布局的决策支持系统	系统工程	交通运输系统工程：理论，实践	1994
69	交通投资的区域综合效益研究	系统工程理论与实践	15（1）	1995
70	我国道路运输市场培育和发展的系统分析	交通运输系统工程与信息	试刊	1995
71	重构政企关系：铁路运输企业改革的新增长点	交通运输系统工程与信息	试刊	1995
72	交通运输系统工程刍论	交通运输系统工程与信息	试刊	1995

续表

编号	论文名称	发表的刊物	期号（出版单位）	发表时间
73	铁路运输系统结合部管理理论与方法	北方交通大学学报	3	1995
74	铁路运输固定资产投资运用研究案例介绍	交通运输系统工程与信息	3	1995
75	我国区域交通运输系统发展及其研究方法	交通运输系统工程与信息	4	1995
76	Discussion on the planning coordination and development of the transportation system	Theories and Applications of Traffic and Transportation System Engineering		1996
77	繁忙干线重载扩能资金运用决策支持系统研究	系统工程理论与实践	9	1996
78	我国铁路面临的困境及对策性思考	系统工程	交通运输系统规划、协调、发展	1996
79	交通运输系统分析（工程学科的创建、奋进、发展的十五年）	系统工程	交通运输系统规划、协调、发展	1996
80	论我国交通运输系统规划、协调、发展	系统工程	交通运输系统规划、协调、发展	1996
81	Railway and the regional development	Coordination in Regional Infrastructure Development		1996
82	Several problems of New Euro – Asia landbridge development systems analysis	新欧亚大陆桥国际会议论文集		1996
83	对发展北京智能化公共交通的建议	世界城市交通	4	1997
84	Research on general plan and demonstrating project of intelligent railway system in China	EU – China Information and Tele – communication Co – operation Conference Proceedings		1998

续表

编号	论文名称	发表的刊物	期号（出版单位）	发表时间
85	智能铁路系统的构成及运行组织模式研究	系统工程与可持续发展战略		1998
86	关于发展乡镇交通的若干政策建议	科技参考	6	1998
87	经济控制论、大系统理论与铁路经济承包责任制		北京铁路局印发	1998
88	关于发展我国智能交通系统的几个问题	城市公共交通	1	1999
89	城市公共交通智能化调度管理系统的建设与开发	北方交通大学学报	5	1999
90	The primary probing on the development strategy of railway modernization	Communication & Transportation Systems Engineering	中国铁道出版社	2000
91	探索交通运输企业结合部的物理—事理—人理（WSR）系统管理模式分析	系统科学与工程研究	学习出版社	2000
92	The science of transportation system engineering serving the western development	Communication & Transportation Systems Engineering	中国铁道出版社	2000
93	开放的复杂巨系统方法论	System Engineering System Science and Complexity Research	2	2000
94	分布式群决策支持系统在智能交通系统设计中的应用研究	交通运输系统工程理论·实践·发展论文集		2000
95	初论综合交通枢纽智能化系统	交通运输系统工程理论·实践·发展论文集		2000
96	交通运输系统工程学科要为我国西部大开发服务	交通运输系统工程理论·实践·发展论文集		2000

续表

编号	论文名称	发表的刊物	期号（出版单位）	发表时间
97	中国铁路现代化发展战略初探	中国系统工程学会城市智能交通系统学术会议论文		2000
98	综合交通枢纽的虚拟组织协同管理模式研究	系统工程	18（4）	2000
99	开放的复杂巨系统方法论研究	科技进步与对策系统工程论文集	18（2）	2001
100	综合交通枢纽智能化系统刍论	交通运输系统工程与信息	1（2）	2001
101	国土整治与交通建设	国土开发	8	2001
102	论我国交通运输的发展	综合运输	6	2001
103	开放的复杂巨系统方法论研究	科技进步与对策	2	2001
104	智能交通安全系统的研究	中国安全科学学报	3	2001
105	城市公共交通公司相对有效性分析与效应评价	系统工程理论与实践	3	2001
106	综合交通枢纽虚拟企业化组织协商模式	系统工程理论方法应用	3	2001
107	公共交通实时放车调度方法研究	系统工程理论与实践	3	2001
108	MAS 协商在交通运输企业中的应用	交通运输系统工程与信息	3	2001
109	对城市道路交通安全的几点启示	交通运输系统工程与信息	3	2001
110	北京公交智能化调度系统总体设计的 WSR 分析	系统工程理论与实践	4	2001
111	公共交通实时控制模型研究	系统工程理论与实践	5	2001
112	交通拥挤定量分析方法	交通运输系统工程与信息	2	2002
113	基于“节点删除”的多路径获取方法的研究	北方交通大学学报	2	2002

续表

编号	论文名称	发表的刊物	期号（出版单位）	发表时间
114	基于模糊规则的货运车调度方法	系统工程理论与实践	5	2002
115	基于多 Agent 的交通运输枢纽虚拟组织信息集成框架	系统工程理论与实践	7	2002
116	基于MAS的运输企业虚拟组织协同问题的研究	计算机工程与应用	11	2002
117	基于 MAS 的运输企业虚拟组织的研究	计算机工程与应用	12	2002
118	学科、学会和杂志工作回顾与总结——总结经验，勤奋工作，办好杂志	交通运输系统工程与信息	3（2）	2003
119	《智能交通运输系统工程导论》的前言	交通运输系统工程与信息	4（4）	2003
120	大型智能交通系统工程项目的开发方法	交通运输系统工程与信息	1	2004
121	论交通运输系统规划、协调与发展	交通运输系统工程与信息	5（1）	2005
122	交通运输系统工程学科的创建与钱学森的系统科学——纪念钱学森教授回国 50 周年暨 95 岁华诞	交通运输系统工程与信息	5（6）	2005
123	规划意识：交通的短板	时事报告	3	2005
124	交通运输领域的学科建设和人才培养——“交通 7 + 1 论坛”第四次理事会会议纪实	交通运输系统工程与信息	6（6）	2006
125	中国系统工程学会交通运输系统工程专业委员会成立20周年回顾	交通运输系统工程与信息	7（1）	2006
126	我国综合交通若干理论与实践问题分析——中国交通运输工程学会常务理事会（扩大）会议纪实	交通运输系统工程与信息	6（2）	2006

续表

编号	论文名称	发表的刊物	期号（出版单位）	发表时间
127	城市交通规划、建设与综合管理的复杂系统分析——“交通7+1论坛”第二次理事会会议纪实	交通运输系统工程与信息	6（3）	2006
128	交通复杂系统研究方法创新与应用：综合集成研讨会与人工交通系统——“交通7+1论坛”第三次理事会会议纪实	交通运输系统工程与信息	6（4）	2006
129	走进“十一五”，创建新交通——“2006 中国交通高层论坛”会议纪实	交通运输系统工程与信息	6（5）	2006
130	交通运输领域的学科建设和人才培养——“交通 7+1 论坛”第四次理事会会议纪实	交通运输系统工程与信息	6（6）	2006
131	中国系统工程学会交通运输系统工程专业委员会成立20周年回顾	交通运输系统工程与信息	7（1）	2007
132	系统工程与城市交通——“交通7+1论坛”第五次理事会会议纪实	交通运输系统工程与信息	7（2）	2007
133	城市交通可持续发展——“交通7+1论坛”第六次会议纪实	交通运输系统工程与信息	7（3）	2007
134	城市交通可持续发展之二——“交通 7+1 论坛”第七次会议纪实	交通运输系统工程与信息	7（4）	2007
135	交通需求管理与城市交通可持续发展——“交通 7+1 论坛”第八次会议纪实	交通运输系统工程与信息	7（6）	2007

续表

编号	论文名称	发表的刊物	期号（出版单位）	发表时间
136	论交通运输系统规划、协调、发展与交通运输业的科学发展观	中国交通高层论坛论文集	中国系统工程学会	2007
137	交通运输系统科学的创造与钱学森的系统科学	中国交通高层论坛论文集	中国系统工程学会	2007
138	大城市交通拥堵瓶颈相关基础科学问题研究——“交通7+1论坛”第九次会议纪实	交通运输系统工程与信息	8（1）	2008
139	构建以大城市为中心的综合运输系统——“交通7+1论坛”第十次会议纪实	交通运输系统工程与信息	8（2）	2008
140	关于我国交通运输系统分析	经济地理论文选集	中国地理学会	2000

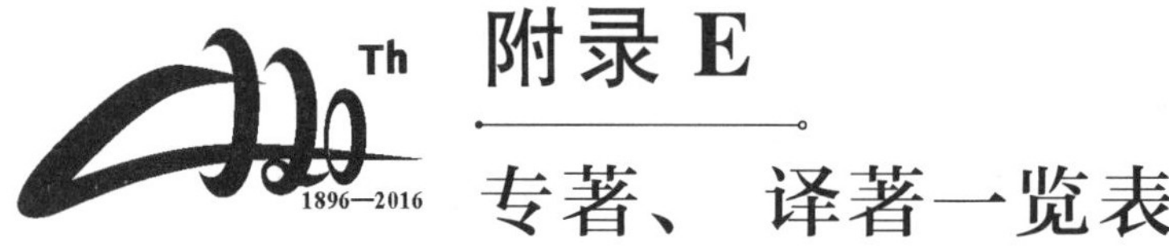

附录 E

专著、译著一览表

编号	专著、译著	作者及著译方式	出版社	出版时间
1	运输配置	（苏）TC 哈恰图洛夫　著 张国伍，张曼华　译	科学出版社	1959
2	交通运输地理学	杨吾扬，张国伍　著	商务印书馆	1960
3	运输和生产配置	（苏）EG 哈努科夫　著 张国伍　译	商务印书馆	1960
4	中国经济地理总论（运输地理部分）	张国伍　著	科学出版社	1965
5	运输地理	张国伍　著	铁道部教育局	1962
6	中国大百科全书·地理学(交通运输布局)	张国伍　主编	中国大百科全书出版社	1984
7	中国大百科全书·地理学（客流地理）	张国伍　主编	中国大百科全书出版社	1984
8	中国大百科全书·地理学（货流地理）	张国伍　主编	中国大百科全书出版社	1984
9	中国大百科全书·地理学（交通运输区划）	张国伍　主编	中国大百科全书出版社	1984
10	中国大百科全书·地理学（交通运输地图）	张国伍　主编	中国大百科全书出版社	1984
11	管理、信息和系统	（英）阿切　著 张国伍，张国华　译	哈尔滨铁路局	1988
12	交通运输系统分析	张国伍　主编	西南交通大学出版社	1991

续表

编号	专著、译著	作者及著译方式	出版社	出版时间
13	交通运输系统分析应用案例集	张国伍　主编	西南交通大学出版社	1994
14	铁路运输企业有效系统管理	国林　主编 张国伍　副主编	中国铁道出版社	1991
15	铁路运输结合部管理	上海铁路局 北方交通大学　结合部管理 课题组　著	上海科学技术出版社	1991
16	交通运输系统动力学	张国伍　主编	西南交通大学出版社	1993
17	交通运输系统工程：理论，实践	张国伍　主编	《系统工程》编辑部	1991
18	面向二十一世纪交通运输系统规划、协调、发展	张国伍　主编	中国铁道出版社	1996
19	Theories and Application of Traffic and Transportation Systems Engineering	张国伍　主编	中国铁道出版社	1996
20	交通运输规划决策支持系统	张国伍　主编	中国铁道出版社	1996
21	EU - China Conference on ITS and Transportation Application	张国伍　主编	中国铁道出版社	1997
22	智通交通与系统工程导论	张国伍　主编	电子工业出版社	2004
23	Communication & Transportation Systems Engineering Theory, Practice and Development	Zhang Guowu	Research Information Ltd. Hempstead United Kingdom	2000
24	智能交通系统工程导论	张国伍　主编	电子工业出版社	2003
25	交通运输系统工程创新与发展	张国伍　著	北京交通大学出版社	2008